Markus Lang
Ursula Hofer
Friederike Beyer

Didaktik des Unterrichts mit blinden und hochgradig sehbehinderten Schülerinnen und Schülern

Band 1: Grundlagen

2., überarbeitete Auflage

Verlag W. Kohlhammer

Dieses Werk einschließlich aller seiner Teile ist urheberrechtlich geschützt. Jede Verwendung außerhalb der engen Grenzen des Urheberrechts ist ohne Zustimmung des Verlags unzulässig und strafbar. Das gilt insbesondere für Vervielfältigungen, Übersetzungen, Mikroverfilmungen und für die Einspeicherung und Verarbeitung in elektronischen Systemen.

Die Wiedergabe von Warenbezeichnungen, Handelsnamen und sonstigen Kennzeichen in diesem Buch berechtigt nicht zu der Annahme, dass diese von jedermann frei benutzt werden dürfen. Vielmehr kann es sich auch dann um eingetragene Warenzeichen oder sonstige geschützte Kennzeichen handeln, wenn sie nicht eigens als solche gekennzeichnet sind.

2., überarbeitete Auflage 2017

Alle Rechte vorbehalten
© W. Kohlhammer GmbH, Stuttgart
Gesamtherstellung: W. Kohlhammer GmbH, Stuttgart

Print:
ISBN 978-3-17-032361-2

E-Book-Formate:
pdf: ISBN 978-3-17-032362-9
epub: ISBN 978-3-17-032363-6
mobi: ISBN 978-3-17-032364-3

Für den Inhalt abgedruckter oder verlinkter Websites ist ausschließlich der jeweilige Betreiber verantwortlich. Die W. Kohlhammer GmbH hat keinen Einfluss auf die verknüpften Seiten und übernimmt hierfür keinerlei Haftung.

Inhaltsverzeichnis

Vorwort zur zweiten Auflage			13
I	Sehen oder Nichtsehen: Bedeutung für Lernen und aktive Teilhabe in verschiedenen Bereichen des Lebens		17
	Ursula Hofer		
	1	Sehen: Funktionen, Bewertung und Zuschreibung	17
		1.1 Wahrnehmung und Erkenntnisgewinn	17
		1.2 Sehen: Ein komplexes System	18
		1.2.1 Sehen physiologisch (okular)	18
		1.2.2 Modell zur Erfassung okularer Sehfunktionen in systemischer Ausrichtung	20
		1.2.3 Sehverarbeitungsprozesse im Gehirn (cerebral)	24
		1.2.4 Sehentwicklung: Auge und Gehirn	26
		1.3 Sehen – Nicht Sehen: Zuschreibungen und Bedeutungen	27
	2	Klassifikation von Sehschädigungen	29
		2.1 Prävalenzen und Klassifikation anhand des Visus	30
		2.2 Pädagogische Definition von Blindheit und hochgradiger Sehbehinderung	30
		2.3 Sehschädigung und mehrfache Beeinträchtigung – Multiple Disabilities including Visual Impairments (MDVI)	31
		2.4 CVI: Central Visual Impairment – Cerebral Visual Impairment	33
	3	ICF: Sehen in systemisch-ökologischer Betrachtungsweise	35
		3.1 Die Gliederungsprinzipien der ICF	36
		3.2 Gewinne und Gefahren der ICF	40
	4	Voraussetzungen zur Aktivität und Partizipation in verschiedenen Lebens- und Lernbereichen	42
		4.1 Lernen und Wissensanwendung	44
		4.1.1 Bewusste sinnliche Wahrnehmung und elementares Lernen – inklusiver Spracherwerb und Begriffsbildung	44

			4.1.2	Elementares Lernen und Wissensanwendung: Lesen und Schreiben lernen – Lesen und Schreiben	51

		4.1.3	Elementares Lernen und Wissensanwendung: Rechnen lernen – Rechnen	54
	4.2	Allgemeine Aufgaben und Anforderungen		57
	4.3	Kommunikation		60
	4.4	Mobilität		64
	4.5	Selbstversorgung		67
	4.6	Häusliches Leben		70
	4.7	Interpersonelle Interaktionen und Beziehungen		70
	4.8	Bedeutende Lebensbereiche		72
	4.9	Gemeinschafts-, soziales und staatsbürgerliches Leben		75
5	Abschließendes Fazit			77
6	Literatur			77

II Didaktik des gemeinsamen Unterrichts – Kompetenzen und Erfordernisse im Kontext von Blindheit und hochgradiger Sehbehinderung als Bestandteil einer »Schule für alle« 84
Friederike Beyer

1	Gemeinsamer Unterricht blinder und sehender Kinder in Deutschland			84
	1.1	Institutionelle Entwicklung		84
		1.1.1	Die Anfänge	84
		1.1.2	Die Institutionalisierung gemeinsamen Unterrichts	85
		1.1.3	Formen gemeinsamen Unterrichts blinder und sehender Schülerinnen und Schüler	88
	1.2	Besondere Bedürfnisse blinder und hochgradig sehbehinderter Kinder und Jugendlicher im gemeinsamen Unterricht		92
	1.3	Problemfelder ambulanter Beratung und Unterstützung		95
	1.4	Entwicklung von Prämissen zur sozialen Integration blinder Menschen		97
		1.4.1	Eine Welt oder zwei Welten – wer integriert wen?	97
		1.4.2	Integration als Ziel und Weg	100
2	Entwicklungslinien des gemeinsamen Unterrichts außerhalb der Blinden- und Sehbehindertenpädagogik			101
	2.1	Entwicklung und wichtigste Prämissen von »Integrationspädagogik« und »Inklusionspädagogik«		101

		2.2	»Inklusion« und das System ambulanter Beratung und Unterstützung	104
			2.2.1 Verschiedenheit der Traditionen	104
			2.2.2 Annäherungen	105
	3	Didaktik »inklusiven« Unterrichts – Ansätze		106
		3.1	Spezifische didaktische Modelle der »Inklusion«	107
		3.2	Charakteristika	108
	4	Blindenpädagogische didaktische Erfordernisse im gemeinsamen Unterricht		108
		4.1	Erfordernisse im Bereich der Lerninhalte	109
		4.2	Erfordernisse im Bereich methodischer und didaktischer Prinzipien	111
	5	Blindenpädagogik in einer »Schule für alle«		114
		5.1	Didaktische Ebene: Blindenpädagogik und »inklusive Didaktik«	114
		5.2	Institutionelle und organisatorische Ebene	116
		5.3	Fazit und Ausblick	117
	6	Literatur		118

III Allgemeindidaktische Modelle: Ihre Ressourcen für den Unterricht mit blinden und hochgradig sehbehinderten Kindern und Jugendlichen 123
Ursula Hofer

	1	Einleitung: Allgemein oder Besonders?		123
	2	Beeinträchtigtes Sehen und Lernen		124
	3	Didaktik als Wissenschaft in der Neuzeit		129
	4	Allgemeine Didaktik: Versuch einer systematischen Zusammenfassung aktueller Ansätze		131
		4.1	Bildung: Grundlagen der bildungstheoretischen Didaktik und ihre Bedeutung im Unterricht für hochgradig sehbehinderte und blinde Schülerinnen und Schüler	131
			4.1.1 Praktische Bedeutung der bildungstheoretischen Didaktik	132
			4.1.2 Zielsetzungen	133
			4.1.3 Inhaltsentscheidungen	135
		4.2	Lernen und Lehren: Grundlagen der lern- und lehrtheoretischen Didaktik und ihre Bedeutung im Unterricht für hochgradig sehbehinderte und blinde Schülerinnen und Schüler	138
			4.2.1 Praktische Bedeutung der lern- und lehrtheoretischen Didaktik	139
			4.2.2 Besondere Lernvoraussetzungen	139
			4.2.3 Üben	142
			4.2.4 Prozessorientierung – Metakognition	143

		4.2.5	Fehlerkultur	144
		4.2.6	Medien	145
		4.2.7	Themenzentrierte Interaktion	147
		4.2.8	Aktives Lernen in gestalteter oder realer Umgebung	148
	4.3		Interaktion: Grundlagen der kritisch-kommunikativen Didaktik und ihre Bedeutung im Unterricht für hochgradig sehbehinderte und blinde Schülerinnen und Schüler	150
		4.3.1	Praktische Bedeutung der kritisch-kommunikativen Didaktik	151
		4.3.2	Lernziel »Kommunikation« und »Interaktion«	153
		4.3.3	Sozialintegrative Methoden	155
		4.3.4	Sehschädigung-Mehrfachbehinderung als interaktive Herausforderung	157
	4.4		Konstruktion: Grundlagen der konstruktivistischen Didaktik und ihre Bedeutung im Unterricht für hochgradig sehbehinderte und blinde Schülerinnen und Schüler	158
		4.4.1	Praktische Bedeutung der konstruktivistischen Didaktik	160
		4.4.2	Subjektive Didaktik als konstruktivistische Spielart	161
		4.4.3	Handlungsorientierte Didaktik	162
		4.4.4	Wahrnehmung und Vorstellungen	165
5	Fazit			167
6	Literatur			167

IV	Inhaltsbereiche und konkrete Ausgestaltung einer spezifischen Didaktik des Unterrichts mit blinden und hochgradig sehbehinderten Schülerinnen und Schülern	174

Markus Lang

	1	Historische Entwicklung		174
		1.1	Blindenunterricht zu Beginn der institutionalisierten Blindenbildung	174
		1.2	Die Verallgemeinerungsbewegung: Blinde Kinder im Unterricht an Volksschulen	176
		1.3	Aufbau und Grundlegung einer Theorie der Blindenpädagogik	176
		1.4	Der Einfluss der Reformpädagogik auf den Unterricht an Blindenschulen	178
		1.5	Didaktische Weiterentwicklungen in der ersten Hälfte des 20. Jahrhunderts	179

	1.6	Erziehungswissenschaftliche Einflüsse auf die Blindenpädagogik und -didaktik in der zweiten Hälfte des 20.Jahrhunderts	181
	1.7	Das Konzept einer Didaktik des Unterrichts bei Sehgeschädigten	184
	1.8	Zusammenfassung und Ausblick	185
2		Grundlegende didaktische Herausforderungen für den Unterricht mit blinden und hochgradig sehbehinderten Schülerinnen und Schülern	186
	2.1	Kinder und Jugendliche mit mehrfachen Behinderungen	186
	2.2	Spezifische Bildungspläne und Vorgaben	188
	2.3	Die Integration bzw. Inklusion blinder und hochgradig sehbehinderter Schülerinnen und Schüler	191
	2.4	Technische Weiterentwicklungen	193
3		Entwurf einer Didaktik des Unterrichts mit blinden und hochgradig sehbehinderten Schülerinnen und Schülern	194
	3.1	Der Grundsatz der Anschlussfähigkeit	194
	3.2	Die Zielgruppe	196
	3.3	Modell einer spezifischen Didaktik des Unterrichts mit blinden und hochgradig sehbehinderten Schülerinnen und Schülern	196
	3.4	Der didaktische Ausgangspunkt	196
	3.5	Spezifische Lernbedürfnisse und Lernerfordernisse...	198
	3.6	Äußere Einflussfaktoren auf didaktische Entscheidungen	199
		3.6.1 Außerschulische Faktoren	199
		3.6.2 Formale Vorgaben	200
		3.6.3 Allgemeine Didaktik	201
		3.6.4 Didaktiken der Sonderpädagogik	201
		3.6.5 Verhältnis zwischen Lehrperson und Schülerin bzw. Schüler	202
	3.7	Struktur der Didaktik des Unterrichts mit blinden und hochgradig sehbehinderten Schülerinnen und Schülern	202
		3.7.1 Ebene der Unterrichtsziele	203
		3.7.2 Ebene der Unterrichtsinhalte	204
		3.7.3 Ebene der Unterrichtsmethoden	206
		3.7.4 Ebene der Unterrichtsmedien	209
		3.7.5 Ebene der Raumgestaltung	217
		3.7.6 Fachdidaktische Besonderheiten	218
		3.7.7 Fächerübergreifende Prinzipien	219
	3.8	Planung, Realisierung und Auswertung von Unterricht und Fördermaßnahmen	220

	4	Ausblick	220
	5	Literatur	221

V	Wahrnehmungsförderung und Begriffsbildung als fächerübergreifende Prinzipien des Unterrichts mit blinden und hochgradig sehbehinderten Kindern und Jugendlichen	228

Markus Lang

	1	Wahrnehmungsförderung blinder und hochgradig sehbehinderter Kinder und Jugendlicher		228
		1.1	Einführung	228
		1.2	Wahrnehmung als Teil einer funktionalen Ganzheit	229
		1.3	Entwicklungspsychologische Aspekte	229
			1.3.1 Visuelle Wahrnehmung	230
			1.3.2 Haptische Wahrnehmung	232
			1.3.3 Auditive Wahrnehmung	234
			1.3.4 Olfaktorische und gustatorische Wahrnehmung	236
		1.4	Grundlagen der Wahrnehmung	236
			1.4.1 Wahrnehmungstheoretische und neurophysiologische Grundlagen	236
			1.4.2 Begriffsbestimmung: Wahrnehmung und Wahrnehmungslernen	240
		1.5	Praxis der Wahrnehmungsförderung	241
			1.5.1 Zentrale Anforderungen an Wahrnehmungsförderung	241
			1.5.2 Wahrnehmungsförderung in der Geschichte der Blinden- und Sehbehindertenpädagogik	242
			1.5.3 Bedeutung und praktische Ausgestaltung der Wahrnehmungsförderung in verschiedenen Handlungsfeldern der aktuellen Blinden- und Sehbehindertenpädagogik	244
		1.6	Ausblick	250
	2	Begriffsbildung blinder und hochgradig sehbehinderter Kinder und Jugendlicher		250
		2.1	Einführung	250
		2.2	Grundlagen der Begriffsbildung	251
			2.2.1 Einflussfaktoren und Voraussetzungen	251
			2.2.2 Begriffshierarchien	252
		2.3	Voraussetzungen blinder und hochgradig sehbehinderter Kinder und Jugendlicher für das Begriffslernen	253
			2.3.1 Frühe Eltern-Kind-Interaktion	253
			2.3.2 Motorische Entwicklung	254
			2.3.3 Wahrnehmungsmöglichkeiten	255

		2.3.4 Umwelterfahrung	256

	2.3.5	Kognition	256
2.4	Das Begriffslernen blinder und hochgradig sehbehinderter Kinder		257
	2.4.1	Wortschatzentwicklung	257
	2.4.2	Wortschatz und Wortgebrauch blinder Kinder	258
	2.4.3	Mentale Repräsentationen und Begriffsmerkmale bei blinden und hochgradig sehbehinderten Kindern	259
	2.4.4	Zusammenfassung	260
2.5	»Verbalismus« bei blinden Menschen		260
	2.5.1	Grundlegende Einschätzungen und Forschungsergebnisse	260
	2.5.2	Farbvorstellungen blinder Menschen	262
	2.5.3	Zusammenfassung	263
2.6	Pädagogische Maßnahmen zur Förderung des Begriffslernens blinder und hochgradig sehbehinderter Kinder und Jugendlicher		263
	2.6.1	Aufbau spezifischer Grundlagen für das Begriffslernen	263
	2.6.2	Konkrete Vorgehensweisen für das Lehren von Begriffen bei blinden und hochgradig sehbehinderten Kindern und Jugendlichen ...	266

3	Literatur	268

Vorwort zur zweiten Auflage

Acht Jahre nach Erscheinen der ersten Auflage des Buches wird eine zweite fällig. Wir nehmen diese Tatsache gerne als Anlass, die einzelnen Teile dieses Grundlagenbandes für den Unterricht mit blinden und hochgradig sehbehinderten Schülerinnen und Schülern kritisch durchzusehen. Der Entscheid, die zweite Auflage in ihrer Struktur und thematischen Schwerpunktsetzung analog zur ersten zu gestalten, ist in der Folge bald gefällt. Gleichzeitig nehmen wir die sich nun bietende Gelegenheit gerne zum Anlass, einzelne Themenbereiche durch den Einbezug zwischenzeitlich erfolgter relevanter Entwicklungen und Erkenntnisse zu aktualisieren. Nicht alle fünf Teile des vorliegenden Buches mit ihren ausgewählten Aspekten einer Didaktik, welche den besonderen Bildungsbedarf blinder und hochgradig sehbehinderter Kinder und Jugendlicher berücksichtigt, sind davon in gleicher Weise betroffen. Kleinere wie auch größere Anpassungen und Ergänzungen finden sich dennoch durchgängig im neu aufgelegten Band.

In den vergangenen Jahren haben Diskussionen um Bedeutung und Notwendigkeit der inklusiven respektive integrativen Ausrichtung der Schule an Umfang und Gewicht verloren. Die aktuelle Bildungslandschaft stützt sich auf das zunehmende Selbstverständnis einer Schule für alle, welche Heterogenität bejaht und neue Konzepte entwickelt, um den vielfältigen Bildungsbedürfnissen von Kindern und Jugendlichen individualisierend und differenzierend gerecht werden zu können. Zugehörige Unterrichtsentwicklung fragt nach den Qualitäten des Unterrichts, nach didaktischen Konzepten und deren Wirkungen. Diese sollen Kinder und Jugendliche mit unterschiedlichem und besonderem Bildungsbedarf in ihrem Lernen unterstützen mit dem Ziel, ihnen Erweiterung und Ausdifferenzierung ihrer Kompetenzen zu ermöglichen. Deren Einbezogensein in alle bedeutsamen Lebensräume ist zu gewährleisten durch angemessene Gestaltung von Kontexten des Lernens, der Interaktion wie auch der Kommunikation.

Insbesondere die aktuell herausfordernden kritischen Fragen nach dem »Wie« der Gestaltung von Unterricht, nach dem »What works?« sowie letztlich auch Forderungen und Erkenntnisse aus den Ansätzen evidenzbasierter Didaktik bestärken uns darin, unseren Intentionen der ersten Auflage treu zu bleiben. Ausgehend von den besonderen Voraussetzungen des Lernens bei hochgradiger Sehbehinderung und Blindheit fokussieren wir didaktische und methodische Konzepte und Prinzipien, altbewährte wie neue, die nutzbar sind in der Gestaltung eines Unterrichts, welcher dem besonderen Bildungsbedarf in unterschiedlichen schulischen Settings gerecht werden kann. Referenzpunkt bleibt für uns dabei ein Unterricht, der Aktivitäten wie Partizipation hochgradig sehbehinderter und blinder Lernender in verschiedenen Lern- und Lebensbereichen unterstützt. Wir richten uns damit an alle beteiligten Lehr- und Fachpersonen, welche ihre didaktischen Wissens-, Verstehens- und Handlungskompetenzen reflektieren und weiterentwickeln möchten.

Anlässe zur Überarbeitung von Inhalten ergeben sich für uns vor allem aufgrund der im Folgenden aufgeführten Ereignisse, welche als besondere Meilensteine seit dem Erscheinen des ersten Bandes pädagogische Intentionen beeinflussen.

- Die deutschsprachigen Länder sind der UN-Behindertenrechtskonvention beigetreten (Österreich 2008, Deutschland 2009, Schweiz 2014). Mit dem Inkrafttreten der Konvention sollen die Rechte behinderter Menschen gesichert sowie ein umfassender Diskriminierungsschutz garantiert werden, was auf Diskussionen um die Bildungsteilhabe aller Menschen einen erheblichen Einfluss hat. Akzeptanz und Wertschätzung von Verschiedenheit und Vielfalt ist in Bildungssystemen so zu verankern, dass besondere Voraussetzungen von Lernenden wahrgenommen und deren Lernen wirksam unterstützt werden kann.
- 2011 verabschiedete der Verband für Blinden- und Sehbehindertenpädagogik Standards für die inklusive Beschulung in Form eines »Spezifischen Curriculums«, beruhend auf der langen Tradition der Entwicklung und Ausdifferenzierung der Spezifik des besonderen Bildungsbedarfs sehbehinderter und blinder Lernender, welche schulische Regelcurricula ergänzt. Verbunden damit ist die Forderung, die besonderen Bedürfnisse der betroffenen Kinder und Jugendlichen losgelöst von je verschiedenen staatlichen Schulgesetzen und unterschiedlichen schulischen Settings zu garantieren.
- Seit 2011 liegt die »Internationale Klassifikation der Funktionsfähigkeit, Behinderung und Gesundheit bei Kindern und Jugendlichen« (ICF-CY) auch in deutscher Fassung vor. Dem Wachstum und den wesentlichen Veränderung junger Menschen in ihrer gesamten Entwicklung wird darin Rechnung getragen. Insbesondere in der Komponente der Aktivitäten und der Partizipation erfolgten deshalb wesentliche Anpassungen der bisherigen, auf das Erwachsenenalter fokussierten ICF-Version.
- Hand in Hand mit der Entwicklung kompetenzorientierter Curricula in den unterschiedlichen Stufen und Bereichen schulischer und nachschulischer Bildung und Ausbildung entstanden in den letzten Jahren neue didaktische Konzepte für einen kompetenzorientierten Unterricht. Als bedeutsame Neuerungen sind darin einerseits das weitgehend konsequente Ausgehen vom individualisierenden Lehren und andererseits, als notwendige Ergänzung, dasjenige des kooperativen Lernens von besonderer Bedeutung. Beide bieten fruchtbare Ansätze für die Gestaltung des Unterrichts für hochgradig sehbehinderte und blinde Kinder und Jugendliche.

Die aufgeführten Meilensteine finden ihre Berücksichtigung auf je unterschiedliche Weise in den fünf Themenbereichen des nun vorliegenden ersten Bandes in zweiter Auflage.

Wir bedanken uns herzlich beim Verlag W. Kohlhammer, welcher das Erscheinen dieses Buches in zweiter Auflage ermöglicht.

Heidelberg, Zürich und Berlin im Sommer 2016

Markus Lang
Ursula Hofer
Friederike Beyer

I Sehen oder Nichtsehen: Bedeutung für Lernen und aktive Teilhabe in verschiedenen Bereichen des Lebens

Ursula Hofer

1 Sehen: Funktionen, Bewertung und Zuschreibung

1.1 Wahrnehmung und Erkenntnisgewinn

Menschen sind Augenwesen. Dem Sehen wird für Lernen, für Aktivität und Teilhabe in praktisch allen Lebensbereichen unserer Gesellschaft besonderes Gewicht beigemessen.

Im 17. Jahrhundert wurde von John Locke die Metapher der »tabula rasa« geprägt: Der Mensch ist, wenn er zur Welt kommt, eine leere, unbeschriebene Wachstafel. Seine Erkenntnisse stammen aus sinnlicher Wahrnehmung (Locke 1981, II). Allerdings differenzierte Locke: Alle menschlichen Erkenntnisse entstammen entweder sinnlichen Erfahrungen oder aber der Reflexion des Geistes darüber. Die Sinne liefern in diesem Modell alles Material, welches zu geistiger Reflexion benötigt wird. Die psychische Fähigkeit zur Reflexion nahm Locke als bereits vorhanden an (ebd., 108 f.). Etwas später, im 18. Jahrhundert, versuchte Etienne Bonnot de Condillac, aufbauend auf den Ideen Lockes, wirklich tabula rasa zu machen. Er war der eigentliche Begründer des Sensualismus, der Lehre, welche alle Erkenntnisse und psychischen Zustände auf sinnliche Informationen zurückführt. Wahrnehmung war für Condillac die erste Operation des menschlichen Geistes, aus welcher sich allmählich alle geistigen Fähigkeiten entwickeln (Condillac 1983). Zur Darstellung dieser Entwicklung nutzte er die Fiktion der Marmorstatue. Indem er ihr nacheinander die fünf Sinne verlieh, ließ er sie langsam zu vollem Leben erwachen.

Die Bedeutung sinnlicher Empfindungen

Die sensualistische Vorstellung, wonach alle geistigen Fähigkeiten des Menschen sich allein aus seinen Wahrnehmungsfähigkeiten aufbauen, ist längst widerlegt. Geblieben sind Fragen der Gewichtung und der Verbindung sinnlicher Wahrnehmung im Gewinn von Erkenntnis. Insbesondere aber interessieren die Möglichkeiten der optimalen Kompensation ausfallender sinnlicher Informationen durch solche aus anderen Sinnesmodalitäten. Zumeist wird dabei auf die absolute mengenmäßige Dominanz der visuellen Anteile verwiesen. So besteht heute grundsätzlich Konsens darüber, dass durch das Auge in kürzerer Zeit mehr Informationen aufgenommen werden können als durch die anderen Sinne. Die zur Quantität häufig genannte Summe von 80 % scheint einen fast magischen Wert darzustellen: »Über die Augen werden 80 % unserer Informationen aufgenommen« (Käsmann-Kellner 2005, 67). Gleiche oder ähnliche mengenmäßige Angaben machen auch andere Autoren und Autorinnen (Krug 2001; Wagner 2003; Walthes 2003; Zihl et al. 2012). Gleichzeitig wird unsere Welt beschrieben, als eine »im Wesentlichen visuelle Welt«, was die besondere Bedeutung dieser Sinnesmodalität für Erfahrung und Erkenntnis unterstreicht (Zihl et al. 2012, 9).

1.2 Sehen: Ein komplexes System

Das visuelle System des Menschen ist hierarchisch strukturiert. Grob unterteilen lässt es sich in einen physiologischen (okularen) Bereich mit primär aufnehmenden Funktionen und einen cerebralen oder zentralen (neurologischen) Bereich, in welchem die Verarbeitung des Aufgenommenen erfolgt.

1.2.1 Sehen physiologisch (okular)

Die Augen, kugelförmige, mit Flüssigkeit gefüllte Hohlkörper, nehmen Sehinformationen auf, deren vielfältige Verarbeitung erst im Gehirn stattfindet. Wie Dutton betont, ist es das Gehirn, das ›sieht‹ (2013). Mit den Augen wird physikalische Energie in Form von Lichtwellen vom Sehsystem aufgenommen und über okulare Zwischenstationen zu den Rezeptoren der Netzhaut geleitet. Das okulare System besteht aus dem Augapfel und seinen Hüllen. Die innerste ist die Netzhaut (Retina) mit ihren Rezeptoren (farbempfindliche Zapfen und hell-dunkel-empfindliche Stäbchen).

Strahlengang durch das Auge: Akkommodation und Adaptation

Bevor das Licht durch die Rezeptoren in elektrische Impulse umgewandelt wird, sorgen Hornhaut und Linse (brechende Medien) dafür, dass die eintreffenden Lichtstrahlen so gebündelt und gebrochen werden, dass sie genau auf der Netzhaut auftreffen. Wird ein ausgewähltes Objekt angesehen, so bildet es sich – bei angemessenem Akkommodationsvermögen – auf der Netzhaut in der Makula ab. Hier, im Zentrum der Netzhaut, sind die Rezeptoren dicht beisammen und entsprechend scharf wird das Objekt abgebildet (vgl. Lang et al. 2004). Bei zu starker oder zu schwacher Brechung rufen die Lichtstrahlen allerdings keine scharfe Abbildung eines Sehobjekts auf der Netzhaut hervor. Werden die Strahlen zu stark gebündelt, liegt ihr Brennpunkt bereits vor der Netzhaut; das Auge ist zu lang. Dieser Brechungsfehler wird als Kurzsichtigkeit (Myopie) bezeichnet. Bei zu schwacher Bündelung treffen sich die Strahlen erst hinter der Netzhaut. Das somit zu kurze Auge wird als weitsichtig (hyperop) bezeichnet. Beide Sehschwächen lassen sich durch Linsen, die die Lichtstrahlen entweder zusätzlich brechen oder der zu starken Brechung durch Streuung entgegenwirken, korrigieren. Die Pupille, ein

Loch in veränderbarer Größe im ringförmigen Muskel, Iris genannt, regelt die Menge des ins Auge einfallenden Lichts (Adaptation). Mit dem Mechanismus von Iris und Pupille kann das Auge sich unterschiedlich hellen oder dunklen Umwelten anpassen (ebd., 464 ff.). In der Netzhaut wird das Licht auf der Basis photochemischer Vorgänge in elektrische Impulse umgewandelt, welche als Nervenimpulse über Bipolar- und Ganglienzellen an die Fasern des Sehnervs (Nervus opticus) abgegeben und von diesen an zentralnervöse Strukturen im Mittel- und Zwischenhirn und letztlich an die Sehrinde weitergeleitet werden (Zihl & Priglinger 2002, 20).

Papille oder »Blinder Fleck«

Alle Menschen haben einen blinden Fleck. Dieser ist bedingt durch das Fehlen von Sehzellen an derjenigen Stelle der Netzhaut, an welcher alle Sehnerven gebündelt ins Gehirn weitergeleitet werden. Hier, in der Papille, dem blinden Fleck, fehlen die Photorezeptoren, weshalb ab dieser Stelle ein absoluter Sehausfall stattfindet (Lang et al. 2004, 394). Weil das Gehirn die wegfallenden Reize durch erhaltene Informationen aus dem Kontext ergänzt (füllt), nimmt kein Mensch seinen blinden Fleck als solchen wahr.

Besondere Sehfunktionen – Individualität des Sehens

Besondere individuelle Sehleistungen ergeben sich aus verschiedenen funktionalen Beeinträchtigungen. Ist das Auflösungsvermögen, das scharfe Sehen beeinträchtigt, so ergeben sich Probleme im Erkennen der formalen Beschaffenheit von Objekten. Die Lesefähigkeit kann in diesem Falle aufgrund gestörter Trennschärfe im Erkennen von Buchstaben und Wörtern betroffen sein. Zudem geht mit einem vollständigen Ausfall des Sehens im Zentrum der Netzhaut (Makula) der Verlust des Farbensehens einher. Die verbleibenden Sehzellen am Rande der Netzhaut werden normalerweise erst in der Dämmerung aktiv. Sie reagieren hochsensibel auf Licht, können aber keine Farben unterscheiden. Ist dagegen das Sehen im Netzhautzentrum intakt, dafür aber das Gesichtsfeld in der Peripherie stark eingeschränkt, so sind formale und farbliche Details gut erkennbar, aber deren Einbettung in ein Ganzes, der Überblick, ist erschwert. Und weil die Zellen, welche schwarz-weißes Sehen und Sehen bei schwacher Lichtintensität ermöglichen, in der Peripherie der Netzhaut angesiedelt sind, führt ein Verlust derselben überdies zu Nachtblindheit und zu Orientierungsschwierigkeiten in nicht optimal ausgeleuchteten Räumen.

Die Beweglichkeit der Augen, deren Motilität, verweist darauf, dass Sehen immer mit angemessenen Bewegungen der Augenmuskeln verbunden ist.

Ob die Fähigkeit scharf zu sehen, Farben zu erkennen oder diejenige, auch im Dunkeln etwas wahrzunehmen, beeinträchtigt ist, ob eine extreme Blendempfindlichkeit vorliegt, ob ein Einstellen der Augen auf einen bestimmten, ausgewählten Gegenstand – das Fixieren – erschwert ist: Immer ist Sehen etwas höchst Individuelles, welches sich der unmittelbaren Beobachtung entzieht.

1.2.2 Modell zur Erfassung okularer Sehfunktionen in systemischer Ausrichtung

1983 hat Corn ein Modell zur Veranschaulichung der visuellen Funktionen entworfen, welches neben den visuellen Leistungen die Qualitäten der visuellen Außenreize sowie weitere individuelle Voraussetzungen für das Sehvermögen mitberücksichtigt.

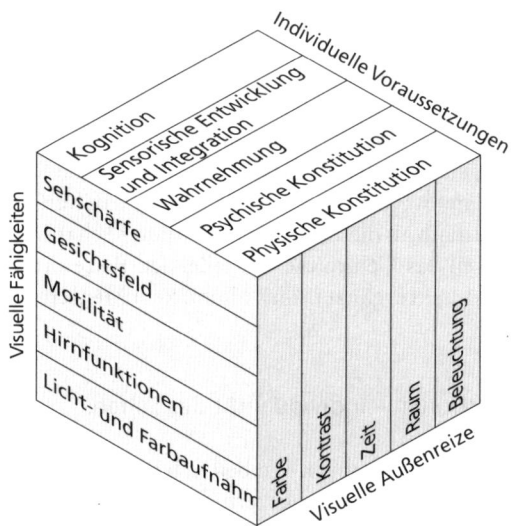

Abb. 1: Faktorenmodell des funktionalen Sehvermögens (Corn 1983)

Corns Würfelmodell ist somit ein Vorläufer der ICF, der Internationalen Klassifikation der Funktionsfähigkeit, Behinderung und Gesundheit (vgl. 3 in diesem Kapitel). Hier folgt ein kurzer Überblick über die Vorderseite des Würfels, welcher die Sehschärfe, das Gesichtsfeld, die Motilität, Hirnfunktionen sowie die Licht- und Farbaufnahme enthält, von Corn als »visuelle Fähigkeiten« bezeichnet.

Sehschärfe/Visus

Das Auflösungsvermögen des Auges wird gemessen mit Optotypen, in Form von Buchstaben, Zahlen oder Landoltringen (nicht ganz geschlossenen Kreisen). Bei einer Messung ohne korrigierende optische Hilfsmittel (sine correctione: s. c.), wird das Ergebnis als Sehleistung bezeichnet. Im Unterschied dazu wird von Sehschärfe (Visus) gesprochen, wenn die Messung mit optimaler Korrektur durch optische Hilfsmittel (cum correctione: c. c.) erfolgt (Lang et al. 2004, 457). Der Visus wird mit Dezimalen angegeben, wobei ein Visus von 1,0 als Normwert gilt. Mit dem Visuswert wird verwiesen auf die Größe eines gerade noch erkennbaren Optotypen (ebd., 4).

Abb. 2: Sehtafel SZB Bailey

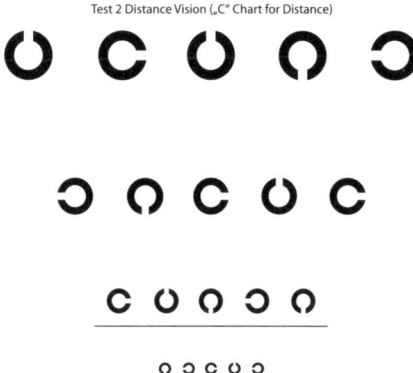

Abb. 3: Sehtafel Landoltringe

Wird ein Sehzeichen, welches, um einen Visus von 1,0 zu erhalten, auf eine bestimmte Entfernung erkannt werden sollte (Normalentfernung/Soll), erst bei einem geringeren Abstand erkannt (Testentfernung/Ist), so lässt sich aus dieser Differenz der Visus mit der folgenden Formel berechnen:

$$\text{Visus} = \frac{\text{Testentfernung}}{\text{Normalentfernung}}$$

Wenn die Normalentfernung 6 m beträgt und das Sehzeichen erst in einer Entfernung von 4 m erkannt wird (4/6), ergibt das einen Visus von 0,66.

Sehschärfe kann auch als Trennschärfe bezeichnet werden. Der Abstand eines Objekts zu einem anderen ist somit neben deren Größe von Bedeutung. Je größer die Optotypen auf einer Sehtafel sind, desto größer ist die Distanz zwischen ihren

Elementen (z. B. zwischen den Balken des E) und desto leichter sind sie erkennbar. Damit zwei Objekte als getrennt wahrnehmbar sind, muss auf der Netzhaut zwischen zwei gereizten Zellen (Fotorezeptoren: Stäbchen und Zapfen) mindestens eine weniger gereizte liegen. Weil die Sehzellen in der Mitte der Netzhaut am dichtesten sind, ist dort die Sehleistung am größten. Aufgrund der abnehmenden Dichte der Sehzellen nimmt sie gegen die Peripherie der Netzhaut zu kontinuierlich ab (ebd., 457). Der gemessene Visus ist auch abhängig von der Beleuchtung, vom Kontrast und der Anordnung von Sehzeichen.

Die Sehschärfe für die Ferne ist für Orientierung und Zurechtfinden im Raum wichtig, diejenige für die Nähe insbesondere für die Kulturtechniken Lesen und Schreiben. Hier ist zudem die Fähigkeit bedeutsam, Sehzeichen als Abfolgen ohne großen Abstand (Wörter, Rechnungen, Formeln) zu erkennen.

Gesichtsfeld

Als Gesichtsfeld wird der Teil der Außenwelt bezeichnet, welchen man bei gerade gehaltenem Kopf und unbewegten Augen (Geradeaus-Schauen) erfassen kann. Das monokulare Gesichtsfeld beträgt temporal bis 90° nasal und oben bis 60° und nach unten bis 75°. Ein grober Richtwert: Ein Gesichtsfeld von 10° in eine bestimmte Richtung entspricht der Fläche, welche man mit der Faust bei ausgestrecktem Arm (im Abstand von ca. 50 bis 60 cm) verdeckt.

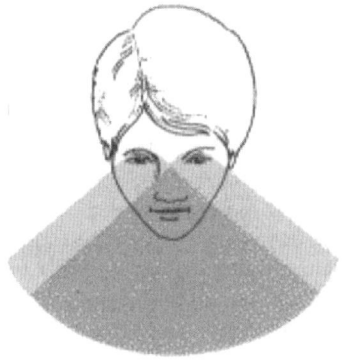

Mensch

Abb. 4: Gesichtsfeld des Menschen[1]

Motilität

Mit gezielten und koordinierten Augenbewegungen können Sehobjekte so »ins Auge gefasst werden«, dass sie auf die zentrale Stelle der Netzhaut mit dem größten

---

1 http://www.hunde-erziehung.de/index.php/anatomie-gesundheit/die-augen

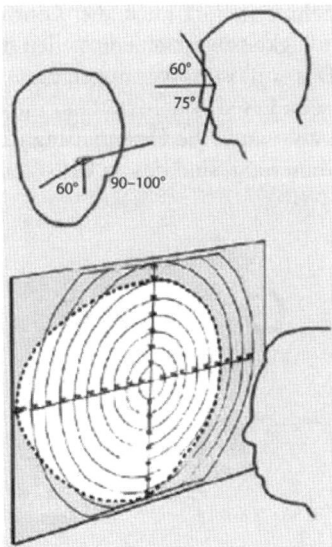

Abb. 5: Normales Gesichtsfeld[2]

Auflösungsvermögen fallen. Das sogenannte Springen und Fixieren der Augen ist beim raschen Überblick-Nehmen, beim differenzierten Erfassen von Formen, Objekten und komplexen Situationen und beim Lesen von maßgeblicher Bedeutung.

Hirnfunktionen

Sehen und Wahrnehmen erfolgt nicht im Auge, sondern aufgrund von komplexen Verarbeitungsvorgängen in verschiedenen Bereichen des Gehirns, also cerebral.

Licht- und Farbaufnahme

Für die Fähigkeit, Farben unterscheiden zu können sowie für das Sehen bei großer Lichtintensität (Tagessehen), sind die als Zapfen bezeichneten Rezeptoren der Netzhaut zuständig. Die andere Art von Rezeptoren, die Stäbchen, reagiert auf geringere Lichtintensität und wird somit beim Sehen in der Dämmerung oder nachts aktiv. Von angeborenen Störungen des Farbsehens sind Männer weitaus mehr betroffen als Frauen. Es gibt Farbsinnschwächen, bei denen einzelne Farbtöne nicht gut unterschieden werden können (oft grün oder rot), oder Farbblindheit, wenn einzelne Zapfensysteme fehlen. Absolute Farbenblindheit ist sehr selten; sie entsteht, wenn die Funktion der Zapfen ganz ausfällt (Lang et al. 2004, 325).

---

2 http://www.lea-test.fi/de/einschat/teil1/images/fig1.gif

Zur Licht- und Farbaufnahme gehört auch die Kontrastsensitivität. Schwache Kontraste, d. h. geringe Helligkeitsunterschiede stellen höhere Anforderungen an das Sehen als prägnante. Das Auflösungsvermögen des Auges kann bei schwachen Kontrasten beeinträchtig sein. Lesen von Texten mit ungenügender Abhebung der Schrift vom Hintergrund, aber auch die Orientierung im Nebel, an einem trüben Wintertag oder in der Dämmerung, sind davon betroffen.

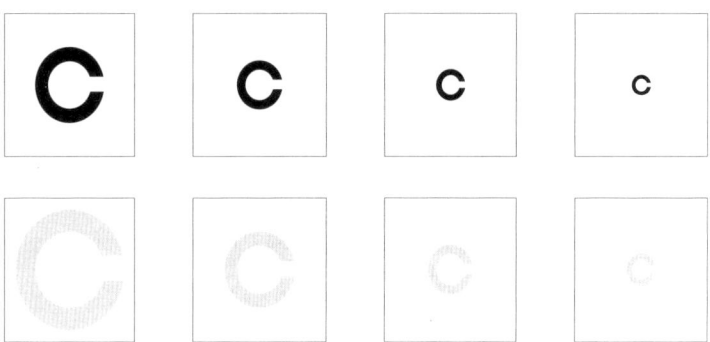

Abb. 6: Landoltringe zur Messung der Kontrastsensitivität[3]

1.2.3 Sehverarbeitungsprozesse im Gehirn (cerebral)

Nachdem die eingehenden Lichtsignale in der Netzhaut aufgrund fotochemischer Vorgänge in elektrische Impulse umgewandelt sind, werden sie über verschiedene Zellen zu den Fasern des Sehnervs geleitet. Im Chiasma opticum überkreuzt sich je die Hälfte der Nervenfasern, wodurch die Informationen aus den innenliegenden, nasalen Netzhautbereichen in die jeweils gegenüberliegende Hirnhälfte geführt werden. Auf verschiedenen Bahnen gelangen diese Impulse zu verschiedenen zentralnervösen Strukturen des Mittel- und Zwischenhirns und weiter zu den visuellen Rindenfeldern in den hinteren Teilen der Großhirnhälften, den Okzipitallappen (Kebeck 1994; Zihl et al. 2002; Lang et al. 2004).

Aufgrund der ausgeprägten funktionellen Spezialisierung des Gehirns erfolgt die Analyse bestimmter Informationsanteile in dafür je zuständigen einzelnen Arealen der Hirnrinde (Kortex).

> »Funktionelle Spezialisierung bedeutet, dass einzelne Areale in besonderer Weise für die Analyse bestimmter Informationsanteile wie Farbe, Form, Bewegung und Raum (Position, Entfernung, Richtung) ausgestattet sind. Sie spielen somit für die visuellen Teilleistungen eine kritische Rolle. Zusätzlich ist der visuelle Kortex topographisch organisiert, d. h. jedes visuelle Areal besitzt seine eigene Repräsentation des Gesichtsfeldes« (Zihl et al. 2012, 15).

---

3 http://www.tbsv.org/index.php?site=kontrast

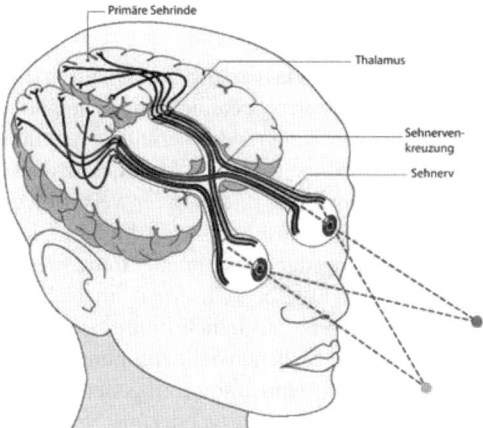

Abb. 7: Sehnervenkreuzung – Chiasma opticum[4]

Routen der Informationsverarbeitung

Von den Okzipitallappen führt der dorsale Strom in die hinteren Parietallappen (Scheitellappen). Er ermöglicht eine Gesamteinschätzung sensorischer Eindrücke und ein Herausfiltern besonders relevanter Informationen. Damit sichert er das visuelle Suchen, die visuelle Aufmerksamkeit und letztlich die visuelle Steuerung der Bewegungen von Extremitäten und Körper. Der ventrale Strom verbindet die Okzipitallappen mit den Temporallappen (Schläfenlappen), welche eine Art visueller »Bibliothek« des Gehirns enthalten. Er ermöglicht das (Wieder-)Erkennen des Gesehenen mit Hilfe des visuellen Gedächtnisses für Menschen, Tiere, Objekte, Formen, insbesondere aber auch für Gesichter und Gesichtsausdrücke (Dutton 2013).

Das Modell dieser beiden Hauptrouten im neuronalen System ist aber zu erweitern durch die phylogenetisch ältere, tektale Bahn (vgl. Laemers 2004, 230 ff.). Diese geht über den Vierhügel zu weiteren okulomotorischen Kernen und dann über das Pulvinar (ein Kerngebiet des Thalamus, das sich über den Kniehöckern befindet) direkt in die Areale des visuellen Kortex. »Das Sehen erfolgt hier ohne direkte ›Bildanalyse‹, aber mit einer hohen Effektivität des Sehens von Bewegungen – wobei dieses oftmals unbewusst ist – aber wiederum direkte Handlungen – wie beispielsweise Ausweichen von einem Gegenstand – ermöglicht« (Hyvärinen 2001). Es scheint neurologisch eine Trennung zu geben zwischen dem Sehen, welches eine schnelle visuelle Kontrolle erfordert und insbesondere auch der räumlichen Orientierung dient, und demjenigen, welches zu bewusster visueller Wahrnehmung führt (Dutton 2001).

Komplexe Verarbeitung der Sehinformationen

Neben dem Okzipitallappen kommt dem Frontallappen eine wichtige Funktion im Sehprozess zu, erfolgen hier doch Regulationsprozesse in Bezug auf die Steuerung

---

4 http://www.digopaul.com/english-word/chiasma.html

und Fokussierung der Aufmerksamkeit, der Motivation und der Impulse (Felder 2009, 141).

Laemers (2004) verweist darauf, dass an der Verarbeitung der Sehinformationen im Gehirn mindestens dreißig Zentren beteiligt sind. Die ganze Informationsverarbeitung kann parallel nebeneinander oder seriell in Abfolge oder aber hierarchisch, auf über- und untergeordneten Ebenen, erfolgen. Zudem sind die verschiedenen Verarbeitungssysteme reziprok miteinander verbunden, sodass zusätzlich Interaktionen auf und zwischen allen Ebenen stattfinden. Die Frage, wie solchermaßen verteilte Information wieder zusammengeführt wird, verweist auf das vorhandene Bindungsproblem: Es gibt kein Areal im Gehirn, wo alle visuellen Informationen zusammenkommen. Zusätzlich kompliziert wird das Ganze angesichts der Tatsache, dass unter natürlichen Sehbedingungen nicht isolierte Objekte wahrgenommen werden. Figuren sind immer eingebettet in einen Hintergrund, bestehend aus anderen Objekten, welche wiederum Neuronen in verschiedenen visuellen Arealen reizen (ebd.).

1.2.4 Sehentwicklung: Auge und Gehirn

Das menschliche Gehirn entwickelt sich vor allem in den ersten Lebensjahren, wobei insbesondere beim Sehen die nachgeburtliche Entwicklung bedeutend ist. Die Entwicklung des Sehsystems ist umweltabhängig. Ohne visuelle Erfahrungen können sich die zentralnervösen Strukturen und Funktionen nicht differenzierend ausgestalten. Die rezeptiven Felder der Nervenzellen des visuellen Kortex entwickeln sich hinsichtlich Größe und Aufnahmekapazität, aber auch hinsichtlich ihrer Spezialisierung und Fähigkeit zur Kooperation mit anderen Nervenzellen aufgrund all ihrer gemachten Wahrnehmungen, deren Vielfalt und Qualität. Eine erworbene Hornhautverkrümmung (Astigmatismus) beeinträchtigt demzufolge die Entwicklung bestimmter Konturrichtungen. Okular verursachte visuelle Deprivation führt zu einer Minderentwicklung der Funktionsfähigkeit des zugehörigen visuellen Kortex. Die Anzahl der funktionstüchtigen Nervenzellen kann abnehmen, deren rezeptive Felder können schrumpfen und dadurch erreichen die Zellen keine ausreichende Spezialisierung zur Verarbeitung von Mustermerkmalen (Zihl et al. 2012, 18).

Sehbeeinträchtigungen im peripheren Bereich können somit dazu führen, dass die zugehörigen zentralen Strukturen morphologisch und funktionell nicht ausreichend differenziert werden können.

Vernetzte Entwicklung

Insbesondere räumliches Sehen beruht nicht nur auf der Entwicklung der visuellen Wahrnehmung. Ebenso bedeutsam sind dafür die zunehmenden motorischen Kompetenzen und eine verbesserte Handlungssteuerung des Kindes. In der Entwicklungsphase, in welcher Sehnerv, Augenmuskulatur und somit die Blickkontrolle sowie die visuelle Aufmerksamkeitssteuerung hinreichend entwickelt sind und motorische Fortschritte neue visuelle Reize erschließen, steigt die Synapsendichte im visuellen Kortex stark an.

»Der Zeitpunkt ist gut gewählt, denn nun ist das Kind optimal vorbereitet, visuelle Informationen aufzunehmen und die Besonderheiten seiner Lebensumwelt in komplexer Weise zu erfassen. Was jetzt darüber entscheidet, welche Synapsen wieder abgebaut werden und welche weiter existieren, lässt sich am ehesten durch die einfache Parole ›use it or loose it‹ ausdrücken« (Pauen 2006, 37).

1.3   Sehen – Nicht Sehen: Zuschreibungen und Bedeutungen

Die offenbare Dominanz des Sehens in der Wahrnehmungsorganisation des Menschen scheint die Vorstellung von und den Umgang mit Blindheit zu beeinflussen. Das Auge ist ein wesentliches Symbol menschlicher Interaktion. Die Tatsache, dass früher die Fähigkeit des Sehens nicht selten einfach als »Gesicht« bezeichnet wurde, dass man auch heute noch die Augen als »Spiegel der Seele« betrachtet, belegt dies anschaulich. Augen werden zum zentralen äußeren Merkmal des Menschen gemacht und gleichzeitig sind sie in ihrem symbolischen Gehalt hoch befrachtet. In besonderen Situationen blickt man sich »tief in die Augen«, sexuelles Begehren hat viel mit Sehen zu tun und die Furcht, durch Abwesenheit in Vergessenheit zu geraten, wird in der resignierenden Weisheit »Aus den Augen, aus dem Sinn« ausgedrückt. Rivalisierende Gegner lassen sich nicht gerne »aus den Augen«; der »böse Blick« kann allerdings eine besondere Gefährdung darstellen. Das Auge ist derjenige Teil des Körpers, der stark verletzungsanfällig ist. Seine Fragilität bietet sich als eindrückliche Metapher an: Immer wieder landen wir unversehens in gefährdenden Situationen, die »ins Auge gehen können« (Hofer 2005, 281). Sehen wird in der Regel auch in engen Zusammenhang mit Lernen, Denken und Verstehen gebracht. Diese Verbindung ist so geläufig, dass der Begriff »sehen« gleichzeitig zur Bezeichnung der physiologischen Sinnestätigkeit und als zentrale Instanz des Erkennens, als Inbegriff kognitiver Fähigkeiten des Menschen, verwendet wird. Wir »sehen das Problem«, haben »den Durchblick« und dann wird die Lösung »augenfällig« (ebd., 282).

Sehende – Sehbehinderte – Blinde: Mechanismen der Stigmatisierung

Kategorisierungen evozieren die Möglichkeit systematisierender Zuordnung. Eindeutige Kriterien gibt es jedoch nicht, weder aus der Innen- noch aus der Außensicht. Die Übergänge sind fließend, die gefühlte Zugehörigkeit kann situativ variabel sein. Dies ergibt sich bereits aus den Bereichen der Würfelseite »Visuelle Außenreize« im Corn'schen Modell (vgl. oben, 1.2.2). Ständig wechselnde Licht- und Farbverhältnisse der Umwelt lassen Funktionen des Sehens in starkem Maße abhängig werden von tages- und jahreszeitlichen Rhythmen, von urbanen oder ländlichen Gepflogenheiten der Ausleuchtung des öffentlichen Raumes. So werden gerade Menschen der Gruppe »Sehbehinderte«, oft entweder derjenigen der Sehenden oder aber der Blinden zugewiesen. Im ersten Fall werden von ihnen mehr oder weniger gleiche Verhaltensweisen und Bedürfnisse wie von sehenden Menschen erwartet. Im zweiten Falle werden sie mit allen, »blindenspezifischen« Zuschreibungen versehen. Wenn sehbehinderte Menschen sich ihrerseits, um dieser ungesicherten Position zu entkommen, der einen oder anderen Gruppe zugeneigt fühlen, kann das als »Stigma-Management«, als Teil ihrer »Identitätspolitik« (Goffman 1974) betrachtet werden.

Aufgrund der Signalfunktion blindenspezifischer Hilfsmittel sind die Nutzenden gewissermaßen eindeutige Erscheinungen. Weiße Stöcke oder Führhunde sind nicht nur effektive Hilfen, sondern gleichzeitig auch unbarmherzige »Offenbarer« von Behinderung. Diese wird zur von außen gut sichtbaren Eigenschaft der Person, zum Stigma (ebd.), über welches die Anderen glauben, Bescheid zu wissen. Auf dieser Grundlage besteht nun – gemäß Stigma-Theorie – die Tendenz, der betroffenen Person weitere Besonderheiten zuzuschreiben, welche primär und objektiv nicht mit der funktionalen Beeinträchtigung in Zusammenhang stehen müssen (Tröster 1990). Das Stigma wird dadurch zum »Masterstatus« der betroffenen Person. Die erfolgte Etikettierung bietet den Zuweisenden eine Sicherheit gebende Systematisierung, welche sie als Orientierungshilfe in interaktiven Situationen bewusst oder unbewusst nutzen können.

Das »Stigma-Management« einer betroffenen Person kann aus Annahme der ihr zugedachten Rollen und an sie gestellten Erwartungen bestehen, was wiederum die Außenwelt in ihrer Sichtweise bestätigt: Diese Person ist so, ist z. B. »eine hilfebedürftige und dankbare Blinde«. Eine entschiedene persönliche Ablehnung der Rolle könnte allenfalls deren Entscheidungsfreiheit in Bezug auf die Nutzung von Hilfsmitteln zur Mobilität, von assistiven Technologien oder Schriftsystemen beeinflussen. Sie könnte gerade im Jugendalter zum Widerstand gegen behinderungsspezifische Hilfsmittel oder damit verbundenen Kompetenzerwerb führen. Falls sich die individuelle Autonomie aufgrund dieser Entscheidungen einschränkt, bestätigen sich etikettierende Rollenerwartungen. Normative Zuschreibungen können so gefestigt und als stabile Persönlichkeitsstrukturen verbucht werden.

Blindsein als ästhetische Dimension?

Zwei gegensätzliche Auffassungen von Blindheit lassen sich oft finden: Der hilflose Blinde steht dem zu außergewöhnlichen Leistungen befähigten gegenüber. Er ist wahlweise Objekt des Mitleids oder der Verehrung, grundsätzlich immer aber der Neugier. Als stereotype Reaktionen fällt diffuses »Helfen-Wollen« und Bemitleiden auf, oft vermischt mit Bewunderung über wahrnehmbare Aktivität und Mobilität. Während einerseits Vorstellungen von »Behinderung« handlungsleitend werden, erfolgt gleichzeitig ein Rekurs auf Mythen und Legenden.

Dass ein Interesse der Sehenden an Einblicken in die Strukturen eines anderen, durch reduziertes oder fehlendes Sehen geprägtes Weltverständnisses vorhanden ist, ließe sich aus der aktuell großen Beliebtheit von Dunkel-Bars oder -Restaurants, von Kulturanlässen jeglicher Art wie Museumsbesuche, Lesungen oder Diskussionen im Dunkeln schließen. Ob die Besonderheiten von beeinträchtigtem Sehen außerhalb des Event-Charakters dieser Einrichtungen diskutiert werden, ist fraglich. Der Neurologe Oliver Sacks hat verschiedentlich sein forschungsmäßiges Interesse an den Vorstellungsbildungen blinder Menschen offenbart. Mit dem Essay »Was Blinde sehen« (2006) hat er indessen die Kritik Selbstbetroffener auf sich gezogen. Schmid (2006) stört sich am bestimmenden Ton und der zuschreibenden Manier, die bereits der Titel offenbart, insbesondere aber auch an der Tatsache, dass Sacks keinen einzigen geburtsblinden Menschen dazu befragt hat.

Wenn Sehende sich der Blindheit als »Kultur« resp. als »Event« bedienen, ist diese Gefahr immer latent vorhanden: Der ästhetische Aspekt wird zentral in seiner Bedeutung. Der blinde Mensch wird plakativ vereinnahmt, während seine wirklichen sinnlichen Voraussetzungen zu Aktivität und Teilhabe in allen Lebensbereichen vernachlässigt oder zumindest nicht ausreichend differenziert betrachtet werden.

Etikettierung – Stigmatisierung im Zeitalter von UN-Behindertenrechtskonvention und Inklusion?

Die Sehgeschädigtenpädagogik betrachtet die UN-Behindertenrechtskonvention wie auch die Inklusion als Meilensteine. Die Behindertenrechtskonvention soll einen umfassenden Diskriminierungsschutz garantieren, Inklusion soll die Wertschätzung von Verschiedenheit und Vielfalt in Bildung und Erziehung verankern. Inklusion will Ausgrenzung, welche eine Integration erst notwendig macht, verhindern. Ihre zentrale Aufgabe besteht in der Veränderung gesellschaftlicher Haltungen, welche zur Aussonderung von Minderheiten führen (Hölscher 2010). Die Autorin gibt sich realistisch in Bezug auf die Wirkungen, wartet insbesondere auf Auswirkungen des Paradigmenwechsels in Gestalt von Veränderungen des Alltags. Alltagsberichte und empirische Belege in Bezug auf soziale und emotionale Teilhabe sehbehinderter und blinder Jugendlicher in schulischer Inklusion oder Integration stützen diese Einschätzung: Im Jugendalter, wo Interaktionen mit Gleichaltrigen bedeutsam für die Identitätsentwicklung sind, scheinen nach wie vor Schwierigkeiten in sozialer Gemeinschaft mit nicht behinderten Peers zu bestehen (Rodney 2011). Für blinde und sehbehinderte Jugendliche ist der Kontakt mit Gleichbetroffenen deshalb wichtig für ihre emotionale und soziale Entwicklung. Sie selbst schätzen diese Kontakte überdies als ungezwungener und weniger anstrengend ein als diejenigen mit nicht sehbehinderten Peers (Hennies et al. 2015).

Solche und andere Befunde belegen, dass in der Realisierung von Inklusion mit selbstverständlicher Normalität von Verschiedenheit sowie vollständiger Eliminierung von Diskriminierung weitere Entwicklungen notwendig sind.

2 Klassifikation von Sehschädigungen

Blindheit und Sehbehinderung werden im deutschen Sprachraum oft zusammengefasst unter dem Oberbegriff »Sehschädigung«. Einteilungen nach dem Schweregrad der Behinderung erfolgen augenmedizinisch und sozialrechtlich grundsätzlich anhand der Sehschärfe (Visus). Ergänzend festgehalten werden oft Ausfälle des Gesichtsfeldes und allenfalls weitere Funktionsbeeinträchtigungen (vgl. oben 1.2.2).

2.1 Prävalenzen und Klassifikation anhand des Visus

Zu den Häufigkeiten von Sehschädigungen insgesamt sind verfügbare Angaben alles andere als einfach zu interpretieren. Dies hat zum einen damit zu tun, dass Klassifikationen nicht einheitlich sind, zum anderen beruht das Problem auch auf der unterschiedlichen Kriterien folgenden sowie nicht flächendeckenden Erfassung.
Die folgende Tabelle enthält eine Klassifizierung gemäß Visus sowie geschätzte Prävalenzen.

Tab. 1.1: Klassifizierungsmodelle für Sehschädigung (DOG, WHO) und Schätzungen der Häufigkeiten
Anmerkungen: *Bertram (2005) auf Basis der WHO-Angaben, **Spring (2012)

	Definition der Sehschädigung anhand der Sehschärfe (Visus)			
Deutsche Ophthalmologische Gesellschaft (DOG) (2011)	0,3 bis 0,05 Sehbehinderung		0,05 bis 0,02 hochgradige Sehbehinderung	unter 0,02 Blindheit
International Classification of Diseases ICD, WHO (2015)	0,3 bis 0,1 moderate Sehschädigung	0,1 bis 0,05 schwere Sehschädigung	0,05 bis 0,02 Blindheit	0,02 bis Lichtscheinwahrnehmung	Keine Lichtscheinwahrnehmung
	Geschätzte Zahl der betroffenen Personen			
Deutschland*	1 066 000		164 000	
Schweiz**	315 000		10 000	

Die tabellarische Übersicht erlaubt keine Aussagen zur altersmäßigen Verteilung. Es ist unbedingt zu berücksichtigen, dass hier sehr große Unterschiede bestehen. So geht aus den Angaben des Statistischen Bundesamts (2013) für Deutschland hervor, dass im Jahr 2011 von den blinden- und sehbehinderten Menschen, die einen Schwerbehindertenausweis besaßen, 77 % sechzig Jahre und älter waren. Gemäß Spring (2012) ist für die Schweiz davon auszugehen, dass der prozentuale Anteil sehgeschädigter Menschen von 0,4 % in der Altersgruppe der null- bis 19jährigen auf 8,9 % der sechzig- bis 79jährigen ansteigt. Für das Schulalter ergibt sich laut Statistik der Kultusministerkonferenz in Deutschland im Schuljahr 2013/14 eine Zahl von 7.400 sehgeschädigten Schülerinnen und Schülern. Bei dieser Angabe ist allerdings zu beachten, dass Menschen mit Sehschädigungen und zusätzlichen Behinderungen nicht ausreichend berücksichtigt werden. Dieser Einwand gilt grundsätzlich für alle statistischen Angaben zu Häufigkeiten von Blindheit und Sehbehinderung.

2.2 Pädagogische Definition von Blindheit und hochgradiger Sehbehinderung

Die Festlegung von Blindheit geht in der Regel aus von gänzlich wegfallender oder sehr begrenzter Lichtwahrnehmung sowie den fehlenden Möglichkeiten der räumlichen Orientierung und Mobilität ohne blindentechnische Hilfsmittel. Im

Sinne der funktionalen Einstufung von Sehbeeinträchtigungen ist ein blinder Mensch zudem ohne angepasste Techniken und Strategien stark eingeschränkt in der Kommunikation, in Aktivitäten des Alltags und in allen Aktivitäten im Nahbereich, insbesondere Lesen und Schreiben (Hyvärinen 2001).

> »Blinde Kinder und Jugendliche können nicht mehr oder nur in sehr geringem Maße auf der Grundlage visueller Eindrücke lernen. Sie nehmen Informationen aus der Umwelt insbesondere über das Gehör und den Tastsinn sowie über die der Haut, des Geruchs und des Geschmacks auf. Die kompensierenden Funktionen dieser Sinne können durch geeignete Lernangebote entwickelt und gefördert werden« (KMK 2000, 179).

Diese Definition, im Sinne einer pädagogischen Ausgangslage, ist weitgehend kompatibel mit der 13 Jahre älteren von Schindele:

> »Die Bezeichnung blind erhalten nur jene Schüler, die kein Sehvermögen haben oder deren Sehvermögen so gering ist, dass es im Lern- und Wahrnehmungsprozess keine sinnvolle Hilfe darstellt. Medien, Vermittlungs- und Erarbeitungsformen und Techniken sind in ihrem Unterricht fast ausschließlich auf nichtvisuelles Lernen abgestimmt, wobei vorhandene Sehfähigkeit jedoch wo immer möglich herangezogen und gefördert wird. Lese- und Schreibmedium ist Braille« (1985, 97).

Im Unterschied dazu sind für Schindele (ebd., 96) Schülerinnen und Schüler als hochgradig sehbehindert einzustufen, wenn sie visuelle Informationen nur noch zum Teil und in sehr begrenztem Maße für Wahrnehmungs- und Lernprozesse nutzen können. Zum Lernen sind sie demzufolge angewiesen auf sehr weitgehende Unterstützung ihres Sehvermögens durch optische und elektronische Hilfsmittel. Daneben sind sie aber auch angewiesen auf kompensatorische Nutzung auditiver und taktiler Strategien. Dies bedeutet, dass sie in stets individuell abgestimmter Weise einer geeigneten Mischung von blinden- und sehbehindertenspezifischen Hilfsmitteln, Medien und Strategien bedürfen.

2.3 Sehschädigung und mehrfache Beeinträchtigung – Multiple Disabilities including Visual Impairments (MDVI)

In einer Prävalenzstudie (Drave, Fischer & Kießling 2013) mit ortoptischen Reihenuntersuchungen konnte an Schulen mit den Förderschwerpunkten Geistige Entwicklung und Motorische Entwicklung in Deutschland nachgewiesen werden, dass 15 % der untersuchten Schülerinnen und Schüler sehgeschädigt in sozialrechtlichem Sinne sind. Die Anzahl der Menschen mit blinden- und sehbehindertenspezifischem Förderbedarf ist somit wesentlich höher als Angaben aus amtlichen Statistiken vermuten lassen.

Es gibt verschiedene Syndrome oder Behinderungsbilder, welche häufig oder immer eine Sehbehinderung mit einschließen. Besonders bekannt sind z. B. das Usher-Syndrom, das Laurence-Moon-Biedl-Bardet-Syndrom, die CHARGE-Assoziation aber auch die Trisomie 21.

Daneben ist es aber insbesondere so, dass der komplexe Förderbedarf von Schülerinnen und Schülern mit Sehschädigung sowie mehrfachen Beeinträchtigungen auf zerebralen Schädigungen verschiedenster Ursachen und unterschiedlicher

Komplexität beruht. Häufig weisen die Betroffenen Entwicklungsverzögerungen oder aber erhebliche Funktionseinbußen in kognitiven, motorischen, sprachlichen, motivationalen und emotionalen Bereichen auf (Zihl et al. 2002). Zusätzlich können Beeinträchtigungen des Sehens in Zusammenhang mit progredienten Erkrankungen aufgrund von Stoffwechselstörungen, Diabetes, Infektionen, Muskeldystrophien, Tumoren oder Aids stehen. Aus diesen Angaben lässt sich bereits ablesen, dass die Bezeichnung »[...] mit Sehschädigung und mehrfachen Beeinträchtigungen« (Haas & Henriksen 2015) ihre Vorteile hat.

Kommen zu den durch die Sehschädigung betroffenen Funktionen des Sehens weitere funktionale Beeinträchtigungen sinnlicher, motorischer oder geistiger Art dazu, so ergibt sich keine lediglich additive Erweiterung der Beschränkung von Teilhabe in verschiedenen Lebensbereichen. Austermann und Weinläder stellen diese Vernetzung dar in Bezug auf eine geistige Behinderung. Dadurch sind weitere Bereiche betroffen und »zum zweiten werden bereits betroffene Gebiete zusätzlich beeinträchtigt und zum dritten wirkt in vielen Fällen eine geistige Behinderung kontraproduktiv zu den Möglichkeiten, die es zur Aufhebung oder Milderung von Problemen gäbe, die aus der Sehschädigung erwachsen können« (2000, 218). Die je betroffenen Funktionsbereiche stehen in wechselseitiger Verstärkung zueinander, weil gerade der Mensch mit einer geistigen Behinderung auf präzise und klare visuelle Informationen angewiesen wäre und derjenige mit einer Sehbehinderung mit guten kognitiven Voraussetzungen bedeutsame Möglichkeiten der Kompensation hätte (ebd., 219). Dieser Versuch einer Vernetzung belegt die Komplexität und stets notwendige individualisierende Analyse in der Erfassung der Voraussetzungen und der darauf basierenden Förderplanung. Haas und Henriksen formulieren dies pointiert:

> »Die Vorstellung von einer ›Primär‹- oder ›Leitbehinderung‹, die die stärkste Auswirkung hat und den größten Handlungsbedarf erzeugt, ist wenig hilfreich. Stattdessen ist es notwendig, die unterschiedlichen Beeinträchtigungen gemeinsam zu erfassen und das komplexe Bedingungsgefüge einzuschätzen, um eine angemessene Förderung zu gestalten. Vor allem für die Diagnostik ist eine interdisziplinäre Zusammenarbeit dabei von großer Bedeutung« (2015, 15).

Auch wenn sehgeschädigte Kinder und Jugendliche mit mehrfachen Beeinträchtigungen unterschiedliche Sonderschulen besuchen, allenfalls auch in Regelklassen integriert sind, ist es so, dass sie heute selbst in den Blinden- und Sehbehindertenschulen zumeist die Mehrzahl der Population darstellen. Dies bedeutet, dass hier innerhalb der letzten zwei bis drei Jahrzehnte eine grundlegende Veränderung der Schülerschaft stattgefunden hat (Hudelmayer 2006, 205).

Taubblindheit – Hörsehschädigung

Am 1. April 2004 hat das Europa-Parlament eine Erklärung verabschiedet, welche festhält, dass ein taubblinder Mensch nicht von zwei Behinderungen, sondern von *einer* speziellen Behinderung betroffen ist (Angermann 2004, 118).

Die Ursachen der Taubblindheit sind vielfältig. Zu betonen ist, dass nur etwa 6 % der Menschen mit Hörsehschädigung taubblind im Sinne des Wortes sind. Analog zur Situation von Menschen mit Sehschädigung und mehrfachen Beeinträchtigungen lässt sich seit etwa 1980 eine Zunahme der Anzahl taubblinder

Kinder, welche sehr früh geboren sind, feststellen. Sie haben unterschiedlichste Syndrome, denen aber fast allen gemeinsam ist, dass sie zusätzliche körperliche Beeinträchtigungen, geistige Behinderungen und gesundheitliche Probleme aufweisen (SZB – Taubblindenkommission 1999).

Die wohl häufigste Form der Hörsehbehinderung ist das Usher-Syndrom, von welchem drei verschiedene Typen mit unterschiedlichen zeitlichen Verlaufsformen und Schweregraden bekannt sind. Dabei ist die Hörbehinderung oft von Geburt an gravierend und bleibt meist unverändert. Zusätzlich erfahren die Betroffenen schubweise Einschränkungen des Gesichtsfeldes, was oft mit Reduktion der Sehschärfe und/oder Blendempfindlichkeit verbunden ist. Nachtblindheit, starke Gleichgewichtsstörungen und das oft vollkommene Erblinden können im mittleren Erwachsenenalter folgen. Vom Usher-Syndrom Betroffene haben wegen ihrer Hör- und Sehbehinderung erschwerte Kommunikationsbedingungen. Außerdem führt die Sehbehinderung zu Beeinträchtigungen der Orientierung und Mobilität (Horsch & Wanka 2012). Die doppelte sinnliche Beschränkung ermöglicht die Aufnahme visueller und auditiver Informationen nur bedingt oder verunmöglicht sie, was die Aktivitäten in vielen Lebensbereichen einschränkt.

2.4 CVI: Central Visual Impairment – Cerebral Visual Impairment

Die Diagnosen, mit welchen die Blinden- und Sehbehindertenpädagogik in den letzten Jahren zunehmend konfrontiert worden ist, sind die zerebral bedingten Sehschädigungen (CVI). Diese haben punkto Häufigkeit die okulär bedingten Sehschädigungen abgelöst. Gemäß verschiedenen aktuellen Einschätzungen ist CVI mit ca. 25 bis 30 % die häufigste Ursache für Sehschädigungen des Kindes- und Jugendalters in Industriestaaten. Sie beruht auf Schädigungen des visuellen Systems hinter der Sehnervenkreuzung (postchiasmatisch) und sie kann in allen Routen und Strukturen des Gehirns lokalisiert sein, welche an der Verarbeitung von Sehinformationen beteiligt sind. Die daraus resultierenden Störungen können deshalb auch die verschiedensten individuellen Ausprägungen, Kombinationen und Schweregrade aufweisen (Bals 2009; Dutton 2013; Zeschitz 2015). Abgrenzungsschwierigkeiten zwischen okulär und zerebral bedingten Schädigungen sind demzufolge nachvollziehbar.

Wie die Ausprägungen und Erscheinungsbilder sind auch die Ursachen im Kindesalter vielschichtig. Angeborene Fehlbildungen und Schädigungen des Gehirns können ebenso dazu gehören wie beeinträchtigte Sauerstoff- oder Blutversorgung während der Geburt, Hirn- oder Hirnhautentzündungen oder Schädel-Hirn-Traumen. Ein erhebliches Risiko scheint die Frühgeburtlichkeit darzustellen (Dutton 2013; Zeschitz 2015).

Die zunehmende Zahl der von einer CVI betroffenen Kinder korreliert mit der aktuell feststellbaren Zunahme bei den sehgeschädigt-mehrfachbehinderten Kindern im Vorschulbereich (Käsmann-Kellner 2005). Weil CVI ebenso wie Sehschädigungen mit zusätzlichen Behinderungen oft in Zusammenhang mit Frühgeburten stehen, ist diese Korrelation nachvollziehbar. »Wenn man bedenkt, dass mehr als 70 % des Gehirns an der visuellen Wahrnehmung direkt oder indirekt beteiligt sind, dann muss klar werden, dass zerebrale Schädigungen [...] mit Sehbeeinträchtigungen, Sehschädigungen einhergehen« (Walthes 2006, 268).

Erscheinungsbilder von CVI

Die Verschiedenheit der Wege und Verarbeitung von visuellen Informationen, auch wenn diese nicht ohne Kooperation und Assoziation zu denken sind, stellt letztlich die Ursache dafür dar, dass bei Störungen der Wahrnehmung einzelne Teile betroffen sein können, während andere durchaus funktionsfähig sind.

> Fazit: Es gibt nur wenige Verhaltensweisen, die auf ein sicheres Vorhandensein von CVI schließen lassen, weshalb wiederholte differenzierte Beobachtungen unerlässlich sind (vgl. z. B. Mundhenk 2008).

Weil CVI kein bestimmtes Symptom, sondern eine Folgeerscheinung geschädigter Körperstrukturen ist, ist das Spektrum der Schädigungen äußerst heterogen. Wie bei okulär bedingten Sehschädigungen kann CVI Auswirkungen haben auf Visus, Gesichtsfeld, auf Farb- und Kontrastsehen. CVI kann auch in Kombination mit okulären Sehbeeinträchtigungen auftreten. »Wesentlich ist aber, dass die Augenschädigung für sich nicht zur Erklärung der Auffälligkeiten der Kinder ausreicht« (Zeschitz 2015, 7).

Zihl et al. stellen kritisch fest, dass der Begriff CVI in der Fachliteratur bislang weder diagnostisch eindeutig definiert noch einheitlich verwendet werde. Dennoch sei es sinnvoll, ihn für die praktische Arbeit mit Kindern mit zerebralen Sehstörungen zu verwenden (2012, 64 f.). Übereinstimmend mit Mundhenk halten die Autoren fest, dass aufgrund des Fehlens von Informationen zu den funktionellen Folgen von CVI diese mit angemessenen Untersuchungsinstrumenten, mittels systematischer Anamnese sowie der Beobachtung in definierten Alltagssituationen zu gewinnen seien. Den Problemen der von CVI betroffenen Kinder und Jugendlichen wurde lange Zeit auch zu wenig Beachtung geschenkt, weil sie als Ausdruck einer allgemeinen Lernbehinderung interpretiert werden können (Zeschitz 2015, 8). Dies mag an als Kernsymptome von CVI erkannten Besonderheiten liegen (ebd.). Dazu gehören die zeitlich und umfangmäßig begrenzte visuelle Aufmerksamkeit oder das sog. Crowding-Phänomen, womit eine eingeschränkte simultane Erfassung und Verarbeitung visueller Szenen gemeint ist (Herausfiltern einzelner Figuren aus einem komplexen Grund). Ebenfalls dazu gehört die oft bei Kindern mit CVI feststellbare Instabilität der Sehfähigkeiten, sei dies im Tagesverlauf, in verschiedenartigen Situationen oder an unterschiedlichen Orten (z. B. in der Turnhalle im Gegensatz zur ruhigen Arbeitsecke im Schulzimmer).

Als weitere mögliche Besonderheiten des visuellen Verhaltens nennen Bals (2009) wie auch Dutton (2009):

- erschwerte Kontrastwahrnehmung (wenig Farb- und Helligkeitsunterschiede)
- Schwierigkeiten beim Erkennen von Gesichtern und Gesichtsausdrücken

- Schwierigkeiten beim Erkennen von Objekten, Bildern, Buchstaben oder Zahlen
- beeinträchtigtes visuelles Gedächtnis
- visuelle Ermüdung/Erschöpfung
- Schwierigkeiten der Auge-Hand-Koordination (Anfassen, Ergreifen)
- Schwierigkeiten der Auge-Fuß-Koordination bei Übergängen auf dem Boden (Platzierung der Füße)
- Schwierigkeiten in der Raumwahrnehmung und Orientierung auch in bekannter Umgebung aufgrund eines eingeschränkten Gesichtsfeldes (Anopsie)
- Schwierigkeiten in der Kommunikation aufgrund des eingeschränkten Gesichtsfeldes (Anopsie)
- Unsicherheit und Ängstlichkeit in belebten Situationen

Abschließend sei mit Zeschitz verwiesen auf die Heterogenität der Gruppe der von CVI Betroffenen sowie das Kontinuum der Störungsausprägung. Es reicht von betroffenen Kindern und Jugendlichen mit schwerwiegenden Sehstörungen in Kombination mit mehrfachen Beeinträchtigungen bis zu denjenigen mit lediglich isolierten visuellen Funktionsbeeinträchtigungen ohne zusätzliche Behinderungen (ebd. 2015, 9).

3 ICF: Sehen in systemisch-ökologischer Betrachtungsweise

Der Gewinn systemischer Betrachtungsweisen liegt in der komplexen und vernetzenden Darstellung von Behinderungen. 2001 hat die Weltgesundheitsorganisation (WHO) mit der ICF ein Nachfolgeinstrument des ICIDH (International Classification of Impairment, Disability and Handicaps) verabschiedet. Seit 2004 liegt es in deutscher Fassung als »Internationale Klassifikation der Funktionsfähigkeit, Behinderung und Gesundheit« und seit 2011 als »Internationale Klassifikation der Funktionsfähigkeit, Behinderung und Gesundheit bei Kindern und Jugendlichen« (ICF-CY) vor. Die ICF stellt eine umfassende Sammlung an Komponenten von Gesundheit und Wohlbefinden dar, mit welchen der Mensch und sein gesamtes Umfeld, dessen förderliche und hemmende Bedingungen, darstellbar ist. Bezieht man sie auf »Sehen«, so sind diese Fähigkeiten und ihre Behinderungen bestimmbar auf der körperlichen Ebene der Strukturen und Funktionen. Sie sind aber immer gebunden an Situationen der dinglichen und sozialen Umwelt sowie weitere persönliche Faktoren. Alle zugehörigen Aspekte beeinflussen sich gegenseitig. Zusammengenommen ergibt sich daraus ein bio-psycho-soziales Modell zur Festlegung der Aktivität und Teilhabe eines Menschen mit allen vorhandenen Ressourcen, Problemen und Beeinträchtigungen in verschiedenen Lebensbereichen. Behinderung ist in diesem Sinne darstellbar als eine negative Wechselwirkung zwischen einer Person und deren Kontext, welche sich auswirkt auf die Funktionsfähigkeit dieser Person (Kraus de Camargo & Simon 2013).

3.1 Die Gliederungsprinzipien der ICF

Die ICF-CY folgt diesen Gliederungsprinzipien, enthält aber einige Anpassungen aufgrund der zentralen Bedeutung von Wachstum und Entwicklung in diesem Lebensalter. Die folgenden vier Themenbereiche bestimmten die notwendigen Anpassungen (Hollenweger & Kraus de Camargo 2011, 15 f.):

- Familienkontext: Entwicklung als dynamischer Prozess der Abhängigkeit der Funktionsfähigkeit von der kontinuierlichen Interaktion mit der Familie und anderen Personen des nahen sozialen Umfeldes
- Entwicklung: Körperfunktionen und -strukturen sowie die Aneignung von Techniken variieren bezüglich des Zeitpunkts ihres Auftretens, weshalb Entwicklungsverzögerungen oder drohende Behinderungen identifizierbar sein müssen.
- Teilhabe: Je jünger Kinder sind, desto mehr sind deren Teilhabemöglichkeiten durch ihr soziales Umfeld und andere unterstützende Systeme bestimmt.
- Lebenswelten: Im Laufe der Kindheit verändern sich deren Lebenswelten in Abhängigkeit von ihren zunehmenden Kompetenzen und ihrer Unabhängigkeit stetig und grundlegend.

Die folgende Systematik gilt insgesamt für die ICF wie auch die ICF-CY. Die gewählte Darstellung bezieht sich dabei auf die ICF-CY. Abweichungen von der ursprünglichen ICF-Fassung betreffen insbesondere die Komponenten der Aktivität und Partizipation.

Körperstrukturen

Zu den Körperstrukturen gehören die anatomischen Teile des Körpers. Das sind Organe und Gliedmaßen wie z. B. Gehirn- und Nervenstrukturen, Augen, Ohren, Stimm- und Sprechorgane, Herz-, Atmungs- und Immunsystem, Verdauungssystem, Bewegungssystem, Strukturen der Haut usw. (Hollenweger & Kraus de Camargo 2011, 140 ff.).

Alle Items der Körperstrukturen (body structures) beginnen mit ›s‹ und werden dann weiter differenziert durch Zahlen. Relevant für die Belange des Sehens ist Kapitel 2: »Das Auge, das Ohr und mit diesen in Zusammenhang stehende Strukturen« mit den Items s210 bis s230 (ebd., 144 f.).

Hier stellt sich die Frage: Welche Körperstrukturen weisen Schädigungen auf, die auf der Ebene der Funktionen wesentliche Beeinträchtigungen darstellen?

Körperfunktionen

Körperfunktionen sind physiologische und psychologische Funktionen von Körpersystemen. Dazu gehören alle mentalen und emotionalen Bereiche (Bewusstsein, Orientierung in Raum und Zeit, allgemeine Intelligenz, Symbolverständnis, Gedächtnis, Motivation, Aufmerksamkeit, …), sensorische und bewegungsbezogene Funktionen, Stimm- und Sprechfunktionen. Im Weiteren sind es kardiovaskuläre Funktionen, solche der Verdauung, des Stoffwechsels, des reproduktiven Systems und der Haut (ebd., 73 ff.).

3 ICF: Sehen in systemisch-ökologischer Betrachtungsweise

Alle Items der Körperfunktionen (body functions) beginnen mit ›b‹. Relevant für die Belange des Sehens ist Kapitel 2, »Sinnesfunktionen und Schmerz«, mit dem Teil »Seh- und verwandte Funktionen«, darin den Items b210 bis b220 (ebd., 92 ff.).

Tab. 1.2: Funktionen des Sehens: b210 und 220

b2100	die Sehschärfe (Visus) betreffende Funktionen
b21000	binokulare (beidäugige) Sehschärfe in die Ferne
b21001	monokulare (einäugige) Sehschärfe in die Ferne
b21002	Sehschärfe im Nahbereich bei beidäugigem (binokularem) Sehen
b21003	Sehschärfe im Nahbereich bei einäugigem (monokularem) Sehen
b21008	die Sehschärfe (Visus) betreffende Funktionen, anders bezeichnet
b21009	die Sehschärfe (Visus) betreffende Funktionen, nicht näher bezeichnet
b2101	das Gesichtsfeld betreffende Funktionen
b2102	Qualität des Sehvermögens
b21020	Lichtempfindung (Lichtsinn)
b21021	Farbsehvermögen (Farbsinn)
b21022	Kontrastempfindung
b21023	visuelle Bildqualität
b21028	Qualität des Sehvermögens, anders bezeichnet
b21029	Qualität des Sehvermögens, nicht näher bezeichnet
b2108	Funktionen des Sehens, anders bezeichnet
b2109	Funktionen des Sehens, nicht näher bezeichnet
b215	Funktionen von Strukturen, die in Verbindung mit dem Auge stehen
b2150	Funktionen der Augeninnenmuskeln
b2151	Funktionen des Augenlids
b2152	Funktionen der externen Augenmuskeln
b2153	Funktionen der Tränendrüsen
b2158	Funktionen von Strukturen, die in Verbindung mit dem Auge stehen, anders bezeichnet
b2159	Funktionen von Strukturen, die in Verbindung mit dem Auge stehen, nicht näher bezeichnet
b220	mit dem Auge und angrenzenden Strukturen verbundene Empfindungen
b229	seh- und verwandte Funktionen, anders oder nicht näher bezeichnet

Aus dem Kapitel 1 »Spezifische mentale Funktionen« sind insbesondere die Items b156 zu den »Funktionen der Wahrnehmung« bedeutsam (ebd. 84 ff.).

Tab. 1.3: Funktionen der Wahrnehmung

b156	Funktionen der Wahrnehmung
b1561	visuelle Wahrnehmung
b1560	auditive Wahrnehmung
b1564	taktile Wahrnehmung
b1565	räumlich-visuelle Wahrnehmung

Ebenfalls relevant in Bezug auf Sehen können weitere Bereiche der spezifischen mentalen Funktionen sein (ebd., 81 ff.). So die Items b140 zu den Funktionen der Aufmerksamkeit, die Items b144 zu den Funktionen des Gedächtnisses, aber auch die psychomotorischen Funktionen mit den Items b147, die mentalen Funktionen, die die Durchführung komplexer Bewegungshandlungen betreffen mit dem Item b176 und die Selbstwahrnehmung und die Zeitwahrnehmung betreffende Funktionen mit den Items b180.

Neun Lebensbereiche der Aktivitäten und Partizipation/Teilhabe

Aktivität bezeichnet die Durchführung einer Aufgabe oder Handlung und die Partizipation steht für das Einbezogensein, für die Integration in verschiedene Lebensbereiche (ebd., 161 ff.). Wichtig ist die Frage: Was fördert oder beeinträchtigt die Aktivität und Partizipation in welchen Bereichen oder Situationen des Lebens? In den zugehörigen neun Kapiteln sind für alle Bereiche (life **domains**) Items von sehr einfachen bis zu sehr komplexen Handlungen dargestellt. Die Codierung der Items beginnt mit ›d‹ und zur Differenzierung folgen auch hier Zahlen.

- Lernen und Wissensanwendung,
- allgemeine Aufgaben und Anforderungen,
- Kommunikation,
- Mobilität,
- Selbstversorgung,
- häusliches Leben,
- interpersonelle Interaktionen und Beziehungen,
- bedeutende Lebensbereiche,
- Gemeinschafts-, soziales und staatsbürgerliches Leben.

Die neun Lebensbereiche werden im nächsten Kapitel in Bezug auf Beeinträchtigungen des Sehens fallbezogen dargestellt.

Umweltfaktoren

»Umweltfaktoren bilden die materielle, soziale und einstellungsbezogene Umwelt, in der Menschen leben und ihr Dasein entfalten« (ebd., 228). Zu fragen ist hier nach den Faktoren, die – aus der Sicht der betroffenen Person – entweder eine Barriere oder einen Förderfaktor darstellen (ebd.). Die Items der Umweltfaktoren (environmental factors) beginnen mit ›e‹, gefolgt von Zahlen zur weiteren Ausdifferenzierung. Ihre Klassifikation (ebd., 230 ff.):

- Produkte und Technologien,
- natürliche und vom Menschen veränderte Umwelt,
- Unterstützung und Beziehungen,
- Einstellungen,
- Dienste, Systeme und Handlungsgrundsätze.

Personbezogene Faktoren sind zusammen mit den Umweltfaktoren eine Komponente des Kontextes. Sie werden wegen der »mit ihnen einhergehenden großen soziokulturellen Unterschiedlichkeit« nicht in der ICF klassifiziert (ebd., 34).

Darstellung von Schädigungen, Problemen, Barrieren oder Förderfaktoren

Die Darstellung des Ausmaßes von Beeinträchtigungen sieht hinter der jeweiligen Nummer des Items (xxx) eine Skalierung vor.

Tab. 1.4: Beurteilungsmerkmale

xxx.0	nicht vorhanden (0 bis 4 %)
xxx.1	leicht ausgeprägt (5 bis 24 %)
xxx.2	mäßig ausgeprägt (25 bis 49 %)
xxx.3	erheblich ausgeprägt (50 bis 95 %)
xxx.4	voll ausgeprägt (96 bis 100 %)
xxx.8	nicht spezifiziert
xxx.9	nicht anwendbar

Während die vorgeschlagene Skalierung für alle Komponenten identisch ist, wechselt die Bezeichnung. Für die Körperfunktionen und Strukturen geht es um die »Schädigung«. Bei den Strukturen lassen sich, wo nötig, ergänzend genauere Angaben machen zur Art einer Veränderung sowie zu deren Lokalisation (z. B. links, rechts oder beidseitig).

In Bezug auf Aktivitäten und Partizipation wird das »Problem« in seiner Ausprägung festgelegt und die Umweltfaktoren werden entweder als »Barriere«

oder aber als »Förderfaktor« angegeben. Um diese Unterscheidung auf einfache Weise festhalten zu können, erhalten die Förderfaktoren zusätzlich ein + hinter der Item-Nummer: xxx + (0, 1, 2, …).

Funktionsfähigkeit und Behinderung werden somit in der ICF-Systematik dargestellt durch die Bestimmung relevanter körperlicher Funktionen und Strukturen sowie das Handeln in und die Teilhabe an bestimmten Lebenssituationen. Gleichzeitig sind sie immer geprägt durch die soziale und die materielle Umwelt, welche entweder als Barriere oder als förderlicher Faktor wirken.

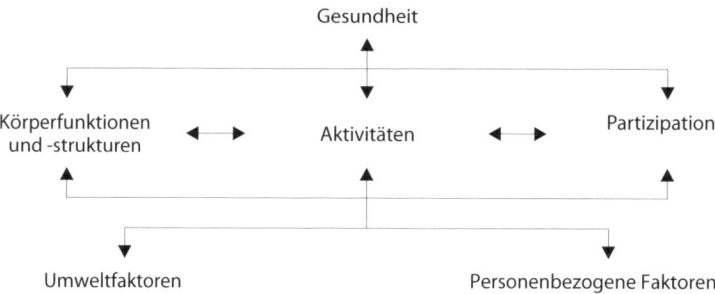

Abb. 8: Internationale Klassifikation der Funktionsfähigkeit, Behinderung und Gesundheit[5]

3.2 Gewinne und Gefahren der ICF

Die ICF bemüht sich um eine allgemeinverständliche Sprache, was die interdisziplinäre Zusammenarbeit verschiedener Fachpersonen erleichtert.

Die ICF als pädagogisches Instrument

Die Nutzbarkeit der ICF im vorschulischen und schulischen Bereich ist nicht zuletzt abhängig von deren Effizienz. Um dieser Bedingung gerecht zu werden, ist sie auch als Kurzversion verfügbar (vgl. Hollenweger & Kraus de Camargo 2011, 35) Zusätzlich gibt es gestraffte Checklisten für das Kindes- und Jugendalter (Kraus de Camargo & Simon 2013, 83 ff.). Diese richten sich spezifisch aus auf vier verschiedene Altersgruppen (null bis drei Jahre, drei bis sechs Jahre, sechs bis zwölf Jahre sowie zwölf bis 18 Jahre).

Primär dient die ICF der förderdiagnostischen Erfassung vorhandener Probleme in den Lebensbereichen der Aktivitäten und Partizipation. Werden diese in Bezug gesetzt zu den vorliegenden funktionalen Schädigungen einerseits sowie den Barrieren und Förderfaktoren in der Umwelt andererseits, ist eine Basis vorhanden zur Planung pädagogischer Maßnahmen.

---

5 http://www.dimdi.de/static/de/klassi/icf/

So erfüllt die ICF ein wichtiges förderplanerisches Anliegen: Zur Festlegung des Bedarfs an Förderung und Unterstützung kann auch bei den individuellen Stärken, bei unproblematischen Bereichen mit bereits entwickelten und beobachtbaren Lern- und Handlungsstrategien angesetzt werden. In den erfassten Umweltbedingungen ist zusätzlich erkennbar, wo neben vorhandenen Barrieren bereits Förderfaktoren in welchem Ausmaß vorhanden sind. Individuelle kompensatorische Angebote medialer und strategischer Art können daraus abgeleitet werden.

Die ICF als Klassifikationsinstrument

Allerdings klassifiziert die ICF. Der messende, einordnende und somit auch etikettierende Prozess wird zudem als internationaler Standard gehandelt. Die Klassifikation bekommt so für die Betroffenen ein zusätzliches Gewicht. Kritisch lässt sich zumindest fragen, ob es sich dabei nicht auch um eine bestimmte Konstellation der Verteilung von Macht handeln könnte (Wehrli 2003).

- Wie verhält es sich mit der entstehenden Grenze zwischen denjenigen, die irgendwann aufgrund einer bestimmten Vorannahme klassifiziert werden, und denjenigen, die es nicht werden?
- Ab welchem Ausmaß an Beeinträchtigung oder Behinderung wird man erfasst?
- Ist eine Festlegung dieses Ausmaßes abhängig von der subjektiven Entscheidung des Selbstbetroffenen oder gibt es außenstehende »objektive« Kriterien dafür?

Ob der in der ICF enthaltenen Terminologie rückt zudem eine in den letzten Jahren eher in den Hintergrund geratene medizinische Profilierung von Heil- resp. Sonderpädagogik erneut in den Vordergrund. Betroffene sehen darin auch die Gefahr, dass Behinderung wiederum in die Nähe von Krankheit gerückt wird und damit als wegzuheilendes Anhängsel betrachtet wird. Dies wäre gerade auch in Bezug auf blinde Menschen sehr verhängnisvoll, weil sich hier dank konstruktivistischer Ansätze in den letzten Jahren ein Perspektivenwechsel angebahnt hat. Behinderung ist eine spezifische Bedingung im Prozess der Auseinandersetzung eines Menschen mit seiner Umwelt. In konstruktivistischer Perspektive ist von der Relativität dessen, was ist, resp. der Vorstellungen darüber, auszugehen. Spittler-Massolle betont mit Bezug auf den blinden Jungen, welcher als Tor den Pfosten annimmt und nicht den Zwischenraum zwischen den Pfosten:

> »Man kann einem blinden Menschen, der nicht weiß, wie in der sehenden Welt ein Tor verstanden wird (aussieht), dies erklären, aber ein pädagogischer Drang, die eigene Vorstellung des Blinden als falsch zu diskriminieren, und damit zu streichen, wäre verderblich und deutete wahrscheinlich auf ein tiefes Misstrauen dagegen hin, die Relativität eigener Vorstellungen zu erkennen, oder dieser Drang wäre der Ausdruck eines Abwehrmechanismus gegenüber Blindheit [...]« (1998, 207 f.).

Spittler-Massolle plädiert dafür, das Selbstverständnis von der sehenden Welt ab und zu durch den »blinden Blick« irritieren lassen. Damit könnte der generell gepflegten Verabsolutierung des Sehens eine kleine Korrektur verpasst werden.

> »Es geht hierbei nicht um die Gleichheit der Sinnesempfindungen, sondern vielmehr um die Anerkennung der Tatsache, dass mit unterschiedlichen Sinnen Unterschiedliches wahr-

genommen werden kann. In Verbindung mit dem Verarbeiten der Sinneserfahrungen gibt es keinen Anlaß und keine Berechtigung, einen qualitativen Unterschied zwischen den Konzepten Blinder und denen Sehender zu machen« (2001, 289).

Dass Blindheit Aktivität beeinträchtigt, ist plausibel – vielleicht allzu plausibel. Beschränkungen von Aktivitäten in sehr vielen Lebensbereichen sind nicht nur durch die funktionelle Besonderheit erklärbar, sondern auch durch die Tatsache, dass vorhandene Ressourcen nicht ausreichend Resonanz erfahren in der auf Sehen ausgerichteten Umwelt. Es genügt nicht, wie die ICF vorsieht, die vorhandenen Ressourcen zum Ausgang aller Förderplanung zu machen. Ebenso wichtig, und wahrscheinlich noch schwieriger, ist es, den Perspektivenwechsel zu vollziehen und kritisch zu analysieren, ob wir – begrenzt durch die Fähigkeit des Sehens – Ressourcen wirklich hinreichend auf die Wirklichkeit des blinden Menschen beziehen können.

4 Voraussetzungen zur Aktivität und Partizipation in verschiedenen Lebens- und Lernbereichen

Spezielle Lernvoraussetzungen aufgrund beeinträchtigter Sehfunktionen werden in der Folge exemplarisch auf die neun Lebensbereiche der Aktivitäten und Partizipation gemäß ICF-CY (Hollenweger & Kraus de Camargo 2011, 163 ff.) bezogen. Zu berücksichtigen ist hier der stets allgemein gehaltene Charakter feststellbarer Besonderheiten. Eine spezifische Betrachtung jedes einzelnen Kindes mit seinen individuellen Entwicklungsvoraussetzungen aufgrund besonderer Strukturen, Funktionen und Kontextfaktoren kann diese generelle Einschätzung niemals ersetzen.

Zum Beispiel Pascal

Der hochgradig sehbehinderte Pascal ist neun Jahre alt. Er hat eine primäre, das heißt von Geburt an bestehende Opticusatrophie (Sehnervenschwund) beidseits unbekannter Herkunft. Die dadurch verursachte Sehschädigung scheint zurzeit stabil zu sein, die Gefahr der weiteren Reduktion ist aber vorhanden. Das Gesichtsfeld ist zentral eingeschränkt. Das Farbempfindungsvermögen ist vor allem im Rot-Grün-Bereich leicht eingeschränkt. Pascal hat einen Fern- und Nahvisus von knapp 0,03.

Pascal wird als aufgeweckt und bewegungsfreudig beschrieben. Seine Wahrnehmungs- und Handlungsstrategien sind durch eindeutig visuelle Präferenzen geprägt. Pascal besuchte den Kindergarten in seinem Wohnort. Dabei erwies sich die soziale Integration als nicht einfach. Pascal spielte oft alleine und ließ andere Kinder nicht an seinem Spiel teilhaben. Nun besucht der Knabe die Regelschule (öffentliche Schule), in seinem Wohnort. Aufgrund seiner erheblichen Sehbehinderung und dem möglicherweise noch abnehmenden Visus wird er später die Brailleschrift zu erlernen haben. Für den Schriftspracherwerb wurde für Pascal jedoch die Schwarzschrift gewählt. Dieser Entscheid beruht einerseits auf seinen visuellen Ressourcen, welche er bevorzugt nutzt. Andererseits war auch das dadurch einfacher zu gestaltende Einbezogensein in das Lernen im Klassenverband ein wichtiges Kriterium. Weil die visuomotorische Koordination bei Pascal aufgrund seiner hochgradigen Sehbehinderung stark beeinträchtigt ist, erhielt er schon im Kindergartenalter Unterricht im Tastaturschreiben. Dadurch ergab sich für ihn eine besondere Ressource im Schreiben in Schwarzschrift.

Die Kodierung der relevanten Sehfunktionen und Strukturen des Auges (soweit bekannt auch des Gehirns) ergibt für Pascal folgendes Bild:

Tab. 1.5: Funktionen (b) und Strukturen des Sehens (s) bei Pascal

b21000.4	binokulare (beidäugige) Sehschärfe in die Ferne	s2203.473	Netzhaut (Retina) .4 voll ausgeprägte Schädigung (96 bis 100 %) ._7 qualitative Strukturveränderung ._ _3 beidseitig
b21001.4	monokulare (einäugige) Sehschärfe in die Ferne	s1106.478	Gehirnnerven (hier Sehnerv) ._ _8 nicht anwendbar (Lokalisation)
b21002.4	binokulare Sehschärfe im Nahbereich		
b21003.4	monokulare (einäugige) Sehschärfe im Nahbereich		
b2101.3	Gesichtsfeldausfall zentral		
b21020.3	Blendempfindlichkeit		
b21021.2	Farbsehvermögen		
b21022.3	Kontrastempfinden		

.4 = voll ausgeprägte Schädigung (96 bis 100 %)
.3 = erheblich ausgeprägte Schädigung (50 bis 95 %)
.2 = mäßig ausgeprägte Schädigung (25 bis 49 %)

Sicher lässt sich im Fall von Pascal annehmen, dass zusätzlich die Kodierung der Funktionen der Wahrnehmung (b156) im Kapitel 1, den spezifischen mentalen Funktionen, bedeutsam wäre.

Im Gegensatz zu den in der Regel diagnostizierbaren physiologischen Funktionen des Sehens ist die Erfassung und Quantifizierung dieser Wahrnehmungsfunktionen schwieriger. So scheint es pädagogisch sinnvoller, sie aufgaben- und situationsspezifisch in einzelnen Aktivitäts- und Partizipationsbereichen, insbesondere in »Lernen und Wissensanwendung« zu erfassen.

Es lässt sich bereits erahnen, dass komplexe Behinderungen, wie z. B. eine schwere Sehschädigung-Mehrfachbehinderung sehr anspruchsvoll sind, allein schon hinsichtlich einer umfassenden Kodierung auf den beiden Ebenen der Strukturen und Funktionen gemäß ICF.

4.1 Lernen und Wissensanwendung

Der Bereich »Lernen und Wissensanwendung« umfasst Lernen, Anwendung des Erlernten, Denken, Probleme lösen und Entscheidungen treffen. Einbezogen sind hier auch Spracherwerb und Begriffsbildung sowie Lesen, Schreiben und Rechnen (Hollenweger & Kraus de Camargo 2011, 163 ff.).

4.1.1 Bewusste sinnliche Wahrnehmung und elementares Lernen – inklusiver Spracherwerb und Begriffsbildung

Bei *Pascal* stellt sich einerseits die Frage, wie die beeinträchtigte visuelle Wahrnehmung sich auf sein Lernen auswirkt und welche kompensierenden Wahrnehmungsstrategien (auditiv, taktil) er bereits einsetzt und weiterentwickeln kann. Andererseits ist zu fragen, welche Umweltfaktoren (Hilfsmittel, mediale Anpassungen) sein Wahrnehmen und Lernen unterstützen können.

- Welche Einflüsse haben die Funktionseinbußen im Bereich Sehen auf seine elementaren Lernvoraussetzungen?
- Hat Pascal ausreichend Gelegenheit, aufbauend von der handelnden über die anschauliche zur symbolischen Ebene lernen und Vorstellungen erwerben zu können?
- Wie kann er sich Dinge merken und sie wiedergeben?
- Kann er kompensierende Gedächtnisstrategien zur Entlastung seiner Wahrnehmungstätigkeit einsetzen?
- Wie plant er sein Handeln und Lernen?
- Wie findet und nutzt er Lösungswege und wie kann er sie auf andere Aufgaben übertragen?
- Hat Pascal ausreichend Gelegenheit, trotz seiner besonderen Lernvoraussetzungen, zusammen mit anderen Kindern zu lernen und so Einsicht zu erhalten in verschiedene mögliche Lernwege und -strategien?
- Wie steht es mit dem Spracherwerb und der Begriffsbildung?
- Sind sprachliche Begriffe, die er verwendet, ausreichend gefüllt mit objektbezogener und handelnder Eigenerfahrung?
- Kann er sich verständlich ausdrücken, indem er Gegenstände und Handlungen treffend benennt?
- Kann er Begriffe kategorisieren, Oberbegriffe bilden, Gegensätze erfassen?
- Versteht er sprachliche Erläuterungen insbesondere auch in Fällen, in denen das Bezeichnete (Gegenstände oder Handlungsabfolgen) für ihn wahrnehmungsmäßig nicht oder nicht ausreichend erfahrbar ist?
- Kann Pascal eine zusätzliche Sprache erlernen?

»Blindheit trennt von den Dingen; Gehörlosigkeit von den Menschen«

Aus dem ersten Teil des Zitats der blinden und gehörlosen Helen Keller lässt sich lesen, dass sachbezogenes Lernen durch eine Behinderung des Sehens beeinträchtigt ist. Die aktuell ausgeprägte Tendenz zur Visualisierung von Lernmedien, Unterrichts- und Bildungsprozessen verstärkt diese Beeinträchtigung zusätzlich.

Kompensatorisch nehmen blinde oder hochgradig sehbehinderte Menschen Umweltinformationen über andere Sinne auf. Solche Lernprozesse sind nicht deckungsgleich mit visuellen. Ein exemplarisches Beispiel dieser Verschiedenheit nennt ein geburtsblinder Mensch:

> »Wenn ich Überblick über die Struktur einer Brailleschrift-Seite gewinnen möchte, dann lege ich die linke Hand auf das Papier und bewege sie über die Seite. Dabei spüre ich, wo sich Absätze und Überschriften befinden. Mehr jedoch kann ich nicht erkennen, denn lesen kann ich nur mit dem Zeigefinger und nicht mit der Handfläche. Meine Braillezeile zeigt mir immer nur eine Zeile des Computerbildschirms und die nicht immer vollständig. Ich muss das Brailledisplay bewegen, um den Inhalt des gesamten Bildschirms zu erfassen. – Der Überblick sehender Menschen ist ganz anders: Sie erfassen die Struktur und gleichzeitig auch schon wichtige Details« (Schmid 2006, 320).

Ist es somit überhaupt zulässig, aufgrund sehr unterschiedlicher Voraussetzungen von Sehen, Tasten und Hören für Lernprozesse blinde und hochgradig sehbehinderte Kinder in ihren Gemeinsamkeiten zu betrachten? Ja, wenn dabei die Tatsache berücksichtigt wird, dass die einen wie die anderen aufgrund nicht ausreichender Seheindrücke auf Informationen aus anderen Sinnen angewiesen sind. Zudem ist zu betonen, dass die Übergänge von »sehr wenig Sehen« bis »gar nicht Sehen« fließend sind und eine eindeutige Zäsur schwierig ist. Anderseits ist der informierende und ankündigende Charakter selbst von wenigen und gleichzeitig (gemäß Vorstellung Sehender) sehr unscharfen Sehinformationen nicht zu unterschätzen. Die dadurch sich ergebenden Ressourcen in verschiedenen Bereichen des Lernens sind in jedem Fall individuell zu ermitteln. Und gleichzeitig ist das, was Röder und Rösler (2006) als »kompensatorische Plastizität« blinder Menschen mit Bezug auf verschiedenste Studien belegen können, mit zu berücksichtigen:

> »Die Ergebnisse zeigen, dass das Gehirn auf den Verlust eines Sinnessystems mit einer Steigerung der Verarbeitungseffizienz in einer Reihe perzeptuell-kognitiver Fähigkeiten reagiert. Neuronale Veränderungen wurden sowohl innerhalb der intakten Sinnessysteme beobachtet (intramodale Plastizität) als auch über die Modalitätsgrenzen hinweg (intermodale Plastizität)« (277).

Wahrnehmung ist Informationsquelle des Kindes im Aufbau von Vorstellungen und Konzepten von Sachen, Personen und Handlungen. Denkschemata werden gebildet, welche die weiteren Wahrnehmungen ihrerseits steuern.

Anreize zum Lernen

Kindliche Entwicklung scheint einerseits stark gesteuert zu sein durch visuelle Anreize und anderseits kann deren Fehlen einen Mangel an angstfreier und lustvoller freier Bewegung verursachen. Sehen ermöglicht Überblick und gleichzeitige Aufnahme verschiedener Informationen, aus denen dann selektiv diejenigen ausgewählt werden können, die von persönlicher Bedeutung sind. Sehr absolut hat Ilg deshalb in den 1980er Jahren auf unterschiedliche Lernvoraussetzungen verwiesen: »Beim blinden Kind fehlt a priori die Anregung zu einem aktiven-wahrnehmenden Verhalten gegenüber der Dingwelt. Das taktilkinästhetische und auditive Erleben reichen nicht aus, um seine Neugierde zu wecken« (1987, 120). Taktiles Lernen setzt zudem ein besonderes Vertrauen voraus, wenn vorherige visuelle Orientierung als Entscheidungsgrundlage für körperliche Zu- oder Abwendung nicht oder nur beschränkt möglich ist. Neugier kann sich gemäß Herrmann nur entfalten, wenn es ungefährlich ist. »Sich einlassen auf Neugier setzt Vertrauen voraus: Nicht nur keine Furcht vor Misserfolg, keine Furcht vor Fehlern, keine Furcht vor Entmutigung durch negative Konsequenzen, sondern – ganz im Gegenteil! – die Stärkung der Erwartung auf Erfolg [...]« (2006, 115). Bewegungs- und Berührungsängste, oft aufgrund unangenehmer Erfahrungen, sind nicht selten bei blinden, hochgradig sehbehinderten und insbesondere sehgeschädigt-mehrfachbehinderten Kindern. Denn die menschliche Haut reagiert auf emotional besetzte Ereignisse. Sie hat »als Instrument der Berührung« einerseits die Funktion, Kontakte gegen außen aufzunehmen, andererseits aber auch, sich »abzugrenzen« (Fischer 1998, 32 f.).

Lernen durch Nachahmung

Eine bedeutende und sehr wirksame Form menschlichen Lernens ist das Lernen am Modell anderer Menschen (vgl. Bandura 1977). Beobachtbares Verhalten lädt, bewusst und unbewusst, zum Nachahmen ein. Selbstinitiiertes Lernen beim Kleinkind beruht sehr oft auf Imitation. Lernen durch Nachahmung stellt gleichzeitig in didaktisch gestalteten Lernräumen eine »Methode der gezielten Anleitung« (Hecker 2004, 6) dar. Sehen gehört zu den wichtigsten Voraussetzungen dieser Lernstrategie, weshalb bei Kindern mit Sehbeeinträchtigungen in den ersten Lebensjahren Entwicklungsverzögerungen erwartbar sind. Nachahmung im direkten Körperkontakt ist zwar möglich, aber »die größte Einschränkung entsteht dadurch, dass ein spontanes Nachahmen aus einer natürlichen Situation heraus nicht möglich ist, sondern alle Nachahmung pädagogisch geplant und angeleitet sein muss« (Austermann & Weinläder 2000, 230 f.).

Taktiles Lernen

Traditionsgemäß beruht kompensatorische Kontextgestaltung zur Unterstützung von Lernprozessen für blinde Kinder auf taktiler Adaptation. Tasten folgt aber grundsätzlich anderen Gesetzmäßigkeiten als Sehen. Tastwahrnehmung beruht auf Stimulierung der Haut. Gleichzeitig erfolgen Hautempfindungen zusammen mit der Wahrnehmung von Eigenbewegung, von Muskelanstrengung und der Stellung der Gelenke. Tastwahrnehmung steht somit in Zusammenhang mit kinästhetischer und propriozeptiver Wahrnehmung. Es handelt sich um ein Zusammenspiel von Hautsinnen und Haltungssinnen (Fischer 1998). Liechti erkennt im Lernrhythmus taktil-kinästhetischer Wahrnehmung die besondere Qualität des unmittelbaren Erlebens und der direkten Steuerbarkeit:

> »Die erste Begegnung mit einem Lerngegenstand ist vielleicht nur flüchtig. In der Wiederholung des Bewegungsmusters der tastenden Hände, in Annähern und Zurückziehen, im Spiel von Druck geben und wegnehmen, in der Variierung der Glieder der Hand und der Muskelspannung oder, in der Sprache der Symbolisierung, im ›szenischen Entwurf‹ teilt sich der Gegenstand immer deutlicher mit. Einen Gegenstand ertasten heißt, dass sich ihm der Wahrnehmende ›Schritt für Schritt‹ nähert« (Liechti 2000, 44).

Tastendes Lernen ist selbsttätiges Lernen in direkter Auseinandersetzung mit der Sache. Diese Stärke ist indessen gleichzeitig auch seine Schwäche: Es gibt viele, dem Fernsinn »Sehen« zugängliche Objekte und Konstellationen von Objekten, welche taktil nicht fassbar sind. Alles, was zu groß, zu weit entfernt, zu gefährlich oder zu zerbrechlich, zu heiß oder zu kalt ist, ist zum Tasten nicht geeignet. Zur Wahrnehmung solcher Umweltobjekte ist der tastende Mensch auf Modelle oder Reliefs angewiesen. Diese sind allerdings stets Abstraktionen und Reduktionen von Wirklichkeit. Tasten ist dabei auf zusätzliche kompensatorische kognitive Strategien angewiesen. Zudem sind Phänomene wie Wolken, Nebel, der Horizont, die Perspektive oder das Spiegelbild taktil nicht aufzubereiten. Sie sind nur sprachlich vermittelbar, setzen somit begriffliche Kompetenzen voraus.

Auditives Lernen

Geburtsblinde Menschen zeigen in auditiven Aufgaben wie Reizdiskrimination, Lokalisieren, Sprachverstehen sowie Kurz- und Langzeitgedächtnis bessere Leistungen als sehende Personen, was sich als »Hyperkompensation« bezeichnen lässt (Röder & Rösler 2006, 289).

In Bezug auf Sprachverstehen scheinen somit gerade bei blinden Menschen hilfreiche Ressourcen vorhanden zu sein. Für sachbezogenes Lernen wie auch für die Begriffsbildung (vgl. auch Kap. V, 1.3) muss aber berücksichtigt werden, dass auditive Informationen mengenmäßig weit begrenzter sind als visuelle. Viele Gegenstände tönen nicht von sich aus. Zudem ist die Variationsbreite von auditiven Informationen in der Regel eher beschränkt. Ein Gegenstand kann visuell aus verschiedenen Perspektiven und Distanzen, in unterschiedlichen Gruppierungen und Kontexten immer wieder andere Eindrücke vermitteln. Sehen vermittelt andere, aber auch mehr Erfahrungen als Hören. Weiter ist die unterschiedliche Anreizwirkung zu berücksichtigen: Bevor ein Kind nach einem Klingelball, den es nicht sieht, greift, muss es gemachte auditive und taktile Erfahrungen verknüpft und ein inneres Konzept davon entwickelt haben. Die auditive Erfassung von Objekten und Situationen setzt Wissen um Zusammenhänge voraus, welches auf Erfahrungen beruht.

Gedächtnisleistungen

Sehen ermöglicht Überblicke über komplexe Szenarien des Alltags. Ursache-Wirkungs-Zusammenhänge der materiellen Welt können damit »einsichtig« werden.

Sind nur wenig prägnante Sehinformationen verfügbar oder fehlen diese gänzlich, so sind gute Leistungen und Kapazitäten des Kurz- und Langzeitgedächtnisses wichtig. Sie sind wesentliche Voraussetzungen für notwendige kompensatorische Denk- und Handlungsstrategien in allen Lernprozessen. Dass blinde Menschen höhere Speicherleistungen im Kurz- wie auch im Langzeitgedächtnis als sehende haben können, ist belegbar. Diese »kompensatorische Plastizität« ist jedoch vor allem für auditives und dabei vorwiegend sprachliches Material nachgewiesen (Röder & Rösler 2006, 287 ff.).

Ein Fazit

Die allgemeinen Lernvoraussetzungen blinder oder hochgradig sehbehinderter Schülerinnen und Schüler sind nicht grundsätzlich eingeschränkter als diejenigen sehender. Aber sie sind anders. Und sie sind nochmals grundsätzlich anders einzustufen, wenn weitere Behinderungen dazu kommen. Kognitive, motivationale und motorische Voraussetzungen entscheiden in hohem Maße darüber, ob und wie Förderangebote und Kontextanpassungen genutzt und kompensatorische Strategien erworben werden können.

Spracherwerb und Begriffsbildung

Dieser Bereich umfasst das Verständnis von Sprache und sprachlichen Symbolen, den Aufbau des Wortschatzes und die Bildung von korrekten Sätzen in der Erst- und Zweitsprache (vgl. auch Kap. V, 2). Röder und Rösler (2006, 283) verweisen auf Chomskys Hypothese, wonach blinde Kinder die Sprache schneller lernen als sehende, weil sie in allen Lernprozessen stark auf sprachliche Begleitung angewiesen sind. Chomsky setzt somit aber voraus, dass aufgrund günstiger Umweltfaktoren diese sprachliche Begleitung auch zur Verfügung steht. Forschungsergebnisse liefern Belege dazu:

> »Schon in der präverbalen Phase lassen sich adaptive Strategien von Seiten der Eltern beobachten, welche zur Minderung der fehlenden bzw. eingeschränkten nonverbalen Kommunikation (Blickaustausch, Mimik und Gestik) zwischen Kind und Eltern führen. Eltern blinder und sehbehinderter Kinder verwenden intuitiv vermehrt lautlich-sprachliche und körperbezogene Kommunikationsmittel« (Brambring 2006, 62).

Artikulation – Sprechen

Artikulation von Sprache scheint vor allem in den ersten Lebensmonaten ein visuell gesteuerter Lernprozess. Das sehende Kind kann die Mund- und Lippenbewegungen seiner Bezugspersonen wahrnehmen und nachahmen: es lallt. Dabei lernt es spontan, unterschiedliche Lippen- und Zungenbewegungen auszuführen und es entstehen Laute, welche es zunehmend variationsreicher einsetzt (Pérez-Pereira & Conti-Ramsden 2004, 69). In diesem Prozess ist das blinde, aber auch das hochgradig sehbehinderte Kind auf das Gehör angewiesen. Dass dieses in der Artikulationsentwicklung nicht der primäre Auslösefaktor ist, kann damit belegt werden, dass gehörlose Kinder ebenfalls im Alter von etwa sechs Monaten zu lallen beginnen, etwa nach einem Monat aber wieder aufhören damit (Mussen et al. 1999). Erst dann scheint der auditive Aspekt steuernd für weiteres Lernen zu werden. Während also anfänglich eine Entwicklungsverzögerung resultieren kann, wirkt sich der Wegfall des Sehens in der Folge auf das Sprechen nicht nachteilig aus (Pérez-Pereira & Conti-Ramsden 2004, 69 ff.). Wenn im Aufbau des Wortschatzes gewisse Unterschiede zwischen blinden und sehenden Kindern auffallen, so lassen sich dafür plausible Erklärungen finden, die auf der Tatsache des Sehens oder Nicht-Sehens beruhen.

Grammatik (Syntax und Morphologie)

Rein quantitativ scheint der Grammatikerwerb blinder Kinder kaum von demjenigen sehender abzuweichen. Auf eine Auffälligkeit im Erwerb von Personalpronomen verweisen jedoch verschiedene Studien (vgl. Brambring 2006, 65 f. oder Pérez-Pereira & Conti-Ramsden 2004, 103 ff.). Die Auffälligkeit beruht auf der Notwendigkeit des Perspektivenwechsels: Eine Person spricht als »Ich«, wird aber zum »Du«, wenn sie angesprochen wird und wechselt zum »Sie/Er«, wenn über sie gesprochen wird. Gleiches geschieht bei »dir/mir«, »mein/dein« etc. Die ursprünglich als generell angenommene sprachliche Schwierigkeit blinder Kinder im Gebrauch von Personal- und Possessivpronomen lässt sich auch als auf verschiedenen Voraussetzungen beruhend, z. B. der Entwicklung der »theory of mind«, darstellen. Mit der »theory of mind« erwerben Kinder ein Selbstverständnis und ein Verständnis darüber, dass die Gefühle, Wünsche und Absichten anderer Menschen nicht mit den ihrigen identisch sein müssen. Sehende Kinder haben dieses Wissen im Alter von etwa vier Jahren erworben. In Bezug auf autistische Kinder gibt es Hypothesen, dass sie keine vollständige »theory of mind« entwickeln. Bei blinden Kindern bestehen empirisch bestätigte Annahmen, dass sie in diesem Bereich Entwicklungsverzögerungen haben können, welche zu Unsicherheiten und Vertauschungen von Pronomen führen könnten (vgl. Pérez-Pereira & Conti-Ramsden 2004; Gennat 2003).

Die teilweise feststellbare Entwicklungsverzögerung blinder Kinder im Erwerb und im korrekten Gebrauch des Wortes »ich« (Brambring 1993, 120) könnte darauf beruhen, dass sehende Kinder die Unterscheidung der eigenen Person von anderen Menschen vor allem aufgrund von Hinweisgesten der erwachsenen Bezugspersonen erfassen. Die Wahrnehmung des Zeigens auf Menschen oder Dinge verbunden mit den Begriffen »ich« – »du« oder »mein« – »dein« ist bei weitgehend oder gänzlich wegfallendem Sehen beeinträchtigt.

Semantik

Gesprochene Wörter bestehen aus einer Lautform und einem Inhalt. Letzterer muss für blinde und hochgradig sehbehinderte Menschen nicht unbedingt identisch sein mit dem Begriffsinhalt sehender Menschen. Die auditiven, taktilen oder olfaktorischen Informationen über ein Objekt sind nicht ohne Weiteres gleichzusetzen mit den visuellen (Ilg 1987, 26). Demzufolge ist es möglicherweise nicht einfach, die »konventionelle« Bedeutung von Wörtern gänzlich analog zu Sehenden zu erfassen.

> »In der Entwicklungsförderung blinder Kinder muss man sich verdeutlichen, dass der Bedeutungsgehalt vieler Gegenstände oder Personen für blinde Kinder sich von dem sehender Personen unterscheidet. Berge sind für blinde Kinder mit spezifischen Bewegungs-, Wind-, Geruchs- und Temperaturerfahrungen verbunden, aber nicht mit der visuellen Bedeutung des Sehenden« (Brambring 1999, 157).

Sprachliche Begriffe sind geprägt durch die Wahrnehmung der Welt und schaffen andererseits Raster, um diese wahrzunehmen. Die folgende Schilderung eines blinden Kindes im Jahresbericht 2000 der Stiftung für blinde und sehbehinderte Kinder und Jugendliche, Zollikofen (Schweiz), ist ein anschaulicher Beleg dafür:

> Meine Nase riecht die Pferde gerne. Die Pferde fühlen sich gut an. Es ist schön, sie zu berühren. Der Körper fühlt sich warm an. Wir beginnen mit dem Putzen. Wir bürsten den ganzen Körper der Pferde. Manchmal wälzen sie sich nämlich am Boden und sind dann sehr schmutzig. Die Erde ist dann in den Haaren festgeklebt und das Fell ist dort rauer. Wenn die Pferde schwitzen sind sie klebrig. In den Pferdeohren sind die Haare nicht so lang. Das Innere vom Ohr fühlt sich komisch an. Außen an den Ohren ist das Fell gleich wie am übrigen Körper. Unten am Mund des Pferdes ist es rau, dort stehen kleine Härchen heraus. Die Nase hat ganz feine Haare. Die Luft, die aus den Nasenlöchern kommt, ist warm.

Erfahrung und Begriffsbildung

Begriffsbildung hat neben kommunikativen und wahrnehmungsspezifischen insbesondere auch handlungsbezogene Voraussetzungen. Konkrete Erfahrungen im Umgang mit Objekten sind wichtige Grundlagen zur Verknüpfung von Begriff und Bedeutung. Bei unzureichenden Gelegenheiten zu direkter Erfahrung besteht das Risiko, dass der Erwerb semantischer Kompetenzen beeinträchtigt ist: »Blinde Kinder haben erschwerten Zugang zu der materiellen und sozialen Umwelt und können viele Gegenstände nicht oder nur unzureichend sinnlich erfahren« (Brambring 1999, 156). Wenn die Entwicklung blinder Kinder hier etwas anders verläuft, so beruht das auf ihrer besonderen sinnlichen Situation und hat primär nichts mit ihren sprachlichen Fähigkeiten zu tun (vgl. auch Pérez-Pereira & Conti-Ramdsen 2004).

Kompensatorische Bedeutung von Sprache

Sprachliche Ressourcen haben bei visuellen Beeinträchtigungen eine wesentliche kompensatorische Bedeutung. Via Sprache können visuell nicht zugängliche, taktil oder auditiv schwierig fassbare Phänomene und deren Bedeutungen vermittelt werden, vorausgesetzt, sie werden verstanden. Sprache unterstützt zudem kausale und schlussfolgernde Gedankengänge: Wenn ein Kind merkt, dass eine Katze als Tier bezeichnet werden kann, und dann feststellt, dass auch der Hund im Nachbarhaus so bezeichnet wird, wird es zu klären suchen, woher diese Gemeinsamkeit rührt und zulässige Generalisierungen von unzulässigen unterscheiden lernen.

Unterricht mit blinden und hochgradig sehbehinderten Kindern muss den wichtigen Stellenwert der Sprache in seiner didaktischen Konzeption berücksichtigen. Er muss konkrete Erfahrung ermöglichen, muss selbsttätiges Handeln mit Sprache verbinden und so eine realitätsbezogene Entwicklung von Wortschatz und -bedeutung unterstützen.

4.1.2 Elementares Lernen und Wissensanwendung: Lesen und Schreiben lernen – Lesen und Schreiben

Lese- und Schreibfertigkeiten lassen sich dem Fachbereich Deutsch sowie dem Erlernen von Zweitsprachen zuordnen. Sie bilden die Grundlage für schriftliche Kommunikation ganz allgemein.

- Gelingt *Pascal* mit Hilfe kompensierender Strategien und medialer Anpassungen der Erwerb schriftsprachlicher Kompetenzen so, dass er entsprechend der an ihn gestellten Anforderungen lesen, vorlesen und verstehen kann, was er gelesen hat?
- Schafft er zusätzlich den sicheren Umgang mit den dazu notwendigen optischen und elektronischen Hilfsmitteln?
- Gelingt es ihm, mit Hilfe der Computertastatur korrekt zu schreiben?
- Kann Pascal beim Lesen die Augenbewegungen so steuern, dass Verfolgen von Zeilen und Zeilenwechsel in angemessenem Tempo möglich sind?
- Hat er geeignete Strategien, um sich auf Arbeitsblättern, in Lesetexten und letztlich auch in einem Buch zurechtzufinden?
- Wie bewältigt er Wortanalyse und -synthese und Sinnschrittgliederung als wichtige Voraussetzungen zum Textverstehen?
- Wie wirkt sich der materielle und strategische Mehraufwand auf Arbeitsprozesse, -produkte sowie seine Lernmotivation aus?

Eine Sehschädigung beeinflusst den Lese- wie den Schreibprozess. Ihre je besonderen Auswirkungen, die dadurch notwendigen Hilfsmittel und medialen Anpassungen, die zugehörigen Strategien und kompensatorischen Leistungen sind beim Erfassen des individuellen Lernstandes im Lesen und Schreiben zu berücksichtigen.

Voraussetzungen des Schriftspracherwerbs

Visuelle Wahrnehmungsfähigkeiten wie die visuomotorische Koordination, die Figur-Grund-Unterscheidung, Größen- und Formkonstanz, das Erkennen der Raumlage und das Erfassen räumlicher Beziehungen sind wichtige Voraussetzungen dazu (vgl. Breuer & Weuffen 1997). Diese differenzieren und erweitern sich in der Regel im Alter von vier bis acht Jahren. Zu den Voraussetzungen gehört auch die phonologische Bewusstheit, die Fähigkeit zur Durchgliederung gehörter Sprache (Hartmann & Kessler 2002). Gerade für sehbehinderte und blinde Lernende ist deren sichere Beherrschung ein wichtiger Kompensationsaspekt.

Der Aufbau des Wissens über die Funktion von Schrift und Einsicht in deren symbolische Bedeutung ist insbesondere in den Vorstufen des Lesens ein wesentlich durch Erfahrung gesteuerter Prozess (vgl. z. B. Sassenroth 1995; Günther 1987; Stöckli 1998; Niedermann & Sassenroth 2002). Dieses Wissen ist abhängig davon, ob Kinder in Kontakt mit (Bilder-)Büchern und Schriftbildern kommen, ob sie mit Erwachsenen zusammenleben, deren Verhalten möglichen Gewinn aus Lesen und Schreiben erkennen lässt. Es ist anzunehmen, dass Sehbehinderungen einen Einfluss haben auf diese stark erfahrungsabhängigen Aspekte. In der Regel hat ein blindes Kind kaum Vorbilder in seinem familiären Umfeld, welche Punktschrift lesen.

Begegnungen mit Schrift erfolgen im Alltag von Kindern mit nicht beeinträchtigtem Sehen immer auch gänzlich nebenbei: Anschriften, Werbetexte, Hinweistafeln etc. sind vor allem im urbanen Raum überall präsent. Deren Erfassung ist bei beeinträchtigtem Sehen nicht oder nur sehr eingeschränkt möglich. Während sehende Kinder im Vorschulalter in den Abbildungen eines Buches bekannte Gegenstände und Handlungen entdecken und damit die zugehörigen Begrifflichkeiten festigen können, muss ein blindes Kind vorerst überhaupt die Fähigkeit zum Erkennen taktiler Abbildungen erwerben. Dazu braucht es die Fähigkeit des systematischen Ertastens ebenso wie Begegnungen und Erfahrungen mit der räumlichen und sächlichen Umwelt, verbunden mit gezielter Begriffsbildung (Pfeifer, Wagner & Ziehmann 2012, 284).

Schwarzschrift – Brailleschrift (Punktschrift)

Schreiben beruht in der Schwarzschrift (Schrift der Sehenden) auf der zunehmend differenzierteren Wahrnehmung und korrekteren Durchgliederung und Wiedergabe von Wortgestalten (Valtin 1994). Während es aber durchaus möglich ist, dass sehende Kinder bereits schreiben können und es ihnen gelingt, Buchstaben formgetreu nachzubilden, auch wenn sie diese (noch) nicht lesen können, verläuft der Prozess des Schreibenlernens bei blinden Kindern anders. Beim Nutzen der Brailleschrift ist »Abmalen« von Zeichen nicht möglich: Zum Schreiben der einzelnen Buchstaben ist das Wissen um die zugehörige Anzahl und Kombination von Braillepunkten erforderlich, was eine vorhandene Vorstellung voraussetzt. Zum Lesen der Punktschrift ist zudem immer eine aktive, beidhändige Zuwendung erforderlich, welche andere Aktivitäten unterbricht. Aber auch für Kinder mit einer hochgradigen Sehbehinderung erfordert Lesen eine extreme Annäherung an den Text, wodurch kein gleichzeitiges Erfassen von Geschehnissen im Kontext mehr möglich ist. Dies gilt auch für das Erkennen allfällig vorhandener, illustrierender Abbildungen. Die Grafomotorik ist aufgrund der erschwerten, resp. unmöglichen Auge-Hand-Koordination stark beeinträchtigt, was sich generell negativ auf Schreibfluss, Tempo und Produkte des Schreibens und damit auch auf das Lesen der eigenen Texte auswirkt.

Zeitliche Ressourcen

Eine wichtige Voraussetzung für effizientes visuelles Lesen stellt die prägnante, klare und vollständige Abbildung der zu lesenden Zeichen in der primären Sehrinde dar. Diese bildet die Voraussetzung für das korrekte Dekodieren von Graphemen, Silben, Morphemen sowie deren Kombinationen (vgl. Henriksen & Hyvärinen 2012, 269). Zusätzlich basiert Lesen auf weiteren spezifischen visuellen Funktionen wie dem Gesichtsfeld, dem Kontrastsehen und insbesondere auch der Steuerung der Augenbewegungen (Zihl et al. 2012). Die gute Passung des funktionalen Sehvermögens mit den Angeboten an Textvergrößerungen ist dabei von besonderer Bedeutung. Während es unmittelbar einleuchtet, dass zu kleine Schriften das Lesen erschweren ist ebenso zu berücksichtigen, dass (zu) große Schriften die Orientierung im Text und dabei insbesondere den Zeilenwechsel erschweren.

Die durchschnittliche Lesegeschwindigkeit im Lesen geübter sehender Jugendlicher und junger Erwachsener beträgt ca. 200 bis 350 Wörter pro Minute. Hochgradig sehbehinderte Menschen lesen in Schwarzschrift im Durchschnitt vierzig bis achtzig Wörter pro Minute. Gelten sie aufgrund ihrer sehr geringen Sehschärfe als Grenzfälle zwischen der Nutzung von Schwarz- und Punktschrift, so schaffen sie beim Lesen der Schwarzschrift in der Regel kaum mehr als vierzig Wörter in dieser Zeit (Denninghaus 1996, 95 f.). Angaben zur Lesegeschwindigkeit von Braille Nutzenden gehen übereinstimmend davon aus, dass diese hier etwa zwei- bis dreimal langsamer ist als in Schwarzschrift (Hudelmayer 1985; Lang 2003; Laroche, Boulé & Wittich 2012). Diese Zahlen belegen die Auswirkungen physiologischer Bedingungen auf das Lesetempo und verweisen auf die Notwendigkeit, sie als Kriterien in der Planung des Schriftspracherwerbs einzubeziehen. Es ist zu berücksichtigen, dass schulische Curricula immer noch mehrheitlich davon ausgehen, dass vorgegebene Kompetenzen in bestimmten Zeiträumen zu erwerben sind. Schreiben und Lesen erfordert für Menschen mit fehlendem oder stark beeinträchtigtem Sehen zusätzliche Kompetenzen im Umgang mit besonderen Medien, mit optischen und elektronischen Hilfsmitteln. Computer mit spezieller Hard- und Software sind wichtige unterstützende Hilfsmittel. Zu deren Nutzung müssen spezielle Kenntnisse und Strategien vorhanden sein, welche ebenso wie das Lesen und Schreiben selbst gelernt und geübt werden müssen. Kinder mit hochgradiger Sehbehinderung, insbesondere, wenn deren Sehvermögen abnimmt, haben häufig nach dem Erlernen der Schwarzschrift zusätzlich die Brailleschrift zu erlernen. Sie sehen sich konfrontiert mit dem Wechsel zwischen verschieden gearteten Medien, den je zugehörigen Hilfsmitteln und assistiven Technologien. Als Ergänzung und Alternative bietet sich denn auch die Nutzung auditiver Informationszugänge (Hören statt Lesen) an, was allerdings zulasten des Kompetenzerwerbs im (Braille-)Lesen gehen kann. Zu verweisen ist hier auch auf die Auswirkungen integrativer bzw. inklusiver schulischer Settings, welche möglicherweise die Tendenz zum vermehrten Nutzen der Sprachausgabe anstelle des Lesens verstärken. Mangelnde zeitliche Ressourcen zum Lernen und Üben von Braille könnten dies begünstigen, weil der Zeitaufwand zur Aufnahme von Informationen damit doch wesentlich geringer ist.

4.1.3 Elementares Lernen und Wissensanwendung: Rechnen lernen – Rechnen

Zu diesem Bereich gehört der Umgang mit Zahlen, Maßeinheiten und Operationen. Es geht darin um die Fähigkeit, arithmetische und geometrische Fragestellungen zu verstehen und sinnvoll zu bearbeiten.

Für *Pascal* stellt sich hier primär die Frage, wie er die stark visuell gesteuerte Erfassung und Differenzierung von Mengen und Dimensionen bewältigt.

- Hat er angemessene Strategien zum Strukturieren, Vergleichen und Zählen entwickelt und kann diese nun einsetzen?
- Wie, mit welchen medialen Anpassungen, Hilfsmitteln und Strategien kann er Ziffern und Rechnungen lesen, schreiben und Letztere in angemessenem Tempo lösen, sodass er genügend Übungs- und Vertiefungsmöglichkeiten hat?
- Hat er ausreichend Gelegenheit, mathematische Probleme handelnd und anschaulich anzugehen, bevor sie in ausschließlich symbolischer Form vorgegeben sind?
- Wie vertraut ist Pascal mit der formalen Erfassung alltäglicher Objekte, mit geometrischen Formen, Flächen, Körpern und deren Ausmaßen?
- Kann er umgehen mit Messgeräten?
- Kennt er den Kalender und die Uhrzeit?

Voraussetzungen für mathematisches Lernen sind basale Erfahrungen mit Objekten der Umwelt. Grundsätzlich kann die Umsetzung von Tätigkeiten und Handlungen in mathematische Sprache dadurch beeinträchtigt sein, dass es blinden und hochgradig sehbehinderten Kindern erschwert ist, rasche und vielfältige Sachinformationen sowie einen gesamten Überblick über komplexe Szenen und Handlungen des Alltags zu erhalten. Es lässt sich annehmen, dass diese Voraussetzungen das Lernen in Arithmetik und Geometrie beeinträchtigen können.

Mengen und Dimensionen

Mathematisieren, Umgehen-Können mit abstrakten Zahlen und Symbolen beruht auf sinnlichen Erfahrungen mit Mengen und deren Veränderungen. Diese sind visuell besonders schnell fassbar: Ein Kind kommt zur Gruppe, ein anderes geht weg. Ein Kuchen wird in Stücke geschnitten. Besteck und Geschirr wird auf dem Tisch verteilt. Das sind lauter durch Zahlen und Symbole darstellbare mathematische Operationen. Auch Erfassen und Vergleichen verschiedener Dimensionen ist vor allem visuell gesteuert. Taktil lassen sich Länge oder Größe nie von mehr als zwei Gegenständen gleichzeitig erfassen und somit vergleichen. Die Folgen dieser Unterschiede im Prozess des Vergleichens, taktil oder visuell, belegen Forschungsergebnisse von Brambring (2004). Die Aufgabe, zwei gleiche Objekte aus fünf Objekten herauszusuchen, bewältigen sehende Kinder durchschnittlich mit etwa 26 Monaten, blinde erst etwa mit 42 Monaten. Wenn die fünf Objekte gleichzeitig visuell erfasst werden können, sind die kognitiven Anforderungen nicht sehr hoch. Muss die Aufgabe aber durch sukzessives Abtasten gelöst werden, sind die Anforderungen an Kognition, Gedächtnis wie auch an die Konzentration wesentlich höher, selbst wenn die Objekte bereits bekannt sind. Vergleichsweise ähnliche Schwierigkeiten würde die Aufgabe gut sehenden Kindern bereiten, wenn die fünf Objekte in fünf Räumen verteilt wären. Erwartungsgemäß sind blinde Kinder auch beim Lösen von Seriationsaufgaben leistungsschwächer als sehende (Hatwell 1985). Beim Ordnen nach Größe oder Länge ist der Abstand allerdings ausgeprägter, als wenn das Gewicht das Ordnungskriterium darstellt.

Problembereiche

Fehlendes Sehen kann jedoch nicht als direkte Ursache von mathematischen Lernproblemen betrachtet werden. In früheren Texten zur Blindenpädagogik findet sich oftmals sogar die Ansicht, dass der Mathematikunterricht, zumindest der Bereich der Arithmetik, bei blinden Schülerinnen und Schülern relativ unproblematisch sei (vgl. z. B. Entlicher 1989/1872, 46 ff.). Diese Ansicht ist inzwischen widerlegt. Gestützt auf Beobachtungen in der Schulpraxis wird vor allem auf folgende Problembereiche verwiesen (Csocsán, Hogefeld & Terbrack 2001 und Csocsán et al. 2002):

- Verzögerung in der Zahlbegriffsentwicklung und Mengenerfassung;
- Schwierigkeiten im Umgang mit Dimensionen;
- erschwerte Erfassung von räumlichen Beziehungen und Relationen;
- Verlangsamung und mangelnde Flexibilität beim problemlösenden Rechnen;
- Schwierigkeiten im »Mathematisieren« alltäglicher Aktivitäten und Handlungen.

Die Gründe der Schwierigkeiten werden darin erkannt, dass die Lernumgebungen für blinde Kinder nicht immer ideal sind und dass mathematisches Lernen nicht von den Handlungserfahrungen dieser Kinder ausgeht. Für die Schwierigkeiten speziell im Mathematisieren wird betont:

> »Der mathematische Spracherwerb beruht auf den verbalen Beschreibungen der Sinneserlebnisse, Handlungen und Tätigkeiten. Auch Personen, die unter ähnlichen sinnlichen Bedingungen leben, fällt es manchmal schwer, die richtigen Worte zu finden, um die Ereignisse so zu formulieren, dass daraus später mathematische Verallgemeinerungen entwickelt werden könnten« (ebd.).

Für Hahn (2006, 181) sind mathematische Schwierigkeiten blinder Kinder zu wesentlichen Teilen im »vorangegangenen Mathematikunterricht selbst zu suchen«. Bezogen auf empirische Belege zu den Leistungen blinder Schülerinnen und Schüler in verschiedenen mathematischen Bereichen kommt er zum Schluss, dass diese in Mathematik weniger gute Leistungen erbringen als sehende (ebd., 187).

Handlung – Anschauung – Symbol

Gemäß der Entwicklungslogik von Piaget lässt sich annehmen, dass Kinder im Grundschulalter ihre handlungsmäßigen Schemata nach und nach durch konkretanschauliches Denken erweitern. Dies kommt einem qualitativen Sprung gleich, in welchem die durch Handlung repräsentierte Welt durch die Welt der Vorstellungen ergänzt oder auch ersetzt werden kann. Vorstellungen sind kein direktes Abbild der Wahrnehmung, sondern die bildliche Form unseres Wissens vom betreffenden Objekt. Zusätzliches Wissen kann diese Vorstellung laufend verändern und erweitern (Lorenz 1996).

Die bereits klassisch zu nennende Trias des Lernens, mit den aufeinander aufbauenden Repräsentationsformen enaktiv, ikonisch und symbolisch (Bruner 1988a; b), verweist auf die notwendig zu machenden Erfahrungen durch Handlung, Anschauung und Symbole. Lernen erfolgt nach Bruner durch die Möglichkeit des Übersetzens der einen Form in die andere. Da Anschauung stark visuell geprägt ist, muss berücksichtigt werden, dass sehbehinderte Kinder kompensatorischer Unterstützung auf der Ebene der ikonischen Repräsentation bedürfen (vgl. Hahn 2004; 2006). In Bezug auf blinde Lernende muss man sich zusätzlich bewusst sein, dass in dieser Abfolge zunehmender Abstraktion die letzte Ebene, die symbolische, im taktilen Bereich oft komplexer ist als die visuelle. Formeln, geschrieben in Mathematik-Punktschrift, sind Gebilde, deren Informationen sich nicht, wie dies visuell der Fall ist, kurz überschauend erfassen lassen. Aufnahme, Verstehen und Anwenden derselben erfordert gute gedächtnismäßige und kognitive Fähigkeiten.

Im Prozess des Aufbaus von Zahl- und Mengenvorstellungen sind kompensatorisch nutzbare auditive und taktile Informationen begrenzter als visuelle. Erfassen der Relationen von Teil und Ganzem beruht wesentlich auf simultaner Aufnahme; Wahrnehmen von Simultaneität ist aber stark visuell geprägt. Mengenvorstellungen sind denn bei sehenden Kindern häufig auch räumlich-visueller Art. Und für blinde Kinder gehen Csocsán et al. (2002) aufgrund von Forschungsergebnissen davon aus, dass dem Hören in ihren Zählstrategien eine größere Bedeutung zukommt als bislang angenommen. Demzufolge wird die Wichtigkeit akustischer Angebote betont, was Hahn aufgreift mit der Forderung, in der Gestaltung von Lernprozessen »die sensorischen Modalitäten der Lernenden und die verwendeten Codierungssysteme genauer zu hinterfragen und zu reflektieren« (2006, 166).

Generalisieren von Erfahrungen

Generalisieren-Können ist eine wichtige Kompetenz in allen Lernprozessen. Gelingt dies nicht, so besteht die Welt aus einer unüberblickbaren Fülle verschiedener Formen und Objekte. Besonders bedeutsam ist die Fähigkeit des Generalisierens im Geometrieunterricht, wo es darum geht, aufgrund unterschiedlicher Erfahrungen mit Formen und Körpern zu verallgemeinern und gleiche formale Ausprägungen im Wahrgenommenen zu erkennen. Mit folgendem Beispiel lässt sich belegen, dass die taktile Wahrnehmung andere Bedingungen für diesen Prozess vorgibt als die visuelle:

> »Ein sehender Schüler hat viele Erfahrungen bezüglich der Gestalt eines Dreiecks gemacht. Es kann unterschiedliche Größen, Farben usw. haben und trotzdem ist das Kind in der Lage, die Form zu generalisieren. Ein blindes Kind kann ebenfalls unterschiedliche Erfahrungen mit Gegenständen in Form eines Dreiecks gemacht haben. Es kann die Form

jedoch nicht begreifen und generalisieren, wenn zum Beispiel der Gegenstand zu groß ist, um ihn handhaben zu können oder das Material unterschiedlich ist. Das Dreieck hat einige Eigenschaften, welche für taktile/haptische Erfahrungen besonders wichtig sind. Wenn wir ein 5–6 Jahre altes blindes Kind beobachten, das einen unbekannten Satz einfacher geometrischer Formen vor sich liegen hat, bemerken wir, dass zunächst das Geräusch, das von den geometrischen Teilen erzeugt werden kann, untersucht wird und nicht seine Form« (Csocsán et al. 2002, 11).

Schwerpunkte förderdiagnostischer Erfassung und Planung

Aufgrund ihrer Wahrnehmungsvoraussetzungen haben blinde Kinder gerade in Mathematik einen speziell zu berücksichtigenden Förderbedarf (vgl. Hahn 2006, 240 ff.).

Besonders zu beachten sind in der Erfassung arithmetischer Fähigkeiten:

- Erfassung von und Umgang mit Mengen;
- angewandte Zählstrategien;
- Ausführung mathematischer Operationen und Verstehen der zugehörigen Symbolik;
- Erfassen und Verstehen von Formeln.

Geometrische Fähigkeiten

Im Erfassen und Vergleichen von Formen, von Körpern, Raum und deren Dimensionen sind anzuwendende Strategien und der Einsatz und Umgang mit angepassten Messgeräten und Modellen sorgfältig anzubahnen und intensiv zu üben.

Grafische Darstellungen

Zu berücksichtigen im Mathematikunterricht ist außerdem, dass taktiles Überblicken und Erfassen von grafischen Darstellungen, von Diagrammen und Tabellen, grundsätzlich anders abläuft als visuelles. Grafiken wollen in der Regel raschen Überblick über quantitative Ausprägungen von Datenmaterial ermöglichen. In taktiler Erfassung ergeben sich Abfolgen, welche nicht nur von links nach rechts, sondern auch von oben nach unten und diagonal aufzuschlüsseln sind. Die lückenlose Erfassung dargestellter Relationen erfordert einen großen zeitlichen Aufwand.

4.2 Allgemeine Aufgaben und Anforderungen

Dieser Bereich betrifft die Ausführung von Einzel- und Mehrfachaufgaben, den Umgang mit alltäglichen Routineanforderungen sowie den Umgang mit Stress und die Verhaltenssteuerung allgemein (Hollenweger & Kraus de Camargo 2011, 173 ff.). Aktivitäten, die zur Ausführung von Aufgaben, zum Erfüllen von Anforderungen und zum Einhalten von Abläufen im schulischen Alltag und dem gesamten Tagesablauf notwendig sind, gehören dazu.

- Kann *Pascal* sich ohne Anstoß von außen ausdauernd und zielgerichtet mit einer Aufgabe beschäftigen?
- Nimmt er sich dabei die aufgrund anstrengender visueller Wahrnehmungstätigkeit nötigen Ruhepausen und kann sich anschließend wieder der Aufgabe zuwenden?
- Kann er räumliche und mediale Anpassungen selbstständig und aufgabenspezifisch vornehmen, z. B. Licht und Arbeitsflächenneigung anpassen, geeignete Hilfsmittel (Bildschirmlesegerät, Sprachnotizgerät, Computer etc.) wählen und einsetzen?
- Wie gelingt ihm der Erwerb von Strategien im Umgang mit unterstützender Computersoftware?
- Wie reagiert Pascal auf Widerstände, Misserfolge und die Tatsache, dass er viele Aufträge nicht in gleicher Weise erledigen kann wie seine Mitschülerinnen und Mitschüler?
- Ist er motiviert, sich explorierend mit bekannten, aber auch mit neuen Gegenständen oder Situationen auseinander zu setzen?

Exekutive Funktionen

Handlungsplanung, begleitende Überwachung und abschließende Kontrolle der Handlungsdurchführung werden aktuell zumeist mit dem Konzept »Exekutive Funktionen« dargestellt (vgl. Brunsting 2011). Organisation und Steuerung des Verhaltens und der Aufmerksamkeit, das Zeitmanagement sowie die Möglichkeit, Arbeitsstrategien flexibel zu nutzen, sind Voraussetzungen erfolgreicher Prozesssteuerung, wozu auch Kontrolle und Bewertung von Ergebnissen gehört. Begleitend und ergänzend sind metakognitive Strategien erforderlich zum Wissensmanagement in Bezug auf inhaltliche Anforderungen der Aufgabenstellung. Kenntnis der eigenen Ressourcen und Grenzen gehört ebenso wie das Ableiten von Erfolgserwartungen im Umgang mit Aufgaben und Anforderungen. Umgehen mit Anforderungen setzt auch Motivation voraus, wobei diese wesentlich bestimmt ist durch Aussichten auf erfolgreiches Bewältigen derselben.

Forschungsergebnisse belegen, dass sehgeschädigte Kinder und Jugendliche im Vergleich zu nicht behinderten Gleichaltrigen mehr Probleme haben in der Entwicklung exekutiver Funktionen, sowohl auf der verhaltensregulierenden wie auf der metakognitiven Ebene (Heyl, Milz & Hintermair 2013).

Diese Befunde mögen erklärbar sein aus dem erschwerten Überblicken von Aufgaben, Situationen und den daher begrenzt erwerbbaren Erfahrungen im flexiblen Umgang damit infolge beeinträchtigten Sehens. Für betroffene Lernende gilt insbesondere, dass sie befähigt werden müssen, förderliche und hinderliche Kontextfaktoren zu erkennen und deren Auswirkungen abzuschätzen. Förderliche Kontextfaktoren müssen nicht nur vorhanden sein, sondern müssen als räumliche und mediale Anpassungen von ihnen auch adäquat genutzt werden können. Eine Behinderung des Sehens ist in der Regel verbunden mit erhöhtem Zeitbedarf. Dies hat Konsequenzen auf Effizienz und Produktivität, welche in schulischem Lernen relevant sind, um geforderte Leistungen in vorgegebenen Zeiträumen vollbringen zu können.

Selbstkonzept und Selbstwirksamkeit

Das Selbstkonzept beinhaltet eine allgemeine Einschätzung der eigenen Fähigkeiten in Bezug auf bestimmte Lernbereiche: »Ich bin gut im Rechnen« (Pajares & Miller 1994). Die Selbstwirksamkeit dagegen erfolgt in spezifischer Ausrichtung auf bestimmte Aufgaben und die Einstufung des eigenen Verstehens derselben: »Diese Aufgabe habe ich verstanden, diese Aufgabe kann ich lösen« (Bandura 1997, 36). Vorstellungen der Selbstwirksamkeit scheinen vor allem auf Erfahrungen mit der eigenen Leistungsfähigkeit in bestimmten Lernbereichen zu beruhen. Sie vermitteln das Vertrauen, aufgrund der eigenen Fähigkeiten gewisse Aufgaben lösen zu können, und sie stellen wichtige Voraussetzungen für die Erfüllung geforderter Leistungen dar (Pajares & Miller 1994). Weniger durch eigens gemachte Erfahrungen als durch soziales Vergleichen im Einschätzen erbrachter Leistungen und erworbener Kompetenzen, entsteht ein leistungsbezogenes Selbstkonzept (Pietsch, Walker & Chapman 2003, 590).

Eigenerfahrungen, welche den Aufbau der Selbstwirksamkeit bestimmen, wie auch der soziale Vergleich, welcher Voraussetzung des leistungsbezogenen Selbstkonzepts darstellt, sind beeinflusst durch eine Sehbehinderung. Demzufolge lässt sich vermuten, dass beide davon betroffen sind, was Forschungsbefunde auch belegen können. Wenn sehgeschädigte Menschen ihre Kontakte mit nicht behinderten Gleichaltrigen im Jugendalter als eingeschränkt oder problematisch darstellen, sich selbst als eher zurückhaltend oder unerfahren in sozialen Bezügen bezeichnen, scheint sich dies zu bestätigen (Pinquart & Pfeiffer 2013; Rodney 2011). Dies gilt insbesondere, wenn gleichzeitig Unsicherheit und Ängstlichkeit in Bezug auf Anforderungen ausgedrückt werden (Rodney 2011). Eine Studie zu sozial-emotionalen Persönlichkeitseigenschaften von 9- bis 14-Jährigen verweist auf signifikante Unterschiede zwischen den Gruppen der sehgeschädigten und der normal sehenden Kinder. So scheinen die sehgeschädigten Kinder emotional reizbarer und ruhiger oder in sozialen Kontakten schüchterner zu sein. Sie äußern vermehrt Prüfungsangst. Auch fällt es ihnen offenbar schwerer, ihre eigenen Bedürfnisse mitzuteilen, resp. diese in Einklang mit sozialen Normen zu bringen (vgl. Nater, Kolaschinsky & Abd El-Rasheed 2009).

Stressbewältigung – Coping-Strategien

Verschiedene Coping-Strategien (to cope = bewältigen), welche grundsätzlich alle Menschen einsetzen können, ermöglichen entweder direkt handelndes Angehen von problematischen Situationen oder aber Änderung der emotionalen Bewertung derselben. Allenfalls führen sie aber auch zu deren Vermeidung (Folkman & Lazarus 1980). Je nach bevorzugt gewählter Strategie kann sich ein persönlicher »Stil« für den Umgang mit Anforderungen ergeben. Menschen sind zumeist dann motiviert, sich Aufgaben und Anforderungen zuzuwenden, wenn deren Schwierigkeitsgrad und Komplexität erwarten lässt, dass sie mit einem mittleren Aufwand an Anstrengung und Zeit zu bewältigen sind. Weil eine hochgradige Sehbehinderung oder Blindheit diesen Aufwand oft erheblich vergrößert, kann es sein, dass die

Wichtigkeit, welche dem Lösen der Aufgabe zukommt, herabgestuft wird (emotionsfokussiertes Coping), oder aber, dass versucht wird, Situationen mit entsprechenden Anforderungen möglichst zu meiden (vermeidendes Coping). Selbstbewusstsein und Selbstsicherheit erwachsen aber aus Erfahrungen der eigenen Wirksamkeit und der Gewissheit, bestimmte Wirkungen zielgerichtet hervorbringen und Probleme meistern zu können (problemfokussiertes Coping). Gegenteilige Erfahrungen beeinträchtigen Sicherheit und Vertrauen in sich selbst, was sich auf selbstständiges Arbeiten wie auf die Zusammenarbeit mit anderen auswirken kann. Ängstlichkeit, welche nicht selten bei Menschen mit eingeschränktem Sehen stärker ausgeprägt ist als bei normal sehenden, kann außerdem zu einer besonderen Form von Vermeidungsverhalten führen. In Bezug auf den Umgang mit Anforderungen im Bereich der Mathematik hat eine Untersuchung (Ashcraft & Faust 1994) ergeben, dass große Ängstlichkeit die Strategie begünstigt, das Lösen gestellter Aufgaben so schnell wie möglich hinter sich zu bringen. Ähnlich wie bei vermeidenden Coping-Strategien ist anzunehmen, dass hier die Gefahr besteht, dass aufgrund weniger gründlicher Auseinandersetzung mit Lerninhalten weniger Einsichten erworben und lediglich begrenzte Vorstellungen aufgebaut werden können. Der stets erhöhte Zeitbedarf hochgradig sehbehinderter und blinder Lernender oder, anders formuliert, die nicht ausreichend vorhandenen zeitlichen Ressourcen zum vertiefenden Üben und Automatisieren kommen als zusätzliche Erschwernis dazu.

4.3 Kommunikation

Zum Bereich »Kommunikation« gehören allgemeine und spezifische Merkmale der Kommunikation, der Mittel der Kommunikation, wie Sprache, Zeichen und Symbole aber auch die Produktion sowie das Verstehen von Mitteilungen und die Konversation. Dazu braucht es die Fähigkeiten, sich mit oder ohne Sprache mit anderen auszutauschen und die Bedeutung von Zeichen und Symbolen zu verstehen. Zusätzlich gehört der Umgang mit Kommunikationsgeräten und -techniken hier mit dazu (Hollenweger & Kraus de Camargo 2011, 179 ff.).

> Die Frage stellt sich, ob *Pascal* sich durch an ihn oder an die ganze Klasse gerichtete Aufträge angesprochen fühlt und angemessen darauf reagieren kann.
>
> - Wie erkennt er vertraute Personen auf Distanz?
> - Wie erkennt er Symbole, Hinweissignale und Anschriften?
> - Versteht er deren Bedeutung?
> - Kann er trotz stark beeinträchtigter visueller Wahrnehmung Gruppengesprächen folgen und sich auch selber einbringen?
> - Wendet Pascal sprachliche Begrüßungs- und Verabschiedungsformeln an und kann er Gespräche führen?
> - Kann er Erlebnisse in sachlogischer Abfolge und grammatikalisch korrekt erzählen?

- Kann er sich mit Sinn- und Situationsbezug äußern und seine Sprechlautstärke und Ausdrucksweise der aktuellen Situation anpassen?
- Gelingt es ihm auch, Mimik und Gestik stimmig zur verbalen Kommunikation einzusetzen?
- Wie reagiert er, wenn er gewisse Reaktionen der anderen Kinder, z. B. Gelächter, nicht versteht, weil er deren Ursachen nicht erkennen kann?
- Kann er selbstständig telefonieren, ein Sprachnotizgerät zum Festhalten von Aufgaben, Terminen und anderem nutzen?
- Welche Informations- und Kommunikationstechnologien (Geräte und Software) sind für ihn behinderungsspezifisch und in Bezug auf seine kognitiven und motivationalen Voraussetzungen angemessen?
- Wie kommt er mit diesen zurecht und welches Ausmaß an Unterstützung benötigt er dazu?

Blinde und sehbehinderte Kinder können begriffliche und grammatikalische Kompetenzen nach anfänglichen Verzögerungen ohne besondere Probleme aufbauen (vgl. Brambring 2006). Ihre pragmatischen Sprachkompetenzen weisen allerdings behinderungsspezifische Besonderheiten insbesondere in Bezug auf das Beziehungsverhalten in kommunikativen Situationen auf (Trefz & Sarimski 2012). Zu den als »pragmatisch« bezeichneten sprachlichen Kompetenzen, wird die gesamte Gesprächsorganisation, das Berücksichtigen der Perspektive der Zuhörenden, allfälliges Nichtverstehen realisieren und darauf reagieren können sowie der Einsatz nonverbaler und paraverbaler Kommunikationsmittel gezählt (ebd., 20). Somit kann der Dialog auf verschiedene Art und Weise beeinträchtigt sein, wobei das Fehlen visueller Informationen zum Abstimmen des Gesprächsverlaufs eine wesentliche Ursache darstellt (ebd., 25 f.). Auch das Erkennen anderer Menschen ist eine zentrale kommunikative Voraussetzung. Es stellt sich hierzu die Frage, ob blinden Menschen dies anhand von Stimmen ebenso gut gelingt wie sehenden anhand von Gesichtern. Bezogen auf Studien stellen Röder und Rösler fest, dass blinde Menschen zwar andere Personen aufgrund ihrer Stimme besser erkennen können als sehende. Trotzdem ist es grundsätzlich so, »dass Sehende andere Menschen aufgrund der Gesichterinformationen besser erkennen als Blinde aufgrund von Stimminformationen« (2006, 289).

Nonverbale Kommunikation: Senden und Empfangen

Beeinträchtigungen des Sehens bedingen zudem auch Verluste an nonverbalen Ausdrucks- und Kommunikationsmöglichkeiten. Wichtige Gesprächsinhalte, besonders auch emotionale Botschaften, werden oft nonverbal übermittelt. Normalerweise reagieren Menschen auf der nonverbalen Ebene viel unmittelbarer und schneller als auf der verbalen. Dieser Verlust an Unmittelbarkeit menschlicher Kommunikation ist weder direkt kompensierbar, noch lässt sich der nonverbale Kommunikationsinhalt 1:1 in einen verbalen umsetzen. Erschwerend kommt hinzu, dass die beiden Kommunikationskanäle auch widersprüchliche Botschaften übermitteln können: Ein Augenzwinkern mag andeuten, dass das Gesagte nicht ernst zu nehmen sei (Forgas 1999, 133). Sich angesprochen fühlen basiert zumeist auch auf mimischer und gestischer Zuwendung und auf Blickkontakt. Wenn Blickkontakt bezeichnet wird als »Berührung auf Distanz« oder als unmittelbare Berührung »von Angesicht zu Angesicht«, so offenbart sich dessen soziale Bedeutung (Roth 2000, 198). In Zweier- oder in Gruppengesprächen wird der Wechsel von Aufnehmen und Mitteilen weitgehend visuell gesteuert.

Triangulierung – Gemeinsam geteilte Aufmerksamkeit

Sich gemeinsam mit anderen Menschen auf Themen und Sachen beziehen können, ist eine weitere zentrale Voraussetzung zur Kommunikation und gleichzeitig auch zur Entwicklung des Sprachverständnisses. Triangulierung (Zollinger 2015) oder gemeinsam geteilte Aufmerksamkeit, »joint attention« (Ehrlich 2011), ist ein Meilenstein in der kindlichen Entwicklung. Wenn das Kind seine Kommunikation mit der Bezugsperson ausweitet auf einen Gegenstand, wenn es auf diesen hinweist, so bildet sich ein eigentliches, visuell gesteuertes, Dreieck zwischen Kind, Person und Sache. Diese kann nun zum Kommunikationsinhalt werden. Kindliches Symbol- und Sprachverständnis, aber auch die Fähigkeit zur Perspektivenübernahme haben hier ihre zentrale Grundlage. Damit verweisen Zollinger und Ehrlich ebenso wie Brambring (2007) auf eine Entwicklungsbesonderheit blinder und hochgradig sehbehinderter Kinder: Retardierung aufgrund anders verlaufender vorsprachlicher Kommunikation ist möglich, weil ein gemeinsam geteilter Fokus, eine notwendige Grundlage zu gegenseitigem Verstehen, primär auf Blickkontakt und Zeigegestik beruht. Wenn besondere sinnliche Voraussetzungen die Aufnahme von Information, das Herstellen von Kontakt und den Austausch von Gedanken mit anderen Menschen einschränken, ist umfassende Partizipation nicht gesichert. Insbesondere für sehbehinderte und blinde Kinder mit zusätzlichen funktionalen Beeinträchtigungen kann alltägliche Interaktion ganz wesentlich bestimmt sein durch frustrierende Missverständnisse (Camenisch & Hunsberger 2015).

Verbale Kommunikation

Wollen und müssen sehgeschädigte Menschen sich einbringen in kommunikative Situationen und angemessen auf deren Erfordernisse reagieren, brauchen sie besondere Strategien, dies gilt ebenso für den dialogischen Austausch wie für Gruppensituationen, zu welchen der schulische Unterricht prototypisch gezählt werden kann. Sie brauchen gemeinsam geteilte Begrifflichkeiten, welche insbesondere im Rahmen der Triangulierung gebildet werden. Zur Kompensation der beeinträchtigten visuellen Voraussetzungen ist ein gezielter Begriffsaufbau insbesondere bei sehgeschädigten Kindern mit zusätzlichen Behinderungen unerlässlich, z. B. begleitend auf Wegen innerhalb und außerhalb von Gebäuden. Dies gelingt indessen nur erfolgreich, wenn Bezugspersonen sich auf einheitliche Begrifflichkeiten zur Bezeichnung der Umwelt und deren Objekte verständigen können (Haas & Henriksen 2015).

Im Sinne einer notwendig didaktisch zu schaffenden »Anschlussfähigkeit der Kommunikation« verweist Wind (2011, 81) auf blinde Menschen mit besonderen auditiven Wahrnehmungs- und Gedächtnisfähigkeiten, welche im Erwerb von

Begriffen, auch fachbezogen, benachteiligt werden durch einen Unterricht, welcher diese Möglichkeiten der Veranschaulichung vernachlässigt: »Verändertes Erleben durch den Ausfall des Sehsinns bedingt veränderte Kommunikation über das Erlebte, was zu Irritationen und Missverständnissen bei sehenden Kommunikationspartnern führen kann« (ebd.).

Kommunikative Gestaltung von Person und Umwelt

Die Darstellung seiner selbst mit Hilfe der Kleidung, der Frisur oder des Tragens von Accessoires enthält wichtige kommunikative Signale Die persönliche Stilsicherheit punkto Mode, Körperpflege, Schminken etc. wird gerade auch in Bezug auf berufliche Aufgaben- und Rollenübernahmen besonders gewichtet. Der Empfang dieser Information erfolgt überwiegend visuell. Deren Aussenden unterliegt visueller Kontrolle sowie möglicher Imitierbarkeit. All diese Aspekte sind wichtige Themen – besonders im Jugendalter – an denen sehgeschädigte Menschen oft nur beschränkt teilhaben können.

Kommunikation geschieht allerdings in unserer Gesellschaft nicht nur zwischen Menschen. Zusätzlich ist die Umwelt kommunikativ »aufgeladen«. Der Begriff »Visuelle Kommunikation« ist rund um die Printmedien zu einem Schlagwort geworden. Heutiger Alltag enthält eine Fülle an notwendigen, aber auch an überflüssigen, zumeist visuellen Symbolen, welche Angebots-, Aufforderungs-, Hinweis- und Leitcharakter besitzen. Diese belegen letztlich immer wieder, wie dominant der Sehsinn in der Informationsaufnahme ist, resp. wie einschränkend sein Fehlen sein kann.

Informations- und Kommunikationstechnologien

In den letzten Jahrzehnten hat Kommunikation aufgrund neu- und weiterentwickelter Technologien in unserer Gesellschaft zentrale Bedeutung erlangt. Dies gilt insbesondere auch für hochgradig sehbehinderte und blinde Menschen, welche bis vor einigen Jahren vor allem mittels Brailleschrift Zugang zu schriftlicher Kommunikation hatten. Heute steht ihnen die elektronische Braillezeile als Alternative zum Papierausdruck in Braille zur Verfügung. Weitere Möglichkeiten des Informationszugangs können mit Hilfe assistiver Technologien – durch Sprachausgabe- und Vorlesesysteme – hörend erfolgen. Hochgradig sehbehinderte Menschen nutzen diese Technologien in unterschiedlichem Ausmaß, oft in Kombination mit mittels optischer Vergrößerungshilfen oder Vergrößerungssoftware adaptierter Schwarzschrift oder aber zusammen mit Braille. Schwarzschrifttexte lassen sich außerdem mit neuen Scan-Technologien ohne großen zeitlichen Aufwand in Vorlesetexte umwandeln. Hörbücher und E-Books bieten sich als Alternativen zu Braillebüchern an. Alle Geräte der Firma Apple wie iPad, iPhone oder MacBook enthalten bereits standardmäßig den Screenreader VoiceOver, der mit Braillezeilen kompatibel ist (vgl. Hofer & Lang 2014).

Die kommunikative Teilhabe ist sehbehinderten und blinden Menschen somit aufgrund anpassbarer oder speziell entwickelter Hard- und Software und der sich durchsetzenden Barrierefreiheit des Internets weitgehend möglich (vgl. auch Kap. IV, 2.4). Sie setzt jedoch voraus, dass differenzierte Strategien im Umgang mit den

Geräten und Technologien erworben werden. Es ist außerordentlich bedeutsam, dass die notwendigen Ausrüstungen und der zusätzlich entstehende Förderbedarf zum Erwerb der notwendigen Umgangs- und Einsatzstrategien genau abgeklärt und zugestanden werden. Ist diese Voraussetzung erfüllt, so ist es oftmals so, dass sehbehinderte und blinde Menschen die gesprochene Sprache öfter einsetzen als die geschriebene. Dies entspricht der Vielfalt an Nutzungsmöglichkeiten von Sprachausgaben, Computern, Sprachnotizgeräten oder Hörbüchern (ebd.).

Obwohl der barrierefreie Zugang zu elektronischer Information heute grundsätzlich gegeben ist, gilt es doch zu bedenken, dass der auditiv mögliche Zugang nicht identisch ist mit dem visuellen. Sehende Nutzende können die Strukturen von Webseiten mit ihren Hauptmenüpunkte und Inhalten sozusagen auf einen Blick erkennen und via Ansteuerung mit der Maus für sie relevante Informationen gezielt auswählen. Blinde dagegen müssen die Elemente einer ihnen nicht bekannten Webseite nacheinander mit Tastenbefehlen ansteuern, um ihre Auswahl treffen zu können. Wie in der realen Welt brauchen sie zur Orientierung in unbekannten Räumen und Strukturen auch in der virtuellen Welt einen relativ hohen zeitlichen Aufwand (Denninghaus & Große-Drenkpohl 2010).

> Fazit: Außer in sehr vertrauten und bekannten Strukturen sind sehgeschädigte Nutzende selbst bei erfülltem Kriterium »Barrierefreiheit« weniger effizient als sehende bei gleichen Aufgabenstellungen.

Konzepte und Technologien aus dem Bereich der Unterstützten Kommunikation ermöglichen auch Kindern und Jugendlichen mit Sehschädigung und mehrfachen Beeinträchtigungen die Teilhabe an Kommunikation. Sie bedürfen allerdings besonderer Anpassung, damit die hier bevorzugt genutzten Visualisierungen in körpereigenen wie objektbezogenen und elektronischen Kommunikationshilfen den Voraussetzungen blinder und hochgradig sehbehinderter Nutzender gerecht werden können (vgl. Hofer 2011, 216 ff.). Bei der Anbahnung von Kompetenzen mittels Sprachausgabegeräten und dadurch erweiterbaren Wirksamkeitserfahrungen stellt die genaue Analyse der je individuellen visuellen Voraussetzungen eine unabdingbare Grundlage dar (Haas & Henriksen 2015, 30).

4.4 Mobilität

Zum Bereich »Mobilität« gehört das eigene Bewegen, die Bewegung von und das koordinierte Handeln mit Gegenständen. Es geht außerdem um Fortbewegung durch Eigenbewegung oder durch die Nutzung verschiedener Transportmittel (Hollenweger & Kraus de Camargo 2011, 185 ff.).

- Reagiert *Pascal* angemessen und ohne zu stolpern oder anzustoßen auf Hindernisse?
- Kann er allein rennen, rückwärtsgehen, Treppen oder Leitern auf- und absteigen?

- Gelingt es ihm, alltägliche Tätigkeiten wie z. B. Kleben, Schneiden, Falten oder Aufwickeln selbstständig auszuüben?
- Wie kann er teilhaben am Sportunterricht, insbesondere wenn es um Ballspiele oder den Einbezug von Geräten geht?
- Kann er sich Wege merken, sich in Gebäuden orientieren oder einer Beschreibung folgen, um etwas Bestimmtes in einem Gebäude zu finden?
- Wie kann er sich selbstständig in allen Bereichen des Schulareals bewegen?
- Kann er häufig gegangene Wege im Dorf allein zurücklegen und selbstständig eine Straße überqueren?
- Kann er Hilfestellungen einfordern oder ablehnen?
- Kennt er die wichtigsten Strukturen von öffentlichen Gebäuden, z. B. Bahnhof oder Poststellen, sodass er sich darin orientieren kann?
- Wie kann er darauf vorbereitet werden, häufig zu nutzende längere Wege auch mit öffentlichen Verkehrsmitteln zurückzulegen?

Eigenbewegung

Vielfältige Bewegungsmöglichkeiten und -fertigkeiten stellen sehr früh einen Bestandteil sensorischer Erfahrungen eines Kindes dar. Die Auswirkungen von beeinträchtigtem Sehen auf Mobilität scheinen offensichtlich: Blinde Menschen werden grundsätzlich als der Führung bedürftig wahrgenommen. Fehlendes Sehvermögen beeinflusst das Bewegungslernen offenbar ebenso, wie es eine körperliche Behinderung tun würde (vgl. Nielsen 1996). So finden sich denn auch die größten Entwicklungsunterschiede zwischen sehenden und blinden Kindern in der Bewegungsentwicklung (Brambring 2004). Dies betrifft insbesondere Strategien zur Lageveränderung, wie zum Beispiel das Hinsetzen ohne sich dabei festzuhalten oder das Hantieren mit Gegenständen (Glocke anschlagen).

Fehlende Bewegungsharmonie, Verlangsamung von Bewegungen oder ein eher schlaffer Tonus fallen nicht selten auf bei blinden oder hochgradig sehbehinderten Kindern und Jugendlichen. Sehen ermöglicht Speicherung von Bewegungsmustern.

»Wenn ich mich an meine mühsamen Versuche zurück erinnere, die Bewegungsabläufe für das Schlagballwerfen zu erlernen, dann habe ich die Idealvorstellung, dass sich sehende Menschen solche Bewegungen wesentlich leichter einprägen. Wie leicht können sie moderne Tänze erlernen, weil sie aus der Erinnerung der Bewegungen anderer Menschen schöpfen können! Relativ mühelos setzen sie zahlreiche Gesten ein wie Winken, Danken, …, weil sie Erinnerungen und Vorstellungen zahlreicher Gesten anderer Menschen gespeichert haben« (Schmid 2006, 319).

Was hier für den grobmotorischen Bereich illustriert wird, gilt ebenso für den feinmotorischen, so auch in Bezug auf alle lebenspraktischen Fähigkeiten.

In der Praxis wird immer wieder deutlich, wie zentral frei wählbare Bewegungsmöglichkeiten in Bezug auch auf die emotionale Befindlichkeit sind. Wird das Bedürfnis nach eigens initiierter und selbstgesteuerter Bewegung eingeschränkt, was nicht nur eine Folge motorischer sondern ebenso eine Folge des eingeschränkten oder fehlenden Sehens darstellt, können zusätzlich emotional-soziale Besonderheiten wie aggressives Verhalten auftreten. Ohne den Einsatz von Hilfsmitteln, wie z. B. dem Mobifit, welche Sicherheit bieten und den eigenständigen Zugang zur Umwelt ermöglichen und den Bewegungsradius erweitern, können sich zusätzliche Beeinträchtigungen einstellen oder bereits vorhandene sich verstärken (vgl. Haas & Henriksen 2015, 35 ff.).

Motivation zur Bewegung

Vielfältige Erfahrungsmöglichkeiten machen das Bewegen bedeutungsvoll und motivieren dazu, neue Bewegungen zu wagen, sie übend zu differenzieren. Kindliche Bewegungslust steht in unmittelbarem Zusammenhang mit Aufforderungscharakter und Anreiz der Umgebung sowie ihrer Objekte. Dieser ist jedoch in sehr vielen Fällen rein visueller oder taktiler Art, wobei auch die taktile Erfahrung immer beschränkt bleibt auf den unmittelbar zugänglichen Greifraum. Wenn das Sehen beeinträchtigt ist, braucht es oftmals mehr Mut und Risikofreude, um sich zu bewegen. Forschungsbefunde, wonach sehgeschädigte Menschen im Alltag weniger Schritte zurücklegen als solche ohne Behinderung des Sehens sprechen in diesem Zusammenhang eine deutliche Sprache (Giese, Gießing & Eichmann 2014). Bewegung und Mobilität sind somit angewiesen auf angepasste Raumgestaltung, spezielle Förderung und angemessene, weder unter- noch überfordernde Führung und Begleitung.

Räumliche Erfahrung

Bewegung und Mobilität sind eng verknüpft mit räumlicher Erfahrung. Diese führt zum Aufbau von Vorstellungen, welche Grundlage der Orientierung in kleinen und großen Räumen darstellen (vgl. auch Hofer & Oser 2011). Orientierungsfähigkeiten ihrerseits sind die kognitiven Voraussetzungen der Mobilität.

Beim Fehlen des Sehens erschließen sich Räume vorerst weitgehend durch die eigene Fortbewegung darin, wobei zu beachten ist, dass Hindernisse, die zu umgehen sind, die ursprünglich vorgestellte Richtung dieser Bewegung ungewollt und oft auch unbemerkt stören (Oser 2014, 126). Mit dem folgenden Beispiel belegt die Autorin, warum (möblierte) Räume je nach verschiedenen darin ermöglichten (und kommentierten) Erfahrungen noch lange keine vergleichbare Raumvorstellung hinterlassen müssen, warum die Turnhalle als O&M-Übungsraum für eine blinde Schülerin nicht mit der Turnhalle, in welche sie zum Turnunterricht geht, identisch sein muss. Während ihr im O&M-Unterricht Raumerfahrungen ermöglicht werden, wird sie im Turnunterricht, in welchem andere Ziele primär verfolgt werden, zu Beginn jeweils in die Mitte des Raumes geführt, wo der Unterricht stattfindet. Zum Schluss der Stunde wird sie von da wieder zur Tür begleitet (ebd.). Der Erwerb umfassender räumlicher Vorstellungen erfolgt natürlich auch bei blinden Kindern nicht nur aus der Fortbewegung. Aber es ist doch so, dass die Mehrheit sinnlicher räumlicher Informationen visuell gewonnen wird. Eine Behinderung des Sehens ist Ursache wesentlicher Reduktion von Erfahrungsmöglichkeiten. »Schritt für Schritt« oder »Teil für Teil« muss die Wirklichkeit ertastet und zu einer Ganzheit zusammengefügt werden. Haptische und auditive Informationen zum Raum müssen immer »kognitiv miteinander verbunden werden« (Brambring 1999, 97). Dadurch kann sich der Aufbau räumlicher Vorstellungen verzögern. Wenn das blinde Kind das Gehen gelernt hat, wird es sich in vertrauten Räumen »umtasten«, wird die einzelnen Dinge, welche es dabei kennenlernt, gedanklich in Bezug zueinander bringen und sich so allmählich die Vorstellung des ganzen Raumes erwerben. »Umtasten« und »Abtasten« stellt grundsätzlich bereits höhere Anforderungen an die Bewegungsfähigkeit. Ohne direkte Zuwendung in alle Richtungen, in die Höhe und in die Tiefe, lässt sich die visuelle Erfassung nicht kompensieren.

Transportmittel benutzen

Sich als Fahrgast bestimmter Verkehrsmittel fortbewegen stellt höchste Anforderungen an Menschen mit Sehbeeinträchtigungen, weil hierfür sehr komplexe Voraussetzungen an Kompetenzen der eigenen Mobilität und Orientierung, wie auch zahlreiche lebenspraktische Fähigkeiten dauernd verfügbar sein müssen. Öffentlicher Verkehr zeichnet sich scheinbar aus durch Regelmäßigkeiten während er in Realität durch zeitliche Abweichungen (Fahrplanänderungen) und räumliche Besonderheiten (Hindernisse, Baustellen, besondere Fahrzeugtypen) geprägt ist, welche immer wieder auch Menschen ohne visuelle Beeinträchtigungen, mit den ihnen verfügbaren Möglichkeiten des Überblickens und Vergleichens, vor besondere Herausforderungen stellen. Aktuelle Technologien, insbesondere Smartphones und Apps, bieten wichtige, sich ständig weiterentwickelnde und weiter ausdifferenzierende Hilfen. Ihr Einsatz funktioniert allerdings nicht ohne den Erwerb und das Üben zugehöriger Strategien – und der erforderlichen Flexibilität angesichts der Tatsache, dass Bewährtes schon sehr schnell wieder veraltet ist und aktualisiert oder gar ersetzt wird. Hilfestellungen anderer Menschen sind oft notwendig, aber soziale Kompetenzen um sie zu erfragen, anzunehmen oder allenfalls auch abzulehnen, sind unabdingbare Voraussetzungen dazu.

> *Fazit 1*: Sich Fortbewegen, Wege und Auswege finden, Verkehrsmittel nutzen – eben mobil sein – mit beeinträchtigtem visuellem Überblick stellt höchste Ansprüche, beansprucht Energie, welche allenfalls bei der Ankunft in der Schule oder am Arbeitsplatz dann nicht mehr in ausreichendem Maße verfügbar ist.
> *Fazit 2*: Mobil sein ist unabdingbar verwiesen auf räumliche Wahrnehmung, daraus sich bildende Erfahrungen und verinnerlichte Vorstellungen, gekoppelt mit kontinuierlicher Abgleichung derselben mit aktuellen Situationen und Konstellationen.

4.5 Selbstversorgung

Zum Bereich »Selbstversorgung« gehört die Pflege des eigenen Körpers, Kleidung, Essen und Trinken und die Sorge um die eigene Gesundheit und Sicherheit (Hollenweger & Kraus de Camargo 2011, 197 ff.). Alle Aktivitäten, welche Voraussetzung zur eigenen Versorgung mit Nahrung, zur Körperpflege und zur Erhaltung der Gesundheit darstellen, sind hier integrierbar.

- Wie selbstständig ist *Pascal* in allen Aspekten der Körperpflege, der Hygiene, des An- und Auskleidens und der Ernährung?
- Kennt er dazu gebräuchliche alltägliche Gegenstände?
- Wie erfolgreich hantiert er z. B. mit Besteck, mit Behältern und Gefäßen oder verschiedenen Verschlüssen an Kleidern und Schuhen?
- Welche Unterstützung braucht bei Tisch bei den Essensvorbereitungen oder beim Eingießen von Getränken?
- Sind ihm Tagesstrukturen vertraut und kann er sich an vereinbarte Zeiten halten?
- Was braucht Pascal, damit er trotz seiner Sehbeeinträchtigung mit kleinen Geldbeträgen umgehen, sein Taschengeld verwalten und sich selbstständig etwas kaufen kann?
- Nimmt er seine physischen und psychischen Bedürfnisse wahr und kann sie mitteilen?
- Kennt er seine physische Leistungsfähigkeit und seine Grenzen und weiß sich vor Gefahren zu schützen?
- Kann Pascal Gefahren realistisch einschätzen, z. B. im Umgang mit Werkzeugen oder im Straßenverkehr, und sich an getroffene Sicherheitsvorkehrungen halten?

Lebenspraktische Fähigkeiten

Alles, was als »Lebenspraktische Fähigkeiten« (LPF) bei sehbehinderten und blinden Menschen einen sehr zentralen Förderinhalt darstellt, ist Teil dieses Aktivitätsbereichs (vgl. Hergert & Hofer 2011). Die unbestrittene Forderung, LPF durch sehgeschädigte Kinder gezielt lernen zu lassen, kann als direkte Folge der funktionalen Einschränkungen betrachtet werden. Sehende Kinder eignen sich die dafür notwendigen motorischen Handlungen imitierend, übend und dadurch erweiternd und differenzierend zu großen Teilen im selbsttätigen Handeln an (Cory 2009, 66 f.). Die dabei zu erlangenden Kompetenzen sind gleichzeitig auch grundlegende Voraussetzungen des allgemeinen Lernens. Für Kinder und Jugendliche mit Sehschädigungen und mehrfachen Beeinträchtigungen stellen die Lebenspraktischen Fähigkeiten darüber hinaus ein entwicklungsbegleitendes Prinzip dar, welches ihnen aktives Tun und selbstbestimmtes Handeln im Lebensalltag gemäß ihrer individuellen Voraussetzungen ermöglichen soll. Diese Forderung beruht auf der Erkenntnis, dass menschliche Grundbedürfnisse hauptsächlich durch aktives Handeln befriedigt werden (Haas & Henriksen 2015).

Als wichtigste, zu unterstützende und anzuleitende Förderbereiche im Erlangen von Selbstständigkeit, legt Brambring (1999, 127) Essen und Trinken, An- und Ausziehen sowie Sauberkeitsverhalten und Körperpflege fest. In all diesen bedeutsamen Förderbereichen gilt es zu bedenken, dass blinde und hochgradig sehbehinderte Kinder für die dafür erforderliche Bewegungskoordination (Visuomotorik,

Auge-Hand- und Auge-Fuß-Koordination) zahlreiche, ihren funktionalen Voraussetzungen angepasste Übungsangebote benötigen.

Förderdiagnostik und -planung muss Voraussetzungen mit systemischem Blickwinkel analysieren und berücksichtigen, dass der Förderbedarf neben den Funktionsbeeinträchtigungen auch durch die Umwelt verursacht oder zumindest verstärkt sein kann. So können zum Beispiel »Schonhaltungen« verschiedener Erziehungspersonen dazu beitragen. Diese können auf ausgeprägter Ängstlichkeit oder Fürsorglichkeit beruhen. Ein sehbehindertes Kind wird als in vielen Situationen gefährdet wahrgenommen. Das Meiden solcher Situationen wirkt sich häufig auf die Kompetenzen des Kindes im Sorgen für sich selbst aus. Wird blinden und hochgradig sehbehinderten Kindern zu wenig Gelegenheit zu eigentätigem Üben zugestanden, kann auch der Zeitfaktor Grund dafür sein. Oftmals dauert es Bezugspersonen einfach zu lang, das Kind selbst etwas ein- oder auspacken, einen Kuchen schneiden und die Stücke verteilen oder Tee eingießen zu lassen. Dabei erwartbare Pannen und Flecken mögen einen weiteren Grund dafür darstellen, dass ihm die Arbeit »abgenommen« wird. Bei blinden oder hochgradig sehbehinderten Kindern im Schulalter kann das große notwendige Zeitbudget zur Bewältigung der schulischen Anforderungen zum Anlass genommen werden, lebenspraktische Tätigkeiten zugunsten des Erfüllens dieser Aufgaben und Anforderungen zu reduzieren. Dieses Prinzip ist nachvollziehbar. Es muss indessen förderplanerisch sehr überlegt und zielorientiert vorgegangen werden, damit vorgenommene Reduktionen tatsächlich sinnvoll und vertretbar sind. Sie sind sicher nicht prinzipiell, sondern stets nur individuell planbar.

Andererseits gehört die Gestaltung einer strukturierten, visuell und taktil angemessen und verstehbar gestalteten Umwelt in Form von Objekten, Spiel-, Lern- und Arbeitsumgebungen als förderlicher Aspekt mit dazu.

Schutz vor Gefahren – Sicherheit

Gefahren einschätzen in alltäglichen Situationen ist ein fast ausschließlich visuell gesteuerter Vorgang. Akustische Signale können warnen, reichen aber in der Regel nicht aus, um genaues Wissen über vorhandene Gefahren zu vermitteln. Das Wissen um möglicherweise vorhandene, aber nicht erkennbare, gefährliche Situationen kann aktivitätseinschränkende Wirkungen entfalten. Schmerzliche Zusammenstöße mit harten Gegenständen, Erlebnisse mit unerwarteten Hindernissen und »Fallgruben« können körperliche Aktivität als oft mit unliebsamen Überraschungen gekoppelt erleben lassen. Vermeidungsverhalten ist in der Folge nicht pathologisch, sondern lediglich logisch. Vermeiden ist indessen eng gekoppelt mit fehlender Übung im realistischen Einschätzen der eigenen Fähigkeiten und Grenzen im Umgang mit Gefahren. Zum Schutz vor Gefahren kann auch die Sorge um die eigene Gesundheit gerechnet werden. Die Metastudie von Augestad und Jiang (vgl. auch unten, 4.9) ergibt, zwar ohne klare Ursache-Wirkungs-Gefüge festlegen zu wollen, dass sehbehinderte Kinder und junge Erwachsene sich weniger beteiligen an sportlichen Aktivitäten und körperlich weniger fit sind als sehende Gleichaltrige und dass sie gleichzeitig auch eher zu Übergewicht oder Fettleibigkeit neigen (2015). Eingeschränkte Möglichkeiten zur Teilhabe im Sport aufgrund visueller Beeinträchtigungen können also zusätzlich ein gesundheitliches Risiko darstellen.

4.6 Häusliches Leben

Zum Bereich »Häusliches Leben« gehört die Ausführung häuslicher und alltäglicher Handlungen im Haushalt wie auch die Beschaffung von Wohnung, Lebensmitteln und Kleidung etc. Außerdem beinhaltet er auch Reinigung und Pflege von Haushalt und Haushaltgegenständen. Das Anbieten von Hilfe und Unterstützung für andere Haushaltmitglieder ist hier ebenfalls einbezogen (Hollenweger & Kraus de Camargo 2011, 203 ff.).

Beeinträchtigtes oder fehlendes Sehen stellt bei all diesen Tätigkeiten ein wesentliches Hindernis dar. Besondere kompensierende Strategien sind überall notwendig für erfolgreiches zielführendes Handeln. Oder es gilt partiell, im Sinne einer selbstbestimmten Lebensgestaltung (vgl. Drolshagen & Rothenberg 1998), anforderungsbezogen auch zu entscheiden, etwas nicht selbst zu tun.

Weil die Thematik dieses Lebensbereichs weitgehend abgedeckt wird mit den »Lebenspraktischen Fähigkeiten« (LPF) des spezifischen Curriculums (Beck et al. 2012) wird hier nicht darauf eingegangen. Im Band 2, den Fachdidaktiken, werden wesentliche Inhalte zur Organisation des häuslichen Alltags vorgestellt (Hergert & Hofer 2011).

4.7 Interpersonelle Interaktionen und Beziehungen

Zum Bereich »Interpersonelle Interaktionen und Beziehungen« gehören Handlungen und Aufgaben, welche erforderlich sind für elementare und komplexe Interaktionen mit bekannten und unbekannten Menschen, und zwar auf je nach Kontext erforderliche und sozial angemessene Weise (Hollenweger & Kraus de Camargo 2011, 210 ff.). Ebenfalls inbegriffen sind alle Aktivitäten, die Bestandteil der täglichen Interaktion mit anderen Menschen in Schule, Familie und Freizeit sind.

- Wie gelingt es *Pascal*, mit anderen Menschen Kontakt aufzunehmen, Beziehungen zu Gleichaltrigen anzubahnen und zu pflegen?
- Kann Pascal die wichtigsten Angaben zu seiner Person machen?
- Kann er seine sozialen Umgangsformen den in einer bestimmten Gruppe gepflegten angemessen anpassen?
- Kann er sich in andere einfühlen?
- Kann er helfen und tolerant sein, aber auch für sich selbst die nötige Hilfe einfordern?
- Gelingt ihm das Halten der Balance zwischen Nähe und Distanz trotz der oft sehbehinderungsbedingt starken Annäherung an andere Menschen?
- Wie schafft er es trotz seiner Beeinträchtigung, mit anderen zusammenzuarbeiten, seine Fähigkeiten in Gruppenaktivitäten einzubringen, Verantwortung für gemeinsame Aktivitäten zu übernehmen und mitzutragen?
- Gelingt es Pascal, sich durchzusetzen, aber fair zu sein und mit Frustrationen und Konflikten umzugehen?

»Blindheit trennt von den Dingen; Gehörlosigkeit von den Menschen«

Der zweite Teil des Zitats von Helen Keller darf nicht dazu verleiten, bei blinden und hochgradig sehbehinderten Menschen keinerlei Beeinträchtigungen im Umgang mit Menschen zu erwarten. Die Gestaltung sozialer Bezüge gelingt anders, wenn nonverbale Botschaften wie z. B. Lächeln, Blicke, Gesten, Körperhaltung nicht gesendet oder nicht empfangen werden können.

Visuelles Wahrnehmen und Interaktion

Der erste Austausch des Neugeborenen mit seinen Eltern beruht vor allem auf Körperkontakten und taktil-kinästhetischer Wahrnehmung. Besonderheiten von Kindern mit Sehbehinderungen fallen zumeist erst auf, wenn der Blickkontakt bedeutsam wird. Er fehlt bei einem blinden Kleinkind oder wirkt bei einem sehbehinderten z. B. aufgrund eines Nystagmus (Augenzittern) oder beeinträchtigter Akkommodation irritierend, weil das Kind nicht den Anschein macht, als würde es seine Eltern direkt anschauen. Sein soziales Lächeln tritt nicht als Reaktion auf visuelle Signale der Eltern, sondern eher auf deren taktile oder auditive Kontaktnahme auf (Dik 2006, 39 ff.). Der eingeschränkte mimisch-gestische Ausdruck kann den Eindruck eines an sozialer Interaktion wenig interessierten Kindes erwecken. Die Tatsache, dass blinde Kinder den Kopf zur Seite drehen, um mit dem Ohr der Stimme näher zu sein, kann zusätzlich unzutreffend interpretiert werden. Sind Sehschärfe und Kontrastsehen beeinträchtigt, haben sie Mühe, Gesichter und Gesichtsausdrücke zu erkennen, und können sich vielleicht nur schwer in stark visuell gesteuerte kommunikative Spiele einbringen. Hochgradig sehbehinderte Kinder müssen ihren Fokus verstärkt auf die eigene Tätigkeit richten; visuomotorische Kontrolle ist anstrengend und absorbierend. Der Überblick über soziale Situationen, über das Verhalten und die Selbstdarstellung Gleichaltriger ist dadurch beeinträchtigt. Viele gesellschaftlich gebräuchliche Umgangsformen sind aber vor allem visuell wahrnehmbar und das Ausprobieren verschiedener Verhaltensweisen beruht auf Lernen durch Imitation. Es ist also wiederum das Konzept des Modelllernens in seiner starken Gebundenheit an visuelle Aspekte, welches sich auch beim sozialen Lernen als bedeutsam erweist. Für Jugendliche stellt die Gruppe der Gleichaltrigen verlässlicher und modellhafter Referenzpunkt zur eigenen Verhaltenssteuerung dar. Menschliches Verhalten in Beziehungen, das Ausgestalten von Beziehungen und Freundschaften werden davon wesentlich geprägt. Beeinträchtigtes oder fehlendes Sehen erschwert den Bezug auf Referenzen. Es erschwert zudem die realistische Einschätzung von sozialen Situationen. Unsicherheiten, die sich auch bei sehenden Menschen nie ganz beseitigen lassen, weil jede soziale Situation weitgehend einmalig ist in Bezug auf Zeitpunkt, Anlass, Ort und beteiligte Personen, fallen hier denn auch stärker ins Gewicht. Üben führt zwar zum Aufbau von sozialen Kompetenzen, aber der Aspekt der Unsicherheit aufgrund fehlenden Überblicks bleibt bestehen (Weinläder 1987).

Abhängigkeit – Selbstständigkeit – Kooperation

Blinde und hochgradig sehbehinderte Menschen sind mehr als sehende auf Unterstützung durch andere angewiesen. Unterstützung einfordern – oder sie auch ablehnen – erfordert interaktive Kompetenzen. Interaktion gestalten hat auch zu tun mit dem Halten einer steten Balance von Nähe und Distanz. Das Einhalten derselben ist schwieriger, wenn körperliche Kontakte aufgrund notwendiger Führung oder Hilfestellungen in Lernsituationen unumgänglich sind. Zusätzlich ist der Tastsinn die primäre Kontaktmöglichkeit blinder Menschen mit Dingen und Menschen:

> »Das grundsätzliche Angewiesensein blinder Menschen auf den Tastsinn, kann in Situationen, die üblicherweise visuell gestaltet werden, zu Irritationen führen, wie bei Kontaktaufnahmen mit unbekannten Menschen, insbesondere bei Begrüßungsritualen oder bei Museumsbesuchen. Blinde junge Menschen müssen lernen, in welchen Situationen Tasten, bzw. körperlicher Kontakt sozial akzeptiert wird und, falls dies unüblich ist, wie sie sich notwendige Informationen anders erschließen können« (KMK 2000, 188).

Das besondere Angewiesen sein auf Erziehungspersonen in Alltags- und Lernsituationen kann überdies zu einer generalisierten sozialen Abhängigkeit führen. Daraus können sich Probleme der Ablösung in Übergangssituationen, wie sie der Eintritt in Kindergarten, Wechsel von Schulstufen oder der Beginn der Berufsausbildung darstellen, ergeben. Das Verwiesen sein auf Unterstützung mag ebenfalls besondere Voraussetzungen schaffen in Aufgaben, in denen gleichberechtigte Zusammenarbeit und Übernahme von Verantwortung als Kompetenz gefordert ist. Treten Konflikte auf in der Zusammenarbeit, sind diese für sehbehinderte Menschen nicht immer sofort als solche erkennbar.

Blinde und hochgradig sehbehinderte Kinder und Jugendliche müssen befähigt werden, einen stimmigen Konsens zwischen sozialer Anpassung und Durchsetzung persönlicher Bedürfnisse zu erlangen. Es ist notwendig, sie in gleichberechtigter Teilnahme an gesellschaftlicher Kommunikation und Interaktion zu unterstützen.

4.8 Bedeutende Lebensbereiche

Zu »Bedeutende Lebensbereiche« gehören Aufgaben und Handlungen aus Erziehung/Bildung, aus Arbeit und Beschäftigung sowie aus dem wirtschaftlichen Leben, zu welchem hier auch die spielende Beschäftigung gerechnet wird (Hollenweger & Kraus de Camargo 2011, 216 ff.).

Wesentliche Grundlagen dazu stellen die bisher bereits dargestellten Aspekte dar (s. oben 4.1 bis 4.7). Zur Teilhabe an Anforderungen aus Bildung und Erziehung folgen im Kapitel II differenzierte Ausführungen.

- Wie kann *Pascal* teilhaben an schulbezogenen Inhalten und Anforderung?
- Welche unterstützenden Angebote sind notwendig, um die schulischen Lernumgebungen so zu gestalten, dass er möglichst uneingeschränkt in den Unterricht integriert ist?
- Gelingt es ihm, mit anderen Kindern zusammen zu lernen und zu arbeiten?

- Kann Pascal sich allein zielbezogen und ausdauernd beschäftigen?
- Gelingt ihm dies auch mit anderen Kindern?
- Welche Adaptionen von Spielmaterialien (Spielkarten, Spielfiguren oder -brett) sind notwendig für ihn?
- Hat er ausreichend Strategien, um an Kartenspielen, Bau- und Konstruktionsspielen teilzunehmen?

Sich spielend beschäftigen

Kinder bringen sich spielend in Bezug zur Welt; spielend sind sie mit ihr im Dialog. Behinderungen können Spielräume eingrenzen. Aufgrund des erschwerten Zuganges zum Raum und zu seinen Objekten ergeben sich bei den meisten blinden und hochgradig sehbehinderten Kindern Entwicklungsverzögerungen in der Ausdifferenzierung ihres Spielverhaltens (Brambring 1999, 141 f.). Neben ihren besonderen funktionalen Voraussetzungen liegt eine der Ursachen dafür aber auch im Fehlen angepasster Spielmaterialien, insbesondere für blinde Kinder (Brambring & Tröster 1991; Brambring 1999). Die auffallend beschränkte Teilhabe blinder Kinder am Spiel sehender Kinder liegt, so diese Autoren, in der Dominanz des Gesichtssinns für die meisten kindlichen Spiele. Die Handhabung von Spielmaterialien setzt visuell-manuelle Fähigkeiten voraus. Blinde Kinder spielen dagegen bevorzugt mit Materialien, welche interessante taktile oder akustische Effekte versprechen. Zudem ziehen sie in ihren ersten Lebensjahren manipulierbare reale Objekte den eigentlichen Spielsachen vor (ebd.).

Sehende Kinder können sich offensichtlich dem Spielvermögen eines blinden oder hochgradig sehbehinderten Kindes nicht genügend anpassen, was dieses in der Folge beim Spielen oft überfordert. Erwachsenen Menschen kommt daher auch in Spielsituationen eine wichtige Mentorenrolle zu. Ohne Einführung und Zeit zu genauer Betrachtung von Spielmotiven, -symbolen, -figuren gelingt blinden und sehbehinderten Kindern deren Nutzung im Spielverlauf nur ungenügend. Oft muss die Komplexität des Spiels in Form von Regeln, Figuren oder Materialien reduziert werden, damit ein sicherer Überblick über das ganze Spielgeschehen möglich wird (Tanner 2001). Zu beachten ist dabei allerdings immer, dass die Spontaneität und Unmittelbarkeit, welche einen wesentlichen Aspekt des Spiels ausmacht, so beeinträchtigt sein kann.

In Bezug auf Kinder mit zusätzlichen Behinderungen betont Laemers (2004), dass diese vielfach eher *be*-handelt würden, als dass sie Gelegenheit zum Eigenhandeln im Spiel erhielten. Außerdem verweist er darauf, dass schwerbehinderte Kinder die sie umgebende Welt weit weniger als Spielraum denn als einengenden Ernstraum voller Bedrohungen und Verletzbarkeiten erleben könnten. Die Notwendigkeit der Unterstützung resp. Ermöglichung unmittelbarer und lustvoller Teilhabe an Spielsituationen wird hier nochmals bedeutsamer.

Bildung und Erziehung

Damit Pascal sowie andere hochgradig sehbehinderte und blinde Kinder aktiv an Bildungsangeboten partizipieren können, ist es unabdingbar, die in diesem Kapitel

(4.1 bis 4.7) vorgestellten Lebensbereiche mit ihren besonderen Herausforderungen zu berücksichtigen. In allen Belangen ist der individuell vorliegende Förderbedarf genau zu diagnostizieren. Planung und Gestaltung des Unterrichts sowie der Lernmaterialien und -umgebungen sind darauf abzustimmen. Über den Unterricht im engeren Sinne hinausgehend gilt es, institutionelle schulische aber auch bildungspolitische Rahmenbedingungen in ihrer Gesamtheit als Angebot zu reflektieren (Kap. II in diesem Buch). Im Sinne der ICF bedeutet dies insbesondere, die Umweltfaktoren (Hollenweger & Kraus de Camargo 2011, 228 ff.) kritisch zu analysieren, um Barrieren ebenso wie förderliche Voraussetzungen zu erkennen. Einen bedeutenden Faktor in diesen Rahmenbedingungen stellen die Kooperationen von Lehrpersonen und Fachpersonen dar, welche für den besonderen Förderbedarf dieser Schülerinnen und Schüler zuständig sind.

In Bezug auf den Übergang in den nachschulischen Bildungsbereich sind angemessene Angebote zur Berufsvorbereitung bereits im Rahmen der regulären Schulzeit anzubieten. Neue Studien (Habeck 2012) bestätigen die Wichtigkeit der Vermittlung von Wissen über Berufe und deren Anforderungsprofile in Bezug auf die Auswirkungen von Sehbehinderungen in beruflichen Arbeitsfeldern. Sehgeschädigte Menschen benötigen außerdem vielfältige Überblicke über berufliche Perspektiven. Dies gilt insbesondere, weil sie sich bereits bei der Berufswahl oft gezwungen sehen, zahlreiche Kompromisse einzugehen. In der Folge kann Ausprobieren, sich immer wieder neu orientieren müssen sowie der Umgang mit oft damit gekoppelten Verunsicherungen und Selbstzweifeln den Berufsfindungsprozess erheblich komplizieren und belasten (Hofer & Wohlgensinger 2009, 248). Über die Wissensvermittlung zu Berufsfeldern hinausgehend sind deshalb kontinuierliche und passend ausgewählte Angebote zum praktischen konkreten Erfahren derselben unabdingbar. Und mehr noch als für sehende Menschen in der Berufsvorbereitung und später dann der -bildung sind gezielte und spezifische Trainings für Stellensuche, Bewerbung und Vorstellungsgespräche bedeutsam. Dies gilt insbesondere angesichts der dargestellten Besonderheiten der Kommunikation und der interpersonellen Interaktionen (vgl. auch Habeck 2012, 109 f.).

Arbeit und Beschäftigung

Beim Auswählen und Suchen einer Arbeitsstelle mit passender Beschäftigung stoßen blinde und hochgradig sehbehinderte Menschen auf verschiedenste Hindernisse. Dies wird offensichtlich angesichts einer überdurchschnittlich hohen Zahl an wirtschaftlich inaktiven sehgeschädigten Menschen im Vergleich zur Gesamtbevölkerung. Deren Ursache kann man in Vorurteilen von Arbeitgebenden ausmachen, gegen die es anzugehen gilt. Mit dieser Maßnahme lässt sich jedoch dem Ausmaß des Problems nicht gerecht werden (Reid & Simkiss 2008). Die Passung von Beschäftigungsangeboten auf dem Arbeitsmarkt mit den besonderen funktionalen Voraussetzungen hochgradig sehbehinderter und blinder Menschen spielt eine Schlüsselrolle und sie ist genau zu analysieren. Es ist zu beachten, dass ein gewisses Maß an gleichbleibenden Strukturen von Arbeitsprozessen und -umgebungen aufgrund des fehlenden raschen Überblicks relevant ist, diese aber insbesondere auf dem freien Arbeitsmarkt oft nicht ausreichend gewährleistet sind. Andererseits sind Angebote des geschützten Arbeitsmarkts vonseiten Betroffener wie auch in politischer wie wirtschaftlicher Perspektive zunehmend in Kritik geraten und mit dem Label »Ghetto« versehen worden (ebd.).

4.9 Gemeinschafts-, soziales und staatsbürgerliches Leben

Zu diesem letzten Kapitel gehören Aufgaben und Handlungen des gemeinschaftlichen Lebens außerhalb der Familie sowie in verschiedenen sozialen und politischen Lebensbereichen (Hollenweger & Kraus de Camargo 2011, 224 ff.). Eingeschlossen sind Aktivitäten zur Erholung und in der Freizeit, so auch Hobbys.

- Wie kann *Pascal* trotz seiner Sehbehinderung Freizeitaktivitäten altersgemäß selbstständig planen und an denjenigen anderer teilnehmen?
- Pflegt er Kontakte zu Gleichaltrigen außerhalb der Schule?
- Wie kann er sich einbringen in informelle Gruppierungen zur Durchführung von Freizeitaktivitäten?
- Kann Pascal sich sportlich betätigen, auch wenn nicht alle Sportarten für ihn einfach sind (z. B. Ballspiele) oder weitgehend tabu sind (z. B. Fahrrad fahren auf Straßen)?
- Kann er sich lesend oder musisch betätigen?
- Hat er ausgewählte Lieblingsbeschäftigungen (Hobbys), denen er sich selbstständig zuwenden kann?
- Wie gelingt es ihm, sich die dafür notwendigen Strategien anzueignen?
- Und wie gelingt es ihm, trotz erworbener Strategien notwendige Unterstützung von anderen Kindern oder Erwachsenen zu erhalten?

Grundsätzlich gilt alles, was in den vorherigen Bereichen als Besonderheiten bei beeinträchtigtem Sehen bereits erwähnt wurde, auch für das Gestalten der Freizeit und die Teilhabe am sozialen und gesellschaftlichen Leben. Zu berücksichtigen ist, dass sehgeschädigte Menschen auch zur Teilhabe an Erholungs- und Gemeinschaftssituationen besondere Kompetenzen und Strategien erwerben müssen.

Sich einbringen können in Gruppen Gleichaltriger zum gemeinsamen Planen und Durchführen von spielerischen oder sportlichen Aktivitäten fordert von Menschen mit Sehschädigungen mehr Zeit, mehr Motivation und Ausdauer und insbesondere ein hohes Maß an Selbst- und Sozialkompetenz. Gerade der zeitlich und örtlich spontan wechselnde Charakter solcher Aktivitäten, sei dies auch nur im Rahmen der Schulpause, verstärkt Unsicherheit und Ungewissheit bei eingeschränktem visuellem Überblick.

Für jüngere Kinder sind solche Situationen zusätzlich oft verbunden mit dem Abbruch des direkten Kontakts zu einer erwachsenen Bezugsperson und der damit vorhandenen Gewissheit, einen unmittelbaren Schutz in unvorhersehbaren Anforderungen oder Gefahren zu haben.

Sport

Verschiedene Untersuchungen weisen darauf hin, dass blinde und auch sehbehinderte Kinder im Schulalter punkto körperlicher Fitness häufig weniger gute Leistungen erzielen als sehende (Warren 1994, 48 ff.). Eine Meta-Analyse diesbezüglicher Studien aus den Jahren 1984 bis 2014 bestätigt mehrheitlich die geringere Teilnahme von sehbehinderten Kindern und jungen Erwachsenen an sportlichen Aktivitäten sowie deren reduzierte physische Fitness (Augestad & Jiang 2015). Allerdings scheinen auch die Gelegenheiten und die Ermutigungen, welche sie zur Ausübung sportlicher Aktivitäten erhalten, ausschlaggebend für ihren Grad an Sportlichkeit zu sein. Eine aktuelle Studie (Giese, Gießing & Eichmann 2014), welche unter anderem die Beeinträchtigung blinder und hochgradig sehbehinderter Kinder und Jugendlicher beim Sporttreiben erfasst hat, belegt, was eigentlich nicht erstaunt, dass die Beeinträchtigungen größer werden, je stärker die Sehbeeinträchtigung ist (ebd., 178). Werden die Ergebnisse analysiert, zeigt es sich jedoch, dass dies nur für das Sporttreiben in der Freizeit zutrifft. »Dem speziell auf die spezifischen Bedürfnisse der visuell eingeschränkten Schülerinnen und Schüler zugeschnittenen Sportunterricht gelingt es, diese Beeinträchtigung zu kompensieren« (ebd.). Dies gilt, obwohl sich sehbeeinträchtigte Menschen nachweislich im Alltag in bestimmten Zeiteinheiten weniger bewegen, was heißt, dass sie zum Beispiel weniger Schritte gehen, als Gleichaltrige ohne Sehbeeinträchtigung (ebd.). Schulischem Sportunterricht, welcher die besonderen Bedürfnisse blinder und hochgradig sehbehinderter Lernender angemessen berücksichtigt, kommt hier somit eine zentrale Bedeutung zu. Gerade deshalb gilt es sehr kritisch zu beachten, dass es immer noch geschehen kann, dass blinde und hochgradig sehbehinderte Schülerinnen und Schüler in integrativen Schulformen vom Turnunterricht dispensiert werden, damit sie zum Beispiel in dieser Zeit sehbehindertenspezifische Förderangebote besuchen können. Die Betroffenen wissen meist sehr genau, dass sie im Turn- und Sportunterricht wenig attraktive Mitglieder für ein Team oder eine Mannschaft darstellen und sie leiden nicht selten auch unter den damit verbundenen ausgrenzenden Mechanismen (Hofer 2007). Ausfall des Sportunterrichts kann für sie im Sinne einer vermeidenden Bewältigungsstrategie sogar willkommen sein und erteilte Dispensationen können somit als positive Lösungen eines Problems wahrgenommen werden.

Kultur

Die Beteiligung an visuell ausgerichteten kulturellen Angeboten wie Theater, Kino oder Museen und Ausstellungen ist generell ausgeprägt an die Aufnahme visueller Informationen gebunden. Kompensatorischer Ersatz in Gestalt von Audiodeskriptionen ist vorerst eher punktuell verfügbar. Musik wird auditiv erfasst, Teilhabe ist somit für Menschen mit Sehbeeinträchtigungen ohne zusätzliche Behinderungen gegeben. Allerdings gilt auch für Konzertbesuche, dass deren Realisierung sowie die Wege dorthin organisiert werden müssen, dass in vielen Fällen begleitende Unterstützung erforderlich ist. Selbst Musik ausüben ist in Abhängigkeit vom gewünschten

Instrument eine mehr oder weniger gut auch für blinde Menschen geeignete kulturelle Tätigkeit. Selbstständiges Aneignen und Einstudieren von Musik erfordert allerdings wiederum zusätzliche Kompetenzen im Umgang mit vergrößertem visuellem Notenmaterial, mit auditiven Vorlagen oder mit der Musiknotation in Punktschrift, einem zusätzlich zu erwerbenden Brailleschriftsystem.

5 Abschließendes Fazit

Sehen oder Nicht-Sehen beeinflussen Entwicklung und Lernen von Kindern. Die aufgeführten Beispiele von Entwicklungsbesonderheiten sind exemplarischer Art. Sie belegen, dass beeinträchtigtes oder fehlendes Sehen Aktivitäten und Teilhabe in verschiedenen Lebensbereichen beeinflussen kann. Fördernde oder hemmende Kontextfaktoren sind allerdings zusätzlich bedeutungsvoll. Besondere Wirkungen entfalten dabei Einstellungen und Haltungen naher Bezugspersonen. Ebenso stehen meinungsbildende Haltungen in Öffentlichkeit und Politik in relativ direktem Zusammenhang mit der Planung, Finanzierung und Realisierung von Bildungsangeboten. Zu diesen Angeboten gehören angemessene Zugänge zu Beratung und Unterstützung, die Gestaltung von Förderung und Unterricht, die Anpassung von Medien, von öffentlichen, institutionellen und privaten Räumen sowie insbesondere auch die Entwicklung und Vermittlung geeigneter Hilfs- und Lernmitteln.

6 Literatur

Angermann, W. (2004): Taubblindheit als Behinderung eigener Art durch Europaparlament anerkannt. In: *blind-sehbehindert 124* (2), 118.
Ashcraft, M. H. & Faust, M. W. (1994): Mathematics anxiety and mental arithmetic performance: An explorative investigation. In: *Cognition and Emotion 8*, 97–125.
Augestad, L. B. & Jiang, L. (2015): Physical activity, physical fitness, and body composition among children and young adults with visual impairments: A systematic review. In: *British Journal of Visual Impairment 33* (3), 167–182.
Austermann, M. & Weinläder, H. G. (2000): Sehgeschädigte Kinder und Jugendliche mit geistiger Behinderung – Förderbedarf und Lehr- und Lernstrategien. In: E. Fischer (Hrsg.). *Pädagogik für Kinder und Jugendliche mit mehrfachen Behinderungen. Lernverhalten, Diagnostik, Erziehungsbedürfnisse und Fördermaßnahmen*. Dortmund, 209–235.
Bals, I. (2009): *Zerebrale Sehstörungen. Begleitung von Kindern mit zerebraler Sehstörung in Kindergarten und Schule*. Würzburg.
Bandura, A. (1977): *Social learning theory*. Englewood Cliffs, N. J.
Bandura, A. (1997): *Self-Efficacy. The exercise of control*. New York.
Beck, F. J., Brass, P., Liebald, A. & Wissmann, K. (2012): Bildung, Erziehung und Rehabilitation blinder und sehbehinderter Kinder und Jugendlicher in einer inklusiven Schule in den Ländern der Bundesrepublik Deutschland. Standards – Spezifisches Curriculum –

Modell-Leistungsbeschreibung. In: *Positionen des VBS*. (Sonderheft zu *blind-sehbehindert*, 132), 53–85.
Bertram, B. (2005): Blindheit und Sehbehinderung in Deutschland: Ursachen und Häufigkeit. In: *Der Augenarzt 39*, 267–268.
Brambring, M. (1993): »*Lehrstunden« eines blinden Kindes: Entwicklung und Frühförderung in den ersten Lebensjahren*. München und Basel.
Brambring, M. (1999): *Entwicklungsbeobachtung und Förderung blinder Klein- und Vorschulkinder. Beobachtungsbögen und Entwicklungsdaten der Bielefelder Längsschnittstudie. Handbuch*. Würzburg.
Brambring, M. (2004): Entwicklungsunterschiede blinder und sehender Kinder. In: Verband der Blinden- und Sehbehindertenpädagogen und -pädagoginnen (VBS) (Hrsg.). *»Qualitäten«. Rehabilitation und Pädagogik bei Blindheit und Sehbehinderung. Kongressbericht. XXXIII. Kongress. vom 04.08.–08.08.2003 in Dortmund*. Würzburg, 122–128.
Brambring, M. (2006): Sprachentwicklung blinder und sehbehinderter Kinder. In: Arbeitsgemeinschaft Frühförderung sehgeschädigter Kinder (Hrsg.). *Frühförderung im Spannungsfeld zwischen Entfalten lassen und Lenken. Referate der 20. Fortbildungstagung in Klink/Müritz 2005*. Würzburg, 61–73.
Brambring, M. (2007): Perspektivenübernahme blinder Kinder: Forschungsstand und Einzelfallstudie. In: *blind-sehbehindert 127* (2), 87–93.
Brambring, M. & Tröster, H. (1991): *Spiele und Spielmaterialien blinder und sehender Kinder im Klein- und Vorschulalter*. Unveröffentlichter Text. Universität Bielefeld.
Brambring, M. & Tröster, H. (2005): Kinder und Jugendliche mit Sehschädigung. In P. Schlottke, S. Schneider, R. Silbereisen und G. Lauth (Hrsg.). *Störungen im Kindes- und Jugendalter – Verhaltensauffälligkeiten*. Enzyklopädie der Psychologie, Band 6. Göttingen, 351–382.
Breuer, H. & Weuffen, M. (1997): *Lernschwierigkeiten am Schulanfang. Schuleingangsdiagnostik zur Früherkennung und Frühförderung*. Weinheim und Basel.
Bruner, J. S. (1988a): Über kognitive Entwicklung. In: J. S. Bruner, R. R. Olver und P. M. Greenfield. *Studien zur kognitiven Entwicklung. Eine kooperative Untersuchung am »Center for Cognitive Studies« der Harvard-Universität*. 2. Aufl. Stuttgart, 21–54.
Bruner, J. S. (1988b): Über kognitive Entwicklung II. In: J. S. Bruner, R. R. Olver und P. M. Greenfield. *Studien zur kognitiven Entwicklung. Eine kooperative Untersuchung am »Center for Cognitive Studies« der Harvard-Universität*. 2. Aufl. Stuttgart, 55–96.
Brunsting, M. (2011): *Lernschwierigkeiten – wie exekutive Funktionen helfen können*. 2. Aufl. Bern.
Camenisch, A. & Hunsperger, J. (2015): Partizipation ermöglichen mit Hilfe von Bezugsobjekten. In: *blind-sehbehindert 135* (3), 230–236.
Condillac, E. B. de (1983): *Abhandlung über die Empfindungen*. Auf der Grundlage d. Übers. von E. Johnson neu bearb. und hrsg. von L. Kreimendahl. Hamburg.
Corn, A. L. (1983): Visual function: A theoretical model for individuals with low vision. In: *Journal of Visual Impairment and Blindness 77*, 373–377.
Cory, P. (2009): Die Vermittlung Lebenspraktischer Fähigkeiten (LPF) als Bildungsauftrag der Blinden- und Sehbehindertenbildungseinrichtungen. In: *blind-sehbehindert 129* (1), 62–69.
Csocsán, E., Hogefeld, E. & Terbrack, J. (2001): Mathematik mit sehbehinderten Kindern. In: F.-K. Krug (Hrsg.). *Didaktik für den Unterricht mit sehbehinderten Schülern*. München und Basel, 290–317.
Csocsán, E., Klingenberg, O., Koskinen, K.-L. & Sjöstedt, S. (2002): *Mathe mit anderen Augen »gesehen«. Ein blindes Kind in der Klasse. Lehrerhandbuch für Mathematik*. Esbo.
Degenhardt, S. (2003): Pädagogische Interventionen bei Beeinträchtigungen der visuellen Wahrnehmung. In: A. Leonhard und F. B. Wember (Hrsg.). *Grundfragen der Sonderpädagogik*. Weinheim, Basel und Berlin, 376–398.
Denninghaus, E. (1996): Die Förderung der Lesegeschwindigkeit bei blinden und sehbehinderten Jugendlichen und jungen Erwachsenen. In: *blind-sehbehindert 116* (2), 95–100.
Denninghaus, E. & Große-Drenkpohl, M. (2010): Projekt D115 – Das Aus für blinden Telefonisten? In: *blind-sehbehindert 130* (2), 197–201.

Dik, M. (2006): *Baby's und Kleinkinder mit visuellem Funktionsverlust. Ratgeber für Eltern von blinden und sehbeeinträchtigten Kleinkindern.* Eemnes.
DIMDI (Hrsg.) (2006): *ICF: Internationale Klassifikation der Funktionsfähigkeit, Behinderung und Gesundheit.* Köln.
Drave, W., Fischer, E. & Kießling, C. (2013): *Sehen plus. Beratung und Unterstützung sehbehinderter und blinder Schüler mit weiterem Förderbedarf.* Würzburg.
Drolshagen, B. & Rothenberg, B. (1998): Selbstbestimmt leben als Lebensperspektive sehgeschädigter Menschen – eine Herausforderung auch für die Sehgeschädigtenpädagogik. In: Verband für Blinden- und Sehbehindertenpädagogik e. V. (VBS) (Hrsg.). *Lebensperspektiven. Kongressbericht. 32. Kongress der Blinden- und Sehbehindertenpädagogen, Nürnberg, 3.–7. August 1998.* Hannover, 249–271.
Dutton, G. (2001): Cerebral Visual Impairment. In: M. Buultjens, E. Fuchs, L. Hyvärinen, F. Laemers, R. Leonhardt und R. Waltes (Hrsg.). *Low Vision in Early Intervention. An Interdisciplinary Approach. Comenius-Project. University of Dortmund.* Dortmund.
Dutton, G. N. (2009): Cerebrale Sehschädigung. In: Verband für Blinden- und Sehbehindertenpädagogik e. V. (VBS) (Hrsg.). *Teilhabe gestalten. Kongressbericht. XXXIV. Kongress vom 14.-18. Juli 2008 in Hannover.* Würzburg, 15-37.
Dutton, G. N. (2013). *CVI – Cerebral Visual Impairment. Zerebrale visuelle Verarbeitungsstörungen bei Kindern und Jugendlichen – Aufsätze aus 10 Jahren.* Aus dem Englischen übers. von S. Mundhenk und W. Gewinn. Würzburg.
Ehrlich, J. (2011): *Im Dialog mit hörsehbehinderten Menschen. Leitfaden zur Kommunikationsentwicklung.* Langnau am Albis.
Entlicher, F. (1989/1872): *Das blinde Kind im Kreise seiner Familie und in der Schule seines Wohnortes: eine Anleitung zur zweckmäßigen Behandlung desselben; für Lehrer, Lehramtskandidaten, Erzieher, Ältern.* Nachdruck. Würzburg.
Felder, M. (2009): Sehfunktionen und funktionales Sehen nach rechter Hemisphärenektomie (Teil 1). In: *blind-sehbehindert 129* (2), 139–143.
Fischer, E. (1998): *Wahrnehmungsförderung. Handeln und sinnliche Erkenntnis bei Kindern und Jugendlichen.* Dortmund.
Folkman, S. & Lazarus, R. (1980): An analysis of coping in middle-aged community sample. In: *Journal of Health an Social Behavior 21*, 219–239.
Forgas, J. P. (1999): *Soziale Interaktion und Kommunikation. Eine Einführung in die Sozialpsychologie.* Weinheim.
Gennat, H. (2003): Autismus, Blindheit und die Entwicklung einer Theory of Mind. In: *blind-sehbehindert 123* (1), 56–58.
Gessinger, J. (1994): *Auge & Ohr. Studien zur Erforschung der Sprache am Menschen 1700–1850.* Berlin und New York.
Giese, M., Gießing, J. & Eichmann, B. (2014): Von der Leistungsfähigkeit eines blinden- und sehbehindertenspezifischen Sportunterrichts. In: *blind-sehbehindert 134* (3), 174–180.
Goffman, E. (1974): *Stigma. Über die Techniken der Bewältigung beschädigter Identität.* Frankfurt a. M.
Gringhuis, D., Moonen, J. & Woudenberg, P. van (Hrsg.) (2002): *Children with partial sight. Development, parenting, education an support.* Doorn.
Gruber, H. & Hammer, A. (Hrsg.) (2000): *Ich sehe anders. Medizinische, Psychologische und pädagogische Grundlagen der Blindheit und Sehbehinderung bei Kindern.* Würzburg.
Günther, K.-B. (1987): Schriftspracherwerb: Modellhafte und individuelle Entwicklung. In: H. Balhorn und H. Brügelmann (Hrsg.). *Welten der Schrift in der Erfahrung der Kinder.* Konstanz, 103–109.
Haas, J. & Henriksen, Ch. (2015): *Im Blick!? Kinder und Jugendliche mit Sehschädigung und mehrfachen Beeinträchtigungen im Unterricht.* Würzburg.
Habeck, S. (2012): Berufliche Teilhabe blinder und sehbehinderter Menschen. Empirische Befunde zu Bildungs- und Berufsbiografien von Absolventen der Deutschen Blindenstudienanstalt Marburg. In: *blind-sehbehindert 132* (2), 101–110.
Hahn, V. F. (2004): Ikonisch-mediale Unterstützung Blinder beim Mathematik lernen – der neue Geometrie-Atlas. In: *blind-sehbehindert 124* (3), 188–203.

Hahn, V. F. (2006): *Mathematische Bildung in der Blindenpädagogik. Probleme der Veranschaulichungsmedien beim Mathematiklernen Blinder mit einem Lösungskonzept im Bereich geometrischer Grundbildung*. Norderstedt.
Hammer, A. (2000): Entwicklungsbesonderheiten beim sehgeschädigten Kind. In: H. Gruber und A. Hammer (Hrsg.). *Ich sehe anders. Medizinische, psychologische und pädagogische Grundlagen der Blindheit und Sehbehinderung bei Kindern*. Würzburg, 107–138.
Hartmann, E. & Kessler, M. (2002): *Abklärungsverfahren und Intervention zur vorschulischen phonologischen Bewusstheit*. Freiburg i. Br.
Hatwell, Y. (1985): *Piagetian Reasoning and the Blind*. New York.
Hecker, W. (2004): Warum eine spezielle Frühförderung für sehgeschädigte Kinder? In: *blind-sehbehindert 124* (1), 3–13.
Hennies, J., Heyl, V., Hintermair, M. und Lang, M. (2015): Zur Rolle von gleichbetroffenen Peers für blinde/sehbehinderte Jugendliche in der Integration. In: *blind-sehbehindert 135* (2), 115–125.
Henriksen, A. & Hyvärinen, L. (2012): Auswirkungen von cerebral bedingten Sehbeeinträchtigungen auf die Lesefähigkeit: Ein Fallbeispiel. In: *blind-sehbehindert, 132* (4), 264–271.
Hergert, A. & Hofer, U. (2011): Förderung Lebenspraktischer Fähigkeiten (LPF). In: M. Lang, U. Hofer und F. Beyer (Hrsg.). *Didaktik des Unterrichts mit blinden und hochgradig sehbehinderten Schülerinnen und Schülern. Band 2: Fachdidaktik*. Stuttgart, 253–274.
Herrmann, U. (2006): Gehirnforschung und die neurodidaktische Revision schulisch organisierten Lehrens und Lernens. In: U. Herrmann (Hrsg.). *Neurodidaktik. Grundlagen und Vorschläge für gehirngerechtes Lehren und Lernen*. Weinheim und Basel, 111–144.
Heyl, V., Milz, K. & Hintermair, M. (2013): Exekutive Funktionen blinder und sehbehinderter Schülerinnen und Schüler an Sonderschulen und ihre Relevanz für die kindliche Entwicklung. In: *blind-sehbehindert 133* (3), 154–172.
Hölscher, U. (2010): Das Jahr der Inklusion – hilfreich aber erst der Anfang. In: *blind-sehbehindert 130* (4), 248–257.
Hofer, U. (2005): Sehen – Nichtsehen. Traditionen und Perspektiven der Pädagogik für Menschen mit Sehbehinderung oder Blindheit. In: H. Dohrenbusch, B. Boveland und L. Godenzi (Hrsg.). *Differentielle Heilpädagogik*, Luzern, 281–318.
Hofer, U. (2007): Bedeutung institutioneller Bildungsangebote für die berufliche und soziale Integration sehgeschädigter junger Erwachsener. Forschungsprojekt der Hochschule für Heilpädagogik Zürich (2006–2008). Unveröffentlichte Ergebnisse.
Hofer, U. (2011): Förderung kommunikativer Kompetenzen. In: M. Lang, U. Hofer und F. Beyer (Hrsg.). *Didaktik des Unterrichts mit blinden und hochgradig sehbehinderten Schülerinnen und Schülern. Band 2: Fachdidaktik*. Stuttgart, 211–229.
Hofer, U. & Lang, M. (2014): Die Nutzung der Brailleschrift: Ist-Stand, Herausforderungen und Entwicklungen. Die Ausgangslage des Forschungsprojekts »ZuBra – Zukunft der Brailleschrift«. In: *blind-sehbehindert 134* (3), 230–245.
Hofer, U. & Oser, V. (2011): Förderung von Orientierung und Mobilität. In: M. Lang, U. Hofer und F. Beyer (Hrsg.). *Didaktik des Unterrichts mit blinden und hochgradig sehbehinderten Schülerinnen und Schülern. Band 2: Fachdidaktik*. Stuttgart, 230–253.
Hofer, U. & Wohlgensinger, C. (2009): Bewältigen statt überwältigt werden. Jugendliche und junge Erwachsene mit einer Sehbehinderung bei den Übergängen in Ausbildungs- und Erwerbsleben. In: *blind-sehbehindert 133* (3), 154–172.
Hollenweger, J. & Kraus de Camargo, O. (Hrsg.) (2011): *ICF-CY. Internationale Klassifikation der Funktionsfähigkeit, Behinderung und Gesundheit bei Kindern und Jugendlichen*. Bern.
Horsch, U. & Wanka, A. (2012): *Das Usher-Syndrom – eine erworbene Hörsehbehinderung: Grundlagen – Ursachen – Hilfen*. München und Basel.
Hudelmayer, D. (1985): Schrift, Schreiben und Lesen im Unterricht bei Blinden. In: W. Rath und D. Hudelmayer (Hrsg.). *Pädagogik der Blinden und Sehbehinderten*. Handbuch der Sonderpädagogik, Band 2. Berlin, 127–142.
Hudelmayer, D. (1998): Die Bedeutung der Brailleschrift für die allgemeine und berufliche Bildung Blinder und Sehbehinderter. In: E. Denninghaus (Hrsg.). *Die Bedeutung der*

Punktschriftsysteme für die schulische und berufliche Bildung Blinder und Sehbehinderter. Hannover, 39–49.
Hudelmayer, D. (2006): Tradition und Umgestaltung der Blinden- und Sehbehindertenpädagogik in der BRD nach 1945. In: W. Drave und H. Mehls (Hrsg.). *200 Jahre Blindenbildung in Deutschland (1806–2006).* Würzburg, 197–210.
Hyvärinen, L. (2000): Visual evaluation of infants and children. In: B. Silverstone, M. A. Lang, B. P. Rosenthal und E. E. Faye (Hrsg.). *The Lighthouse Handbook of Vision Impairment and Vision Rehabilitation.* Oxford, 799–820.
Hyvärinen, L. (2001): *Instruction Manual for Vision Testing Products.* La Salle.
Ilg, Ch. (1987): *Das Weltbild des blindgeborenen Kindes und seine gestalterische Darstellung.* Dissertation Universität Zürich.
Käsmann-Kellner, B. (2005): Kindliche Sehbehinderung und Blindheit – damals und heute. Folgen und Veränderungen in den letzten 25 Jahren am Beispiel der Louis-Braille-Schule für Blinde und Sehbehinderte des Saarlands, Lebach. In: *blind-sehbehindert 125* (2), 67–79.
Kebeck, G. (1994): *Wahrnehmung. Theorien, Methoden und Forschungsergebnisse der Wahrnehmungspsychologie.* Weinheim und München.
Kraus de Camargo, O. & Simon, L. (2013): *Die ICF-CY in der Praxis.* Bern.
Krug, F.-K. (2001): *Didaktik für den Unterricht mit sehbehinderten Schülern.* München und Basel.
Kultusministerkonferenz (KMK) (2000): Empfehlungen zum Förderschwerpunkt Sehen. In: W. Drave (Hrsg.). *Empfehlungen zur sonderpädagogischen Förderung. Allgemeine Grundlagen und Förderschwerpunkte. Mit Kommentaren.* Würzburg, 177–197.
Kultusministerkonferenz (KMK) (2015): *Datensammlung Sonderpädagogische Förderung in allgemeinen Schulen ohne Förderschulen 2013/2014. Datensammlung Sonderpädagogische Förderung in Förderschulen 2013/2014.* http://www.kmk.org/statistik/¬schule/statistische-veroeffentlichungen/sonderpaedagogische-foerderung-in-schulen.html.
Laemers, F. (2004): Low Vision in der Pädagogik. Überlegungen zur Unterstützung und Förderung des kindlichen Sehvermögens im pädagogischen Kontext. In: Verband der Blinden- und Sehbehindertenpädagogen und -pädagoginnen (VBS) (Hrsg.). *»Qualitäten«. Rehabilitation und Pädagogik bei Blindheit und Sehbehinderung. Kongressbericht. XXXIII. Kongress. vom 04.08.–08.08.2003 in Dortmund.* Würzburg, 298–309.
Lamers, W. (2003): Spiel – auch für Kinder und Jugendliche mit schwerer Behinderung ein identitätsfördernder Dialog mit der Welt? In: *Vierteljahreszeitschrift für Heilpädagogik und ihre Nachbargebiete (VHN)* 72 (3), 244–255.
Lang, G. K., Gareis, O., Lang, G. E., Recker, D., Spraul, C. W. & Wagner, P. (2004). *Augenheilkunde. Verstehen – Lernen – Anwenden.* 3., vollst. überarb. Aufl. Stuttgart.
Lang, M. (2003): *Haptische Wahrnehmungsförderung mit blinden Kindern. Möglichkeiten der Hinführung zur Brailleschrift.* Regensburg.
Laroche, L., Boulé, J. & Wittich, W. (2012): Reading speed of contracted French braille. In: *Journal of Visual Impairment and Blindness 106,* 37-41.
Liechti, M. (2000): *Erfahrungen am eigenen Leibe. Taktil-kinästhetische Sinneserfahrung als Prozess des Weltbegreifens.* Heidelberg.
Locke, J. (1981): *Versuch über den menschlichen Verstand. Band 1: Buch I und II.* 4. Aufl. Hamburg.
Lorenz, J.-H. (1996): Anschauung im Arithmetikunterricht der Eingangsklassen. In: G. Eberle und R. Kornmann (Hrsg.). *Lernschwierigkeiten und Vermittlungsprobleme im Mathematikunterricht an Grund- und Sonderschulen. Möglichkeiten der Vermeidung und Überwindung.* Weinheim, 65–82.
Mundhenk, S. (2005): *Schleswiger Beobachtungsbogen zum visuellen Verhalten sehgeschädigter mehrfachbehinderter Kinder unter der Fragestellung von CVI.* 3. veränderte Aufl. Schleswig.
Mundhenk, S. (2008): *Die Schleswiger Seh-Kiste zur Beobachtung des funktionalen Sehens von Kindern und Jugendlichen unter der Fragestellung von CVI. Eine Material- und Ideensammlung für den pädagogischen Alltag.* Würzburg.
Mussen, P. H., Conger, J. J., Kagan, J. & Huston, A. C. (1999): *Lehrbuch der Kinderpsychologie. Band 1.* Aus dem Amerikanischen übers. von I. Hölscher. Stuttgart.

Nater, P., Kolaschinsky, D. & Abd El-Rasheed, N. S. G. (2009). Untersuchung sozial-emotionaler Persönlichkeitseigenschaften sehgeschädigter Kinder. In: *blind-sehbehindert 129* (4), 261–268.
Niedermann, A. & Sassenroth, M. (2002): *Lesestufen. Ein Instrument zur Feststellung und Förderung der Leseentwicklung.* Zug
Nielsen, L. (1996): *Schritt für Schritt. Frühes Lernen von sehgeschädigten und mehrfachbehinderten Kindern.* Würzburg.
Oser, V. (2014): Mobilitätsunterricht im möblierten Raum. In: *blind-sehbehindert 134* (3), 125–133.
Pajares, F. & Miller, D. (1994): Role of self-efficacy and self-concept beliefs in mathematical problem solving: A path analysis. In: *Journal of Educational Psychology 86*, 193–203.
Pauen, S. (2006): Zeitfenster der Gehirn- und Verhaltensentwicklung: Modethema oder Klassiker? In: U. Herrmann (Hrsg.). *Neurodidaktik. Grundlagen und Vorschläge für gehirngerechtes Lehren und Lernen.* Weinheim und Basel, 31–40.
Pérez-Pereira, M. & Conti-Ramsden, G. (2004): *Language development and social interaction in blind children.* New York.
Pfeifer, M., Wagner, A. & Ziehmann, I. (2012): Ilvesheimer Standards zur Herstellung von Büchern für blinde Kinder in der Frühförderung. Die Bedeutung von Büchern als wichtiger Bestandteil innerhalb der Hinführung zur Punktschrift. In: *blind-sehbehindert 132* (4), 284–290.
Pietsch, J., Walker, R. & Chapman, E. (2003): The relationship among self-concept, self-efficacy and performance in mathematics during secondary school. In: *Journal of Educational Psychology 95*, 589–603.
Rath, W. (1985): Pädagogische Aspekte der Mehrfachbehinderung bei Sehgeschädigten. In: W. Rath und D. Hudelmayer (Hrsg.). *Pädagogik der Blinden und Sehbehinderten.* Handbuch der Sonderpädagogik, Band 2. Berlin, 384–405.
Rath, W. (1987): *Sehbehindertenpädagogik.* Stuttgart, Berlin, Köln und Mainz.
Reid, F. & Simkiss, Ph. (2009): Das »Beschäftigungs-Kontinuum«. Ansätze zur unterstützten Beschäftigung blinder und sehbehinderter Menschen auf dem allgemeinen Arbeitsmarkt in Großbritannien. In: *blind-sehbehindert 129* (2), 116–122.
Röder, B. & Rösler, F. (2006): Kompensatorische Plastizität bei blinden Menschen. Was Blinde über die Adaptivität des Gehirns verraten. In: *blind-sehbehindert 126* (4), 277–298.
Rodney, P. (2011): Stolpersteine auf dem Weg zur Inklusion – 30 Jahre Inklusion blinder und sehbehinderter Schülerinnen und Schüler in Dänemark – Ein Erfolgsmodell? In: *blind-sehbehindert 131* (4), 218–228.
Roth, W. (2000): Die Sprache der Augen – Die expressive und kommunikative Funktion der Augen im Kontext der Körpersprache. In: *blind-sehbehindert 120* (3), 197–200.
Sacks, O. (2006): Was Blinde sehen. In: *blind-sehbehindert 126* (1), 13–29.
Sassenroth, M. (1995): *Schriftspracherwerb. Entwicklungsverlauf, Diagnostik und Förderung.* Bern und Stuttgart.
Schindele, R. (1985): Didaktik des Unterrichts bei Sehgeschädigten. In: W. Rath und D. Hudelmayer (Hrsg.). *Pädagogik der Blinden und Sehbehinderten.* Handbuch der Sonderpädagogik, Band 2. Berlin, 91–123.
Schmid, E. (2006): Was Sehende sehen. In: *blind-sehbehindert 126* (4), 315–321.
Spittler-Massolle, H.-P. (1998): Blindheit in der ›sehenden Welt‹ – ein Anachronismus oder eine subversive Kraft? In: Verband für Blinden- und Sehbehindertenpädagogik e. V. (VBS) (Hrsg.). *Lebensperspektiven. Kongressbericht. 32. Kongress der Blinden- und Sehbehindertenpädagogen, Nürnberg, 3.–7. August 1998.* Hannover, 199–216.
Spittler-Massolle, H.-P. (2001): *Blindheit und blindenpädagogischer Blick. Der Brief über die Blinden zum Gebrauch für die Sehenden von Denis Diderot und seine Bedeutung für den Begriff von Blindheit.* Frankfurt a. M.
Spring, S. (2012): *Sehbehinderung und Blindheit: Entwicklung in der Schweiz.* Schweizerischer Zentralverein für das Blindenwesen. http://www.szb.ch/angebot/dachorganisation/forschung.html.

Staatsinstitut für Schulpädagogik und Bildungsforschung (ISB) (Hrsg.) (2001): *Mobilität und Lebenspraktische Fertigkeiten im Unterricht mit sehgeschädigten Kindern und Jugendlichen*. Würzburg.

Statistisches Bundesamt (2013): *Sozialleistungen. Schwerbehinderten Menschen. Fachserie 13/Reihe 5.1*. https://www.destatis.de/DE/Publikationen/Thematisch/Gesundheit/BehinderteMenschen/Schwerbehinderte2130510119004.pdf?__blob=publicationFile.

Stöckli, M. (1998): *Schriftspracherwerb*. Aarau, Frankfurt a. M. und Salzburg.

SZB – Taubblindenkommission (Hrsg.) (1999): *Taubblindenwesen Schweiz – Situationsanalyse. Stand: Mai 1999*. St. Gallen.

Tanner, S. (2001): *Die Bedeutung des Tastsinns in der Entwicklung blinder Kinder*. Unveröffentlichte Seminararbeit. Universität Fribourg.

Trefz, A. & Sarimski, K. (2012): Pragmatische Sprachkompetenzen von blinden und sehbehinderten Kindern. In: *blind-sehbehindert 132* (1), 20–27.

Tröster, H. (1990): *Einstellungen und Verhalten gegenüber Behinderten. Konzepte, Ergebnisse und Perspektiven sozialpsychologischer Forschung*. Bern.

Valtin, R. (1994): Vom Kritzelbrief zur verschrifteten Mitteilung. In: R. Valtin und I. Naegele (Hrsg.). *Schreiben ist wichtig! Grundlagen und Beispiele für kommunikatives Schreiben (lernen)*. Frankfurt a. M.

Wagner, E. (2003): *Sehbehinderung und Soziale Kompetenz*. Frankfurt a. M., Berlin und Basel.

Walthes, R. (2003): Symptomatik, Ätiologie und Diagnostik bei Beeinträchtigung der visuellen Wahrnehmung. In: A. Leonhardt und F. B. Wember (Hrsg.). *Grundfragen der Sonderpädagogik. Bildung – Erziehung – Behinderung*. Weinheim, Basel und Berlin, 349–375.

Walthes R. (2006): Heterogenität zulassen – Gemeinsamkeiten stärken (Vortragsfassung). Vortrag anlässlich des Festaktes 200 Jahre Blindenbildung am 12.10.2006 in Berlin. In: *blind-sehbehindert 126* (4), 264–270.

Walthes, R. (2014): *Einführung in die Blinden- und Sehbehindertenpädagogik*. 3., überarb. Aufl. München und Basel.

Warren, D. H. (1994): *Blindness and Children. An Individual Differences Approach*. Cambridge.

Wehrli, P. (2003): ICF: Brauchen wir Betroffenen das? In: *Schweizerische Zeitschrift für Heilpädagogik* (10), 9–14.

Weinläder, H. (1987): Psychologische Aspekte der Sehbehinderung. In: *blind-sehbehindert 107* (1), 21–28.

Wind, B. (2011): Öffnung der Förderschule. Folgerungen aus einem Oberstufen-Kooperationsprojekt zwischen Förder- und Regelschule im Leistungsfach Musik. In: *blind-sehbehindert 131* (2), 76–84.

Zeschitz, M. (2015): CVI – ein unterschätztes Phänomen. Zahlen, Fakten und Diagnose: ein allgemeiner Ein- und Überblick. In: *tactuel* (2), 6–9.

Zihl, J., Mendius, K., Schuett, S. & Priglinger, S. (2012): *Sehstörungen bei Kindern. Visuoperzeptive und visuokognitive Störungen bei Kindern mit CVI*. 2. Aufl. Wien und New York.

Zihl, J. & Priglinger, S. (2002): *Sehstörungen bei Kindern. Diagnostik und Frühförderung*. Wien und New York.

Zollinger, B. (2015): *Die Entdeckung der Sprache*. 9. Aufl. Bern, Stuttgart und Wien.

II Didaktik des gemeinsamen Unterrichts – Kompetenzen und Erfordernisse im Kontext von Blindheit und hochgradiger Sehbehinderung als Bestandteil einer »Schule für alle«

Friederike Beyer

1 Gemeinsamer Unterricht blinder und sehender Kinder in Deutschland

1.1 Institutionelle Entwicklung

1.1.1 Die Anfänge

Die Möglichkeit gemeinsamen Lernens blinder und sehender Kinder in der Regelschule (als Schule, die die Kinder eines Wohnbereichs in der Regel besuchen) wurde bereits 1810 von Johann Wilhelm Klein, Direktor des k. u. k. Blindenerziehungs-Instituts Wien, erkannt und in einer Denkschrift an die Regierung formuliert. Sein Ziel war es, aufgrund fehlender Platzkapazitäten an Blindeninstituten einer größeren Anzahl blinder Kinder überhaupt eine Bildung zu ermöglichen. Tatsächlich wurde diese Idee stellenweise realisiert; weitere Blindenpädagogen wie Johann Knie pflichteten Klein bei. Es wurden Schriften über die Unterrichtung blinder Kinder an Schulen ihres Wohnortes verfasst (z. B. Klein 1846; Knie 1851) und am Wiener Blindeninstitut Kurse in Blindenpädagogik für Volksschullehrer eingerichtet (verschriftlicht durch Mell 1910). Diese Bestrebungen wurden als »Verallgemeinerungsbewegung« bekannt (Kap. IV, 1.2). Auch in Deutschland besuchten zeitweise einige blinde Kinder die Schulen ihres Heimatortes bis zum Eintritt in eine Blindenanstalt im Alter von zehn bis zwölf Jahren, durch den Aufbau von »Blinden-Vorschulen« in der zweiten Hälfte des 19. Jahrhunderts wurde dem jedoch schon bald entgegengewirkt. Der Unterricht blinder Kinder in einer Blindenanstalt wurde von Blindenpädagogen dabei als »idealer Zustand« (S. 1900, 828), alles andere als »Notbehelf« (Matthies 1904, 75) angesehen. Vermutlich reichten die schriftlichen Anleitungen bei Weitem nicht aus, um einen Unterricht gestalten zu können, der den Bedürfnissen blinder Kinder entsprach. Jedoch sind auch die Rahmenbedingungen an damaligen Volksschulen zu beachten, deren Klassenfrequenz bei bis zu hundert Kindern liegen konnte. Einzelnen begabten blinden Schülerinnen und Schülern gelang es dennoch, mit Unterstützung ihrer Familien Regelgymnasien zu besuchen und eine akademische Laufbahn einzuschlagen, z. B. Dr. Max Salzberg (1882–1954), Dr. Annelise Liebe (1911–2006) und Dr. Ludwig Cohn (1877–1962). Viele dieser erfolgreichen Aufsteiger stammten aus jüdischen Familien, deren starke Bildungsorientierung offensichtlich auch blinden Kindern förderliche Rahmenbedingungen bot. Cohn berichtete 1909 auf dem »Ersten Deutschen Blindentag« über den strapaziösen Bildungsweg und die schwierige Berufslage blinder Akademiker. Die Einrichtung eines eigenen Gymnasiums für Blinde lehnte er dennoch ab:

> »Hat der Blinde die erforderlichen Fähigkeiten, so soll er auch, nach Absolvierung einer Blindenanstalt seine Schulzeit in einer Normalschule, also auf einem Gymnasium für Sehende durchmachen. Wir sollen und dürfen für uns kein besonderes gebratenes Hühnchen haben wollen. Entweder leisten wir das, was eben im gegebenen Falle von jedem Kollegen gefordert wird, oder wir leisten es nicht« (Cohn 1909, Abschrift, 7).

Die nächste Generation blinder Akademiker wurde dennoch bereits in einer Sonderinstitution unterrichtet, denn 1916 wurde die Blindenstudienanstalt Marburg u. a. in Reaktion auf die notwendige Rehabilitation im Krieg erblindeter Akademiker gegründet, bereits 1917 jedoch auch ein Gymnasium für junge blinde Menschen aufgebaut.

1.1.2 Die Institutionalisierung gemeinsamen Unterrichts

Die Fähigkeit blinder und hochgradig sehbehinderter Menschen, auch von einem nicht primär auf sie ausgerichteten Lernmilieu zu profitieren, wurde durch die deutschsprachige Blindenpädagogik erst wieder ab 1970 anerkannt und in steigendem Maße aufgenommen. Maßgeblich trug dazu das Vorbild der schulischen Integration blinder Kinder und Jugendlicher in den USA bei. Ihr Ausgangspunkt war interessanterweise ebenfalls ein Kapazitätsproblem an Blindenschulen: Eine Krankheitswelle hatte dort in den 1950er Jahren ein plötzliches Hochschnellen der Anzahl blinder Kinder bewirkt, die von den Schulen nicht mehr aufgefangen werden konnten (Rath 1992, 50). Es ist jedoch anzumerken, dass unter den Terminus »Blindheit« in den USA alle Menschen mit einem Visus von 0,1 und geringer gefasst werden, so dass es sich tatsächlich um die Integration blinder *und sehbehinderter* Schülerinnen und Schüler handelte.

Zu Beginn der 1970er Jahre lagen bereits detaillierte empirische Untersuchungen zu den Schulleistungen, der sozialen Kompetenz, dem soziometrischen Status sowie dem ›social adjustment‹ dieser integrierten Schülerinnen und Schüler im Vergleich zu ihren normalsichtigen Klassenkameraden vor (vgl. Schindele 1980). Sie zeigten, dass die damals gängige These, blinde und hochgradig sehbehinderte Kinder könnten nur in Blindenschulen angemessen gefördert werden, in dieser Form nicht haltbar war:

> »Es muß angenommen werden, daß die angemessene Förderung bei einem Großteil der sehgeschädigten Schülerinnen und Schüler in bezug auf Schulleistung allgemein und in zusätzlich zu fördernden Bereichen bei spezieller sehgeschädigtenpädagogischer Betreuung in Regelschulen ebenso gut möglich ist wie in speziellen Tages- oder Heimsonderschulen; bei solcher integrierter Beschulung kann für die in Regelschulen unterrichteten blinden und sehbehinderten Schüler eine relativ gute (wenn auch nicht mit Normalsehenden voll vergleichbare) soziale Integration in die Regelklasse und angemessene (mit Nichtbehinderten vergleichbare) psycho-soziale Entwicklung und Situation erwartet werden«,

so Schindele in seinem Resümee der Zusammenfassung zahlreicher, auch eigener Studien (Schindele 1980, 308 f.).

Im Jahr 1970 begannen Versuche der Integration blinder und sehbehinderter Schülerinnen und Schüler in das direkt neben der Blindenschule am Borgweg gelegene Heinrich-Hertz-Gymnasium in Hamburg. Die enge räumliche Verbindung schuf die idealen Voraussetzungen zur blindenspezifischen Unterstützung der Jugendlichen (Medienherstellung, Mitarbeit von Blinden-/Sehbehindertenpädagoginnen und -pädagogen am Gymnasium), verwirklichte jedoch für die sehbeeinträchtigten Schülerinnen und Schüler im Gegensatz zu ihren normalsichtigen Mitschülerinnen und Mitschülern nicht das Prinzip des wohnortnahen Schulbesuchs. Dieses Modell der Kooperation von Blindenschule und Regelgymnasium in der Nachbarschaft wurde in den Folgejahren vielerorts übernommen, da blinde und hochgradig sehbehinderte Schülerinnen und Schüler in der damaligen BRD sonst ausschließlich an der Blindenstudienanstalt Marburg das Abitur ablegen konnten. Ausgehend von den positiven Erfahrungen mit gemeinsamem Unterricht am Gymnasium wurde anhand mehrerer Forschungsprojekte und Modellversuche (Hamburg 1978 bis 1983, Würzburg 1982 bis 1987, Soest 1984 bis 1990) ein System ambulanter Beratung und Unterstützung für blinde und sehbehinderte Schülerinnen und Schüler an Regelschulen entworfen bzw. erprobt. Im Fokus stand dabei jedoch zunächst nur die zielgleiche Integration. In diese Zeit fiel auch die Einrichtung der »Schule für Sehgeschädigte« Schleswig (1983), die sich als erste und bislang einzige deutsche »Schule ohne Schüler« ausschließlich der ambulanten Beratung und Unterstützung blinder und sehbehinderter Kinder und Jugendlicher widmete und hierzu spezifische Konzepte entwickelte. Zu nennen sind hier die Schülerkurse (s. u.) sowie Unterstützungskonzepte für mehrfachbehindert-sehbeeinträchtigte Schülerinnen und Schüler und für den Übergang von der Schule in den Beruf.

Nahezu alle anderen Schulen für blinde und sehbehinderte Kinder wurden im Zuge dieser Entwicklung nicht in ihrer Existenz infrage gestellt, sondern konnten zusätzlich sonderpädagogische Beratungsstellen bzw. Ambulanzen aufbauen, die die Beratung und Unterstützung sehbeeinträchtigter Schülerinnen und Schüler an Regelschulen übernahmen (in der ehemaligen DDR ab 1990[6]). Die Schleswiger Konzepte erwiesen sich als erfolgreich, wurden somit richtungsweisend und von anderen Einrichtungen teilweise übernommen. Insbesondere ein Angebot von Schülerkursen für inklusiv beschulte Kinder und Jugendliche ist mittlerweile an vielen Orten etabliert, wobei nicht selten mehrere Förderzentren zusammenarbeiten. Der schleswig-holsteinische Standard der ambulanten Unterstützung inklusiv beschulter Kinder wird zwar in Fachkreisen als qualitativ wie quantitativ optimal angesehen, ist bisher jedoch in keinem weiteren Bundesland realisiert worden. In der Blinden- und Sehbehindertenpädagogik besteht derzeit

---

6   Eine Integration blinder und hochgradig sehbehinderter Kinder und Jugendlicher fand hier bis dato nicht statt. Der Regelschulbesuch sehbehinderter Kinder wurde in der DDR nach Zeitzeugenberichten in Einzelfällen geduldet, solange die Schülerinnen und Schüler keinerlei besonderen Unterstützungsbedarf geltend machten.

weiterhin eine enge institutionelle Verknüpfung von segregativer und integrativer Beschulung, d. h. in den meisten deutschen Bundesländern (mit Ausnahme von Schleswig-Holstein, teilweise Niedersachsen und Brandenburg), der Schweiz und Österreich wird die ambulante Beratung und Unterstützung inklusiv beschulter Schülerinnen und Schüler zunächst von den Institutionen geleistet, die auch die stationäre Sonderbeschulung anbieten. In Österreich ist jedoch eine institutionelle Trennung in allen Bundesländern geplant, hier sollen zukünftig »Zentren für Inklusiv- und Sonderpädagogik« unabhängig von den traditionellen blinden- und sehbehindertenpädagogischen Schulstandorten existieren.

Die Gesetzgebung der meisten Bundesländer sieht eine prinzipielle Wahlmöglichkeit der Eltern zwischen Regelschule und Förderschule vor – obwohl dies von der UN-BRK keineswegs gefordert ist. Diese vermeintliche Wahlmöglichkeit ist jedoch in den meisten Schulgesetzen so definiert, dass sie in bestimmten Fällen von der Schulaufsicht auch wieder eingeschränkt werden kann (formuliert als Inklusion unter Vorbehalt vorhandener fachlicher, personeller oder sächlicher Ressourcen an einer Regelschule). Inwiefern diese Festlegungen eventuellen Klagen von Eltern standhalten, wird die Zukunft zeigen.

Dieses System steht einerseits in der Kritik – so bemängelte die Monitoring-Stelle zur UN-Behindertenrechtskonvention 2015 in ihrem Länderbericht zur Umsetzung der Konvention in Deutschland:

> »Führende Stellen des Vertragsstaats (Bund wie Länder) jedoch treten vielfach dafür ein, besondere Einrichtungen für Menschen mit Behinderungen unverändert beizubehalten, was in einzelnen Sektoren, etwa bei Bildung, Wohnen und Arbeit, flächendeckend die Aufrechterhaltung von Doppelstrukturen bedeutet (Artikel 19: Deinstitutionalisierung). Solche Doppelstrukturen bergen ihrerseits die Gefahr von Ausgrenzung und Benachteiligung« (Deutsches Institut für Menschenrechte 2015, 4).

Andererseits sind die Schulen bzw. Förderzentren für den Förderschwerpunkt Sehen (in der Schweiz: Sonderschulen) nach wie vor die entscheidenden Orte der Vernetzung, Weitergabe und Weiterentwicklung blinden- und sehbehindertenpädagogischen Spezialwissens. Ihre Aufgabe ist es, im Gegensatz zu o. g. Zitat die Gefahr der Ausgrenzung in die Möglichkeit optimaler schulischer Teilhabe durch Bereitstellung flexibler Unterstützungssysteme zu verwandeln. Ein Wechsel von Schülerinnen und Schülern zwischen gemeinsamem Unterricht und Förderschule ist überall möglich und keineswegs ungewöhnlich (vgl. Beck 2015).

Die Beratungs-Lehrkräfte haben eigene bundesweite Netzwerke aufgebaut und halten regelmäßige Tagungen ab (insbesondere die Arbeitsgemeinschaften »Integration« und »Informationstechnologie« im Verband für Blinden- und Sehbehindertenpädagogik e. V.). Sie haben mittlerweile eigene, spezifische Kompetenzen besonders im Bereich des Einsatzes technischer Hilfsmittel entwickelt. In äußerst kreativer Weise wird hier jede technische Innovation des allgemeinen Marktes auf ihren Nutzen für blinde und sehbehinderte Schülerinnen und Schüler in inklusiven Lernsituationen geprüft und immer wieder nach neuen Lösungen gesucht. Über Internetplattformen findet ein reger Austausch statt, gewonnenes Wissen steht so immer aktuell allen Interessierten zur Verfügung.

1.1.3 Formen gemeinsamen Unterrichts blinder und sehender Schülerinnen und Schüler

Zunächst ist anzumerken, dass auch in Spezialeinrichtungen fast alle blinden Kinder und Jugendlichen mittlerweile mit sehbehinderten, teilweise auch normalsichtigen Altersgenossen gemeinsam unterrichtet werden; im Jahr 2016 nimmt nur noch eine Schule im deutschen Sprachraum lt. Selbstdarstellung ausschließlich blinde Schülerinnen und Schüler auf. Da der Übergang zwischen Blindheit und Sehbehinderung fließend ist, die mittlerweile etablierte Diagnose der zerebralen Sehschädigung (CVI) traditionelle diagnostische Kategorien infrage stellt und verschiedene Faktoren zum Besuch einer bestimmten Sonderschule führen können, finden sich auch hier mit hoher Wahrscheinlichkeit sehbehinderte und hochgradig sehbehinderte Schülerinnen und Schüler. Der Terminus »Inklusion« sollte jedoch auf diese Formen gemeinsamen Lernens nicht angewandt, sondern der gemeinsamen Unterrichtung blinder, sehbehinderter und *nicht behinderter* Kinder *in Regelschulen* vorbehalten bleiben. Auch der Besuch anderer Förderschularten durch blinde und sehbehinderte Kinder fällt daher nicht unter diesen Begriff.

Inklusion findet mittlerweile in allen Schulformen statt. Organisationsformen gemeinsamen Unterrichts blinder bzw. hochgradig sehbehinderter und normalsichtiger Schülerinnen und Schüler sind

- Inklusion mit ambulanter Beratung und Unterstützung
- Inklusion mit sonderpädagogischer Unterstützung vor Ort und ambulanter Beratung
- »gruppenbezogene« Inklusion gemeinsam mit einer kleinen Anzahl weiterer Schülerinnen und Schüler verschiedener Förderschwerpunkte
- Besuch einer inklusiven Schwerpunktschule
- Kooperation zwischen Blinden-/Sehbehindertenschule und Regelschule
- Öffnung der Schulen für den Förderschwerpunkt Sehen

Im Folgenden werden diese Modelle kurz erläutert und hinsichtlich ihrer Möglichkeiten und Grenzen diskutiert.

Bei der *Einzelinklusion mit ambulanter Beratung und Unterstützung* besucht ein Kind oder Jugendlicher mit dem Förderschwerpunkt »Sehen« die Regelschule des Wohngebiets. Eine Lehrkraft des nächstgelegenen Förder-/Beratungszentrums bzw. der Schule für den Förderschwerpunkt Sehen (die Begriffe sind aus oben genannten Gründen synonym zu benutzen) besucht sie oder ihn in regelmäßigen Abständen, hospitiert im Unterricht, berät die Lehrkräfte, den Schüler oder die Schülerin und organisiert die Versorgung mit Unterrichtsmedien, die idealerweise von einer Medienstelle unterstützt wird. Medienstellen befinden sich, abgesehen von Ausnahmen (Landesförderzentrum Sehen Schleswig; »Förderzentrum für die integrative Beschulung blinder und hochgradig sehbehinderter Schülerinnen und Schüler« (FIBS) Soest/NRW; »Bayerische Medienabteilung für Schülerinnen und Schüler mit Blindheit und Seheinschränkungen« (MEDIABLIS) München) an den Bildungsinstitutionen für blinde und sehbehinderte Kinder und Jugendliche. Des Weiteren ist die Beratungslehrkraft für die fachliche Anleitung der oftmals vorhandenen Assistenzkraft (in unterschiedlichen Termini Schulhelfer/in, Integrationshelfer/in, Schulassistent/in etc. genannt) zuständig, die ohne blinden-/sehbehindertenpädagogische Ausbildung den Schulalltag der Schülerin bzw. des Schülers begleitet. Hier eröffnen sich viele Handlungsfelder sowohl im didaktischen Bereich (Herstellen blindenpädagogisch korrekter Medien zur Veranschaulichung) als auch in pädagogischer Hinsicht (v. a. Vermeidung sozialer Isolation durch den/die Schulassistent/in). Gleichzeitig ist die Lehrkraft auch für die Festlegung des notwendigen Nachteilsausgleichs im Unterricht sowie die Verwirklichung der zusätzlichen blinden-/sehbehindertenspezifischen Lerninhalte (sog. »2. Curriculum«) zuständig, die nicht von den Regelschullehrkräften vor Ort übernommen werden können (Abschnitt 1.2 dieses Kapitels). Diese Vermittlung kann er oder sie selbst übernehmen oder aber spezialisierte Kolleginnen und Kollegen hinzuziehen. Nicht selten ist dies bei spezifischen Inhalten notwendig wie z. B. Orientierungs- und Mobilitätstraining (O&M), Lebenspraktischen Fähigkeiten (LPF) oder fachspezifischen Arbeitstechniken wie Lese-/Schreibkompetenz, Mathematikschrift, geometrisches Zeichnen. Speziell das Training in O&M und LPF wird in manchen Regionen auch außerschulisch privat organisiert und über die Krankenkassen abgerechnet. Weitere wichtige Aufgaben der Beratungslehrkraft sind die Zusammenarbeit mit den Eltern sowie die Organisation der Berufsvorbereitung. Zusätzlich steht vielen dieser einzeln integrierten Kinder und Jugendlichen die Möglichkeit offen, Schülerkurse an einem Förderzentrum für den Förderschwerpunkt Sehen zu besuchen. Hier treffen sich blinde oder sehbehinderte Schülerinnen und Schüler während der Schulzeit oder in den Ferien, um spezifische schulische Fertigkeiten oder Arbeitstechniken gezielt zu trainieren, und Gemeinschaft mit ähnlich betroffenen Peers zu erleben. Die Teilnahme ist freiwillig, die Finanzierung erfolgt über Leistungen nach dem Sozialgesetzbuch (Kap. 6) (SGB XII: Eingliederungshilfe für behinderte Menschen bzw. § 55 SGB IX: Hilfen zur Teilhabe am Leben in der Gemeinschaft).

Die Chancen dieser Form gemeinsamen Unterrichts bestehen in der konsequenten Verwirklichung des Prinzips der Wohnortnähe bei gleichzeitigem Bemühen um eine »komplette« blinden-/sehbehindertenspezifische Versorgung (didaktisch und technisch/medial) der Schülerin bzw. des Schülers. Die Problematik besteht im erheblichen Organisationsaufwand, der eine hochprofessionelle Kooperation aller Beteiligten sowie eine gute sächlich-personelle Ausstattung zur unbedingten Voraussetzung einer erfolgreichen Schullaufbahn macht. Untersuchungen weisen darauf hin, dass Defizite in der oben skizzierten notwendigen Ausstattung oft durch überdurchschnittliches Engagement der Beratungslehrkräfte sowie der Eltern der blinden und sehbehinderten Schülerinnen und Schüler kompensiert werden (vgl. Beyer 2011; Böing 2013). Dies schafft Benachteiligungen und erhöht die Gefahr von Brüchen in den Bildungsbiografien der betroffenen Kinder und Jugendlichen. Auch die sehbeeinträchtigten Schülerinnen und Schüler selbst sind hier wichtige Akteure, die im Vergleich zu den Mitschülerinnen und Mitschülern ein zusätzliches Lernpensum bewältigen, im Mittelpunkt manchmal auch kontroverser Kooperationsprozesse Erwachsener stehen müssen und dennoch den an sie gerichteten Anspruch sozialer Integration erfüllen sollen (Abschnitt 1.2 dieses Kapitels sowie Kap. I, 1.3).

Die *Einzelinklusion mit sonderpädagogischer Unterstützung vor Ort und ambulanter Beratung* unterscheidet sich von jener ohne sonderpädagogische

Unterstützung vor Ort nur dadurch, dass die Regelschule zusätzlich Sonderpädagoginnen oder -pädagogen bereitstellt, die einen Teil der Unterstützung der Schülerin resp. des Schülers übernehmen sollen. Dies ist z. B. häufig in Grund- oder Sekundarschulen mit »Inklusionsprofil« der Fall, mancherorts existieren auch noch sog. »Integrations- oder Inklusionsklassen« mit einer festen Anzahl von Kindern mit (unterschiedlichem) sonderpädagogischem Förderbedarf. Da die Sonderpädagogin oder der Sonderpädagoge vor Ort in der Regel über keine blindenpädagogischen Kompetenzen verfügt, ist eine enge Kooperation mit der Beratungslehrkraft der Schule für den Förderschwerpunkt Sehen und die Hinzuziehung weiteren Personals erforderlich.

Die Chancen speziell dieses Modells bestehen in einer möglichen engmaschigeren Unterstützung der Lernprozesse einschließlich der sozialen Integration sowie einer erleichterten Kooperation bzw. leichteren Umsetzbarkeit mancher Maßnahmen durch die Aktivität der Sonderpädagogin bzw. des Sonderpädagogen vor Ort. Im schlechteren Fall kann es jedoch auch zu Kompetenzgerangel, einer uneffektiven Erhöhung der Zahl der Ansprechpartner und zum Delegieren der Verantwortung für den Schüler bzw. die Schülerin an diese Lehrkraft kommen.

Die *gruppenbezogen organisierte Inklusion* ist seit 2015 in Baden-Württemberg für den Fall zieldifferenten Unterrichts an einer Regelschule vorgeschrieben (vgl. Schulgesetz für Baden-Württemberg § 83 Abs. 3) und wird in weiteren Bundesländern ähnlich diskutiert. Dies bedeutet, dass eine Schülerin oder ein Schüler mit dem Förderschwerpunkt Sehen, bei der oder dem gleichzeitig eine Lernbeeinträchtigung vorliegt, im Falle inklusiven Unterrichts einer allgemeinen Schule zugewiesen wird, an der bereits andere Kinder und Jugendliche mit Lernbeeinträchtigungen unterrichtet werden. Da bei diesen in der Regel aber keine Sehbeeinträchtigung vorliegt, stellt sich wieder die Frage nach der Realisierung der notwendigen blinden-/sehbehindertenspezifischen Unterstützung. Bestrebungen, eine solch fachgerechte Begleitung als überflüssig zu bewerten oder auf ein absolutes Minimum herabzusetzen und die Förderung stattdessen Sonderpädagoginnen und -pädagogen anderer Fachrichtungen zu übergeben, werden immer wieder aus verschiedenen (Bundes-)Ländern bekannt.

Die *Kooperation zwischen Förderzentrum für den Förderschwerpunkt Sehen und Regelschule* stellt das älteste Modell gemeinsamen Unterrichts dar. Hier besuchen blinde und hochgradig sehbehinderte Schülerinnen und Schüler eine bestimmte, meist in räumlicher Nähe der Blinden-/Sehbehindertenschule gelegene Regelschule. Es entsteht also eine gewisse räumliche Konzentration blinder und sehbehinderter Schülerinnen und Schüler verbunden mit einer engen fachlichen und medialen Kooperation bis dahin, dass Blinden-/Sehbehindertenpädagoginnen und -pädagogen Teil des Kollegiums dieser Schule werden. Je nach Bedingungen vor Ort erhalten diese Schulen von den Schulaufsichten zusätzliche personelle Ressourcen. Bei diesen Kooperationsschulen handelt es sich fast ausschließlich um Gymnasien. Die soziale Integration in das Wohnumfeld wurde und wird bei diesen Modellen als nachrangig gegenüber der optimalen blindenspezifischen Unterstützung eingestuft. Dies wird jedoch verständlich vor dem Hintergrund der Tatsache, dass nicht wenige der Schülerinnen und Schüler erst im Laufe der Schulzeit von einer Schule für den Förderschwerpunkt Sehen an eine solche Kooperationsschule wechseln und damit geografisch gesehen in ihrem gewohnten Umfeld verbleiben.

Die Chancen dieses Modells bestehen in der organisatorischen Vereinfachung der Unterstützung der blinden und hochgradig sehbehinderten Schülerinnen und Schüler sowie in der Möglichkeit, in einem Schulkollegium über Jahre hinweg spezifisches blindenpädagogisches Wissen im inklusiven Kontext heranzubilden. Dies kann zu einer qualitativen Verbesserung des inklusiven Unterrichts, jedoch auch zu einer besonderen Prägung der Schule führen, die eine längerfristige Beschäftigung mit dem Thema »Sehen, nicht sehen und anders sehen« ermöglicht. Außerdem können die blinden und sehbehinderten Schülerinnen und Schüler auch Kontakte untereinander pflegen. Die Risiken bestehen in der Versuchung, eine solche Schule als »alternative Sonderschule« zu betrachten und eine Einzelinklusion an der Wunschschule mit Verweis auf die Möglichkeit des Besuchs dieser Kooperationsschule abzulehnen. Hierdurch werden sowohl das Prinzip der Wohnortnähe als auch das Recht auf individuelle Schulwahl, die auch von weiteren Kriterien wie z. B. einem speziellen Schulprofil geleitet sein kann, ausgehebelt.

Das Modell der Kooperation zwischen »Förderschule und Nachbarschule« führte vermutlich auch zur Idee der Einführung »inklusiver Schwerpunktschulen«. Von schulpolitischer Seite wird das Modell »Schwerpunktschule« in verschiedenen Bundesländern immer wieder eingebracht, erscheint es doch als eine ressourcensparende Alternative zur Einzelinklusion bei Förderschwerpunkten mit hohem Unterstützungsbedarf. Hier besteht die Vorstellung, dass eine Regelschule sich auf die Inklusion von Schülerinnen und Schülern mit einem bestimmten Förderschwerpunkt spezialisiert und spezifisches Wissen heranbildet, u. a. auch durch Sonderpädagoginnen/-pädagogen als Teil des Kollegiums. Sinnvoll erscheint dieses Modell für ehemalige Schulen für den Förderschwerpunkt Sehen, die sich in eine Regelschule umwandeln und ihre Kompetenzen auch in der stationären Beschulung weiterdefinieren möchten (wie z. B. die ehemalige Hermann-Herzog-Schule für Sehbehinderte in Berlin, jetzt Leo-Lionni-Grundschule). Ebenso spricht nichts dagegen, dass Schulen mit einer traditionellen, gewachsenen Kompetenz im Bereich der Inklusion blinder und sehbehinderter Schülerinnen und Schüler von Eltern bevorzugt für ihr Kind gewählt werden können. Die Neuetablierung von »Schwerpunktschulen« stellt jedoch in einem funktionierenden System der ambulanten Unterstützung einen Rückschritt dar und gefährdet das Prinzip der freien Schulwahl, ohne die wichtige Funktion der Bündelung fachlicher Kompetenzen wirklich erfüllen zu können (Drolshagen 2014, 170 f.).

Das Modell der *Öffnung der Schule für den Förderschwerpunkt Sehen* stellt eine Sonderform des gemeinsamen Unterrichts dar. Es wurde zunächst an Schulen in Bayern und Baden-Württemberg praktiziert – in diesen beiden Ländern ist die grundsätzliche Möglichkeit, Schülerinnen und Schüler ohne sonderpädagogischen Förderbedarf an Förderzentren aufzunehmen, im Schulgesetz verankert. Das Modell sieht vor, dass eine Klasse blinder und/oder sehbehinderter Schülerinnen und Schüler durch Kinder oder Jugendliche ohne sonderpädagogischen Förderbedarf komplettiert wird, die Klassenfrequenz bleibt dabei niedrig. Die Schülerinnen und Schüler ohne sonderpädagogischen Förderbedarf müssen sich um die Plätze bewerben oder werden in Einzelfallentscheidungen für diese Art des Schulbesuchs vorgeschlagen. Motivation ist in diesen Fällen das Ziel der Weiterführung eines speziellen stationären Schulangebots trotz sinkender Schülerzahlen an manchen

Schulen für den Förderschwerpunkt Sehen, aber auch die Möglichkeit, durch eine andere Zusammensetzung der Schülerschaft vielfältigere pädagogische Wege gehen zu können. Nicht zuletzt wird dieses Modell auch manchmal als Möglichkeit gesehen, Kindern und Jugendlichen mit sehr speziellen individuellen Bedürfnislagen ein Schulangebot mit passenderen Rahmenbedingungen als an einer Regelschule zur Verfügung stellen zu können.

Die Chancen dieses Modells bestehen in der Möglichkeit für einen größeren Personenkreis an Schülerinnen und Schülern, die Vorzüge einer Spezialeinrichtung nutzen zu können und eine größere Bandbreite an Sozialkontakten zu erleben. Kritisch ist zu bewerten, dass nun die Integration in das Wohnumfeld bei allen betroffenen Schülerinnen und Schülern nachrangig wird und man sich hinsichtlich der Größe und Zusammensetzung der Lerngruppe in einer eher künstlichen Situation befindet.

Dieses Modell wurde vonseiten der Vertreterinnen und Vertreter der »Integrationspädagogik« in den 1990er Jahren ebenfalls erwogen, jedoch unter die Prämisse gestellt, normale Klassenfrequenzen entsprechend den Integrationsklassen an Regelschulen herzustellen und hierdurch die Überführung von Sonderschulen in Regelschulen mit Integrationsklassen einzuleiten (vgl. Preuss-Lausitz 1997, 401). Obwohl das »Öffnungsmodell« eher der Stabilisierung der stationären speziellen Schulen dient, ist und bleibt es dennoch eine Facette, die zur Flexibilisierung der Bildungsangebote und zur Öffnung der Schulen mit dem Förderschwerpunkt Sehen beiträgt.

1.2 Besondere Bedürfnisse blinder und hochgradig sehbehinderter Kinder und Jugendlicher im gemeinsamen Unterricht

Erfahrungen mit der ersten Absolventengeneration ausschließlich integrativ beschulter blinder und sehbehinderter junger Menschen in den USA haben gezeigt, dass diese Schülerinnen und Schüler an Regelschulen mit sehgeschädigtenpädagogischer Unterstützung dazu fähig waren, die Unterrichtsanforderungen zu bewältigen und zu guten Abschlüssen zu gelangen, ohne sich jedoch gleichzeitig die für ein selbstständiges Leben notwendigen blinden-/sehbehindertenspezifischen Kompetenzen und Fertigkeiten anzueignen (vgl. Rath 1996; Hatlen 1997). Diese Fertigkeiten erwerben sehende Kinder und Jugendliche durch Nachahmung »nebenbei« oder aber sie benötigen sie gar nicht. In den USA war so folgende Situation entstanden:

> »Ende der 60er Jahre verließ eine Generation sehgeschädigter junger Menschen die High School, die niemals einen Fuß in eine Blinden- oder Sehbehindertenschule gesetzt, die jeden Schultag mit sehenden Mitschülern verbracht hatten. Ihre Lehrer waren stolz auf sie und hielten sie für gut vorbereitet auf das Leben in der Welt der Erwachsenen. Sie würden sozial und beruflich integriert sein und ohne Schwierigkeiten in der Welt der Sehenden leben können. Die Ernüchterung war groß! Die Lehrer merkten, daß viele der schulisch so erfolgreichen sehgeschädigten Jugendlichen weltfremde, unpraktische ›Gelehrte‹ waren: Sie konnten komplizierte algebraische Gleichungen lösen, aber nicht einen Dollar wechseln; sie wußten alles über Jamben und Versmaße, aber konnten sich nicht selbst anziehen; sie konnten den Satz des Pythagoras ableiten, aber nicht mit dem Computer umgehen. Kurz, sie waren nicht vorbereitet, in der Welt der Erwachsenen zu leben, weil viele spezielle

Bildungsbedürfnisse ignoriert worden waren; Bedürfnisse, die direkt mit der Sehbeeinträchtigung zusammenhängen und die ihre gut sehenden Mitschüler nicht hatten. Die Sehgeschädigten konnten viele lebenspraktische Fertigkeiten nicht durch Absehen bei anderen ganz nebenbei lernen. Solcher behinderungsspezifischer Lernbedarf hätte besondere Methoden und Medien erfordert« (Rath 1992, 50 f.).

Konsens besteht daher über die Notwendigkeit einer Vermittlung zusätzlicher blinden-/sehbehindertenspezifischer Kompetenzen an die Schülerinnen und Schüler im gemeinsamen Unterricht. In den 1980er Jahren wurden diese Kompetenzen in den USA in einem »dualen Curriculum« oder »erweiterten basalen Bildungsplan« (»expanded core curriculum«, ECC) fixiert. Er umfasste folgende Bereiche (Hatlen 1997, 189–192):

1. Kulturtechniken einschließlich Kommunikationstechniken (kompensatorische und funktionale Techniken, u. a. Begriffsbildung, Lern- und Organisationsmethoden, sprachliche und auditive Fähigkeiten)
2. Soziale Interaktionskompetenz
3. Erholung und Freizeitgestaltung
4. Gebrauch von Hilfsmitteln
5. Orientierung und Mobilität
6. Selbstständige Lebensführung (Lebenspraktische Fertigkeiten)
7. Einführung in die Arbeitswelt
8. Förderung des vorhandenen Sehvermögens

Hatlen betonte, dass diese Lerninhalte den Schülerinnen und Schülern durch eine »geplante, systematische, gezielte Anleitung« vermittelt werden muss, »die ihren Lernstil berücksichtigt« (ebd., 192). Die Systematik wird durch die Fixierung von Lernzielen in einem Individuellen Entwicklungsplan erreicht (»IEP«). Die tatsächliche Umsetzung dieser Erfordernisse stellt jedoch ein zeitliches, pädagogisches und logistisches Problem dar. »Bisher wurde noch keine einzige Methode entwickelt, die es blinden und sehbehinderten Schülern ermöglicht, sowohl herkömmliche als auch erweiterte Lehrpläne in demselben Zeitrahmen zu bewältigen wie ihre sehenden Mitschüler« (ebd.). Die grundsätzliche Notwendigkeit der Vermittlung zusätzlicher Lerninhalte steht jedoch außer Frage und wird auch vonseiten der Bildungspolitik anerkannt (z. B. KMK-Empfehlungen für den Förderschwerpunkt Sehen 1998 vgl. Sekretariat der Ständigen Konferenz der Kultusminister 1998). Der Verband für Blinden- und Sehbehindertenpädagogik e. V. (vbs) verabschiedete 2011 Standards für die inklusive Beschulung und fixierte ein aktualisiertes »Spezifisches Curriculum« (Verband für Blinden- und Sehbehindertenpädagogik 2011). Es umfasst die folgenden zusätzlichen Lernbereiche, die für alle Kinder und Jugendlichen mit sonderpädagogischem Förderbedarf im Bereich Sehen gelten und etwas offener gehalten sind als die ursprünglich von Hatlen definierten Förderbereiche. Es handelt sich um die Bereiche

1. »Förderung des Sehens
2. Wahrnehmung und Lernen
3. Orientierung und Mobilität; Lebens- bzw. Alltagspraktische Fähigkeiten und Fertigkeiten; Bewegung

4. [Umgang mit, F. B.] Technische[n] Hilfen
5. Lebensplanung; Berufsorientierung und Freizeitgestaltung
6. Soziale Kompetenz« (ebd., 7–9).

Diese sechs Bereiche sind wiederum in jeweils fünf Ebenen umzusetzen, was tabellarisch angeordnet folgende Matrix ergibt (Verband für Blinden- und Sehbehindertenpädagogik 2011, 6):

		\multicolumn{5}{c|}{Ebenen der Umsetzung}				
		Diagnostik	Intervention	Methodik	Ausstattung und Medien	Handelnde und Handlungsfelder
Bereiche des spezifischen Curriculums	Förderung des Sehens	1.1	1.2	1.3	1.4	1.5
	Wahrnehmung und Lernen	2.1	2.2	2.3	2.4	2.5
	O&M; LPF; Bewegung	3.1	3.2	3.3	3.4	3.5
	Technische Hilfen	4.1	4.2	4.3	4.4	4.5
	Lebensplanung; Beruf und Freizeit	5.1	5.2	5.3	5.4	5.5
	Soziale Kompetenz	6.1	6.2	6.3	6.4	6.5

Die Bereiche 1.1 bis 6.5 werden anschließend definiert und beschrieben. Diese Codierung kann die Verständigung und Strukturierung im Rahmen von Förderplanung erleichtern.

Die Ebene der Methodik zielt explizit auf die »spezifische methodische Gestaltung des Lernangebots unter dem Paradigma der Anschlussfähigkeit an allgemeindidaktische und fachdidaktische Entscheidungen im Sinne einer Pädagogik der Vielfalt« (ebd., 10).

In Schleswig-Holstein finden sich die Bereiche des »2. Curriculums« bereits seit 2004 im »Lehrplan sonderpädagogische Förderung« (Ministerium für Bildung, Wissenschaft, Forschung und Kultur des Landes Schleswig-Holstein 2002, 143–149) und werden seither bei der Förderplanung und -umsetzung verbindlich berücksichtigt. Andere Bundesländer wie z. B. Baden-Württemberg übernehmen diese Elemente in unterschiedlichem Maße zunehmend in ihre Lehrpläne bzw. Verordnungen zur sonderpädagogischen Förderung.

Die Hoffnung, dass mit der Ausformulierung des spezifischen Curriculums ein »neues Kapitel auf dem Weg zur inklusiven Schule« aufgeschlagen werde (Degenhardt 2011) und es eine »Grundlage für die länderspezifische Umsetzung« darstelle

(Verband für Blinden- und Sehbehindertenpädagogik 2011, 4) erfüllte sich jedoch in den folgenden Jahren noch nicht. Dies ist auch ein zentraler Kritikpunkt der Blindenselbsthilfe an der Umsetzung der UN-Konvention über die Rechte behinderter Menschen in der Bundesrepublik. Sie fordert seit Jahren vergeblich: »Zur Sicherstellung der Qualität der Bildung blinder und sehbehinderter Menschen muss es für alle Lernumgebungen verbindlich vorgeschriebene und individuell einklagbare Standards geben« (Beyer & Delgado 2010).

1.3 Problemfelder ambulanter Beratung und Unterstützung

Blinden- bzw. Sehbehindertenpädagoginnen und -pädagogen, die als Beratungslehrkräfte an Regelschulen arbeiten, sehen sich einer äußerst anspruchsvollen Aufgabe gegenüber, bewegen sie sich doch in einem Spannungsfeld verschiedener Einflussfaktoren und -ansprüche, die bei der Beratung und Unterstützung jeder Schülerin, jedes Schülers immer wieder neu in Beziehung zueinander zu setzen sind:

- System der Regelschule mit seiner sozialen Dynamik, Einstellungen gegenüber behinderten Menschen, Erfahrungen mit Heterogenität und Kooperation
- System der Schulklasse mit seiner individuellen Dynamik und Reaktionsweise auf den Mitschüler oder die Mitschülerin mit Behinderung
- Eltern des zu unterstützenden Schülers bzw. der zu unterstützenden Schülerin mit ihren Wünschen, Wertvorstellungen und persönlichen Ressourcen
- der sehbeeinträchtigte Schüler oder die sehbeeinträchtigte Schülerin mit ihren Fähigkeiten, Bedürfnissen sowie jeweiligem psychischen Befinden
- weiteres unterstützendes Personal mit »exklusiver« Bindung an den sehbeeinträchtigten Schüler bzw. die sehbeeinträchtigte Schülerin, insbesondere Schulassistentinnen und -assistenten
- eigene Ressourcen der Beratungslehrkraft im Hinblick auf Kooperations-/Organisationsfähigkeit, physische und psychische Belastbarkeit, Fachkompetenz
- ggf. System der Förderschule im Hintergrund

Zu all diesen Feldern ergeben sich Herausforderungen, die im Folgenden nur beispielhaft angedeutet seien.

So sind Rolle und Aufgaben von Beratungslehrkräften nur unscharf definierbar, das dadurch notwendige Aushandeln einer für beide Seiten befriedigenden Rollenverteilung gelingt nicht immer. Da Schülerinnen und Schüler mit festgestelltem sonderpädagogischem Förderbedarf in der Regel ein Recht auf spezifische Beratung und Unterstützung haben, diese Notwendigkeit jedoch (im Fall von Sehbehinderung) nicht von jeder Regelschule gesehen wird, kann es sogar zur paradoxen Situation einer »Beratung wider Willen« kommen. Ist die Ausstattung mit Beratungsstunden unzureichend, findet Kooperation nur punktuell statt und bleibt u. U. wirkungslos, eine Integration in die Teamarbeit vor Ort misslingt und die Beratungslehrkraft gerät unfreiwillig in die Rolle einer externen Kontrollmacht. Wird Verantwortung für die Schülerin oder den Schüler an die Beratungslehrkraft delegiert und gelingt die Wertschätzung von Heterogenität innerhalb einer Schulklasse nicht, kann individuelle Hilfe eine »privilegisierende Sondersituation« schaffen, die Stigmatisierung verursacht (Appelhans 2000, 196). Durch die traditionelle Priorität lernzielgleicher Integration im Bereich der Blinden- und Sehbehindertenpädagogik kann die Erwartung an den Beratungslehrer bzw. die Beratungslehrerin gerichtet werden, für ein »Funktionieren« des Kindes oder Jugendlichen zu sorgen, was eine Weiterentwicklung von Schulen und Unterricht verhindert. Nicht zuletzt sind die persönlichen Ressourcen der Beratungslehrkräfte erschöpflich – weite Fahrten, hohe Zeitbelastung, fehlende kollegiale Einbindung und Rückkopplung wären hier als Risikofaktoren zu nennen. Eine Untersuchung der Arbeitssituation von Blinden-/Sehbehindertenpädagoginnen und -pädagogen Ende der 1990er Jahre kam zu dem Ergebnis, dass Lehrkräfte im gemeinsamen Unterricht sowie an »Mischarbeitsplätzen« (Sonderschule und gemeinsamer Unterricht) weit überdurchschnittliche Arbeitszeitaufwendungen erbringen, denen die herkömmlichen Arbeitszeitmodelle mit »Unterrichtsstunden« als Bemessungsgrundlage nicht gerecht werden (Degenhardt 2002, 197). Hinz spricht von »Reisepädagogen«, die »stark in die Gefahr des Ausbrennens« geraten (Hinz 2007, 86). Zudem können sie, wenn sie gleichzeitig an einer Sonderschule arbeiten, die Ambivalenz ihrer Rolle direkt zu spüren bekommen: Aufseiten von Eltern und Regelschulen kann die Vorstellung entstehen, sie bahnten letztendlich doch den Weg in die Sonderschule; aufseiten der Sonderschule die Vorstellung, sie trügen mit ihrer Arbeit zu sinkenden Schülerzahlen im stationären Schulangebot bei.

Den Eltern wird bei gemeinsamem Unterricht ihrer Kinder i. d. R eine weitaus verantwortlichere Rolle für den Schulerfolg ihrer Kinder beigemessen als dies bei einem Förderschulbesuch der Fall ist. Dies erhöht nicht selten auch die Erwartungen an die Eltern. Sie sehen sich dann in der Schwierigkeit, eine aktive, für sie befriedigende und dennoch möglichst »normale« Elternrolle in der Kooperation rund um die Beschulung ihres Kindes zu finden. Nach Auswertung eines Workshops mit einer sehr kleinen Anzahl von Akteuren und Betroffenen inklusiver Beschulung in Düren stellte Böing fest, »dass die Eltern sich subjektiv sehr belastet fühlen« (Böing 2013, 34). Sie leitete die Forderung ab, dass »die außerschulische Unterstützung von Familien mit sehgeschädigten Kindern und Jugendlichen ein wesentlicher und verlässlicher Baustein eines inklusiven Schulsystems werden [müsse]« (ebd., 32).

Die Schülerinnen und Schüler sehen sich der anspruchsvollen Aufgabe gegenüber, trotz der notwendigen besonderen Maßnahmen und Aufmerksamkeit zu einem gelungenen Miteinander mit ihren nicht sinnesbeeinträchtigten Klassenkameradinnen und Klassenkameraden beizutragen. Der berechtigte Wunsch nach Normalität führt jedoch nicht selten dazu, dass notwendige Modifikationen und Hilfsmittel abgelehnt werden. Als besonders schwierig erweist sich in diesem Zusammenhang eine gelingende Gestaltung der Rolle von Schulassistentinnen und -assistenten. Im Dürener Workshop wurden sie von den Schülerinnen und Schülern »als diejenigen identifiziert, die soziale Kontakte erschweren oder verhindern« (Böing 2013, 19). Eine Assistenz, die sich so weit wie möglich im Hintergrund hält, nicht in die sozialen Interaktionen der Klasse eintritt und dennoch die notwendigen Unterstützungsleistungen erbringt, erfordert ein hohes Maß an fachlicher Kompetenz und ständiger Selbstreflexion. Dies wird insbesondere durch die geringe Bezahlung der Schulassistentinnen und -assistenten und dadurch bedingte niedrige Qualifikation oder hohe Fluktuation verhindert (vgl. Böing 2013, 18). Verschiedene Institutionen und Verbände bieten bereits blinden-/sehbehindertenpädagogische Qualifikationskurse für Schulassistentinnen und -assistenten an. Über Qualifizierung und höhere Anforderungen versucht man in Schleswig-Holstein auch eine bessere Bezahlung dieses Personals zu erreichen. Eine Verbindlichkeit ist hier aber noch in weiter Ferne. Auch Stundenzumessung und Kostenträger differieren regional – vom gedeckelten, zentral verwalteten Stundenpool für das ganze Bundesland (in Berlin) bis hin zur individuellen Beantragung über die Eingliederungshilfe durch die Eltern.

Dass trotz dieser grundsätzlichen Problemfelder inklusiver Schulbesuch meistens erfolgreich ist, kann auf die Beharrlichkeit von Schülerinnen und Schülern sowie ihren Eltern, das Engagement von Regelschullehrerinnen und -lehrern sowie auf die Umdefinition des fachlichen Selbstverständnisses der Beratungslehrkräfte – weg vom Primat der individuellen Hilfe und hin zur »situations- und problembezogenen Netzwerkarbeit« (Appelhans 2000, 195) – zurückgeführt werden. Beratung wird demnach »häufig nicht primär als die Vermittlung von Kenntnissen und Fertigkeiten verstanden, sondern als Eröffnung von Handlungsperspektiven und -alternativen, die den Beratenen adäquates Handeln ermöglicht« (ebd.). Die so erzielten positiven Wirkungen sind ausschließlich als Ergebnis eines gemeinsamen Prozesses von Lehrkräften, Eltern und Schülerinnen bzw. Schülern zu erreichen. Dies wird besonders bei mehrfachbehinderten Schülerinnen und Schülern deutlich, zu deren Unterstützung eine durchdachte und effektive Kooperation von Fachleuten verschiedener Provenienz im Bereich ambulanter Beratung und Unterstützung zwingend erforderlich ist.

1.4 Entwicklung von Prämissen zur sozialen Integration blinder Menschen

1.4.1 Eine Welt oder zwei Welten – wer integriert wen?

Blindheit kann als Behinderung bezeichnet werden, die das Weltbild sehender Menschen infrage stellt und sie vielfach zu der Annahme veranlasst(e), Menschen mit Blindheit lebten nicht in dieser, sondern in einer »anderen« Welt. Die Vorstellung dieser angeblichen »Welt der Blinden« ist für viele sehende Menschen mit Fremdheits- oder sogar Angstgefühlen verbunden. Wer in einer solchen »anderen« Welt lebt(e), muss(te) notwendigerweise auch selbst »andersartig« sein (Walthes beschreibt dieses Phänomen als Zuschreibung des Fremdseins in der eigenen Kultur, vgl. Walthes 1997, 23). Hieraus erklärt sich die bis heute anhaltende Faszination vieler Menschen für das Phänomen der Blindheit, aber auch der – blinde Menschen stark beeinträchtigende – soziale Zuschreibungs- bzw. Ausgrenzungsprozess. Dieser lässt sich auch in der Fachdiskussion historisch nachweisen und machte sich zunächst an der Frage fest, ob »der« Blinde für »die Welt der Sehenden« oder »seine eigene Welt« zu erziehen sei. Hatte J. W. Klein noch erklärt, der

Blinde sei »wie ein Sehender« zu behandeln (Klein 1991/1819, XVII), so wurde nach ausführlicher Analyse der Besonderheiten der taktilen Umweltbegegnung gegen Ende des 19. Jahrhunderts u. a. von S. Heller postuliert, der Blinde sei zur Innerlichkeit und »für seine eigene Welt zu bilden« (Heller 1882, 122). Hiermit war zu jener Zeit eine Kritik an der naiven Übernahme von Unterrichtsprinzipien für sehende Kinder und damit einer nicht gelungenen Bildung verbunden. Diese Auffassung schien jedoch bereits 1907 nicht mehr Konsens gewesen zu sein; Zech referierte hier, es sei eine häufige Auffassung, Blinde nicht für ihre eigene Welt, sondern für die Welt der Sehenden zu erziehen (Zech 1908, 153); in Anlehnung an reformpädagogische Postulate müsse es jedoch heißen, das blinde Kind solle nur »allmählich in diese Welt hineinwachsen« (ebd., 154). Kremer betonte 1933 und 1948 die Wichtigkeit des »Visualisationsbezugs« im Unterricht, der das blinde Kind in die Lage versetzen solle, alles über das Sehen zu wissen und so in die »Kulturgemeinschaft der Sehenden« eingegliedert zu werden (Kremer 1948, 166 f.). Diese Eingliederung sollte allein durch Bemühungen des blinden Menschen geschehen, wie es auch noch im Richtlinienentwurf des Verbandes deutscher Blindenlehrer 1960 formuliert wurde: »Anpassung des Blinden an die Welt der Sehenden« galt hier als eines der Ziele von Blindenbildung (Verband Deutscher Blindenlehrer 1960, 70). In den KMK-Empfehlungen von 1979, die in der nachfolgenden Zeit stark rezipiert wurden, formulierte man ausgehend von der Notwendigkeit für blinde und hochgradig sehbehinderte Menschen, »in einer auf Sehen und Gesehenwerden eingerichteten Welt zu bestehen«, allein 15 zusätzliche Lernziele im »sozial-personalen Lebensbereich« (KMK 1983, 5 f.).

Die Konstruktion dieser Antinomie zwischen »zwei Welten« berührt Fragen der Existenz einer »Kultur der Blindheit« und wird auch von Betroffenen durchaus kontrovers beurteilt. Die aus der Zwei-Welten-Vorstellung abgeleitete Notwendigkeit für blinde Menschen, in einer ihnen angeblich fremden »Welt der Sehenden« zurecht zu kommen, wurde jedoch zum Ausgangspunkt der blindenpädagogischen Bemühungen um den Erwerb sozialer Kompetenzen. Dass geburtsblinde Kinder sich durchaus nicht in einer »fremden Welt« fühlen, sondern häufig später recht genau angeben können, zu welchem Zeitpunkt ihre Umwelt ihnen deutlich machen konnte, dass *mit ihnen* etwas nicht stimmen sollte, nahm man in diesem Kontext ebenso wenig zur Kenntnis wie die Vermutung, dass beiderseitige Berührungsängste und daraus entstehende Umgangsprobleme durch Segregation hervorgerufen, zumindest jedoch erheblich verstärkt wurden. So wurden aus heutiger Sicht geradezu absurd anmutende Lernziele für Sonderschüler formuliert wie »Fähigkeit, soziale Spannungen und Versagenserlebnisse im Umgang mit Sehenden ertragen zu können«; »Kenntnis der möglichen Ursachen von Kontaktproblemen mit Sehenden, die durch abweichendes Verhalten, Missverständnisse, stereotype Einstellungen, Generalisierungen u. a. entstehen, sowie die Fähigkeit, diesen Problemen zweckmäßig und sachlich zu begegnen« (KMK 1983, 5).

Hier wird deutlich, dass die Bringschuld sozialer Integration von der Blindenpädagogik stets zuerst aufseiten der blinden Menschen verortet wurde. Dies änderte sich auch durch die gemeinsame Unterrichtung blinder und sehender Kinder nicht, im Gegenteil achtete man nun vorab darauf, möglichst die »richtigen« Kinder zu integrieren, um die Erfolgschancen zielgleichen Unterrichts zu erhöhen. Dieses

Denkmodell existiert bis heute und, so stellt Böing fest, verkehrt »die Verantwortlichkeiten in den unterschiedlichen Ebenen« »ins Gegenteil« (Böing 2013, 31).

> »In den Äußerungen [der Pädagoginnen und Pädagogen, F. B.] wird deutlich, dass die Perspektive auf den Schüler oder die Schülerin mit Förderbedarf und ihre vermeintliche ›Integrationsfähigkeit‹ gerichtet ist und nicht auf das eigene System und die Möglichkeiten einer Veränderung organisatorischer und methodisch-didaktischer Rahmenbedingungen.« (ebd., 33).

Forschungsergebnissen zufolge hängt der Erfolg gemeinsamen Unterrichts auch bei sehbeeinträchtigten Kindern in erster Linie vom Erfolg der Kooperation aller Beteiligten ab (vgl. Appelhans 1988). Thiele, der zur sozialen Integration im gemeinsamen Unterricht forschte, kritisierte ebenfalls die »selektive Auswahl der Schüler« sowie das Bemühen vonseiten der Sonderpädagogen, »die sehgeschädigten bzw. blinden Schülerinnen und Schüler auf die ›Welt der Sehenden‹ vorzubereiten bzw. in diese einzuüben« (Thiele 2003, 60).

Ob und wie dies zu geschehen habe, wird jedoch auch von Betroffenen höchst unterschiedlich beurteilt. So äußerte ein blinder junger Mann in der filmischen Dokumentation *Unter Sehenden* 2005 rückblickend über seine Schulzeit an Regelschulen:

> »Ich glaube dass ich 'ne andere Auffassung von Integrationsschule habe. Weil ich nicht finde – was damals irgendwie immer das Hauptkriterium war – nämlich dass [...] die Leute in der Klasse lernen sollen, wie man mit Blinden umgeht, sondern dass das absolute Hauptkriterium für mich ist: *Ich* muss lernen, wie ich mit den Sehenden umgehe. [...] D. h. was wirklich passieren muss, für mich zumindest, ist, in der Integrationsschule, dass ich ganz klar gesagt kriege, von Leuten wirklich gezeigt kriege: So funktioniert die Welt. So kannst du irgendwie versuchen, in die Welt rein zu kommen, so kannst du irgendwie in dir gucken, ob du es *willst*, in die Welt reinzukommen, *wenn* du es willst, dann kannst du es so und so machen. [...]« (J. Hauer im Film *Unter Sehenden* 2004, Abschrift F. B., Hervorh. im gesprochenen Text).

Hier zeigt sich der Wunsch, eben nicht in einer »eigenen Welt« leben zu wollen. Die Wahrnehmung zweier Welten, wie im Zitat geschehen, kann jedoch auch als Symptom wenig gelungener sozialer Integration interpretiert werden. Beinahe alle in dem o. g. Film befragten blinden Absolventen von Regelschulen berichteten über erhebliche Probleme im Bereich der sozialen Integration, die besonders ab dem Pubertätsalter auftraten. Die Möglichkeit, gerade in diesem Lebensabschnitt z. B. über Schülerkurse Kontakt zu Gleichbetroffenen zu bekommen, gilt unbestritten als wichtiges Element im Prozess der Identitätsfindung integriert beschulter blinder und hochgradig sehbehinderter Jugendlicher, das helfen kann, psychische Krisen zu vermeiden oder zu überwinden.

Seit den 1990er Jahren wird in der blinden-/sehbehindertenpädagogischen Fachdiskussion zunehmend eine weniger defizitäre und stärker konstruktivistische Sichtweise von Blindheit eingefordert (vgl. Walthes 1998; Spittler-Massolle 1998; Thiele 2003). Nach Thiele sollte der Aspekt der Kompensation bzw. der Einübung in die visuell ausgerichtete Welt nicht völlig aufgegeben werden, jedoch unter die Prämisse einer gleichwertigen Anerkennung von Blindheit »als spezifische Form der Weltaneignung bzw. Wirklichkeitskonstruktion« gestellt werden (Thiele 2003, 193).

1.4.2 Integration als Ziel und Weg

Die gesellschaftliche Integration blinder Menschen war zwar von Anfang an Ziel der Blindenpädagogik, wurde jedoch zunächst auf das Ziel wirtschaftlicher Selbstständigkeit eingeengt. Man setzte das Erreichen eines Arbeitsplatzes in Lebensstellung (wie in anderen sonderpädagogischen Fachrichtungen auch) mit sozialer Integration gleich, bis zu diesem Zeitpunkt verstand sich die Blindenpädagogik als die vorbereitende Instanz. Die Einrichtung von Versorgungsanstalten bzw. Werkstätten für erwachsene blinde Menschen zeigte schon im 19. Jahrhundert, wie schwierig diese Prämisse teilweise zu realisieren war - wobei erwähnt werden muss, dass andererseits von blinden Menschen selbst gewählte freiberufliche Tätigkeiten wie Musiker oder Klavierstimmer als unschicklich angesehen und z. T. energisch bekämpft wurden (vgl. Jäger 1843). Eine öffentliche Unterstützung von Arbeitsplätzen z. B. in Form von Blindenwerkstätten hat daher eine lange Tradition. In jüngerer Zeit wurde die Prämisse der Integration durch Arbeit und damit auch in gewisser Weise die Legitimation segregierter, »vorbereitender« Bildung mit dem Wegfall der vermeintlich sicheren beruflichen Perspektive für fast alle, v. a. jedoch für behinderte Menschen, infrage gestellt. Dies hatte jedoch kaum Auswirkungen auf die blinden- bzw. sehbehindertenpädagogische Diskussion: Dass soziale Integration auch als schulischer Weg und nicht nur als fernes Ziel begriffen werden kann, war lange Zeit kein breiter Konsens, sondern wurde von vielen Pädagoginnen und Pädagogen noch eher als ein Sonderweg für besonders begabte blinde und hochgradig sehbehinderte Kinder und Jugendliche aus engagierten Elternhäusern betrachtet. Dies verweist wiederum auf die Erfahrung struktureller und pädagogischer Defizite des gemeinsamen Unterrichts, die aufseiten des blinden oder hochgradig sehbehinderten Kindes oder Jugendlichen durch besondere Begabung sowie häusliche Unterstützung einseitig kompensiert werden mussten oder weiterhin müssen.

Im Gegensatz zur Integration durch Arbeit wurde einer gesellschaftlichen Integration durch die Gründung einer eigenen Familie bis vor wenigen Jahrzehnten aktiv gegengesteuert, eine Geschlechtertrennung blinder Menschen war im Erwachsenenbereich üblich. Besonders blinden Frauen wurde die Fähigkeit zur Gründung einer eigenen Familie abgesprochen (vgl. Heitkamp 1992). Auch wenn dieses Denken heute überwunden scheint, versah man doch noch in den Jahren 1996/98 in den bayerischen Lehrplänen der Schule für Blinde bzw. Sehbehinderte das Lernziel der »Vorbereitung auf verantwortliche Partnerschaft in Ehe und Familie« mit dem angeblich blinden-/sehbehindertenspezifischen Zusatz »*aber auch auf die Möglichkeit, ein sinnerfülltes Leben ohne Partner zu führen*« (Bayerisches Staatsministerium für Unterricht, Kultus, Wissenschaft und Kunst 1998, 21)! In der Neuauflage von 2007 ist dieser Zusatz nicht mehr zu finden (Bayerisches Staatsministerium für Unterricht und Kultus 2007, 13).

Förderkonzepte für den Erwerb sozialer Kompetenzen aus der Feder Betroffener wurden in den letzten Jahren für die Sehbehindertenpädagogik entwickelt (vgl. Strittmatter 1999; Wagner 2003), für die Blindenpädagogik steht dies jedoch noch aus.

2 Entwicklungslinien des gemeinsamen Unterrichts außerhalb der Blinden- und Sehbehindertenpädagogik

2.1 Entwicklung und wichtigste Prämissen von »Integrationspädagogik« und »Inklusionspädagogik«

Die schulische Integrationsbewegung außerhalb der Blinden-/Sehbehindertenpädagogik ging vom Elementarbereich aus und wurde maßgeblich von Eltern initiiert (vgl. Schnell 2003). So wurde 1975 von einer Elterninitiative die Einrichtung der ersten »Integrationsklasse« an einer staatlichen Grundschule Berlins erreicht. Dieses Ereignis gilt vielen als Beginn »der« Integration schlechthin, gemeint ist jedoch korrekt der Beginn der *zieldifferenten* Integration. Ausgehend von diesen Praxiserfahrungen begann sich in der BRD in den Folgejahren eine wissenschaftliche »Integrationspädagogik« herauszubilden. Sie wurde von Praktikern und Wissenschaftlern der Sonder- wie auch der Allgemeinen Pädagogik getragen, die u. a. aus der wissenschaftlichen Begleitung integrativer Schulversuche heraus eine Zusammenarbeit entwickelten und engagiert für die Weiterentwicklung der Integration eintraten. Zu Beginn der 1990er Jahre erweiterten Hinz und Prengel die Denkansätze der Integrationspädagogik, indem sie auf Parallelen zur interkulturellen und feministischen Pädagogik hinwiesen und die Überführung der Integrationspädagogik in eine »Pädagogik der Vielfalt« forderten (Hinz 1993; Prengel 1995). Die Integrationspädagogik stellte den Begriff der Heterogenität explizit in den Mittelpunkt und forderte weitreichende schulische Reformen. Die Kernpunkte waren (Prengel 1995, 139 f.):

- Aufgabe des Prinzips der homogenen Jahrgangsklasse
- zieldifferentes Lernen
- Teamunterricht in Kooperation
- Abschaffung der Ziffernnoten
- Didaktik der Individualisierung bei Aufrechterhaltung der Gemeinsamkeit

Eine wichtige Rolle spielte auch die zunehmende Akzeptanz des Normalisierungsprinzips mit der Prämisse, dass auch behinderten Menschen »ein Leben so normal wie möglich« zustehe, was u. a. den wohnortnahen Schulbesuch impliziert. Zudem distanzierte sich die Integrationspädagogik konsequent vom Behinderungsbegriff der Sonderpädagogik. Knauer kritisierte ihn als »relativ, relational und allemal nicht trennscharf« sowie als »defizitorientiert und stigmatisierend« und postulierte einen Behinderungsbegriff, der sich nicht auf Personenmerkmale bezieht, »sondern auf Situationen und Interaktionen, die Lernen und Entwicklungen erschweren« (Knauer 2003, o. S.). Sander definiert den ökosystemischen Behinderungsbegriff als maßgeblich für die Integrationspädagogik, wonach eine Behinderung dann vorliegt, »wenn ein Mensch mit einer Schädigung oder Leistungsminderung ungenügend in sein vielschichtiges Mensch-Umfeld-System integriert ist« (Sander 2002, 106).

Die Integrationspädagogik wollte von Beginn an keine »Sonderpädagogik für Integration« sein (Hinz 1993, 109 f.) oder neue Schularten wie »Integrationsschulen« hervorbringen (von Stechow 2005, 79), sondern verstand sich »als wertgeleitete Auftragspädagogik mit dem Ziel, separierende Systeme und Systemlogiken zu überwinden« (Knauer 2003, o. S.). Die Kritik an der Sonderschule als Institution wurde dabei an der Schule für Lernbehinderte festgemacht, somit »die« Sonderpädagogik ohne jede Differenzierung als im 19. Jahrhundert verwurzelte Aussonderung jener definiert, »die der schulischen Erwartungsnorm nicht gerecht werden konnten« (Knauer 2001, o. S.). Die Integrationspädagogik wollte bzw. will diesen als historischen Irrtum erkannten Prozess revidieren und »die« Sonderpädagogik wieder mit der Allgemeinen Pädagogik verschmelzen lassen, diese dabei jedoch grundlegend erneuern. Sondereinrichtungen gelten dabei grundsätzlich als Hindernis für die Integration, da sie auf der gesellschaftlichen Ebene die Allgemeinheit der Verpflichtung enthöben, sich mit dem Anliegen von Integration eingehend auseinanderzusetzen, und auf der individuellen Ebene Hürden für behinderte Menschen darstellten, integriert leben zu können (Bintinger, Eichelberger & Wilhelm 2005, 21 f.).

Da der Begriff der Integration nur antinomisch in Verbindung mit dem Begriff der Segregation gedacht werden kann und so dem Anliegen der Integrationspädagogik eigentlich zuwider läuft, fand ab 2001 eine inhaltliche Weiterentwicklung durch die Rezeption der internationalen Bewegung der »Inclusive Education« statt. Der ursprünglich soziologische Terminus der »Inklusion« (von lat. inclusio = Einschließung) steht dabei für eine Schule für alle Kinder in einer »Gesellschaft ohne Selektion und Segregation« (Bintinger, Eichelberger & Wilhelm 2005, 23). Die neue Namensgebung entstand dabei auch in Abgrenzung zu Fehlentwicklungen in der Praxis der Integration, die Hinz an folgenden Punkten festmachte (Hinz 2002, 355):

- Statt gemeinsamen Lernens erfolgt ein räumliches Bei- oder Nebeneinander.
- Integration erfolgt nur mit den Kindern, »die nicht zu verschieden sind von dem, was jeweils gerade als ›normal‹ angesehen wird«; Kinder mit schwereren Behinderungen werden kaum integriert.
- Die Kategorie des sonderpädagogischen Förderbedarfs wird auf neue Schülerpopulationen ausgeweitet, die Anzahl segregiert beschulter Kinder nimmt im Zuge dessen jedoch nicht ab.
- Integration wird vorrangig in der Grundschule realisiert, der Übergang zur Sekundarstufe erweist sich als »Nadelöhr«.

Diese Kritik an der damaligen Praxis der Integration ist auch 15 Jahre später in Deutschland nach wie vor aktuell und durch die terminologische Weiterentwicklung hin zum allgemein verwendeten Begriff der »Inklusion« keineswegs überwunden.

Kritik macht sich an der Stigmatisierung von Kindern mittels »sonderpädagogischem Förderbedarf« (das sog. Etikettierungs-Ressourcen-Dilemma) sowie auch an individuellen Curricula fest. Der Versuch, die Anforderungen der Rahmenrichtlinien mit dem sonderpädagogischen Förderbedarf mittels Förderplan zu synchronisieren und damit »besondere« Förderung festzuschreiben, sollte nach Hinz (2002, 358) abgelöst werden durch gemeinsame Reflexionsprozesse sowie ein gemeinsames Curriculum für alle, das »in Teilbereichen« individualisiert wird (ebd.).

Das Denk- und Handlungsmodell der Inklusion übt einerseits konkrete Kritik an Verfahrensweisen schulischer Integration, weist zum anderen jedoch auch visionäre Aspekte auf. Es entwirft eine Gesellschaft, die den Wert des Menschen nicht mehr an seiner Produktivität bemisst, niemanden als »defekt« oder »defizitär« klassifiziert (Bintinger, Eichelberger & Wilhelm 2005, 19). Diese humane und demokratische Gesellschaft schließt keinen Menschen aus ihrer Mitte aus und benötigt daher keine Integration mehr (ebd.).

Hinz übertrug die terminologische Weiterentwicklung von der »Integration« zur »Inklusion« auch auf die Praxisebene, indem er die konkreten Auswirkungen inklusiven Denkens im Vergleich zum integrativen einander gegenüberstellte. In dieser im Anschluss oft zitierten tabellarischen Auflistung bezeichnete er unter anderem ein »Differenziertes System je nach Schädigung«, »Ressourcen [nur] für Kinder mit Etikettierung«, »Individuelle Curricula für einzelne« und »Sonderpädagogen als Unterstützung für Kinder mit sonderpädagogischem Förderbedarf« als zu überwindende veraltete Praxis (Hinz 2002, 359). Im Rahmen von Inklusion sei stattdessen ein systemischer Ansatz für alle nötig. Dies hatte einen Aufschrei vonseiten der Blinden- und Sehbehindertenpädagogik und mehrjährige, intensive fachliche Auseinandersetzungen zur Folge, sah man doch den bewährten Ansatz der individuellen Beratung und Unterstützung in der inklusiven Beschulung blinder und sehbehinderter Schülerinnen und Schüler grundsätzlich abgewertet und infrage gestellt.

Mittlerweile hat sich in der schulpolitischen Realität die Erkenntnis durchgesetzt, dass der systemische Ansatz beispielsweise für die Förderschwerpunkte Lernen, Sprache und emotional-soziale Entwicklung richtig und wegweisend sei. In intensiven Gesprächen und unermüdlichen Interventionen machten die Vertreterinnen und Vertreter der Blindenselbsthilfe, der Blindenpädagogik sowie der Bildungseinrichtungen für den Förderschwerpunkt Sehen jedoch auch immer wieder deutlich, dass im Falle von Blindheit und Sehbehinderung eine Bereithaltung spezifischen Wissens nicht an jeder inklusiv arbeitenden Schule möglich, ein erfolgreicher inklusiver Schulbesuch somit nur durch ein spezialisiertes überregionales Beratungs- und Unterstützungssystem ermöglicht werden kann (vgl. auch Drolshagen 2014, 171).

Mit dem Inkrafttreten der UN-Konvention über die Rechte behinderter Menschen (Deutschland im Jahr 2009, Österreich 2008, Schweiz 2014, Luxemburg 2011) nahm die Inklusionsdebatte eine völlig neue Wendung. Selbsthilfeverbände behinderter Menschen fertigten eine alternative Übersetzung des Vertragstextes an (die sog. Schattenübersetzung), da ohne Rücksprache mit ihnen im Vertragstext der englische Begriff »inclusion« durch den deutschen Begriff »Integration« ersetzt worden war.

Durch das Durchsetzen des Begriffs »Inklusion« seitens der Selbsthilfeverbände in Deutschland wurde dieser in seinem ganzen Bedeutungsgehalt einer breiteren Öffentlichkeit bekannt (in der Schweiz wird derzeit weiterhin der Begriff der

»Integration« verwendet, allerdings mit dem identischen Bedeutungsgehalt wie »Inklusion«). Es erfolgte ein Perspektivwechsel weg von einer individualisierten hin zu einer menschenrechtlichen Sichtweise von Inklusion: Sie besteht im Auftrag an die Gesellschaft, auf allen Ebenen Barrieren abzubauen mit dem Ziel, eine gleichberechtigte Teilhabe aller zu ermöglichen. Für den Bereich der Bildung bedeutet dies im Artikel 24 die Festlegung auf ein inklusives Schulsystem:

> »Die Vertragsstaaten anerkennen das Recht von Menschen mit Behinderungen auf Bildung. Um dieses Recht ohne Diskriminierung und auf der Grundlage der Chancengleichheit zu verwirklichen, gewährleisten die Vertragsstaaten ein inklusives Bildungssystem auf allen Ebenen und lebenslanges Lernen […]« (NETZWERK ARTIKEL 3 e. V. 2010, 17).

Im Anschluss folgte eine intensive Diskussion darüber, was unter diesem »inklusiven Schulsystem« zu verstehen sei und welche Bedürfnisse für blinde und sehbehinderte Schülerinnen und Schüler hier geltend zu machen sind. Diese besonderen Bedürfnisse wurden bereits auf die UN-Konvention bezogen 2009 formuliert und sind bis heute gültig (Beyer & Delgado 2009). Inklusion ist in allen Lebensbereichen zum einklagbaren Menschenrecht geworden, diese Tatsache zeigt in der Gesetzgebung der Länder allerdings erst langsam Wirkung. So beklagt die Monitoringstelle im Jahr 2015:

> »Von einem inklusiven Bildungssystem ist der Vertragsstaat weit entfernt. Einige Länder verweigern sich offenkundig dem Auftrag, Inklusion strukturell zu begreifen und halten an der Doppelstruktur Regelschule und Sondereinrichtung ausdrücklich fest. Beispielsweise hatte die Untersuchung der rechtlichen Rahmenbedingungen zum Ergebnis, dass es zwar Rechtsänderungen gegeben, jedoch kein Bundesland seine Rechtsvorgaben hinreichend entwickelt habe« (Deutsches Institut für Menschenrechte 2015, 26 f.).

2.2 »Inklusion« und das System ambulanter Beratung und Unterstützung

2.2.1 Verschiedenheit der Traditionen

Die theoretischen Prämissen der »Inklusionspädagogik« haben sich historisch aus der Realisation eines zieldifferenten gemeinsamen Unterrichts entwickelt und weisen nahezu keine Gemeinsamkeiten mit jenen auf, die in der Integration blinder und hochgradig sehbehinderter Kinder zunächst in Gymnasien seit 1970 entwickelt worden sind. Erschwerend kommt hinzu, dass die Blindenpädagogik sich traditionell extremer als andere sonderpädagogische Fachrichtungen als ein eigenständiges Bildungswesen »en miniature« verstanden hat, das isoliert neben dem Allgemeinen Schulwesen stehe (vgl. Hudelmayer 1976, 52). Auch Verbindungen zu anderen sonderpädagogischen Fachrichtungen wurden von ihr lange Zeit negiert und erst mit der Zuwendung zu blinden Hilfsschülern überhaupt als notwendig erachtet (vgl. Garbe 1959, 119). Die Blindenpädagogik hat im Verlauf von über 200 Jahren ein Expertenwissen entwickelt, das – in der Innen- wie in der Außensicht – eine exklusive Bindung an ein zahlenmäßig extrem kleines Schülerklientel aufweist und in anderen Bildungszusammenhängen bislang keine Verwendung fand. Auch das System ambulanter Beratung und Unterstützung wurde weitgehend unabhängig von anderen sonderpädagogischen Fachrichtungen wie auch von der Allgemeinen Erziehungswissenschaft entwickelt. Die sich entwickelnde »Integrationspädagogik« wiederum ignorierte das schon bestehende Ambulanzsystem, im *Handbuch Integrationspädagogik* (1. Aufl. Eberwein 1988b) wird es z. B. lediglich als Negativbeispiel erwähnt.

Zu diesem »fremden« System, das sich in der Praxis mit jenem der Integrationsklassen zwangsläufig berührte, musste die »Integrations«- wie »Inklusionspädagogik« dennoch Stellung beziehen:

Schöler beurteilt die Einzelintegration noch als geeigneten Weg, wohnortnahe Integration zu realisieren und Ängste vor Behinderten abzubauen (Schöler 1988, 112 u.117). Prengel bezeichnet ambulante Beratung und Unterstützung jedoch als »kompensatorische Förderung«, die nicht mit Integration gleichzusetzen sei, da sie »Behinderung beseitigen und zum Mitkommen in der homogenen Jahrgangsklasse befähigen möchte« (Prengel 1995, 139). Hinz nennt die Ambulanzsysteme »dezentralisierte Sonderpädagogik« und sieht in ihr die Gefahr einer Vereinzelung von Kindern mit Behinderung sowie ihrer Anpassung an einen unveränderten Unterricht (Hinz 1993, 29). Abgesehen von diesen pädagogischen Argumenten wird die ambulante Beratung und Unterstützung von Eberwein jedoch auch institutionell abgelehnt und pauschal als benachteiligendes »Parasystem«, das Aussonderungstendenzen verstärke und lediglich der Besitzstandswahrung der Sonderpädagogik diene, diffamiert (Eberwein 1997b, 424; 1997a, 60). 1988 argumentierte er differenzierter und führte u. a. als Kritikpunkt an, durch die Ambulanzlehrkraft werde der Grundschullehrer »aus der Verantwortung und Kompetenz entlassen für Kinder, die nicht der Durchschnittsnorm entsprechen«, Schwierigkeiten würden vorwiegend am Schüler festgemacht und keine Veränderung der Lernorganisation initiiert (Eberwein 1988a, 61).

2.2.2 Annäherungen

Trotz dieses grundsätzlichen Argwohns wird von manchen Vertreterinnen und Vertretern der »Inklusionspädagogik« die Notwendigkeit unterstützender Systeme für ein Gelingen »inklusiver« Bildung grundsätzlich eingeräumt. Katzenbach sieht hinsichtlich des Problems einer fehlenden Passung zwischen Lernangeboten und Lernvoraussetzungen bei Kindern »spezifischen Unterstützungsbedarf [...] allenfalls bei Sinnes- und Körperbehinderungen und bei bestimmten Aspekten der geistigen Behinderung [...]« (Katzenbach 2005, 89 f.). Hinz lehnt eine Addition von Sonder- und Regelpädagogik – wie sie im Ambulanzsystem praktiziert wird – ab und definiert ein neues »inklusives« Selbstverständnis von Sonderpädagogik folgendermaßen:

> »Ihre Funktion auf der Professionsebene besteht darin, ergänzend für alle Situationen zuständig zu sein, in denen Exklusion oder Egalisierung drohen, also egalitäre Differenz in eine Schieflage zu geraten droht. Damit sind sie nicht für bestimmte Personen zuständig, sondern haben eine systembezogene Funktion. Sie bieten, auf das Feld der Schule bezogen, – beratend und/oder unterrichtend, je nach Zeitbudget – Unterstützung für Schulen und Klassen bei der Frage, wie alle Mitglieder eines Systems zu den ihnen möglichen Lern-

prozessen und -ergebnissen kommen können [...]. Dabei erfolgt eine Eingrenzung von Fragestellungen nicht nur nach inhaltlichen Gesichtspunkten, sondern auch entsprechend den Bedürfnissen aller Beteiligten, nach dem Motto: Wer Bedarf hat, nimmt Unterstützung in Anspruch« (Hinz 2005, 77 f.).

Wie diese Vorstellungen aus Sicht der Blindenpädagogik zu diskutieren sind, dazu s. unten (Abschnitt 5 dieses Kapitels).

Auch Eichelberger bezieht in seinen Entwurf eines »inklusionstauglichen Schulsystems« eine externe mobile Beratung in seine Überlegungen mit ein. Die Rolle externer Expertinnen und Experten sieht er in der Leitung von »Förderklassen für Kinder mit sozialen Problemen an den Schulstandorten«, in der Supervision der Lehrkräfte »inklusiver« Klassen und der Begleitung von Unterrichtsentwicklungsprojekten (Eichelberger 2002, 292). Zudem sollen die vormaligen Förderzentren, jetzt »pädagogische Zentren«, für die »Beschaffung und Verwaltung von notwendigen technischen Hilfen, Arbeitsmaterialien usw. zuständig« sein (ebd.).

Das mit dem Ambulanzsystem verbundene Prinzip der Einzelintegration blinder bzw. hochgradig sehbehinderter Kinder wurde von der Integrationspädagogik ebenfalls kritisch betrachtet bzw. abgelehnt. Kritisiert wurden die fehlende Absenkung der Klassenfrequenzen sowie eine zu geringe zusätzliche (sonder-)pädagogische Hilfe (Preuss-Lausitz 1997, 398). Wocken stellt dagegen fest, die Einzelintegration habe »neben dem Vorteil der Wohnortnähe den Charme einer natürlichen Inklusion« (Wocken 2001, 78). Hinz erkennt die Einzelintegration als eine für ländliche Regionen geeignete Möglichkeit an (Hinz 1993, 28).

3 Didaktik »inklusiven« Unterrichts – Ansätze

Die zieldifferente Integration verlangte von Beginn an didaktische Modelle, die der Individualität der Schülerinnen und Schüler gerecht werden konnten, sodass eine Diskussion didaktischer Fragen zwingend wurde. Dass diese dennoch im Wesentlichen ausblieb, lag zum einen in den Fragestellungen der wissenschaftlichen Begleitforschung integrativer Schulversuche begründet, die in erster Linie die Auswirkungen der Integration auf das Lern- und Sozialverhalten analysieren sollte, zum anderen im schnellen Rückgriff auf reformpädagogische Ansätze bzw. offene Unterrichtsformen (Seitz 2006, 2). Zudem dominierte lange Zeit »die Frage, ob gemeinsamer Unterricht überhaupt eine spezielle, integrative Didaktik braucht oder ob es vielmehr um das Praktizieren einer ›guten‹ allgemeinen Didaktik für alle Kinder geht« (ebd.) die wissenschaftliche Diskussion, die hier im Kontext des Selbstverständnisses der Integrationspädagogik zu betrachten ist, keine »neue Sonderpädagogik für Integration« sein zu wollen. Viele Publikationen zu didaktischen Fragen konzentrieren sich daher auf das Überprüfen bekannter didaktischer Konzepte hinsichtlich ihrer Tauglichkeit für »inklusiven« Unterricht, die dann als didaktische Prinzipien formuliert werden.

3.1 Spezifische didaktische Modelle der »Inklusion«

»Inklusion« ist zunächst keine didaktische Idee, sondern ein Menschenrecht, dessen Verwirklichung einer Ausgestaltung in jeder Lebenssituation bedarf. Daher wird in der didaktischen Diskussion häufig auf die von Feuser entwickelte »Entwicklungslogische Didaktik« zurückgegriffen, die für heterogene integrative Klassen entwickelt wurde. Als didaktische Ansätze, die ihren Fokus speziell auf den »inklusiven« Unterricht richten, sind zu nennen:

- »Entwicklungsdidaktik« (Marianne Wilhelm)
- adaptiertes Modell der »Didaktischen Rekonstruktion« (Simone Seitz)
- »Sfondo integratore« – integrativer Hintergrund (Andrea Canevaro et al.)

Ihre Charakteristika seien nachfolgend kurz skizziert.

Die »*Entwicklungslogische Didaktik*« wurde von Feuser bereits ab 1989 entwickelt. Ausgangspunkt ist eine Gleichwertigkeit von Sachstrukturanalyse des Unterrichtsinhalts und der Analyse der Tätigkeitsstruktur jeder Schülerin und jedes Schülers. Das »didaktische Fundamentum« umfasst die Momente »Differenzierung durch Individualisierung« sowie »Kooperative Tätigkeit an einem Gemeinsamen Gegenstand« (Feuser 1997, 218). Die Persönlichkeitsentwicklung jedes Kindes rückt in das Zentrum didaktischer Überlegungen. Es ist zu fragen, welche Aspekte des Projektthemas – denn nur in Projektform ist Lernen am gemeinsamen Gegenstand möglich – sich vom Kind in der handelnden Auseinandersetzung mit ihm erschließen lassen und »ein qualitativ neues und höheres Wahrnehmungs-, Denk- und Handlungsniveau anbahnen und absichern können« (Feuser 1997, 220).

Das Modell einer »*Entwicklungsdidaktik*« wurde von Wilhelm 2005 vorgestellt. Es orientiert sich wie Feuser an der kindlichen Entwicklung »und deren Gesetzmäßigkeiten« (Bintinger, Eichelberger & Wilhelm 2005, 35) und weist zwei grundlegende Aspekte auf:

1. Subjektbezogenheit: Pädagogik versteht sich als Hilfe zur individuellen Entwicklung i. S. v. Selbstbestimmung, Selbstfindung und lebensbedeutender Sinnfindung. Nicht Wissensvermittlung, sondern Hilfe zur Selbsthilfe steht im Vordergrund.
2. Permanente Entwickelbarkeit und Adaptierbarkeit: »Die Entwicklungsdidaktik wird von den jeweils Lehrenden als subjektives Konzept des Lehrens in einem Akt des Nachschaffens und Nachschöpfens selbst geschaffen« (ebd., 36).

In Anlehnung an Wagenschein orientiert sich die »Entwicklungsdidaktik« am Prinzip der Exemplarität der Inhalte.

Das Modell der »*Didaktischen Rekonstruktion*«, ein von Oldenburger Fachdidaktikern und Kieler Physikdidaktikern 1997/99 entwickeltes Modell zur didaktischen Forschung, wurde von Seitz hinsichtlich seiner Tauglichkeit für »inklusiven« Unterricht überprüft und adaptiert (Seitz 2003; 2006). Es platziert Vorstellungen, Anschauungen und innere Tätigkeiten der Schülerinnen und Schüler vor die Sachstruktur, Unterrichtsgegenstände werden nicht von der Wissenschaft fertig vorgegeben, sondern im didaktischen Prozess (re-)konstruiert. Vorunterrichtliche Vorstellungen der Kinder zum Lerngegenstand werden empirisch erhoben und systematisch auf fachlich geklärte wissenschaftliche Vorstellungen zum Lerngegenstand bezogen. Darauf aufbauend wird nach Möglichkeiten lernförderlichen Unterrichts gefragt (Seitz 2003, 95).

Aus Italien stammt das Modell des »*Sfondo integratore*« (»integrativer Hintergrund«), das von einem Team von Integrationsforschern um Canevaro an der Universität Bologna in den 1990er Jahren entwickelt wurde. Der »integrative Hintergrund« ist ein Metakontext, der es ermöglicht, Lerninhalte miteinander zu verbinden, die sonst isoliert bleiben. Ein solcher Metakontext kann z. B. das Thema »Zeitmaschine« über ein ganzes Schuljahr hinweg sein (Hoff 2003, 50). Jeder Lerngegenstand kann zu unterschiedlichen Zeiten und auf unterschiedlichen Wegen erreicht werden (ebd., 51). Ziel ist die »tätige Auseinandersetzung jedes einzelnen Schülers mit von ihm selbst mitbestimmten Inhalten in einer Art und Weise, die Kognition und Emotionalität im Prozess des Lernens ebenfalls als rekursiv begreift« (ebd., 52). Die Aufgabe des Lehrers besteht in der Organisation des »integrativen Hintergrunds« und damit der Ermöglichung autonomen Lernens der Schülerinnen und Schüler (ebd.).

3.2 Charakteristika

Im Vergleich der Ansätze fällt auf, dass zwei von ihnen in der Tradition des Feuser'schen Prinzips vom »Lernen am gemeinsamen Gegenstand« stehen und alle vier stark von der Vorstellung einer individualisierten Pädagogik ausgehen, die die Vorerfahrungen und Besonderheiten der Schülerinnen und Schüler zum Ausgang didaktischer Überlegungen macht. Diese Individualisierung verlangt dann wiederum das projektartige Arbeiten am gemeinsamen Gegenstand, um nicht in einer Vereinzelung der Schülerinnen und Schüler zu resultieren.

Eine Weiterentwicklung inklusiver didaktischer Ansätze erfolgte seither insbesondere im Bemühen, konkrete Ansätze in der Fachdidaktik für heterogene, i. d. R. lernzieldifferent zusammengestellte Gruppen zu identifizieren (vgl. z. B. Riegert & Musenberg 2015).

4 Blindenpädagogische didaktische Erfordernisse im gemeinsamen Unterricht

Eine Diskussion um die »inklusiven« didaktischen Modelle ist in der Blinden- und Sehbehindertenpädagogik nicht geführt worden. Der Grund liegt darin, dass die Beteiligung am Prozess der Implementierung von »Inklusion« aus der institutionellen Perspektive heraus erfolgte. Hier stellten sich in erster Linie Fragen, wie und durch welche Institutionen eine fachgerechte ambulante Beratung und Unterstützung in einer inklusiven Bildungslandschaft gesichert werden könne.

Zusätzlich existieren durchaus didaktisch-methodische Überlegungen für den Unterricht blinder und hochgradig sehbehinderter Kinder und Jugendlicher in inklusiven Klassen, die z. B. in auf der Ebene von Unterrichtsversuchen oder exemplarischen Unterrichtseinheiten ausgearbeitet werden. Hier werden blinden-/sehbehindertenpädagogische Prinzipien der Unterrichtsgestaltung konstruktiv in die allgemeine Pädagogik eingebracht. Eigene didaktische Ansätze resultierten hieraus bislang nicht. Eine inklusive didaktische Praxis existiert in der praktischen gemeinsamen Unterrichtsgestaltung durch Sonderpädagoginnen und -pädagogen und Regelschullehrkräften insbesondere im Rahmen längerfristiger Zusammenarbeit im Unterricht mit blinden Schülerinnen und Schülern. Diese wird in manchen Fällen verschriftlicht und v. a. im Rahmen des »IsaR-Projekts« online publiziert. Vielerorts ist das Interesse an einer solchen gemeinsamen Neugestaltung von Unterricht größer, als es die finanziellen bzw. zeitlichen Ressourcen im inklusiven Unterricht zulassen.

In der über zweihundertjährigen Tradition der Blinden-/Sehbehindertenpädagogik haben sich jedoch einige grundlegende didaktische Erfordernisse herauskristallisiert, ohne deren Beachtung es sich als nicht möglich erwiesen hat, das Recht blinder und hochgradig sehbehinderter Kinder und Jugendlicher auf angemessene Bildung zu verwirklichen. Diese sind auf zwei Ebenen zu verorten: Auf jener der Bildungsinhalte sowie jener der didaktischen Prinzipien des Lehr-/Lernprozesses.

4.1 Erfordernisse im Bereich der Lerninhalte

Brauchen blinde und hochgradig sehbehinderte Schülerinnen und Schüler andere, besondere Lerninhalte? Diese Frage wird auf der Ebene der Lehrpläne zunächst grundsätzlich mit »nein« beantwortet – es gilt Zielgleichheit (Kap. III, 1 u. Kap. IV, 3.6.2, 3.7). Dies bedeutet jedoch nicht, dass der Lehrplan der Regelschule alle Bildungsbedürfnisse sehbeeinträchtigter Kinder und Jugendlicher abdecken kann. Schon 1838 formulierte Jäger, der für die Aufnahme blinder Kinder an Regelschulen plädierte, folgende Prämisse: »Wollen wir darum ein blindes Kind genügend bilden, so muß ihm die Schule mehr geben, als dem sehenden« (Jäger 1838, 659). Der Grund für diesen notwendigen Zusatz von Bildungsinhalten liegt einmal in der stark eingeschränkten Möglichkeit für blinde und hochgradig sehbehinderte Menschen, per Nachahmung sowie »en passant« zu lernen. Zum anderen fungieren optische Eindrücke beim sehenden Menschen als Handlungs- und Bewegungsstimuli, die beim blinden Kind nicht einfach durch akustische oder taktile Reize »ersetzt« werden können, wie häufig von Laien fälschlicherweise angenommen wird. Der Hörsinn, als der blinde und hochgradig sehbehinderte Menschen i. d. R. dominierende und sie zu faszinierenden Leistungen befähigende Sinn, besitzt einen anders gelagerten Aufforderungscharakter und der Tastsinn fordert eine weitaus eigenaktivere Tätigkeit als der Sehsinn zum Erlangen von Sinneseindrücken (Kap. V). Aufgrund dieser sinnesphysiologischen Eigenheiten ist das blinde Kind weitaus mehr von einer auffordernden Umweltgestaltung und pädagogischen Ansprache abhängig als das sehende. Mehrfachbehinderungen, die ein selbstständiges Erkunden der Umwelt – sowohl ganzkörperlich als auch taktil – einschränken oder verhindern, wirken sich diesbezüglich besonders benachteiligend aus.

Die Konsequenz aus dieser Spezifik nichtvisueller Wahrnehmung ist die Notwendigkeit, Anforderungen der Umwelt wie z. B. Anziehen, Essen, Wege finden gezielt an das Kind heranzutragen und – da das visuelle Vorbild anderer Menschen fehlt – über einen längeren Zeitraum hinweg mit ihm gemeinsam einzuüben.

Für mehrfachbehinderte Kinder mit Blindheit oder hochgradiger Sehbehinderung sind diese zusätzlichen Lernbereiche ebenso relevant, müssen hinsichtlich ihrer Inhalte und der Methodik ihrer Vermittlung jedoch stark individualisiert werden. Sie sind hinsichtlich ihrer Umsetzung zudem noch stärker kontextgebunden, so ist es z. B. möglich dass ein sehbeeinträchtigtes Kind mit einer kognitiven Beeinträchtigung Fähigkeiten im Bereich von Mobilität oder Aktivitäten des täglichen Lebens nur in vertrauter Umgebung mit Unterstützung ganz bestimmter Bezugspersonen zeigen kann.

Wichtige zusätzliche Bildungsinhalte ergeben sich aus der Notwendigkeit, blindenspezifische Medien zu nutzen, deren Beherrschung im Unterricht sehender Schülerinnen und Schüler keine Rolle spielt. Dies macht eine zusätzliche Vermittlung von Kompetenzen in folgenden Bereichen erforderlich:

- Arbeits-/Ordnungs-/Strukturierungstechniken (inkl. geometrisches Zeichnen)
- Schriftsysteme (Kurzschrift, Notenschrift, Chemieschrift, Mathematikschrift)
- Strategien und Techniken der blindenspezifischen PC-Nutzung
- Gebrauch technischer Hilfsmittel (Taschenrechner mit Sprachausgabe u. ä.)

Für mehrfachbehinderte sehbeeinträchtigte Kinder und Jugendliche gelten diese Lernbereiche ebenfalls, wobei die PC-Nutzung mangels geeigneter Lernsoftware nur eingeschränkt möglich ist (eine Ausnahme bildet die Software »Sarepta«, vgl. NCL-Stiftung 2013) und der Gebrauch technischer Hilfsmittel sich z. B. auf den Umgang mit Kommunikationshilfen beziehen kann. Diese sind jedoch für blinde Menschen häufig nur schwer adaptierbar. Schriftsysteme können als Orientierung dienen (z. B. Markieren des Platzes) oder als Anbahnung basaler Schriftsprachlichkeit z. B. durch Stundenpläne, die anhand von Bezugsobjekten gestaltet werden, eine Rolle spielen. Arbeits- und Ordnungstechniken spielen für mehrfachbehinderte Schülerinnen und Schüler eine ganz entscheidende Rolle; die Umwelt ist so zu strukturieren und Handlungsabläufe sind so zu zerlegen und verbal zu begleiten, dass das Kind die Vorgänge in seiner Umgebung gedanklich antizipieren kann. Nur so entsteht ein Gefühl von Sicherheit, das Eigenaktivität und Lernfortschritte ermöglicht.

In der Praxis bleibt die Frage offen, wie zusätzliche Bildungsinhalte bei zielgleichem Unterricht zeitlich zu realisieren seien (s. o.). Ihr Einbezug in den regulären Unterricht als unterrichtsimmanentes Prinzip ist zwar wünschenswert, kann jedoch die systematische Vermittlung von Fähigkeiten und Fertigkeiten nicht ersetzen. Eine Kürzung von Bildungsstoffen des Regelschullehrplans zu ihren Gunsten taucht in den Lehrplänen nicht mehr auf, vermutlich da dies in der Vergangenheit u. a. in einem Kontext gefordert wurde, der blinden Menschen die Fähigkeit absprach,

Sachverhalte abstrakt geistig und ohne taktil-anschauliche Grundlage zu erfassen (vgl. z. B. Heller 1882; Zech 1913). Realiter werden Kompromisse gemacht, die in zusätzlichem Einzelunterricht außerhalb oder während der regulären Unterrichtszeit besteht. Im Unterricht mit mehrfachbehinderten Kindern und Jugendlichen, in dem der Stoff- und Zeitdruck wegfällt, gibt es hingegen wesentlich mehr Möglichkeiten, den blinden-/sehbehindertenspezifischen Lernbedürfnissen zu entsprechen.

4.2 Erfordernisse im Bereich methodischer und didaktischer Prinzipien

Zu den Prinzipien vgl. zunächst grundlegend die Ausführungen im ersten Kapitel (4.1 und 4.3) sowie im vierten Kapitel (3.7.2). Im Folgenden werden nur jene Prinzipien kurz vorgestellt, die auf den ersten Blick nicht blindenspezifisch erscheinen, für die Realisierung gemeinsamen Unterrichts mit normalsichtigen Kindern jedoch hinsichtlich ihrer nötigen Modifikation von besonderem Belang sind.

Selbsttätigkeit

Blinde und hochgradig sehbehinderte Kinder erhalten weitaus weniger Gelegenheit zu selbsttätigem Handeln, was einerseits eine Folge falsch verstandener Hilfeleistung der Umwelt sein kann, andererseits durch die Tatsache bedingt ist, dass der visuelle Aufforderungscharakter der Umwelt v. a. im Hinblick auf die Nachahmung von Tätigkeiten anderer Kinder oder Erwachsener wegfällt. Taktile Wahrnehmung ist jedoch nur als selbsttätig ausgeführte Handlung im Sinne aktiven Tastens und Handelns als Erkenntnisprozess nutzbar. Zum anderen kann blinden Kindern nichts demonstriert werden, Vorgänge wie z. B. das Pflanzen einer Blume müssen handelnd (nach-)vollzogen werden. Dem selbsttätigen Umgang mit dem Lerngegenstand ist daher

- die Phase des Kennenlernens und Erfahrens sowie
- die Phase des Einübens notwendiger Handlungsabläufe

vorgeschaltet. Dies bedingt einen erheblichen Zeitbedarf sowie die Herstellung geeigneter Materialien, da nur mit einer geringen Anzahl problemlos nutzbarer Medien und Materialien aus dem Fundus der Materialien für sehende Kinder zu rechnen ist.

Anschaulichkeit und Begriffsbildung

Schon die Paradoxie des Wortes »Anschaulichkeit« weist darauf hin, dass Anschauung bei blinden Kindern einen Bereich besonderer pädagogischer Erfordernisse darstellt. Es ist unmöglich, einem blinden Menschen die dingliche Umwelt in dem gleichen Maße taktil nahezubringen, wie sie ein sehender Mensch visuell wahrnimmt. Pädagogische Anschaulichkeit besteht daher nicht darin, möglichst viele Objekte wahllos zu präsentieren, sondern jene auszuwählen, die

- taktil erfahrbar sind,
- im jeweiligen Lern- und Lebenszusammenhang bedeutsam sind,
- ein Prinzip am Exemplarischen zeigen sowie
- beim Kind Zuwendung und Interesse auslösen.

Dies geschieht am Lerngegenstand, muss jedoch auch zusätzlich durch »organisierte Umweltbegegnung« (Degenhardt 2003, 382) stattfinden. Auch Höreindrücke gehören zur Herstellung von Anschaulichkeit. Über die Anschaulichkeit realisiert sich die pädagogisch initiierte Begriffsbildung, d. h. das Verknüpfen sprachlicher Begriffe mit Vorstellungen. Dass diese Vorstellungen sehr individuell sind und nicht allein am Maßstab der angeblich »objektiven« Umweltauffassung Sehender gemessen werden dürfen, wird heute anerkannt.

Die Nutzung grafischer Abbildungen in Reliefform ist eine höchst anspruchsvolle Arbeitstechnik, die lange Übung erfordert und nicht mit dem Bilderfassen sehender Kinder vergleichbar ist (Kap. IV, 3.7.4).

Individualisierung

Dieses Prinzip ist zunächst durch die Spezifik der Blindheit zu begründen und bezieht sich v. a. auf die Unmöglichkeit frontaler Demonstration im Unterricht mit blinden Kindern, die eine individuelle Interaktion des Lehrers mit der Schülerin bzw. dem Schüler (Arbeit mit Anschauungsobjekten, Zeigen von Abläufen, Korrigieren von Fehlern) erfordert. Jedoch auch die Auswirkungen einer Sehschädigung sind höchst individuell. Die Individualisierung ist demzufolge hinsichtlich

- der Medien und Materialien (Komplexität, taktile Eigenschaften, Einbeziehung von Sehfähigkeiten),
- des Umfangs und der Art der Aufgabenstellungen,
- der Kulturtechniken (Schwarzschrift und Punktschrift, alternative Kommunikationssysteme für mehrfachbehinderte Schülerinnen und Schüler) sowie
- der Interessensschwerpunkte und Vorerfahrungen der Lernenden

erforderlich.

Strukturierung der Lerninhalte und der Lernumgebung

Jedes Kind benötigt eine Strukturierung von Lernvorgängen, unabhängig davon, ob es diese Strukturierung selbst vornehmen kann oder sich an eine äußere Struktur anlehnt. Blindheit und hochgradige Sehbehinderung erschwert die Strukturierung der Umwelt, da kein »Überblick« gewonnen werden kann. Pädagogische Aufgabe ist es daher, der Lernumgebung die notwendige Struktur zu geben und den Kindern schrittweise Strategien der Umweltstrukturierung zu vermitteln.

Im Bereich der Lerninhalte muss Strukturierung sorgfältig reflektiert und die Gefahr einer zu starken Reduktion von Komplexität beachtet werden. Die Sehschädigung sowie die häufig vorhandene Lernbeeinträchtigung der Schülerinnen und Schüler bedingt jedoch häufig die Notwendigkeit einer Aufgliederung und sukzessiven Erarbeitung von Sachverhalten und Zusammenhängen. Entsprechend den Prinzipien der Veranschaulichung ist zudem das Prinzip exemplarischen Lernens zu bejahen und schon allein aufgrund des stark erhöhten Zeitbedarfs blinder und hochgradig sehbehinderter Kinder beim Lernen unverzichtbar.

Wahrnehmungsförderung: »Tasterziehung«/»Hörerziehung«/ »Seherziehung«

Diese didaktischen Prinzipien standen traditionell im Zentrum der Blinden-/Sehbehindertenpädagogik, sind heute jedoch differenziert zu betrachten, da sie häufig von einer stark defizitären Sicht sehbeeinträchtigter Kinder bestimmt wurden. Viele Laien sind demgegenüber jedoch der Meinung, blinde Menschen könnten von allein exzellent tasten und hören. Der Tastsinn wird heute nicht mehr isoliert, sondern immer im Kontext eines Lerngegenstands bzw. der Umweltbegegnung ausgebildet. Die Weiterentwicklung der Tastfertigkeit ist eine die ganze Schulzeit umfassende pädagogische Aufgabe, die kein Äquivalent in der Pädagogik normalsichtiger Kinder kennt.

Die »Hörerziehung« hingegen ist eine pädagogische Aufgabe, die sich sehr gut in den gemeinsamen Unterricht integrieren lässt und für die normalsichtigen Klassenkameraden eine echte Bereicherung darstellen kann. Hier sind insbesondere die effektive Informationsentnahme aus akustischen Medien, das gegenseitige Zuhören und die Nutzung von Umweltgeräuschen wichtige Lernbereiche. »Seherziehung« meint die optimale Nutzung jedes vorhandenen Sehvermögens durch optimale Umfeldgestaltung, besondere Medien und Hilfsmittel. Sie ist nur mit spezifischem Wissen umsetzbar und unterscheidet sich wesentlich von der visuellen Wahrnehmungstätigkeit normalsichtiger Schülerinnen und Schüler.

Einsatz von Sprache

Sprache ist das wichtigste Kommunikationsmedium blinder Menschen: »Viele Blinde reden viel. [...] Das ist eben das Einzige, was man hat, mit dem man sich bewusst und auch selber gesteuert mitteilen kann« (»Martin« in *Unter Sehenden* 2004). Zudem ist Sprache neben Körperkontakt ein Medium, das die Anwesenheit anderer Menschen zu signalisieren vermag, und dient somit auch als wichtiges soziales Kontaktmittel. Die Blindenpädagogik war daher von jeher eine sprachbetonte Pädagogik, die sowohl einen wichtigen Schwerpunkt auf eine sehr gute sprachliche Entwicklung der Schülerinnen und Schüler legt als auch Sprache als wichtiges Unterrichtsmedium begreift. Die Verbalisierung von Vorgängen ist eine wichtige Lerntechnik und Voraussetzung gegenseitigen Verständnisses. Sprache bietet zudem die Möglichkeit, nicht sinnlich Erlebbares zu beschreiben. Auch bei mehrfachbehinderten sehbeeinträchtigten Kindern hat Sprachpflege einen hohen Stellenwert: Bezugspersonen werden an ihrer Stimme erkannt, Handlungen an und mit den Kindern werden grundsätzlich verbalisiert, Äußerungen der Schülerinnen und Schüler aufgenommen und verstärkt.

5 Blindenpädagogik in einer »Schule für alle«

5.1 Didaktische Ebene: Blindenpädagogik und »inklusive Didaktik«

Die oben skizzierten Entwürfe einer »inklusiven« Didaktik, die die unterschiedlichen Lernvoraussetzungen aller Kinder zum Ausgangspunkt des Lehr-/Lernprozesses machen, bieten grundsätzlich auch für blinde und hochgradig sehbehinderte Kinder eine günstige Rahmenbedingung, um sich in einer heterogenen Gruppe sehender Kinder zu entwickeln. Ein Unterricht, der Verschiedenheit wertschätzt, kann sehbehinderte und blinde Schülerinnen und Schüler zumindest teilweise von dem belastenden Zeitdruck befreien, dem sie aufgrund der vergleichsweisen Langsamkeit des Tastvorgangs in einem zielgleichen, frontalen Unterricht häufig ausgesetzt sind. Viele Lernziele zur Ausbildung sozialer Kompetenz im Umgang mit sehenden Menschen könnten überflüssig werden, wenn blinde und hochgradig sehbehinderte Kinder von Geburt an selbstverständlich als zu ihrem sozialen Umfeld zugehörig betrachtet werden und dementsprechend »normale« soziale Erfahrungen machen können.

Die Modelle des Lernens am gemeinsamen Gegenstand und des »Sfondo integratore« schaffen für ein blindes oder hochgradig sehbehindertes Kind die Möglichkeit, im sozialen Kontext neue Erfahrungen zu sammeln, sein Wissen über Umwelterscheinungen zu erweitern und sich in den Kulturtechniken zu üben. Alle vier vorgestellten Modelle sehen darüber hinaus das Prinzip exemplarischen Lernens als grundlegend an und könnten so auch dem Bedürfnis sehbeeinträchtigter Kinder nach einer gründlichen Auseinandersetzung mit ausgewählten Lerninhalten entgegenkommen. Zudem weist ein solcher Unterricht eine hohe sprachliche Kommunikationsdichte auf.

Als schwierig hinsichtlich ihrer Umsetzbarkeit in »inklusiven« Lernarrangements sind die blindenpädagogischen Prinzipien

- der Auswahl der Lerninhalte,
- der Strukturierung der Lerninhalte und der Lernumgebung sowie
- der Selbsttätigkeit

einzuschätzen. Die *Auswahl der Lerninhalte* ist nach den »inklusiven« didaktischen Modellen mit der Auswahl eines gemeinsamen Gegenstands verknüpft, der bei allen Kindern Interesse und Motivation wecken soll. In einer heterogenen Klasse sind dabei die Interessen und Bedürfnisse *aller* Kinder zu berücksichtigen. Eine »inklusive« Klasse, die keinen überproportionalen Anteil von Kindern mit Beeinträchtigungen oder Behinderungen aufweist, dürfte ausschließlich weitere Kinder mit dem Merkmal »sehend« aufweisen. Die Bedeutsamkeit eines Lerngegenstands kann sich jedoch für sehende Kinder anders darstellen als für ein blindes oder hochgradig sehbehindertes Kind. Eine Gefahr besteht darin, ein für sehende Kinder evtl. hoch bedeutsames und motivierendes Thema für dieses Kind nur zu adaptieren bzw. die Erwartung an es zu richten, es ebenfalls interessant zu finden – ein sozialer Mechanismus, der von blinden Kindern häufig sensibel wahrgenommen wird und im Zuge des Wunsches, »dazu zu gehören«, dann scheinbar bestätigt wird. Im Anschluss daran können – ähnlich wie Ratz es erwähnt (s. o.) – erhebliche Probleme auftreten, für das blinde oder hochgradig sehbehinderte Kind Aufgaben zu finden, die einen wirklichen Bildungswert haben. Unbedingte Forderung an »inklusive« Lernarrangements muss es demnach sein, bei der Auswahl der Lerninhalte bewusst auch einmal die Interessen eines blinden Kindes zum Ausgangspunkt des Lernens für alle Kinder zu machen. Weiterhin besteht die Notwendigkeit, die o. g. zusätzlichen Lerninhalte für sehbeeinträchtigte Kinder (wie LPF) in das Lernen am gemeinsamen Gegenstand zu integrieren. Dies mag in einem handlungsbetonten Unterricht im Prinzip einfach erscheinen, kann jedoch zur Folge haben, dass das blinde oder hochgradig sehbehinderte Kind aus dem Lernarrangement der Klasse ausgegliedert ist – schließlich sind dies Lerninhalte, die die sehenden Kinder nicht benötigen und sich nur schwerlich in gemeinsame Lernaktivitäten eingliedern lassen. Notwendig ist daher ein wirkliches Einlassen auf die Interessen eines blinden bzw. hochgradig sehbehinderten Kindes und die Bereitschaft, auch die nichtvisuelle Kultur in Lernarrangements zu berücksichtigen oder sogar ins Zentrum gemeinsamen Lernens zu stellen.

Die *Strukturierung der Lerninhalte* ist ein ambivalent zu betrachtendes Prinzip, da eine zu starke Strukturierung das selbstständige Erschließen von Lerninhalten verhindern kann. Es darf jedoch nicht vergessen werden, dass unsere Umwelt v. a. visuell strukturiert ist und es einem Menschen ohne Sehvermögen ein hohes Maß an Kompetenz abverlangt, sich diese Umwelt selbstständig gemäß seinen Wahrnehmungsmodalitäten zu strukturieren. Vieles, was visuell »auf einen Blick«, also simultan erfassbar und auch verstehbar ist, muss sich ein blindes oder hochgradig sehbehindertes Kind erst erarbeiten. Die Begegnung mit Gegenständen und Sachverhalten kann lückenhaft sein, sie erscheint dem blinden Kind u. U. komplexer und ungegliederter als dem sehenden, sodass eine Strukturierung und Sequenzierung von außen häufig zum Verständnis eines Lerninhalts notwendig wird. Die Anforderung an Kinder, sich ihren Lerninhalt selbst zu erschließen und zu strukturieren, bedarf daher der pädagogischen Begleitung und Unterstützung, letztendlich mit der Gefahr einer Einzelförderung trotz »Lernens am gemeinsamen Gegenstand«.

Die *Strukturierung der Lernumgebung* ist eine blindenpädagogische Grundanforderung, von der in keinem Lernarrangement abgewichen werden kann. Blinde Schülerinnen und Schüler sind nur in der Lage selbst aktiv zu werden, wenn sie wissen, welche Materialien und Hilfsmittel sich wo befinden. Sie können sich nur wohl und sicher fühlen, wenn die Umgebung taktil wie auditiv klar strukturiert ist und sich nicht ständig verändert, sodass Wege allein gegangen, die Situation im Raum eingeschätzt sowie unterschiedliche Sozialformen des Lernens erfasst werden können (Kap. I, 4.7 und Kap. IV, 3.7.5). Der sozialen Umgebung des Kindes muss abverlangt werden, sich auf diese besonderen Bedürfnisse einzustellen.

Das alte blindenpädagogische wie reformpädagogische *Prinzip der Selbsttätigkeit* findet sich in allen integrationspädagogischen Postulaten und »inklusiven«

didaktischen Modellen wieder. Dennoch ist Selbsttätigkeit in der Auseinandersetzung mit einem Lerngegenstand bei blinden Kindern dadurch erschwert, dass

- Informationsentnahme aus Bildern nicht möglich ist,
- die meisten Medien und Materialien für sehende Kinder nicht einsetzbar sind (umgekehrt sind Medien für blinde Kinder für Sehende häufig faszinierend),
- viele gestalterische Techniken nicht oder kaum anwendbar sind (Ausschneiden, Malen, Kleben, ...) sowie
- Bewegungsabläufe häufig erst eingeführt und geübt werden müssen.

Hier müssen und können kreative Alternativen gesucht werden, was mit einem erheblichen personellen und materiellen Aufwand verbunden ist und wiederum die Gefahr einer Ausgliederung des blinden Kindes birgt. Das nicht selten praktizierte Ausweichen auf bloßes Zuhören oder »Dabeisein« aus Verlegenheit wird den Bildungsbedürfnissen des Kindes hingegen nicht gerecht.

5.2 Institutionelle und organisatorische Ebene

In welcher Art und Weise eine »Inklusion« blinder und hochgradig sehbehinderter Kinder konkret umgesetzt werden kann, hängt zunächst vom politischen Gestaltungswillen in den einzelnen (Bundes-)Ländern ab. Wie in den vorangegangenen Kapiteln aufgezeigt wurde, ist ein gemeinsamer Unterricht nicht ohne intensive kooperative Verzahnung blinden-/sehbehindertenpädagogischen und allgemeinpädagogischen Wissens und Könnens denkbar. Die damit zwangsläufig verbundenen Ambulanzsysteme benötigen überregionale Netzwerke, um einen fachlichen Standard halten, tradiertes Wissen weitergeben und die nötige Bandbreite an Kompetenzen vorhalten zu können. Diese Netzwerke sind jedoch nicht unbedingt an die Existenz von Sonderschulen im Sinne von Institutionen gebunden, die selbst stationären Unterricht anbieten. Dies zeigen die Beispiele in einigen deutschen Bundesländern. Unverzichtbar sind hingegen ausgearbeitete fachliche und organisatorische Konzepte für eine effektive ambulante Unterstützung. Diese müssen das Angebot von Schüler- und Elternkursen ebenso umfassen wie die Möglichkeit der Medienherstellung sowie der flexiblen Einbeziehung von pädagogischen, therapeutischen und pflegerischen Fachdiensten. Die Verantwortlichkeit für die Organisation der Lernprozesse des Kindes oder Jugendlichen muss zu Beginn der Förderung gemeinsam klar festgelegt werden, damit sie im Konfliktfall nicht zwischen Regelschulpädagogen, Eltern, Sonderpädagogen und Schülerin bzw. Schüler hin- und her geschoben oder an die nächst gelegene Förderschule delegiert werden kann.

Die Rolle der Ambulanzlehrkraft für Sehbeeinträchtigte muss so gestaltet sein, dass sie

- bei eher geringem Förderbedarf der Schülerin oder des Schülers (z. B. manchen Formen von Sehbehinderung) ihr Augenmerk auf den Kompetenztransfer an die Lehrkräfte vor Ort sowie an die Schülerin oder den Schüler selbst richten kann,

- bei hohem Förderbedarf mit einer angemessenen Stundenanzahl fest in das Klassenteam einer »inklusiven« Schule eingebunden ist und
- bei schwerer Mehrfachbehinderung mit vielen beteiligten Ansprechpartnern ihre Hauptaufgabe in der Netzwerkarbeit und blinden-/sehbehindertenspezifischen Beratung der mit dem Kind arbeitenden Professionellen finden kann.

Die Netzwerkarbeit als Aufgabe von Blinden-/Sehbehindertenpädagoginnen und -pädagogen muss darüber hinaus den fachlichen Austausch untereinander sowie die Vermittlung von Elternkontakten zu ähnlich betroffenen Familien beinhalten.

Eine Verwirklichung von »Inklusion« im Sinne lebenslanger Nichtaussonderung bedarf bei blinden und hochgradig sehbehinderten Kindern und Jugendlichen auch in Zukunft der Sonderpädagogik in Gestalt ausgebildeter Blinden-/Sehbehindertenpädagoginnen. Derzeit spielen die – in der Regel auch stationäre Beschulung anbietenden – Förderzentren hierbei in den meisten Bundesländern noch eine tragende Rolle. Welche Aufgabe sie mittelfristig in einem auf Inklusion ausgerichteten Bildungssystem übernehmen werden und wie sie sich dazu weiterentwickeln müssen, ist ein vermutlich noch lange anhaltender Diskussionsprozess.

5.3 Fazit und Ausblick

Die Unterrichtung eines blinden Kindes oder Jugendlichen gemäß »inklusiver« didaktischer Ansätze in heterogenen Lerngruppen ist möglich und sinnvoll, stellt jedoch eine pädagogische Herausforderung dar, die nur in intensiver Kooperation von Pädagoginnen und Pädagogen unterschiedlicher Professionen und unter Einbeziehung erheblichen blindenpädagogischen Know-hows zu meistern ist. Die didaktischen Erfordernisse bei Blindheit dürfen nicht als Argument für einen Förderschulschulbesuch bzw. eine Ablehnung von »Inklusion« genutzt werden. Nach den Erfahrungen der Vergangenheit dürfen blinde Schülerinnen und Schüler jedoch auch nicht mehr der Gefahr ausgesetzt werden, trotz oberflächlich erfolgreicher Integration nicht die notwendigen spezifischen Fertigkeiten und Kulturtechniken zu erwerben.

Die »inklusive« Schule wird dann ihrem Auftrag gerecht, wenn sie die derzeitige Praxis der Integration so weiterentwickelt, dass blinde und hochgradig sehbehinderte Kinder und Jugendliche sich nicht mehr in erster Linie in Anpassung üben müssen, sondern ein natürliches und gleichberechtigtes Miteinander entsteht, in dem sehende Menschen sich mit Interesse anderen Wahrnehmungs- und Erfahrungsmodalitäten zuwenden.

Die Prämissen der »Inklusionspädagogik« implizieren für die Blinden- und Sehbehindertenpädagogik die Möglichkeit und Notwendigkeit,

- die eigene Praxis ambulanter Beratung und Unterstützung immer wieder kritisch zu hinterfragen (z. B. im Hinblick auf Stigmatisierungseffekte),
- die traditionelle Priorität lernzielgleicher Integration aufzugeben und grundsätzlich allen sehbeeinträchtigten Schülerinnen und Schülern ein Recht auf »Inklusion« zuzugestehen,

- an Veränderungen des Allgemeinen Schulsystems mitzuarbeiten,
- sich Forderungen nach einseitiger Anpassung von Schülerinnen und Schülern im gemeinsamen Unterricht stärker entgegenzustellen und
- eigene institutionelle Strukturen in Frage zu stellen.

Aufgabe muss es mittelfristig sein, die räumliche Trennung behinderter und nicht behinderter Schülerinnen und Schüler zu überwinden.

Zur institutionellen Weiterentwicklung gehört auch, die bereits stattgefundene positive Entwicklung der ambulanten Beratung und Unterstützung als eine kooperative externe Begleitung von Lernprozessen stärker anzuerkennen, weiter zu professionalisieren und konsequent bundesweit umzusetzen. Auch im Jahr 2016 hängt die Qualität der inklusiven Bildung für ein blindes oder sehbehindertes Kind bzw. Jugendlichen immer noch von seinem Geburtsort ab.

Die Modelle der »Öffnung von Schulen für den Förderschwerpunkt Sehen« zeigen, dass sehende Kinder von einem blindenpädagogisch ausgerichteten Unterricht profitieren können. Dies birgt die Chance in sich, dass Blindenpädagogik aus ihrem bisherigen Nischendasein heraustritt und ihr Expertenwissen selbstbewusst in die Gestaltung einer inklusiven Schule einbringt.

6 Literatur

Appelhans, P. (1988): Sehgeschädigte in allgemeinen Schulen – Beiträge zur Integrationsdiskussion 10 Jahre nach dem Kongreß in Waldkirch. In: Verband der Blinden- und Sehbehindertenpädagogen e. V. (Hrsg.). Menschenbildung im Zeitalter der Elektronik. Kongressbericht. XXX. Kongress für Sehgeschädigtenpädagogik Baar/Zug 25.–29. Juli 1988. Hannover, 235–252.

Appelhans, P. (2000): 30 Jahre gemeinsamer Unterricht von Kindern und Jugendlichen mit und ohne Sehschädigung in Deutschland – Rückblick, Standortbestimmung, Perspektiven. In: *blind-sehbehindert*, 120, 188–196, 242–248.

Beck, F. J. (2015): Temporäre stationäre Beschulung: ein Baustein in der Bildungsbiographie von Kindern und Jugendlichen mit Blindheit und Sehbehinderung in inklusiven Settings. In: *blind-sehbehindert*, 135, 198–106.

Bayerisches Staatsministerium für Unterricht, Kultus, Wissenschaft und Kunst (Hrsg.) (1998): Lehrplan für die bayerische Hauptschulstufe der Schule für Blinde. München.

Bayerisches Staatsministerium für Unterricht und Kultus (2007): *Adaption des Lehrplans für die bayerische Hauptschule an den Förderschwerpunkt Sehen*. 15. August 2007. https://www.isb.bayern.de/download/8516/lehrplan_hs_sehen.pdf (Zugriff: 03.02.2016).

Beyer, F. (2013): Inklusion blinder und sehbehinderter Schülerinnen und Schüler in Sachsen. In: *blind-sehbehindert*, 131, 153–156.

Beyer, F. & Delgado, R. (2009): *Arbeitsergebnisse: Die UN-Behindertenrechtskonvention und die Bildungspolitik für Menschen mit Behinderungen*. Tagung 29. Januar 2009 in Berlin im Rahmen der Kampagne »Alle Inklusive« der Beauftragten der Bundesregierung für die Belange behinderter Menschen Karin Evers-Meyer Januar bis März 2009. http://www.dbsv.org/dbsv/unsere-struktur/uebergreifende-fachausschuesse/gfeb/un-konvention-und-bildung/?style=0%29#c2010 (Zugriff: 22.10.2015).

Bintinger, G., Eichelberger, H. & Wilhelm, M. (2005): Von der Integration zur Inklusion. In: R. Grubich et al. (Hrsg.). *Inklusive Pädagogik. Beiträge zu einem anderen Verständnis von Integration.* Aspach, Wien und Meran, 20–42.

Böing, Ursula (2013): *Schritte inklusiver Schulentwicklung. Erkenntnisse für die barrierefreie Teilhabe hochgradig sehbehinderter und blinder Kinder und Jugendlicher an inklusiven Bildungsprozessen.* Würzburg.

Cohn, L. (1909): Das Brotstudium des blinden Akademikers. Vorträge, gehalten auf dem ersten deutschen Blindentage zu Dresden vom 1.–4. Juni 1909. Von Dr. E. Sommer, Bergedorf bei Hamburg, und dems., übertragen von H. Menke, auf der Punktschriftmaschine von Picht im Jahre 1920 zu Berlin-Steglitz. Archiv des Deutschen Blindenmuseums Berlin).

Degenhardt, S. (2002): Qualitätssicherung und -entwicklung vor dem Hintergrund der Arbeitssituation von Blinden- und Sehbehindertenpädagoginnen und -pädagogen. In: *blindsehbehindert*, 122 (Themenheft Qualitätssicherung und -entwicklung), 189–202.

Degenhardt, S. (2003): Pädagogische Intervention bei Beeinträchtigungen der visuellen Wahrnehmung. In: A. Leonhardt und F. B. Wember (Hrsg.). *Grundfragen der Sonderpädagogik. Bildung – Erziehung – Behinderung. Ein Handbuch.* Weinheim, Basel und Berlin, 376–398.

Degenhardt, S. (2011): Bildung, Erziehung und Rehabilitation blinder und sehbehinderter Kinder und Jugendlicher in einer inklusiven Schule in den Ländern der Bundesrepublik Deutschland – Standards – Spezifisches Curriculum – Modell-Leistungsbeschreibung – der VBS schlägt ein neues Kapitel auf dem Weg zur inklusiven Schule auf. In: *blind-sehbehindert*, 131, 157–165.

Degenhardt, S. (2013): Spezifisches Curriculum – die klassische Diagnostik und Förderplanarbeit in neuem Gewand? In: Verband für Blinden- und Sehbehindertenpädagogik e. V. (Hrsg.). *Vielfalt & Qualität: XXXV. Kongress für Blinden- und Sehbehindertenpädagogik in Chemnitz. 30. Juli–3. August 2012.* Würzburg, 174–180.

Deutsches Institut für Menschenrechte – Monitoring-Stelle zur UN-Behindertenrechtskonvention (2015): *Parallelbericht an den UN-Fachausschuss für die Rechte von Menschen mit Behinderungen anlässlich der Prüfung des ersten Staatenberichts Deutschlands gemäß Artikel 35 der UN-Behindertenrechtskonvention.* Berlin. http://www.institut-fuer-men¬schenrechte.de/fileadmin/user_upload/PDF-Dateien/Sonstiges/Parallelbericht_an_den_¬UN-Fachausschuss_fuer_die_Rechte_von_Menschen_mit_Behinderungen_Maerz_2015.¬pdf (Zugriff: 25.03.2015).

Drolshagen, B. (2014): Fortschritt oder Rückschritt – das neue Schulgesetz in Nordrhein-Westfalen und seine Konsequenzen für die inklusive Beschulung blinder und sehbehinderter Schülerinnen und Schüler. In: *blind-sehbehindert*, 134, 166–173.

Eberwein, H. (1988a): Konsequenzen der Integrationsentwicklung für die Sonderpädagogik. Das Ambulanzsystem als sonderpädagogische Überlebensform? In: K. Meißner und E. Heß (Hrsg.). *Integration in der pädagogischen Praxis. Bericht über den Kongreß der Diesterweg-Hochschule vom 16. bis 18. Oktober 1987 in Berlin.* Berlin, 53–64.

Eberwein, H. (1988b) (Hrsg.): *Behinderte und Nichtbehinderte lernen gemeinsam. Handbuch der Integrationspädagogik.* Weinheim und Basel.

Eberwein, H. (1997a): Integrationspädagogik als Weiterentwicklung (sonder-)pädagogischen Denkens und Handelns. In: H. Eberwein (Hrsg.). *Handbuch Integrationspädagogik. Kinder mit und ohne Behinderungen lernen gemeinsam.* 4. Aufl. Weinheim und Basel, 55–68.

Eberwein, H. (1997b): Zur dialektischen Aufhebung der Sonderpädagogik. In: H. Eberwein (Hrsg.). *Handbuch Integrationspädagogik. Kinder mit und ohne Behinderungen lernen gemeinsam.* 4. Aufl. Weinheim und Basel, 423–428.

Eichelberger, H. (2002): Ein inklusionstaugliches Schulsystem. In: M. Wilhelm, G. Bintinger und H. Eichelberger (Hrsg.). *Eine Schule für dich und mich! Inklusiven Unterricht, inklusive Schule gestalten. Ein Handbuch zur integrativen Lehrer/innenaus- und -weiterbildung.* Innsbruck, 292–305.

Feuser, G. (1997): Aspekte einer integrativen Didaktik unter Berücksichtigung tätigkeitstheoretischer und entwicklungspsychologischer Erkenntnisse. In: H. Eberwein (Hrsg.). *Handbuch Integrationspädagogik. Kinder mit und ohne Behinderungen lernen gemeinsam.* 4. Aufl. Weinheim und Basel, 215–226.

Garbe, H. (1959): *Grundlinien einer Theorie der Blindenpädagogik*. Göttingen.
Hatlen, P. (1997): Der basale Bildungsplan für blinde und sehbehinderte Schülerinnen und Schüler, einschließlich solcher mit zusätzlichen Behinderungen (übersetzt von C. Gaekel u. W. Rath). In: *blind-sehbehindert*, 117, 186–193.
Heitkamp, U. (1992): Die Situation blinder Frauen und Mädchen im 19. und 20. Jahrhundert. In: C. Burger (Hrsg.). *Du mußt Dich halt behaupten. Die gesellschaftliche Situation behinderter Frauen*. Würzburg, 89–189.
Heller, S. (1882): Die Blindenbildung in ihrer Beziehung zum Leben. In: H. Merle (Hrsg.). *Bericht über den IV. Blindenlehrer-Kongreß zu Frankfurt am Main am 24., 25., 26., 27. und 28. Juli 1882*. Frankfurt a. M., 112–128.
Hinz, A. (1993): *Heterogenität in der Schule. Integration – Interkulturelle Erziehung – Koedukation*. Hamburg.
Hinz, A. (2002): Von der Integration zur Inklusion – terminologisches Spiel oder konzeptionelle Weiterentwicklung? In: *Zeitschrift für Heilpädagogik*, 53, 354–361.
Hinz, A. (2005): Zur disziplinären Verortung der Integrationspädagogik – sieben Thesen. In: U. Geiling und A. Hinz (Hrsg.). *Integrationspädagogik im Diskurs. Auf dem Weg zu einer inklusiven Pädagogik?*. Bad Heilbrunn, 75–78.
Hinz, A. (2007): Inklusion – Vision und Realität! In: D. Katzenbach (Hrsg.). *Vielfalt braucht Struktur. Heterogenität als Herausforderung für die Unterrichts- und Schulentwicklung*. Frankfurt a. M., 81–98.
Hoff, G. (2003): Sfondo integratore – integrativer Hintergund: Eine didaktische Konzeption für integrativen Unterricht (nicht nur?) in Italien. In: G. Feuser (Hrsg.). *Integration heute. Perspektiven ihrer Weiterentwicklung in Theorie und Praxis*. Frankfurt a. M. u. a., 49–56.
Hudelmayer, D. (1976): Didaktik der Blindenschule. In: K.-J. Kluge (Hrsg.). *Einführung in die Sonderschuldidaktik*. Darmstadt, 52–79.
Jäger, P. A. (1838): Ueber Bildungsanstalten blinder Kinder. In: *Allgemeine Schulzeitung*, 15, 657–660.
Jäger, P. A. (1843): Schriften für und über die Bildung der Blinden. In: *Allgemeine Schulzeitung*, 20, 1257–1263.
Katzenbach, D. (2005): Braucht die Inklusionspädagogik sonderpädagogische Kompetenz? In: U. Geiling und A. Hinz (Hrsg.). *Integrationspädagogik im Diskurs. Auf dem Weg zu einer inklusiven Pädagogik?*. Bad Heilbrunn, 86–94.
Klein, J. W. (1846): *Anleitung blinden Kindern die nöthige Bildung in den Schulen ihres Wohnortes und in dem Kreise ihrer Familien zu verschaffen*. Wien.
Klein, J. W. (1991/1819): *Lehrbuch zum Unterrichte der Blinden, um ihnen ihren Zustand zu erreichen, sie nützlich zu beschäftigen und sie zur bürgerlichen Brauchbarkeit zu bilden*. Faksimile-Ausgabe. Würzburg.
Knauer, S. (2001): *Behinderung – Sonderpädagogik – Integrationspädagogik. Begriffsdefinitionen in Thesen. Jahresfachtagung der Mitarbeiter der Offenen Behindertenarbeit innerhalb der Evangelischen Kirche Bayerns*. Coburg. http://www.kiwif.de/Vortraege.htm (Zugriff: 30.09.2007).
Knauer, S. (2003): *»... ich find dich trotzdem blöd!« Zum Selbst- und Menschenbild von Lehrkräften und Diagnostikern. Eröffnungsvortrag zur Tagung »Gemeinsamer Unterricht mit dem Willen zum Erfolg – ein streithaltiges Thema gemeinsam lösen«*. Bad Boll. http://www.kiwif.de/Vortraege.htm (Zugriff: 30.09.2007).
Knie, J. G. (1851): *Anleitung zur zweckmäßigen Behandlungen blinder Kinder, für deren erste Jugendbildung und Erziehung in ihren Familien, in öffentlichen Volksschulen und durch zu ertheilende Privat-Unterweisung*. 4. Aufl. Breslau.
Kremer, A. (1933): *Über den Einfluß des Blindseins auf das So-Sein des blinden Menschen. Untersuchungen über das Problem des Verstehens Blinder als einer Grundlage der Blindenpädagogik*. Düren.
Kremer, A. (1948): Der Blindseinsgemäße didaktische Dreischritt im Blindenunterricht. In: *Pädagogische Rundschau*, 2, 159–169.
Landesförderzentrum Sehen Schleswig. http://www.lfs-schleswig.de/ (Zugriff: 22.10.2015).

Matthies, I. (1904): Das Blindenunterrichtswesen im Deutschen Reich. In: S. Degenhardt und W. Rath (Hrsg.). *Blinden- und Sehbehindertenpädagogik*. Studientexte zur Geschichte der Behindertenpädagogik. Band 2. Neuwied, 75–77.

Mell, A. (Hrsg.) (1910): *Der Blindenunterricht. Vorträge über Wesen, Methode und Ziel des Unterrichtes in der Blindenschule, gehalten von Lehrpersonen des k. k. Blinden-Erziehungs-Institutes in Wien*. Wien.

Ministerium für Bildung, Wissenschaft, Forschung und Kultur des Landes Schleswig-Holstein (Hrsg.) (2002): *Sonderpädagogische Förderung. Lehrplan Sonderschulen, Grundschule, weiterführende allgemeinbildende Schulen und berufsbildende Schulen*. Kiel.

NCL-Stiftung (2013): Projekt Lerncomputer. http://www.ncl-stiftung.de/main/pages/¬index/p/429 (Zugriff: 22.10.2015).

NETZWERK ARTIKEL 3 e. V. (2010): *Übereinkommen über die Rechte von Menschen mit Behinderungen. Schattenübersetzung. Korrigierte Fassung der zwischen Deutschland, Liechtenstein, Österreich und der Schweiz abgestimmten Übersetzung*. http://www.¬institut-fuer-menschenrechte.de/menschenrechtsinstrumente/vereinte-nationen/menschen¬rechtsabkommen/behindertenrechtskonvention-crpd/#c1911 (Zugriff: 22.10.2015).

Prengel, A. (1995): *Pädagogik der Vielfalt. Verschiedenheit und Gleichberechtigung in Interkultureller, Feministischer und Integrativer Pädagogik*. 2. Aufl. Opladen.

Preuss-Lausitz, U. (1997): Zur Verwirklichung flächendeckender Nichtaussonderung im Vorschul- und Schulbereich – Perspektiven integrativer Erziehung in den 90er Jahren. In: H. Eberwein (Hrsg.). *Handbuch Integrationspädagogik. Kinder mit und ohne Behinderungen lernen gemeinsam*. 4. Aufl. Weinheim und Basel, 393–403.

Preuss-Lausitz, U. (2005): Entwicklungslinien und Zukunftsperspektiven der Integrationspädagogik. Es ist normal, verschieden zu sein – und was folgt daraus? In: *Sonderpädagogische Förderung*, 50, 70–80.

Rath, W. (1992): Das Duale Curriculum. In: *Sonderpädagogik*, 22, 50–53.

Rath, W. (1996): Didaktische und methodische Ansätze in der Blinden- und Sehbehindertenpädagogik. In: *Die neue Sonderschule*, 41, 434–442.

Rath, W. (1997): Überlegungen zur Bildungsplanung bei blinden und sehbehinderten Kindern und Jugendlichen unter Berücksichtigung des Sonderpädagogischen Förderbedarfs. In: *blind-sehbehindert*, 117, 185 f.

Ratz, Ch. (2004): Planung von integrativem Unterricht. In: E. Fischer (Hrsg.). *Welt verstehen. Wirklichkeit konstruieren. Unterricht bei Kindern und Jugendlichen mit geistiger Behinderung*. Dortmund, 197–219.

Riegert, J. & Musenberg, O. (Hrsg.) (2015): *Inklusiver Fachunterricht in der Sekundarstufe*. Stuttgart.

S. (1900): Volksschule. In: A. Mell (Hrsg.). *Encyklopädisches Handbuch des Blindenwesens*. Wien und Leipzig, 828–829.

Sander, A. (2002): Behinderungsbegriffe und ihre Integrationsrelevanz. In: H. Eberwein und S. Knauer (Hrsg.). *Integrationspädagogik. Kinder mit und ohne Beeinträchtigung lernen gemeinsam. Ein Handbuch*. 6. Aufl. Weinheim und Basel, 99–108.

Schindele, R. (1980): Unterrichtung und Erziehung Blinder und Sehbehinderter in Regelschulen – Darstellung und Diskussion empirischer Forschungsergebnisse. In: R. Schindele (Hrsg.). *Unterricht und Erziehung Behinderter in Regelschulen*. 2. Aufl. Rheinstetten, 287–312.

Schnell, I. (2003): *Geschichte schulischer Integration. Gemeinsames Lernen von SchülerInnen mit und ohne Behinderung in der BRD seit 1970*. Weinheim.

Schöler, J. (1988): Einzelintegration – Alternative oder Lückenbüßer? In: K. Meißner und E. Heß (Hrsg.). *Integration in der pädagogischen Praxis. Bericht über den Kongreß der Diesterweg-Hochschule vom 16. bis 18. Oktober 1987 in Berlin*. Berlin, 112–124.

Schulgesetz für Baden-Württemberg (SchG) in der Fassung vom 1. August 1983, Stand: letzte berücksichtigte Änderung Artikel 1 des Gesetzes vom 23. Februar 2016. http://www.¬landesrecht-bw.de/jportal/?quelle=jlink&docid=jlr-SchulGBW1983rahmen&psml=¬bsbawueprod.psml&max=true (Zugriff: 25.03.2016).

Seitz, S. (2003): Wege zu einer inklusiven Didaktik des Sachunterrichts – das Modell der Didaktischen Rekonstruktion. In: G. Feuser (Hrsg.). *Integration heute. Perspektiven ihrer Weiterentwicklung in Theorie und Praxis*. Frankfurt a. M. u. a., 91–104.

Seitz, S. (2005): *Zeit für inklusiven Sachunterricht.* Baltmannsweiler.
Seitz, S. (2006): Inklusive Didaktik: Die Frage nach dem ›Kern der Sache‹. In: *Zeitschrift für Inklusion-online.net,* 1. http://www.inklusion-online.net/index.php?menuid=3&reporeid=16 (Zugriff: 16.09.2007).
Sekretariat der Ständigen Konferenz der Kultusminister der Länder in der Bundesrepublik Deutschland (KMK) (1983): *Empfehlungen für den Unterricht in der Schule für Blinde (Sonderschule). Beschluß der KMK von 1979.* Neuwied.
Sekretariat der Ständigen Konferenz der Kultusminister der Länder in der Bundesrepublik Deutschland (KMK) (1998): *Empfehlungen zum Förderschwerpunkt Sehen. Beschluß der Kultusministerkonferenz vom 20.03.1998.* http://www.kmk.org/doc/beschl/sehen.pdf (Zugriff: 06.12.2007).
Sonnenberg – Heilpädagogisches Schul- und Beratungszentrum: *Sehen – Sprechen – Begegnen. Beratung und Unterstützung Integrative Sonderschulung Sehen.* http://www.¬sonnenberg-baar.ch/inhalt/integration-beratung/beratung-und-unterstützung.php (Zugriff: 02.02.2016).
Spittler-Massolle, H.-P. (1998): Blindheit in der ›sehenden Welt‹ – ein Anachronismus oder eine subversive Kraft? In: Verband für Blinden- und Sehbehindertenpädagogik e. V. (VBS) (Hrsg.). *Lebensperspektiven. Kongressbericht. 32. Kongress der Blinden- und Sehbehindertenpädagogen, Nürnberg, 3.–7. August 1998.* Hannover, 199–216.
Stechow, E. von (2005): Sonderpädagogischer Förderbedarf und sonderpädagogische Wissensbestände in der Integrationspädagogik. In: U. Geiling und A. Hinz (Hrsg.). *Integrationspädagogik im Diskurs. Auf dem Weg zu einer inklusiven Pädagogik?.* Bad Heilbrunn, 78–81.
Strittmatter, R. (1999): *Soziales Lernen. Ein Förderkonzept für sehbehinderte Schüler.* Frankfurt a. M.
Thiele, M. (2003): *Soziale Integration im Gemeinsamen Unterricht. Eine Untersuchung am Beispiel des Sportunterrichts von blinden und sehenden Schülerinnen und Schülern.* Würzburg.
Unter Sehenden (DVD) (2004). Regie: Bernd Sahling. Im Auftrag der Fichtenberg-Oberschule Berlin-Steglitz.
Verband Deutscher Blindenlehrer e. V. (Hrsg.) (1960): Richtlinien für Unterricht und Erziehung Blinder und Sehbehinderter in deutschen Blindenbildungsanstalten (Entwurf). In: Der Blindenfreund, 80, 67–106.
Verband für Blinden- und Sehbehindertenpädagogik (Hrsg.) (2011): *Bildung, Erziehung und Rehabilitation blinder und sehbehinderter Kinder und Jugendlicher in einer inklusiven Schule in den Ländern der Bundesrepublik Deutschland. Standards – Spezifisches Curriculum – Modell-Leistungsbeschreibung.* https://www.ew.uni-hamburg.de/ueber-die-¬fakultaet/personen/degenhardt/files/110721-vbs-spezifisches-curriculum-und-standards.¬pdf (Zugriff: 22.10.2015).
Wagner, E. (2003): *Sehbehinderung und Soziale Kompetenz.* Frankfurt a. M.
Walthes, R. (1997): 150 Jahre Blindenbildung – zwischen Anfang und Ende? Überlegungen zur Blinden- und Sehbehindertenpädagogik heute. In: Landschaftsverband Westfalen-Lippe (Hrsg.). *150 Jahre Blindenbildung in Soest 1847–1997. Festschrift.* Münster, 20–31.
Walthes, R. (1998): Einsichten – Überlegungen zu Wahrnehmung und Vorstellung und ihre pädagogischen Konsequenzen für den gemeinsamen Unterricht. In: *blind-sehbehindert,* 118, Beilage zu Heft 1, 54–68.
Weiß-Gschwendtner, R. M. & Staatsinstitut für Schulpädagogik und Bildungsforschung München (Hrsg.) (2000): *Mobilität und Lebenspraktische Fertigkeiten im Unterricht mit sehgeschädigten Kindern und Jugendlichen.* Würzburg.
Wocken, H. (2001): Integration. In: G. Antor und U. Bleidick (Hrsg.). *Handlexikon der Behindertenpädagogik. Schlüsselbegriffe aus Theorie und Praxis.* Stuttgart, 76–80.
Zech, F. (1908): Forderungen der neueren Pädagogik mit Bezug auf den Blindenunterricht. In: Blindenanstalt von 1830 in Hamburg (Hrsg.). *Bericht über den XII. Blindenlehrerkongress in Hamburg vom 23. bis 27. September 1907.* Hamburg, 152–175.
Zech, F. (1913): *Erziehung und Unterricht der Blinden.* Danzig.

III Allgemeindidaktische Modelle: Ihre Ressourcen für den Unterricht mit blinden und hochgradig sehbehinderten Kindern und Jugendlichen

Ursula Hofer

1 Einleitung: Allgemein oder Besonders?

Gemäß Kultusministerkonferenz (2000) hat sich der Unterricht mit blinden und hochgradig sehbehinderten Schülerinnen und Schülern auf die allgemeinen Bildungspläne zu beziehen. Grundlegende didaktische Modelle sollen als Leitideen und Ressourcen zur Didaktik der Unterrichtung blinder und hochgradig sehbehinderter Schülerinnen und Schüler beigezogen und wo nötig differenzierend erweitert werden. Dies ist eine notwendige Voraussetzung zur Gestaltung einer zwar spezifischen, gleichzeitig aber integrativen Didaktik, ausgerichtet auf die Normalität heterogener Lerngruppen. Weil Bildung sich, institutionell oder ideell, auf Inklusion ausrichtet, erwächst daraus die Verpflichtung, didaktische Konzeptionen aufgrund ihrer Bedeutung und Umsetzbarkeit für Gruppen von Lernenden mit besonderem Bildungsbedarf kritisch, aber stets auf der Suche nach Ressourcen zu reflektieren. Und weil spezielle didaktische Kompetenzen in der »Schule für alle« zur Verfügung stehen sollen, muss Unterrichtsgestaltung mit blinden, hochgradig sehbehinderten und sehgeschädigt-mehrfachbehinderten Schülerinnen und Schülern allgemeindidaktische Modelle als Referenzsysteme berücksichtigen. So kann eine Plattform des theoretischen und praktischen Austauschs aufgrund gemeinsam geteilten Wissens entstehen. Eine wechselseitige Anreicherung des Allgemeinen mit dem Speziellen kann stattfinden.

Gleichzeitig gilt es zu beachten, dass die Blinden- und Sehbehindertenpädagogik sich auf eine lange Tradition beziehen kann, in welcher die Spezifik des besonderen Bildungsbedarfs »Sehen« sich entwickelt und ausdifferenziert hat. Aktuell liegt diese in Form eines Spezifischen Curriculum vor (VBS 2011). Als erste Prämisse wird dafür festgehalten: »Jedes Kind, jeder Jugendliche mit Blindheit oder Sehbehinderung hat neben seinem schulischen Curriculum (Regelcurriculum) ein spezifisches Curriculum« (ebd., 6). Für dessen Umsetzung, welche durch Lehrpersonen mit spezifischen Lehrbefähigungen und Kompetenzen verantwortet wird, sind im Unterricht integrierbare wie auch zusätzliche organisatorische Formen im Rahmen des Schulalltags einzuplanen. Geeignete didaktische Konzeptionen zu ihrer Umsetzung sind indessen nur speziell, weil sie die Umsetzung besonderer sehbehindertenspezifischer Inhalte ermöglichen sollen. Hier wie im Regelcurriculum besteht die Notwendigkeit der Nutzung von Konzeptionen, welche eine wirksame Unterstützung und Förderung der sehbehinderten und blinden Schülerinnen und Schüler sichern können (vgl. dazu auch Kap. II, 1.2 und Kap. IV, 2.2).

Das Spezifische Curriculum ist gleichzeitig eine verpflichtende Vorgabe für Lernende mit zusätzlichen Beeinträchtigungen. Alle Bereiche gelten hier, wenn auch auf verschiedenen Niveaus und in besonderer Ausrichtung auf die je besonderen Entwicklungsvoraussetzungen und Lernbedingungen. Für Kinder und Jugendliche mit Förderbedarf »Geistige Entwicklung« sind zum Beispiel die Bereiche »Wahrnehmung und Lernen« oder »Lebensplanung; Beruf und Freizeit« grundlegende Inhalte des Unterrichts ganz generell (vgl. auch Haas & Henriksen 2015).

Didaktik, in Anlehnung an den griechischen Begriff »didaktike techne«, heißt wörtlich übersetzt »Lehrkunst«. Der Begriff Didaktik verweist auf »Schule« und die Ressourcen allgemeindidaktischer Modelle werden hier in diesem institutionellen Rahmen dargestellt. Die zur Unterrichtsgestaltung für blinde und hochgradig sehbehinderte Schülerinnen und Schüler notwendigen medialen und strukturellen Anpassungen von Lernorten und -prozessen sind allerdings gültig für Lernen und Wissenserwerb auch außerhalb des schulischen Rahmens. Didaktische Konzepte sind theoretische Ansätze, welche die systematische Planung, Reflexion und Evaluation von Bildungsangeboten ermöglichen sollen. Mit ihrer Hilfe werden die Bedingungen von Lernen und Lehren die Auswahl und Angemessenheit von Inhalten und Zielen, die mediale sowie interaktive und kommunikative Gestaltung von Lernprozessen analysiert. Didaktische Konzepte setzen Schwerpunkte: Sie sind in der Regel nicht allumfassend, sondern als sich gegenseitig ergänzend zu betrachten.

2 Beeinträchtigtes Sehen und Lernen

Blindheit ist stets als auffällige, bisweilen auch faszinierende Andersartigkeit betrachtet worden. Aus diesem Grunde wohl sind mehr als hundert Jahre vor der Zuwendung zu sehbehinderten Menschen die blinden und deren Bildungsvoraussetzungen pädagogisches Thema geworden. Blindheit erschwert Erfahrungen mit der Umwelt und die Aufnahme von Informationen. Betroffene können vom Ausschluss bedroht oder betroffen sein. Zu erweitern sind didaktische Modelle also durch die Berücksichtigung ihrer besonderen psychologischen und physiologischen Bedingungen. Es gehört zur didaktischen Verantwortung, Lerninhalte an die gegebenen sinnlichen Voraussetzungen zu adaptieren, sprich prägnant und angemessen adaptiert, visuell, taktil oder auditiv vermittel- und verstehbar zu machen.

Die blindenpädagogische Tradition medialer Anpassung

Übergeordnetes Ziel der Blindenunterrichtung war und ist die Suche nach geeigneten Möglichkeiten des Lehrens und Lernens bei fehlendem Sehen. Gefunden wurden solche vorerst in Gestalt medialer Anpassungen der Lerninhalte. Die Ende 18. und zu Beginn des 19. Jahrhunderts entstandenen ersten blindenpädagogischen

Lehrbücher (Haüy 1990/1786; Klein 1991/1819) belegen diese didaktische Anstrengung. Sie machen aber gleichzeitig deutlich, dass deren Begründung unterschiedlich sein kann. Es lässt sich durchaus auch argumentieren, dass eine forcierte mediale Ausgestaltung zu einer nicht erwünschten Besonderung des Blindenunterrichts führt. Haüy, der Pionier in Frankreich, vertrat zwar in aufklärerischer Manier das Recht auf Wissenszugang für jeden Menschen und forderte tastbare Medien, obwohl diese nur der kleinen Minderheit der Blinden von Nutzen sein konnten (Haüy 1990/1786, 36 ff.). Gleichzeitig wollte er einen Unterricht schaffen, welcher den blinden Lernenden einen guten Bezug zu ihren Lehrenden wie auch zu sehenden Kindern ermöglichen konnte (ebd., 72 ff.).

In vergleichbarer Absicht betonte Klein in der Einleitung seines Lehrbuches:

> »Daher habe ich getrachtet, so weit es nur möglich war, die gewöhnlichen Unterrichts- und Hülfsmittel, wie man sie für sehende Kinder gebrauchet, auch für die Blinden beyzubehalten, um diesen desto leichter Lehrer zu verschaffen, die sich durch neue Lehrmittel, in welche sie sich selbst erst einstudieren müssten, vielleicht hätten abschrecken lassen« (Klein 1991/1819, IV).

Viele Lehrpersonen der öffentlichen Schule, welche sich zu Beginn des 21. Jahrhunderts vor die Aufgabe gestellt sehen, ein blindes oder hochgradig sehbehindertes Kind in ihren Unterricht zu integrieren, würden angesichts der aktuell gefragten technologischen Kompetenzen und des geforderten Wissens zur Vielfalt an verfügbaren Angeboten hier wohl gerne zustimmen.

Erkenntnistheoretische Voraussetzungen zur Unterrichtung blinder Schülerinnen und Schüler

Von heute aktueller Einstufung von Behinderung gemäß ICF (Internationale Klassifikation der Funktionsfähigkeit, Behinderung und Gesundheit) (Kap. I, 3) lässt sich ein Bogen schlagen zu Folgerungen aus erkenntnistheoretischen Fragestellungen in der Aufklärungszeit, in welcher die institutionelle Bildung blinder Menschen ihren Anfang nahm. In dieser Zeit gewann die Möglichkeit der Behandlung des Grauen Stars, das »Star stechen«, eine publikumswirksame Bedeutung. Das in erfolgreichen Operationen erreichbare Resultat, dass ein Blinder plötzlich sehen konnte, eröffnete ein Podium für erkenntnistheoretische Fragen dazu, wie Informationen aus der Außenwelt zu Erkenntnis und Wissen in den Köpfen der Menschen werden.

Die Frage von Molyneux

Lässt sich von Vorstellungen, gewonnen aus einer sinnlichen Modalität, auf diejenigen einer anderen schließen? Ergänzen sich unsere Sinneswahrnehmungen und können sie sich gegenseitig vertreten? Fragen nach dem Ursprung menschlicher Erkenntnis fanden ihre Konkretisierung in der Debatte rund um die Frage des englischen Physikers Molyneux (1658–1698), welche die innere Verknüpfung von Sinnesempfindungen zu erhellen versuchte (vgl. Locke 1981, II, 162 f.):

- Würde ein Blindgeborener, der durch Tasten eine Kugel und einen Würfel unterscheiden gelernt hatte, diese Körper, nachdem er sich die Vorstellung darüber tastend erworben hatte, falls er plötzlich sehend würde, nun auch visuell unterscheiden können?
- Wäre er fähig, diese Körper, sobald er sie sähe, ohne Hilfe des Tastens richtig zu benennen?

Philosophen wie Locke, Berkeley, Voltaire, Buffon, Condillac, La Mettrie und Diderot stritten sich in der Folge um Gleichwertigkeit, Unabhängigkeit oder notwendige gegenseitige Unterstützung der menschlichen Sinne im Erwerb von Wissen (Hofer 1995).

Die konstruktivistische Antwort

Der französische Philosoph Diderot bejahte die Frage von Molyneux und betonte die Unabhängigkeit menschlicher Sinne aufgrund der ihnen gemeinsamen Fähigkeit zur Abstraktion (1994, 177 ff.). Der Mensch ist nicht angewiesen auf das Funktionieren all seiner Sinne. Bereits 1749, in seinem »Lettre sur les aveugles«, hatte Diderot blinde Menschen nicht in erster Linie als beeinträchtigt, sondern ausgestattet mit einer besonderen Wahrnehmungsorganisation und demzufolge besonderen Erfahrungs- und Verarbeitungsmöglichkeiten dargestellt (ebd., 147 ff.). Nicht im Fehlen oder in der Einschränkung des Sehens liegt demzufolge das Problem, sondern in der fehlenden Übereinstimmung der kulturellen Zeichensysteme mit den Fähigkeiten der verbleibenden Sinnesmodalitäten.

Taktile Kompensation

Der Ausfall des Sehens ist somit taktil zu kompensieren, was Anpassungen von Kontextfaktoren notwendig macht. Die entstehende Blindenpädagogik ist der Forderung Diderots nachgekommen in Gestalt tastbarer Medien. Die Bildsamkeit blinder Menschen war nun nicht mehr in Frage zu stellen. Diese Annahme ließ sich auch stützen mit Bezug auf Condillac (1983) und dessen Modell der Marmorstatue (Kap. I, 1.1). In der Beantwortung der Frage von Molyneux hatte Condillac dem Tastsinn den Vorrang vor dem Sehen eingeräumt. Viele Vorstellungen, die wir als Gewinn des Sehens annehmen würden, hätten wir – so Condillac – allein dem Tastsinn zu verdanken (ebd., 150 f.).

Condillacs und Diderots Einschätzungen sind im Verlaufe des 20. Jahrhunderts wiederholt relativiert worden. Die Frage, ob Bilder – das heißt, ihre dem Tastsinn zugängliche Adaptation – überhaupt blindengerecht sind, hat immer wieder vehement geführte Dispute provoziert. Unsicher ist, wie weitgehend die haptisch wahrnehmbare Darstellung einer Abbildung vergleichbare Wahrnehmungen auslösen und zum Aufbau kommunizierbarer Vorstellungen führen kann. Vom Gelingen dieses Vorgangs abhängig ist letztlich, ob das eingesetzte Medium der Erreichung der didaktisch formulierten Ziele dient.

Gemäß der kritischen Äußerung von Brandstaeter (1933, 5) können blinde Menschen Strukturen wie Punkte, Striche und Linien auf dem Papier erkennen, können daraus aber keine Vorstellungen aufbauen. Mit Bezug auf die Möglichkeiten kognitiver Kompensation ist diese strikte Haltung relativiert worden. Aber auch auf den Ebenen der Wahrnehmung, der Motorik und insbesondere der Qualität der Reliefabbildung haben Nagel und Reinschmidt (1998) differenzierende Einstufungen geliefert. Die Interpretationsmöglichkeit des Ertasteten hängt ab von der verwendeten Symbolik der Reliefdarstellung, den taktil-motorischen Fertigkeiten und insbesondere auch von den Vorerfahrungen der Tastenden. Sie hängt aber auch ab von der gewählten Umsetzung visueller Phänomene in taktile Anschauung. So sind zum Beispiel perspektivische Abbildungen, mit größenmäßigen Anpassungen, mit der Zentralperspektive mit Überlagerungen oder teilweisen Verdeckungen nicht verstehbar, weil sie so im tastenden Zugang zur Objektwelt nicht existieren. Ebenso gibt es darin keine Horizontlinien.

Neue Qualitäten und dadurch Lernmöglichkeiten anhand taktiler Kompensation ergeben sich aktuell insbesondere durch in beliebiger Anzahl herstellbare dreidimensionale Modelle durch 3-D-Drucker (Hofer & Lang 2014). 3-D-Drucker sind relativ preisgünstig. Sie nutzen anstelle von Tintenpatronen Spulen mit farbigen Kunststofffäden. Druckvorlagen lassen sich beliebig selber herstellen, in vielen Varianten aber auch beziehen im Internet (vgl. auch unten, 4.2.6).

Kognitive Kompensation

Gemäß der Annahme Diderots (1994) können blinde Menschen abstrahierend, durch kognitive Konstrukte also, fehlende sinnliche Eindrücke ersetzen. Der Mensch ist ein sinnliches Wesen, besitzt aber zudem die übergeordnete Funktion des Denkens. Auch damit lässt sich die Tragweite sinnlicher Versehrtheit begrenzen. Sensorische wie kognitive Kompensation lassen sich didaktisch nutzen:

> »Der Blinde, im völligen Besitz der Verstandesfähigkeiten, entbehrt nur einen Theil des Erkenntnisvermögens, nämlich das Sinneswerkzeug des Auges, dessen Abgang er theils durch Anwendung der durch Übung sehr geschärften übrigen Sinnen, theils durch größere Thätigkeit des Verstandes und der Phantasie ersetzt« (Klein 1991/1819, 29).

Von Gerhardt, selbst blind, argumentierte in vergleichbarer Weise, wenn er gegenüber einer möglichen kompensierenden Sinnestätigkeit die intelligente Verarbeitung der verbleibenden Sinneseindrücke in den Vordergrund stellte (1916, 13 f.). 1953 verwies auch Dorner auf die Wichtigkeit der Verstandesleistungen: »Das Zusammenfügen von Teilwahrnehmungen und das Inbeziehungsetzen von Teilen zum Ganzen ist ebenfalls keine spezifische Sinnesleistung, sondern ein schöpferischer Akt, der mit Denkvollzügen durchsetzt ist« (81). Ebenso wendet Fromm sich gegen die Überbetonung des mechanistischen Tastvorgangs und für die ausreichende Berücksichtigung der logischen Verarbeitung (1993, 382 f.).

Allerdings belegte bereits Klein mit seiner positiven Einschätzung des Erkenntnisvermögens blinder Menschen, dass die Voraussetzung dafür eben gerade intakte kognitive Fähigkeiten sind. Diese Kompensation ist gefährdet, wenn zur Sehschädigung eine geistige Beeinträchtigung dazukommt. Eine Unterrichtsgestaltung, die sich weitgehend oder ausschließlich auf die Möglichkeiten der kognitiven Kompensation abstützt, wird in diesen Fällen ihre Ziele nicht erreichen. In Gestalt kognitiver Überforderung wird sie vielmehr eine zusätzliche Erschwernis einbauen. Pointiert ausgerichtet auf die Besonderheiten der alltäglichen Umwelt westlicher Kulturen findet sich bei Walthes eine ressourcenorientierte Betrachtung des kognitiven Kompensationsgedankens: »Angesichts einer ungeheuren Visualisierung von Alltag, Lernen, Wissenschaft und Arbeit möchte ich alle Menschen mit einer Sehschädigung, denen es heute gelingt, in dieser unglaublich visuell strukturierten Welt zu handeln, als hochbegabt bezeichnen« (2006b, 264).

Auditive Kompensation

Die Lösung der Frage, wie blinde und hochgradig sehbehinderte Menschen zu bilden sind, ist nach wie vor ausgeprägt medialer Art. Insbesondere im Bereich der elektronischen Hilfsmittel und Medien haben neben den taktilen die auditiven Anpassungen eine besondere Bedeutung erlangt. Zwar sind sie bereits in den Anfängen der Blindenbildung nicht selten auch als zentrales Prinzip der Unterrichtung verstanden worden: Teilhabe am mündlichen Unterricht ist immer, und ohne jede mediale oder institutionelle Anpassung, weitgehend kostenneutral innerhalb der allgemeinen Schule umsetzbar.

> »Es wäre wohl sehr traurig um eine Volksschule bestellt, in welcher ein sonst gut entwickeltes viersinniges Kind nicht sehr viel lernen könnte; denn es wird sehr wenige Unterrichtsgegenstände in der Volksschule geben, an denen das Kind nicht theils hörend, theils mitredend betheiligt werden könnte« (Entlicher 1989/1872, 33).

Als heute genutzte Technologien für auditive Informationsvermittlung genannt seien Screenreader, mit deren Hilfe Systeminformationen des PCs, Internetseiten oder Dokumente mittels Sprachausgabe gelesen werden. Zudem gibt es Daisy (Digital Accessible Information System), als digitales Audiosystem, welches es ermöglicht, Dokumente gezielt nach Informationen abzusuchen und einzelne Teile beliebig anzusteuern. Mit einfachen und kleinstformatigen Sprachnotizgeräten können mündliche anstelle schriftlicher Notizen abgefasst und später wieder abgerufen werden. Auch Smartphones und Tablets enthalten Screenreader und sie ermöglichen außerdem die Installation einfach bedienbarer Aufnahme-Apps. Die Spracheingabe-Funktionen dieser Geräte erlauben die Umwandlung von Gesprochenem in Text. Die Auswahl je passender Technologien und geeigneter Strategien zu effizienter Bedienung erfordern allerdings ebenso zeitliche Ressourcen wie kognitive Flexibilität.

Multimodale assistive Technologien

Der modale Entweder-oder-Entscheid zwischen taktilen und auditiven Informationszugängen ist in den letzten Jahren weitgehend entfallen, resp. geblieben als strategischer Entscheid für eine der beiden Möglichkeiten oder aber deren Kombination je nach gestellten Aufgaben und Anforderungen. Braillezeilen und Screenreader bieten die Wahl zwischen Lesen und Hören sowie Kombinationen wie z. B. das Lesen auf der Braillezeile begleitet durch die auditive Textwiedergabe durch den Screenreader. Schwarzschrifttexte lassen sich mit neuen Scan-Technologien effizient in Vorlese- oder in Brailletexte umwandeln. Hörbücher und E-Books sind neben traditionellen Braillebüchern verfügbar. Die komplexe Vielfalt bietet die Chance frei wähl- und kombinierbarer Optionen. Probleme beinhaltet sie allerdings oft in Form personaler, zeitlicher oder voraussetzungsbedingter Nichtpassung respektive Überforderung. Dies insbesondere aufgrund der erforderlichen Kompetenzen und Strategien, welche eine erfolgreiche Technologienutzung voraussetzt (Hofer & Lang 2014).

Anpassung und Kompensation als Kontextgestaltung

Wenn taktil oder auditiv erfahrbaren Zeichensystemen eine gleiche Bedeutung im Wissenserwerb zugewiesen wird wie den visuellen, so liegen pädagogische Herausforderungen bei Lernenden mit Blindheit oder hochgradiger Sehbehinderung besonders in angemessener Umweltgestaltung. Mit der ICF wird in systemischer Sichtweise von Behinderung der Fokus auch auf Umweltfaktoren gerichtet. Soziale und materiale Faktoren, das räumliche und zeitliche Umfeld, die Strukturen von Lern- und Erfahrungsräumen und somit die Gestaltung von Unterricht gehören zur Umwelt. Ein didaktisches Grundprinzip, abgeleitet aus dieser Sichtweise, besteht aus einer »absichtsvollen Kontextgestaltung« (Walthes 1998). In konsequenter Weiterführung folgen aus diesem Prinzip Konzepte wie »Integrierte Lösungen« oder »Universal Design«. Diese fordern einen grundsätzlichen Paradigmenwechsel, welcher wegführen soll vom nachträglichen Adaptieren von Produkten und Dienstleistungen für die Bedürfnisse aller Menschen, so auch denjenigen mit Blindheit und Sehbehinderung. Angestrebt werden dagegen z. B. elektronische Geräte mit beim Kauf bereits integrierten assistiven Technologien (Gässlein 2014). Bedeutsam ist solches Umdenken für eine »absichtsvolle Kontextgestaltung« in allen Lebensbereichen, insbesondere auch in der Herstellung von Schulbüchern und Lernmedien.

3 Didaktik als Wissenschaft in der Neuzeit

Johann Amos Comenius (1592–1670) wird oft als erster Pädagoge dargestellt, welcher sich mit pädagogischen und didaktischen Fragestellungen der Neuzeit auseinander setzte. Das Ziel seiner Didaktik bestand darin, niemanden vom Fortschritt auszuschließen (Knoop & Schwab 1994, 29). Die große Lehr- oder Unterrichtskunst, die *Didactica magna*, von Comenius (1657) sollte allen Menschen alles Wissen vollständig vermitteln. Verbunden mit Kritik am bestehenden Unterricht machte Comenius didaktisch-methodische Reformvorschläge und lieferte zur Unterstützung anschaulichen Lernens ein umfassendes Bilderwerk in Buchform, den *Orbis pictus*. Die nach Comenius wichtigen deutschen Pädagogen der Aufklärungszeit, die Philanthropen, fielen in ihren didaktischen Ansätzen auf durch eine Ausrichtung auf nützliche Kenntnisse und Fertigkeiten zur Bewältigung des alltäglichen Lebens und die Betonung der Wichtigkeit von Bewegung und Spiel. Gleichzeitig sorgten sie für systematische Aufbereitung schulischen Wissens und initiierten die Ausgestaltung der Schule mit Lehr- und Arbeitsmitteln, mit Sammlungen von naturkundlichen Modellen, von Landkarten und Globen (Kiper & Mischke 2004, 16 f.).

Johann Friedrich Herbart (1776–1841) und seine Nachfolger, die Herbartianer, begründeten im 19. Jahrhundert systematische Unterrichtsmodelle, welche zu belegen versuchten, wie Unterrichtstätigkeiten klare Anschauungen in den Zöglingen zu wecken vermögen. Sie konnten sich allerdings zu dieser Zeit noch keiner entwicklungs- und lernpsychologischen Grundlagen bedienen: »In den Anfangstagen der psychologischen Forschung [...] war das Denken über Assoziation, Begriffsbildung und die Struktur von Wissen noch weitgehend an den philosophischen Konzeptionen Aristoteles orientiert. Eine mechanische Konzeption des menschlichen Geistes herrschte vor« (Kiper & Mischke 2004, 19).

Didaktik mit Fokus auf die Individualität des Kindes und dessen Selbsttätigkeit

Erst zu Beginn des 20. Jahrhunderts entstand eine Psychologie des Kindes, welche didaktisch als massive Kritik an den bestehenden Unterrichtsmodellen auftrat und eine Neuorientierung des Unterrichts vom Kinde aus forderte. Parallel zur Neuausrichtung in der Psychologie vollzog sich eine Reform des Unterrichtens hin zur Selbsttätigkeit des Kindes. Solchen Prinzipien verpflichtete pädagogische Ausrichtungen werden zusammengefasst im Begriff »Reformpädagogik«.

Didaktik als Instrument zur Plan-, Mach- und Kontrollierbarkeit des Unterrichts

Als eine weitere wichtige Etappe in der Ausgestaltung allgemeindidaktischer Konzepte nicht unerwähnt bleiben soll die behavioristische Wende in der Psychologie der ersten Hälfte des 20. Jahrhunderts. Mit ihrer expliziten Zuwendung zur Objektivität der Naturwissenschaften und der Vorstellung von Machbarkeit führte sie zur lernzielorientierten Didaktik. Rationale Mach- und Kontrollierbarkeit des Unterrichts stand im Vordergrund (vgl. Berner 1999, 34 f. oder Kron 2004, 105 ff.). Die Möglichkeit der Selbstkontrolle wurde als Selbstverstärkung und damit motivationsfördernde Unterstützung des Lernens betrachtet. Ein kleinschrittig programmierter Unterricht mit steter Möglichkeit zur Selbstkontrolle entstand daraus. Er erlebte seine Blütezeit in den 1960er und 1970er Jahren.

Didaktik in systemisch-konstruktivistischer und interaktionistischer Differenzierung

Programmierung und Steuerung des Lernens wurde bald als einseitige Anpassung der Lernenden an die Umwelt kritisiert. Geblieben aus dieser didaktischen Epoche ist die besondere Betonung der Wichtigkeit curricularer Konzepte. Ebenso ist die Zielorientierung aus der Planung des Lernens nicht mehr wegzudenken. Vorstellungen der Machbarkeit dagegen haben mit dem Einbezug systemischer und konstruktivistischer Variablen an vorsichtiger Differenziertheit gewonnen. Letztere gehen davon aus, dass Störungen im Unterricht, im Lehren und Lernen, eine Normalität darstellen.

4 Allgemeine Didaktik: Versuch einer systematischen Zusammenfassung aktueller Ansätze

Kron (2004, 68) listet vierzig Modelle oder Theorien auf, welche aktuell Gegenstand didaktischer Diskussion sein können und nimmt eine systematische Ordnung durch deren Zuordnung zu Leitbegriffen vor. Hier wird eine Systematik anhand der vier folgenden Leitbegriffe gewählt.

- Bildung: Die Einzigartigkeit des Menschen als bildbares Wesen in Wechselwirkung mit der kulturell geschaffenen Umwelt steht im Zentrum didaktischer Überlegungen.
- Lernen und Lehren: Im Fokus ist die Teilhabe an der Gesellschaft durch aktive Leistungen, welche dem Menschen dank seiner offen angelegten Lernfähigkeit bei angemessener Förderung und Unterstützung möglich ist.
- Interaktion: Menschen sind soziale Wesen, welche miteinander kommunizieren und interagieren. Geeignete Vermittlung von Lerninhalten ist somit ohne Berücksichtigung des Beziehungsaspektes nicht realisierbar. Beziehungen laufen über verschiedene Ebenen, weshalb eine systemische Betrachtungsweise hier unabdingbar ist.
- Konstruktion: Menschen konstruieren, entdecken oder erfinden die umgebende Welt je nach eingenommener Perspektive für sich oder in Koevolution mit anderen Systemen.

Die vier Leitbegriffe dienen im Folgenden als Ordnungsraster zur Darstellung der ausgewählten didaktischen Modelle und Konzepte.

4.1 Bildung: Grundlagen der bildungstheoretischen Didaktik und ihre Bedeutung im Unterricht für hochgradig sehbehinderte und blinde Schülerinnen und Schüler

Der bildungstheoretische Ansatz, begründet durch Klafki (2002), ist in geisteswissenschaftlicher Tradition der Pädagogik zu sehen. Als Ziel strebt er den mündigen, selbstbestimmten Menschen an, der autonom leben und seine Vernunft nutzen kann. Betont wird die Individualität und Autonomie des Menschen. Sie ist jedoch verbunden mit der zu erlangenden Fähigkeit zu mitbestimmender Teilhabe, zu Mitverantwortung und Solidarität.

- Mit »Allgemeinbildung« meint Klafki »Bildung für alle« und gleiche Chancen im Zugang zu Bildung insbesondere auch für Kinder aus sozial benachteiligten, »bildungsfernen« Familien und Bevölkerungsschichten.
- Mit »Allgemeinbildung« bezeichnet er aber auch eine »allseitige« Bildung, welche kognitives, emotionales und soziales Lernen gleichermaßen berücksichtigt (1995).

4.1.1 Praktische Bedeutung der bildungstheoretischen Didaktik

Klafkis Didaktik wird in ihrer Weiterentwicklung als kritisch-konstruktive Didaktik unter Einbezug gesellschaftlicher, sozialer und politischer Fragen zu einer wichtigen Grundlage einer Didaktik der Heterogenität, einer sich öffnenden Schule für alle Lernenden. Mit fünf Thesen umreißt Klafki (2002) dieses Konzept von Unterricht:

- Unterricht soll Lernenden Hilfen zur Entwicklung von Selbstbestimmungs- und Solidaritätsfähigkeit geben.
- Lehren und Lernen ist ein Interaktionsprozess, in welchem beide Seiten mit- und durcheinander immer neue Lernprozesse vollziehen.
- Lernen besteht nicht aus Training und reproduktiver Übernahme, sondern muss sinnhaft, verstehend, entdeckend oder nachentdeckend sein.
- Lehren soll für Lernende und zunehmend mit deren Mithilfe geplant und diskursiv gerechtfertigt sein.
- Demokratische Sozialerziehung muss zu den Zielbestimmungen des Unterrichts gehören.

Exemplarisches Lernen

Weil Klafki mit dem Prinzip des Exemplarischen den Bezug zum Konzept von Wagenschein aufzeigt, soll dieses hier kurz skizziert werden. Für Wagenschein ist das Einzelne, in das man sich exemplarisch versenkt, ein »Spiegel des Ganzen« (1999, 32 f.). Wagenschein will Symbole und Formeln mit einem sicheren Fundament von angeeignetem und verstandenem Wissen verbinden. Sie werden verstehund nutzbar, wenn am Anfang das Staunen ob des Schwierigen und Rätselhaften gestanden hat. »Exemplarisch« vorgehen als didaktisches Konzept darf nicht verwechselt werden mit der bekannten Aufforderung zum »Mut zur Lücke«. Wagenschein fordert Mut zur Gründlichkeit und zur Vertiefung, welcher nur möglich ist aufgrund einer reflektierten Auswahl bedeutsamer Inhalte. Projektunterricht kann dieser Forderung nachkommen, wie das Beispiel »Bistro« belegt. Im Bistro leisten blinde, sehbehinderte aber auch sehgeschädigt-mehrfachbehinderte Schülerinnen und Schüler einer Sonderschule jede Woche während einem Tag Praxiseinsätze indem sie für Gäste kochen und servieren. In der Zuteilung der Aufgaben und Rollen werden ihre individuellen Erfahrungen und Fähigkeiten berücksichtigt. Gleichzeitig üben sie sich in Teamarbeit, im Umgang mit Geld, sie knüpfen Kontakte und orientieren sich in verschiedenen Berufsfeldern. Und sie haben jede Woche intensive Gelegenheit zum Weiterlernen und Festigen durch strukturiertes wiederholendes Anwenden des Gelernten.

Zur Bedeutung der bildungstheoretischen Didaktik

Bildungstheoretisch zentral ist die Fokussierung der Inhalte. Meyer erkennt in der großen Bedeutung der Inhaltsentscheidungen ein notwendiges Gegengewicht zu didaktischen Konzepten, welche den Fokus primär auf ablaufende Lernprozesse richten. Argumenten, wonach es aufgrund aktuell erlebbarer Wissensexplosion weniger auf die zu lernenden Inhalte als vielmehr auf das Lernen des Lernens ankomme, hält er entgegen, dass Lernen niemals inhaltsneutral sei (Meyer 2001, 17). Form und Sache, Methoden und Inhalte und die damit angestrebten Ziele stehen immer in gleichbedeutender Wechselwirkung zueinander. Jank und Meyer betonen zudem, dass mit der Fokussierung von Schlüsselproblemen der Unterricht breit und lebendig wird, weil die Lernenden Handlungsfähigkeit in gesellschaftlich bedeutsamen Themenbereichen erlangen. Vermisst wird in bildungstheoretischen Didaktiken allerdings die systematische methodische Planung und Strukturierung des in der Praxis umzusetzenden Unterrichts (2003, 238). Gudjons würdigt Klafkis Modell als ein »Problematisierungsraster«, welches notwendige Kriterien jeder Unterrichtsplanung enthält und dadurch konkrete Entscheidungen ermöglicht, dann aber der weiteren Konkretisierung durch fachdidaktische Überlegungen bedarf (1999, 242).

Die Auswahl bedeutsamer Inhalte steht in bildungstheoretischen Konzeptionen vor deren Zugänglichkeit und Umsetzbarkeit im Unterricht. Die Frage nach dem »Was« in der Vermittlung von Inhalten ist für alle Lernenden wichtig und notwendig. Auswahl und sinnvolle Verbindung derselben aufgrund ihrer Gegenwarts- und Zukunftsbedeutung ist insbesondere für Schülerinnen und Schüler mit Sehbeeinträchtigungen zentral. Reflektiertes Auswählen des Besonderen, welches in exemplarischer Weise geeignet ist, das Allgemeine zu erschließen, ist hier unabdingbar.

Grundsätzlich von Bedeutung für den Einbezug von Schülerinnen und Schülern mit Behinderungen in den Unterricht ist jedoch auch, dass Klafkis bildungstheoretische Konzeptionen Grundlagen einer Didaktik der Heterogenität anbieten: Unterricht ist ein soziales Geschehen, welches den Lernenden in gleicher Weise Unterstützung zur Entwicklung von Selbstbestimmung, zur Mitbestimmung und zur Solidaritätsfähigkeit anbieten muss. Gleichzeitig setzt Klafki sich mit seinem Konzept der »Allgemeinbildung« ein für Bildung für alle, für Chancengleichheit im Bildungszugang und für integrierende Schulsysteme.

4.1.2 Zielsetzungen

Gemäß Kultusministerkonferenz (2000) ist es Ziel von Förderung und Unterrichtung, den sehgeschädigten Schülerinnen und Schülern »ein möglichst hohes Maß an schulischer und beruflicher Eingliederung, gesellschaftlicher Teilhabe und selbstständiger Lebensgestaltung zu gewährleisten« (178). Bei Klafki, welcher als Ergebnis von Unterrichtung den selbstbestimmten Menschen, der autonom leben und an der Gesellschaft teilhaben kann, anstrebt, ergibt sich eine wichtige und notwendige Weiterführung.

»Selbstbestimmt-Leben-Bewegung«

Auch die »Selbstbestimmt-Leben-Bewegung« (Drolshagen & Rothenberg 1998) fordert als Bildungsziel die Möglichkeit einer selbstbestimmten Lebensführung. Behinderte Menschen sollen Kompetenzen erwerben, welche ihnen eine größtmögliche gesellschaftliche Integration sichern. Während Selbstständigkeit als Ziel das »Selber machen« anstrebt und als Grundlage einer autonomen Lebensführung ansieht, geht Selbstbestimmung über dieses Prinzip hinaus: Eine Person, die ihr Leben autonom und selbstbestimmt gestaltet, kann sich auch dafür entscheiden, etwas nicht selbst zu machen. Als Expertin ihrer Lebensgestaltung, ihrer Aktivität und Partizipation in verschiedenen Lebensbereichen entscheidet sie situations- und kontextbezogen darüber, was sie weitgehend selbstständig tun und wo sie stattdessen eine Unterstützung beanspruchen will.

Gleichheit und Differenz von Zielen

Klafkis Konzept der Allgemeinbildung steht gegen Selektion. Didaktische Konzepte, welche für Vielfalt und gegen Selektion votieren, müssen sich grundsätzlich vom lange bestehenden Ideal homogener Lerngruppen und somit auch von demjenigen der Zielgleichheit verabschieden.

Für Lernende mit Blindheit oder hochgradiger Sehbehinderung ist Zielgleichheit aufgrund von angemessener Kompensation und Adaptation denkbar. Das Lehren und Lernen vieler Inhalte ist unter Beizug angepasster Medien, Hilfsmittel, Technologien und den entsprechenden didaktischen Kompetenzen der Lehrenden kompensatorisch möglich. Die Schriftsprache kann durch Anpassung der Lernmaterialien, mit Hilfe der Punktschrift und oder angemessener Informationstechnologien erworben werden. Wissen und Vorstellungen von vielen Sachthemen können aus Erkundungen der Realität, ergänzt durch adaptierte Modelle und Reliefs, vermittelt werden. Gewisse Inhalte und Begrifflichkeiten aber, wie z. B. »Farbe«, Perspektive«, »Horizont« oder andere räumliche oder geografische Phänomene, sind dagegen vor allem als Bedeutungswissen vermittelbar. Feuer, Spiegelbilder, Wetter- oder Lichtqualitäten und anderes mehr ist durch kein Modell angemessen darstellbar. Auch in der ästhetischen Erziehung und im Sportunterricht sind Anpassungen vorzunehmen. Trotzdem ist davon auszugehen, dass – durch modifizierende Anpassung von Inhalt und Form – eine zielgleiche Unterrichtung möglich sein kann.

Für Schülerinnen und Schüler mit einer Sehschädigung-Mehrfachbehinderung sind jedoch in der Regel Zielanpassungen und -differenzierungen innerhalb der Lerngruppe oder Klasse vorzunehmen. Eine wichtige Leitplanke dafür kann die

Forderung bieten, wonach integrativer/inklusiver Unterricht Individualisierung unter gleichzeitiger Aufrechterhaltung von Gemeinsamkeiten zu berücksichtigen habe (Prengel 2006). Feuser konkretisierte dies in seinen Schriften als »Lernen am Gemeinsamen Gegenstand«. Unterricht soll es allen Kindern ermöglichen, ausgehend von ihrem Entwicklungsstand, also mit je angepassten Zielsetzungen, in Kooperation zusammen zu lernen. Mit Bezug auf kompetenzorientierte Lehrplanung lässt sich diese Forderung heute im Lernen an gemeinsamen Themen umsetzen. Inhaltliche Entscheide sollen die Gemeinsamkeit sichern, während Zielsetzungen für je ausgewählte themenbezogene Kompetenzen innerhalb der Themen auf verschiedenen Niveaus zu definieren sind.

Zielsetzungen angesichts begrenzter Lebenserwartungen

Sind die Lebenserwartungen eines Kindes aufgrund einer degenerativen Krankheit begrenzt, müssen Bildungsziele so gesetzt werden, dass sie ausgehend von achtsamer und sorgfältiger Erfassung seiner Lebenssituation die bedeutsamen Inhalte enthalten. Primäres Ziel ist hier nicht mehr die Erweiterung von Fähigkeiten. Stattdessen ist die Unterstützung des Erhalts oder die Verminderung ihrer Abbaugeschwindigkeit bedeutend. Es ist zu berücksichtigen, dass Abbau nicht mit einem Rückschritt in frühere Entwicklungsstadien gleichgesetzt werden kann. Eine Zunahme von Hilflosigkeit und Abhängigkeit in einem Alter, welches gewöhnlich durch Erlangen von Unabhängigkeit geprägt ist, ist ein unüblicher Entwicklungsprozess. Er erfordert ein erweitertes Verständnis von Entwicklung und Lernen und die Einsicht, dass auch Begrenzung und Verlust bestimmende Merkmale menschlicher Existenz darstellen. Schmerz und Trauer sind Teil von Normalität, wobei es trotzdem ein zentrales Ziel sein muss, zusammen mit dem Kind oder Jugendlichen Lebensfreude und Lust immer wieder zu entdecken und zu pflegen (Leonhart 2002, 38 ff.).

> »Im Falle degenerativ verlaufender Entwicklungen werden die Möglichkeiten des Erlebens durch Funktionseinbußen zunehmend eingeschränkt. Da diese Funktionseinbußen nicht ›rehabilitiert‹ werden können, muss sich die pädagogische Arbeit oder besser: das inhaltsbezogene gemeinsame Zeiterleben von Schüler und Pädagogen an den jeweils zur Verfügung stehenden Möglichkeiten orientieren, muss sozusagen mit der Entwicklung des Erkrankten ›mitgegangen‹ werden« (Lippe 1998, 134).

Nur auf einer solchen Basis ist es letztlich möglich, auch für Kinder und Jugendliche in Extremsituationen »echte« pädagogische Zielsetzungen vorzunehmen. Hier ist die Berücksichtigung der »Lebensbedeutsamkeit« im Sinne Klafkis von zentraler Bedeutung.

4.1.3 Inhaltsentscheidungen

Sehbehinderte und blinde Lernende, welche einerseits die notwendigen Strategien, das notwendige Wissen zur bestmöglichen Kompensation von Behinderung und zu möglichst uneingeschränkter Aktivität und Teilhabe erwerben sowie andererseits selbstbestimmt und solidarisch ihr Leben gestalten können, benötigen zahlreiche

Differenzierungen und Erweiterungen curricular gesetzter Lerninhalte. Didaktische Entscheidungen in der Planung von Unterricht und Förderung sind grundsätzlich bestimmt durch ein Mehr, weshalb eine zeitliche und Energie zehrende Mehrbelastung als erschwerender Faktor mit zu berücksichtigen ist. Gemäß Schindele (1985, 108) geht es bei diesen didaktischen Entscheidungen grundsätzlich um drei Aspekte:

- Inhaltliche Schwerpunktsetzungen sind im Rahmen einzelner Unterrichtsfächer und Themenschwerpunkte des Regelcurriculums vorzunehmen.
- Alternative und ergänzende Inhalte und Gegenstände innerhalb der Bereiche des Regelcurriculums ergeben sich aus kompensatorischer Notwendigkeit.
- Zusätzliche sehgeschädigtenspezifische Inhalte und Gegenstände sind erforderlich, welche im Regelcurriculum nicht von Belang sind.

Faktor »Zeit«

Ein Selbstbetroffener schildert die folgenschwere Bedeutung der Erweiterung und deren emotionale Auswirkungen so:

> »Wenn man sich einen blinden Schüler einmal genauer betrachtet, stellt man fest: Er ist ein armer Mensch. Er ist deswegen ein armer Mensch, weil er sich all das aneignen muss, was andere Schüler auch im Rahmen ihrer Schulausbildung lernen, denn er soll ja keine schlechtere Schulbildung erhalten als diese. Zusätzlich muss er aber noch einige Dinge mehr lernen:
> Wie man sich zurechtfindet und orientiert, das lernen andere automatisch, der blinde Schüler muss es trainieren.
> Er muss eine andere Schrift lernen. Eine Schrift müssen sich andere Schüler auch aneignen. Er muss aber irgendwann im Laufe seiner Schulzeit eine Kurzschrift büffeln.
> Er muss sich gewisse Dinge im Bereich dessen, was wir im Blindenbildungswesen allgemein als ›lebenspraktische Fertigkeiten‹ bezeichnen, zusätzlich aneignen. Andere müssen das auch lernen, aber bei ihnen geht vieles mit ›abgucken‹, während man dem blinden Schüler diese Dinge richtig vermitteln muss.
> Das alles sind Dinge, die teilweise sehr zeitintensiv sind, so dass man sich oft fragt, wann haben blinde Kinder noch Zeit, die sie als Freizeit verbringen können? Und selbst da gibt es auch wieder etwas zu lernen: verschiedene Freizeittechniken« (Müller 1998, 189).

Ergänzend ist anzufügen, dass blindenspezifische Strategien wie das Lesen der Punktschrift, der Umgang mit Technologien, welche den Zugang zu schriftlicher Information ermöglichen, aber auch das taktile Erkunden, Erkennen und Verstehen von Unterrichtsgegenständen, -materialien, Modellen oder Abbildungen zeitaufwändige Prozesse sind. Im Vergleich zu visuellen Strategien erfordern sie erheblich mehr Zeit. Gleiches gilt auch für vorhandene noch nutzbare Sehfähigkeiten bei einer hochgradigen Sehbehinderung. Die Notwendigkeit, hier anforderungsspezifisch visuelle, auditive und oft gleichzeitig auch taktile Strategien und Technologien nutzen zu können und zu müssen, stellt nochmals eine besondere Herausforderung dar. Außerdem ist im Falle einer degenerativ verlaufenden Sehschädigung daran zu denken, dass heute noch dienliche Strategien und Hilfsmittel allenfalls bald einmal durch andere zu ersetzen sind. Der Wechsel von visuellen zu taktilen Hilfsmitteln und Strategien stellt dabei für viele Lernende eine hohe

Schwelle dar. Zusätzlich zur unter Umständen traumatischen Erfahrung des Sehverlusts sollte Zeit und Energie für diesen Wechsel vorhanden sein, selbst wenn diese vorerst zur Sicherung und Stabilisierung einer »neuen Identität« zur Verfügung stehen müsste.

Weil der Faktor »Zeit« prägend ist im Leben blinder und sehbehinderter Menschen, ist die »Was-Frage«, die bewusste Analyse und Auswahl von Unterrichtsinhalten absolut zentral. Hier stellt die bildungstheoretische Didaktik eine bedeutsame Referenz dar. Sie bietet wichtige Impulse für aufgrund begrenzten Zeitbudgets notwendige, jedoch stets reflektierend abzusichernde Entscheidungen für inhaltliche Reduktion – im Sinne von Fokussierung und Schwerpunktsetzung.

Besondere Voraussetzungen

Geht man davon aus, dass die Inhaltsentscheidungen keine aus- oder absondernde Wirkung hervorrufen dürfen, so müssen sie nach dem Grundprinzip der »Normalität« erfolgen. Wichtig sind demzufolge neben den blindenspezifischen Überlegungen »übergeordnete Orientierungs- und Beurteilungskriterien für alle pädagogischen Einzelmaßnahmen« (Klafki 2002, 14) einerseits und die Ausrichtung auf besondere Voraussetzungen andererseits. Je schwerer zusätzliche, insbesondere kognitive Beeinträchtigungen sind, desto differenzierter muss abgewogen werden, welche basalen Erfahrungen ermöglicht werden müssen, weil sie oft nicht aus eigenen Antrieben heraus erfolgen können. Notwendig sind sie ebenso zur Sicherung existenzieller Grundbedürfnisse wie auch als weiterführende Voraussetzung für Lernen und Entwicklung.

Die Annahme, dass ein bestimmter Bildungsgehalt sich nur in Bezug auf den Menschen, der gebildet werden soll, festlegen lässt, ist hier zentral. Die Beachtung der besonderen Struktur jedes Menschen ist darin ebenso enthalten wie die didaktische Bedeutung des Aufbereitens der Umwelt dergestalt, dass sie sinnlich zugänglich, begreif- und verstehbar wird. Das ist das Prinzip des »Doppelsinns« der kategorialen Bildung (Klafki 1963, 44): Dem lernenden Menschen wird eine Wirklichkeit erschlossen und aufgrund der dadurch ermöglichten Erfahrungen, Erlebnisse und Einsichten wird er selbst für diese Wirklichkeit aufnahmebereit. Dies gilt insbesondere auch für über das Regelcurriculum hinausgehende Inhalte wie z. B. die blindenspezifischen Fächer LPF (Lebenspraktische Fähigkeiten) oder O&M (Orientierung und Mobilität). Beide enthalten zwar einen Kanon an Inhalten, die als grundsätzlich wichtig und bedeutsam für selbstständige Lebensgestaltung blinder Menschen angesehen werden. Immer sind sie aber einer didaktischen Analyse und Entscheidung für exemplarisch Bedeutsames im Hinblick auf den einzelnen Lernenden zu unterziehen. Für die Fächer LPF und O&M, welche über die Schulzeit hinausreichende Konzepte der Förderung und Unterstützung darstellen, ist in jedem Fall bei der Auswahl der Inhalte die besondere Lebenssituation der Lernenden zu berücksichtigen. Zusätzliche Behinderungen oder eine degenerative Sehbehinderung sind mit einzubeziehen. Inhalte sind im Hinblick auf ihre gegenwärtige und zukünftige Bedeutsamkeit zu analysieren.

Reflektierte Komplexitätsreduktion

Aufgrund vorzunehmender Differenzierung und Erweiterung ergibt sich für die Unterrichtung blinder und hochgradig sehbehinderter Schülerinnen und Schüler ein Curriculum mit erhöhter Komplexität. Schindele betont deshalb: »Unter dem gegebenen Zeitdruck ist es besonders wichtig, zu unterscheiden zwischen extensiv zu vermittelnden, grundlegenden und exemplarischen Inhalten und Gegenständen einerseits und mehr kursorisch und verbal zu vermittelnden, weniger bedeutenden Inhalten andererseits« (1985, 109). Gemäß Wagenschein (1999) bietet sich mit einer exemplarisch getroffenen Auswahl an Inhalten die Möglichkeit, im ausgewählt Einzelnen das Ganze zu finden, darin Zusammenhänge und übergeordnete Sach- und Sinnstrukturen zu erkennen. Das erworbene Einzelne in seiner Verbindung zum Ganzen kann bewahren vor lediglich »oberflächlichem« Wissen im Gefolge eines »Zuviel« an vorgegebenen Inhalten. Gemäß einer gesellschaftskritischen These sind Kinder überfordert durch Angebotsfülle und verlieren Überblick und Durchblick. Lernen aus zweiter Hand, mangelnder Handlungs- und Erfahrungsbezug, zu viel Bedeutungswissen (negativ formuliert »Pseudowissen«), anstelle von Wissen über die Wirklichkeit aufgrund »originärer Begegnungen«, wird beklagt. Folgen davon sind im Unterricht für sehgeschädigte Kinder und Jugendliche noch schwerwiegender, weil Sachbegegnungen aufgrund der eingeschränkten visuellen Wahrnehmung immer besonders zu fördern und zu unterstützen sind. Bei inhaltlichen Reduktionen muss berücksichtigt werden, dass Lernen stets ausreichend vielfältige Umweltinformationen benötigt. Im Sinne der Entwicklungstheorien Piagets lässt sich dies so verstehen, dass infolge beschränkter Umweltinformationen weniger Anlässe bestehen zu Verunsicherungen im Sinne von kognitiven Konflikten. Die Notwendigkeit zur Akkommodation, das heißt zur Anpassung bereits gebildeter Vorstellungen, nimmt ab und damit auch die Notwendigkeit zur Ausdifferenzierung und Erweiterung bestehender Denkschemata. Didaktik ist demzufolge gefordert, immer auch angemessen herausfordernde kognitive Konflikte zu erzeugen.

4.2 Lernen und Lehren: Grundlagen der lern- und lehrtheoretischen Didaktik und ihre Bedeutung im Unterricht für hochgradig sehbehinderte und blinde Schülerinnen und Schüler

Unterrichtsinhalte, deren Logik und Bedeutsamkeit stellen eine Seite der Medaille dar, welche zu ergänzen ist mit der Zugänglichkeit derselben für die Lernenden als andere Seite. Zugänglichkeiten müssen im schulischen Unterricht gegeben sein für die lernenden Individuen, sie sind aber auch zu klären für die gesamte Sozialstruktur im Gruppen- oder Klassensystem. Lerntheoretische Didaktiken nehmen ihren Ausgang in einer kritischen Einschätzung der bildungstheoretischen. Der oft als unbrauchbar eingestufte und negativ belastete Begriff »Bildung« soll durch »Lernen« ersetzt werden. Mit den sich bedingenden Variablen »Lernen« und »Lehren« soll fortan ein Modell zur Erfassung des »Knochenbaus« (Berner 1999,

93) einer Unterrichtsstunde zur Verfügung stehen. In diesem Konzept wird Unterricht zu einem geplanten Lernen und Lehren auf verschiedenen Ebenen. Die »Demokratisierung der Schule und des Unterrichts« in Form einer Beteiligung der Schüler an der Planung (Jank & Meyer 2003, 283) ist dabei ein wichtiger Aspekt. »Autonomie«, »Solidarität« und »Kompetenz«, verbunden mit der übergeordneten Zielsetzung der »Emanzipation« werden für die Planung des Unterrichts zu verpflichtenden Faktoren (Schulz 2001, 42 f.).

4.2.1 Praktische Bedeutung der lern- und lehrtheoretischen Didaktik

Grundstrukturen des Unterrichts werden gebildet durch formale Konstanten, die sich gemäß Heimann so bestimmen lassen:

> »Da ist jemand, der hat eine ganz bestimmte Absicht. In dieser Absicht bringt er irgendeinen Gegenstand in den Horizont einer bestimmten Menschengruppe. Er tut das in einer ganz bestimmten Weise, unter Verwendung ganz bestimmter Medien, und er tut es auch in einer ganz bestimmten Situation« (1976, 105).

Die *Strukturanalyse*, das Kernstück der lerntheoretischen Didaktik von Paul Heimann, Wolfgang Schulz und Gunther Otto ermöglicht eine Mikrosicht auf konkret zu haltende Unterrichtseinheiten.

- anthropogene Voraussetzungen (Kapazitäten der Lehrenden und Lernenden);
- sozial-kulturelle Voraussetzungen (Klasse, Schule, Gesellschaft);
- Intentionen (kognitive, emotionale und pragmatische Absichten);
- Thematik (Struktur und Bedeutung der Themen, Inhalte);
- Methodik (Methoden, Artikulations-, Sozial- und Aktionsformen);
- Medien (Lehr-, Lern- und weitere Gestaltungsmittel).

Diese sechs Aspekte der Strukturanalyse gelten als Voraussetzung dafür, dass die vorgesehene Unterrichtssequenz zu einem absichtsvollen pädagogischen Geschehen werden kann.

4.2.2 Besondere Lernvoraussetzungen

Dem Anschluss der Didaktik an psychologische Theorien des Lernens kommt angesichts der in jedem Fall besonders zu ermittelnden Voraussetzungen von Lernenden mit besonderem Bildungsbedarf eine zentrale Bedeutung zu. Die differenzierte Erfassung funktionaler Beeinträchtigungen ist unabdingbar für didaktische Entscheide. Dabei ist auszugehen vom Prinzip der Ressourcenorientierung. Ausgehend von individuellen Voraussetzungen für ausgewählte Unterrichtsinhalte sind methodische und mediale Entscheidungen zu treffen.

Zentral bei blinden und hochgradig sehbehinderten Lernenden sind die Wahrnehmungsfähigkeiten. »Wahrnehmungsförderung wird in der Sonderpädagogik fachrichtungsübergreifend als Bestandteil einer allgemeinen Entwicklungsförderung betrachtet« (Lang 2003, 5). Sie ist gerade auch für Kinder mit Mehrfachbehinderungen zur Ermöglichung und Differenzierung basaler Erfahrungen von primärer Bedeutung. Obwohl bei blinden Lernenden die Möglichkeit kognitiver Kompensation oft betont wird, sind Lernprozesse doch primär an differenzierte Wahrnehmungsfähigkeiten und -strategien gebunden. Diese ermöglichen Erfahrungen aus »erster Hand«. Das ›Be-Greifen‹ des umgebenden Raumes und aller Lerngegenstände und -inhalte ist verbunden mit materiellen oder zeitlichen Dimensionen. Deren Erfassung ist ursprünglich sinnlicher und handelnder Art. Der Umgang mit Maßeinheiten wie auch mit den die Realität darstellenden Abbildungen und Symbolen baut darauf auf. Diese Tatsache ist (nicht nur) für blinde Lernende didaktisch von zentraler Bedeutung, weil »wir mit dem Rückzug auf das Messbare den Sinnen nicht entgehen: Wir schätzen, wir messen mit Auge und Hand, mit dem ganzen Körper, wir messen Ab»stände«, Zeit»spannen« und Muskel»kräfte« (Rumpf 1991, 138 f.).

Gemäß Bruner (1988a; b) basiert der Aufbau der symbolischen Ebene auf der enaktiven und der ikonischen. Enaktiv sind Kinder in handelndem Umgang mit konkretem Material begriffen. Wiederholt ausgeführte Handlungen werden als psychomotorische sowie sach- und strategiebezogene Erinnerungen gespeichert. Die konkrete Handlung tritt auf der zweiten Ebene, der ikonischen, zugunsten bildhafter Darstellungen in Lernmedien zurück. Die schließlich auf der dritten Ebene zunehmend in den Vordergrund rückende symbolische Darstellung enthält den Übergang vom handelnden und später anschauenden hin zum logisch-unanschaulichen Umgang mit Lerninhalten. Diese zeigen sich hier in Form von kulturell festgelegten Zeichen, Buchstaben, Zahlen, Formeln und ganzen Zeichensystemen. Der trotzdem geforderte regelmäßige Rückbezug auf die sensomotorische Basis scheint gerade bei blinden und hochgradig sehbehinderten Lernenden bedeutsam. Insbesondere bei ihnen ist in Bezug auf neue Lerninhalte stets zu klären, ob und wie sie auf Handlungserfahrungen zurückgreifen können. Darüber hinaus ist bei ihnen auch die Besonderheit der ikonischen Phase, der bildhaften Darstellungen, zu reflektieren. Hahn (2004) betont, dass an ihre Stelle taktil zugängliche »Veranschaulichungen« zu treten haben, um die bestehende Lücke zwischen dem handelnden und dem symbolischen Umgang mit Inhalten zu überbrücken.

Vorerfahrungen – Vorwissen

»Wissen kann nur erworben und genutzt werden, wenn es in die bereits vorhandenen Wissensstrukturen implementiert wird und auf der Basis individueller Erfahrungen interpretiert werden kann« (Mandl 2010, 21). Zu berücksichtigen ist demzufolge bei blinden und mehr noch bei mehrfachbehinderten Kindern und Jugendlichen, dass sie in der Regel behinderungsbedingt ein beschränktes Ausmaß an Vorerfahrungen mit fast allen Lerninhalten in den Unterricht mitbringen können. Ein wesentlicher Gelingensfaktor didaktischer Planung beruht deshalb immer – und hier insbesondere – auf der diagnostischen Kompetenz von Lehrpersonen. Lernvoraussetzungen und der aktuelle Lernstand der Schülerinnen und Schüler müssen präzise erfasst werden. »Je zutreffender die Diagnose ist, desto adaptiver kann das anschließende unterrichtliche Angebot gestaltet und desto angepasster kann das Lernen begleitet und unterstützt werden« (Guldimann 2010, 263). Bei Lernenden mit beeinträchtigtem Sehen und/oder zusätzlichen Behinderungen ist grundsätzlich auszugehen von der kompensierenden Notwendigkeit der Konkretisierung und Veranschaulichung. In Bezug auf die Zugänglichkeit der Lerngegenstände und -inhalte ist zu klären, wie konkrete Erfahrungen und gleichzeitig angemessene Begriffsbildung zu ermöglichen sind. Die Frage nach Lernvoraussetzungen und Vorerfahrungen ist in jedem Fall zu verbinden mit denjenigen nach angemessen unterstützender Unterrichtsgestaltung und medialen Anpassungen.

Strukturen

Schindele (1985, 110) geht davon aus, dass der angepassten Strukturierung, der Rhythmisierung und Sequentierung des Unterrichts für sehgeschädigte Schülerinnen und Schüler mehr Bedeutung beizumessen ist als demjenigen für sehende. Ebenso betont die Kultusministerkonferenz, dass der sonderpädagogische Förderbedarf Konsequenzen hat »für die didaktisch-methodischen Entscheidungen bei der Gestaltung des Unterrichts« (2000, 188). Bezüglich Rhythmisierung und Sequentierung sind der häufige Wechsel der Vermittlungs- und Erarbeitungsformen und insbesondere die Begrenzung anstrengender Lernperioden als wichtige Strukturelemente zu berücksichtigen. Physiologischen Gegebenheiten wie der rascheren Ermüdbarkeit bei auditiver und taktiler Informationsaufnahme gegenüber der visuellen ist dabei Rechnung zu tragen (Schindele 1985, 113 f.). Daneben gilt es zu überlegen, dass Parallelhandlungen insbesondere bei taktiler Aufnahme erschwert sind. Wer eine Abbildung tastend erkundet, kann nicht gleichzeitig in der Legende nach der Bedeutung von Strukturen und Symbolen suchen.

Übergeordneter verweist Hillenbrand (2013) auf die Bedeutung von Strukturen im Unterricht. Für inklusive Bildungssysteme belegt er aufgrund namhafter internationaler Forschungsbefunde, dass es weniger die schulorganisatorische Veränderung als die Effektivität zugestandener Bildung für alle Schülerinnen und Schüler ist, die eine erfolgreiche Erweiterung von Kompetenzen unterstützen kann. So scheint beim Lernen grundsätzlich ein didaktisches Vorgehen angebracht zu sein, welches klare Strukturen aufweist, eher lehrkraftgesteuert ist, modellhaft und mit aktivierenden Anweisungen durch die Lehrperson erfolgt und außerdem vielfache Übungs- und Wiederholungsangebote bereithält. Unstrukturierte Formen des offenen Lernens, so zeigen Forschungsergebnisse auf, sind teilweise unwirksam und eher benachteiligend für Lernende mit besonderem Bildungsbedarf (ebd., 94 f.).

Umfassende Strukturierung mit TEACCH

Das Kürzel TEACCH steht für »Treatment and Education of Autistic and related Communication handicapped Children«. Die aktuelle Erfolgsgeschichte von TEACCH beruht auf dessen umfassend und konsequent umgesetzten Strukturierung aller Bildungsangebote. In individualisierender Ausrichtung wird dabei für die einzelnen Lernenden immer gefragt, wieviel an Komplexität für sie aushaltbar und wieviel an strukturierender Reduktion nötig und sinnvoll ist (Häussler 2008).

TEACCH als didaktisches Konzept fußt auf:

- gestalteten und erfahrbaren (veranschaulichten) Strukturen von Raum, Zeit, Handlungen und Begegnungen,
- individuell konzipierten Arbeitsplänen als Leitplanken für selbständiges Arbeiten,
- funktional angepasster Gestaltung aller Lernmaterialien,
- Etappierung und Gliederung von Aufgaben bis hin zu Übergängen in andere (Wann ist die Arbeit fertig und was kommt danach?) und
- Kommunizierten Situationen: Übersetzung von Situationen und Aufträgen in verstehbare Zeichen (Welche Begriffe, Veranschaulichungen oder Rituale machen Wirklichkeit erfahr- und verstehbar?) (ebd.).

Im Weiteren werden innerhalb der Strukturierungen wenn möglich auch »Advanced Organizers« als Leitplanken angeboten, auch um allfällige Überraschungen möglichst vorwegzunehmen. Situationen mit ungewissem Ausgang aufgrund von Unvorhergesehenem gilt es als Ausnahme zu deklarieren. So erhalten auch sie eine Struktur und sind eher zu verarbeiten.

TEACCH insgesamt will die Besonderheiten einzelner Kinder und Jugendlicher schützen, will diese angemessen herausfordern aber nicht überfordern. Es will genau festgelegte zeitliche und räumliche Strukturen für die einzelnen Schülerinnen und Schüler anbieten mit dem Ziel, Rituale und Gewohnheiten auszubilden (ebd.).

4.2.3 Üben

Vertreter einer neurowissenschaftlich ausgerichteten Didaktik betonen, dass dem Faktor »Üben«, als Voraussetzung für nachhaltiges Lernen, in der Unterrichtsgestaltung heute grundsätzlich zu wenig Gewicht beigemessen wird. Gemäß Neurodidaktik müssen neue Inhalte anknüpfen an bereits erworbenes Wissen, welches nur zur Verfügung stehen kann, »wenn es durch Übung und Training präsent gehalten oder gemacht wird. Im Vergleich mit der Schul- und Unterrichtspraxis vor einigen Jahrzehnten sind die Übungszeiten geschrumpft, gleichzeitig ist der ›Stoffdruck‹ gestiegen. Beides führt zur Absenkung der Schulleistung« (Herrmann 2006, 121). Hier ist zusätzlich zu bedenken, dass blinde und hochgradig sehbehinderte Lernende fast immer mehr Lernzeit benötigen als sehende. Trägt man dieser Tatsache in der Unterrichtsgestaltung und Auswahl ihrer Lerninhalte zu wenig Rechnung, so werden Übungsmöglichkeiten und -zeiten zusätzlich reduziert. Die Möglichkeit, neu zu erwerbendes Wissen an Vorwissen anzubinden, sinkt und damit auch die Chance »hirngerechten« Lernens. Dem Einsatz motivierender und dadurch in der Regel effizienter Formen des Übens kommt deshalb eine besondere Bedeutung zu.

Reziprokes Lernen oder Lernen durch Lehren

Bezug nehmend auf internationale Forschungsbefunde verweist Hillenbrand auf die Bedeutung kooperativer Lernformen (vgl. auch 5.3.3), so auch auf reziprokes Lernen, in welchem die Förderung von Sachkompetenz, zum Beispiel im Lesen, gleichzeitig mit einer Stärkung des sozialen Zusammenhalts einhergeht (2013, 95). Beim reziproken Lernen oder Lernen durch Lehren wird in kleinen Gruppen gearbeitet. Die Schülerinnen und Schüler übernehmen darin abwechselnd die Rolle der Lehrenden und vermitteln sich so die vorgegebenen Inhalte gegenseitig, zum Beispiel aufgrund des Lesens und Besprechens von Texten. Lehrpersonen unterstützen in den Gruppen die mit der Rolle der Lehrenden Beauftragten zunächst intensiv, nehmen dann aber ihre Unterstützung mehr und mehr zurück (Renkl 1997, 17 ff.). Zu den klar vorgegebenen Zielsetzungen können dabei das sichere Lesen und Vorlesen, das Klären von Begriffen, das Verstehen der Texte, das Erfassen der Bedeutsamkeit der Inhalte insgesamt oder mit Schwerpunktsetzungen gehören. Besonders vorteilhaft ist diese Methode, weil damit in einem klar strukturierten und vorgegebenen Rahmen eine übende und vertiefende Auseinandersetzung mit dem Stoff, einerseits in der Rolle der Lehrenden und andererseits in derjenigen der Lernenden, erfolgt. Sehbehinderte und blinde Schülerinnen und Schüler sind, angemessene Adaptation der Inhalte und Verfügbarkeit unterstützender Technologien vorausgesetzt, gut integrierbar in diese Lerngruppen.

Peer Tutoring

Das Peer Tutoring findet in der Regel in Dyaden statt. Ursprünglich wurde es als individuelle Hilfsmaßnahme für schwächere Lernende konzipiert, um mittels stark strukturierter Aktivitäten und Materialien Basisfertigkeiten oder im Unterricht bereits thematisierten Stoff einzuüben (vgl. Adl-Amini, Büttner & Warwas 2012, 5). Es geht dabei also weniger um das Erlernen von neuem Wissen, als vielmehr um das Üben und Festigen von bereits bekannten Inhalten.

Anders als bei der Methode Lernen durch Lehren ist das Arrangement beim Peer Tutoring häufig nicht reziprok. Meist übernehmen leistungsstarke ältere Schülerinnen und Schüler die Rolle der Lehrenden (Tutor oder Tutorin) und unterrichten leistungsschwächere Lernende (Tutees). Es hat sich gezeigt, dass Schülerinnen und Schüler in beiden Rollen günstige Lernbedingungen vorfinden und von diesem Lernarrangement gegenseitig profitieren können (ebd.).

Beim Peer Tutoring werden die Lerninhalte und das Vorgehen relativ stark strukturiert und abgegrenzt. Die Tutorenrolle setzt ein beachtliches Maß an sozialen, kognitiven und metakognitiven Fähigkeiten voraus (ebd., 12). Peer Tutoring lässt sich auch mit dem Ziel der speziellen Förderung der Tutoren umsetzen. Dabei kann es darum gehen, sie durch Übernehmen der Lehr-Rolle im eigenen Lernen zu fördern und positiv auf ihre schul- und lernbezogenen Einstellungen einzuwirken. Hattie belegt in seinen Meta-Analysen von Methoden die positiven Wirkungen des Tutorings für alle Beteiligten. Er weist allerdings nach, dass Peer Tutoring mit Lernenden unterschiedlichen Alters effektiver ist als mit gleichaltrigen Peers (vgl. Hattie 2013).

4.2.4 Prozessorientierung – Metakognition

Lernen durch Lehren, Peer Tutoring sowie alle weiteren Methoden des gemeinsamen Lernens erfordern aufseiten der Lernenden besondere selbstregulative, soziale wie auch kognitive Kompetenzen und Strategien. Brunsting (2011) fasst diese Voraussetzungen zusammen im Konzept der Metakognition: »Mit Metakognition ist die Fähigkeit gemeint, zurückzutreten und einen Blick auf sich selbst oder auf die Situation zu werfen (›Adlerperspektive‹). Auch sich zu überwachen und zu evaluieren gehört zu den metakognitiven Fähigkeiten« (ebd., 182).

Tschekan (2012, 92) gliedert diese in drei Bereiche innerhalb eines Lernprozesses:

- Planung: Überblicken, Ziele setzen, Material bestimmen, Arbeitsschritte festlegen und Zeiten bestimmen
- Überwachung: Überprüfen, Reflektieren, Anpassen und Korrigieren
- Reflexion: Austausch, Vergleichen von Prozessen, Stärke-Schwäche-Analyse

Anhand der vielseitig einsetzbaren Aufgabe »Ordnung erstellen« stellt Tschekan eine praktische Umsetzung metakognitiven Lernens vor (ebd., 99): Im Sachunterricht gibt die Lehrperson bestimmte Inhalte vor, die systematisch zu ordnen/sortieren sind. Die Schülerinnen und Schüler sollen gemäß vorgegebener Arbeitsschritte in kleinen Gruppen:

- Planen und Umsetzen
  - Ordnungskriterien festlegen
  - Inhalte sortieren gemäß dieser Kriterien
  - entstandene Ordnung übersichtlich darstellen
- Überprüfen
  - entstandene Ordnungen der verschiedenen Gruppen vergleichen
  - entstandene Ordnung in der eigenen Gruppe begründen
- Reflexion
  - Welche der Ordnungen gefällt mir am besten? Warum?
  - Was sind sinnvolle Ordnungskriterien für …?

Das Beispiel belegt die Vielfalt an Kompetenzen und Strategien, welche anhand einer einfachen Aufgabenstellung gefördert werden können.

4.2.5 Fehlerkultur

Fehler sind nicht primär zu verhindern sondern vielmehr zu nutzen »als Fenster auf den Lernprozess, als Lernchance« (Spychiger 2010, 175) Die Autorin empfiehlt, einen offenen und transparenten Umgang mit Fehlern zu pflegen, nicht nur zu akzeptieren, dass Lernende Fehler machen, sondern deren didaktische Bedeutung erkennen. Weil Fehler vorbelastet sind, folgen manche Lehrpersonen in ihrem Unterricht jedoch oft der Strategie »Fehler vermeiden«. Dies begünstigt didaktische Maßnahmen wie zum Beispiel kleinschrittiges Aufbereiten von Unterrichtsinhalten, das schnelle und beiläufige Korrigieren von Fehlern wie auch das Ignorieren derselben. Es kann dazu führen, dass Beiträge gewisser Schülerinnen und Schüler im Sinne eines »Bermuda-Dreiecks« übergangen werden (ebd., 184). Spychiger rät zur Rehabilitation von Fehlern und meint, fehlerfreundliche Lehrpersonen erkenne man daran, dass sie scheinbar mehr Zeit hätten (ebd., 186 f.). Sie verweisen auf Fehler. »Schau mal, da ist dir ein Fehler passiert« oder aber »Schau mal, dieser Handschuh passt so nicht an deine Hand.« Sie können Stille ertragen und warten oder analysieren anstatt zu behandeln: »Wie sind denn deine Finger da verteilt?« Fehler führen zu Reflexionen auf der Metaebene. Fehler können als Ausgangspunkt von Üben genutzt werden – vorausgesetzt, die Lernenden erhalten Rückmeldungen dazu. Dass Fehlermitteilungen erfolgen und zwar so, dass sie auch angenommen werden können, dies erachtet Spychiger als zentrales Element einer Didaktik der Fehlerkultur (2010).

4.2.6 Medien

Medien haben eine vermittelnde und verbindende Funktion zwischen Sache und Aufnehmenden. Sie sind aber als selbstständiger Aspekt von Vermittlungsvariablen zu verstehen. Dies betonen Vertreter der lern- und lehrtheoretischen Didaktik. Medien, so Schulz, sind »die gegenständlichen Mittler der Verständigung über die unterrichtlichen Handlungsmomente«. Sie sind als »Hilfsmittel jeder didaktischen Kommunikation« notwendig. Bücher, Bilder und Projektionen setzt er der Sprache, Mimik und Gestik als unmittelbare Verständigungsmittel gleich (Schulz 2002, 51). So gelingt es, Medien den zentralen Stellenwert einzuräumen, welcher ihnen gebührt: »Damit sehgeschädigte Schülerinnen und Schüler am Unterricht erfolgreich teilnehmen können, sind Grundvoraussetzungen in Bezug auf [...] Lehr- und Lernmittel, Medien [...] zu gewährleisten« (KMK 2000, 189). Die Medienfrage war, ist und bleibt bedeutsamer Aspekt einer Didaktik für blinde und hochgradig sehbehinderte Kinder und Jugendliche, welche »Selbstbestimmung akzeptieren und Selbstständigkeit ermöglichen« soll (Walthes 2014, 114). Schabow (2004, 130) fordert weitergehend, dass die Blinden- und Sehbehindertenpädagogik aufzuzeigen habe, wie deren Realisierung unter den je besonderen individuellen Bedingungen erfolgen solle. Er verweist zudem auf den integrativen Nutzen blindenspezifisch aufbereiteter Lehr- und Lernmittel (ebd., 132). Die Ressourcen solcher Modelle (z. B. Bahnhof, Lift, ...) für integrativen Unterricht können in gemeinsamer Auseinandersetzung aller Lernenden in der Gruppe mit diesen Inhalten genutzt werden. Viele Kinder ohne Behinderung des Sehens sind fasziniert von Medien, welche auch »handgreiflich« im Unterricht zugänglich sind. Dadurch können gemeinsame Lernprozesse begünstigt und soziale Integration kann gefördert werden.

Wegweisend für die Zukunft sind auch hier Forderungen gemäß dem Prinzip des Universellen Designs. Gemeint ist damit die Gestaltung von Produkten, Programmen, Dienstleistungen aller Art, die für alle Menschen im größtmöglichen Umfang genutzt werden können, ohne dass eine Anpassung erforderlich ist. Universelles Design soll möglichst vielseitig dem heterogenen Bedarf behinderter Menschen gerecht werden.

Vertragsstaaten der UN-Behindertenrechtskonvention (2006) anerkennen das Recht von Menschen mit Behinderungen, gleichberechtigt mit anderen am kulturellen Leben teilzuhaben. Gemäß Artikel 9, Absatz 1 betrifft dies den Zugang zur physischen Umwelt, zu Transportmitteln, zu Information und Kommunikation, einschließlich Informations- und Kommunikationstechnologien und -systemen (http://www.behindertenrechtskonvention.info/zugaenglichkeit-3790/, Zugriff am 04.08.2015).

Betrachtet man aufgrund dieser Verpflichtung Lernmedien, welche gemeinsames Lernen ermöglichen sollen, so gewinnt die folgende Forderung an Gewicht: Lernen mit gemeinsamen Medien, am gemeinsamen Gegenstand oder Thema, setzt voraus, dass diese für alle attraktiv sind. Nur so kann eine gleichberechtigte Auseinandersetzung damit erfolgen. Bücher, welche es blinden und sehenden Kindern ermöglichen, gemeinsam zu lesen und zu lernen, also vergleichbare Bucherfahrungen zu machen, folgen dem Konzept des »Universal Design«, wenn sie visuell wie taktil gleichermaßen attraktiv sind (Lang 2014, 116 f.).

Medial gestützter Anschauungsunterricht kann sich zur Gewährung der Zugänglichkeit neu mit Produkten des 3-D-Drucks behelfen, weil sich damit spezielles Anschauungsmaterial oder »Anfassmaterial« nach Bedarf herstellen lässt. Dies in bestimmbaren Dimensionen und Maßen, zum Beispiel zum Veranschaulichen von mathematischen Aufgaben. Ein besonderer Gewinn des 3-D-Drucks besteht für Kalina (2015) darin, dass blinden Schülerinnen und Schülern Sachverhalte und Phänomene vermittelbar sind, welche sich eigentlich unmittelbar nur dem Sehsinn erschließen. So zum Beispiel das optische Phänomen der Perspektive. Nicht außer Acht gelassen darf indessen neben allen positiven Aspekten der neuen Möglichkeiten zur Herstellung dreidimensionaler Unterrichtsmaterialien, dass sie in Bezug auf Tastqualitäten vorerst ausschließlich auf »Plastik-Erfahrungen« beschränkt möglich sind.

Problematische Aspekte von Medien

Probleme enthalten Medien bereits grundsätzlich, also losgelöst von behinderungsspezifischem Einsatz: »Jeder Gegenstand, den Sie in den Horizont der Kinder bringen, hat es nötig, ein Medium anzunehmen« (Jank & Meyer 2003, 267). Medien haben ihre Auswirkungen auf den Gegenstand, den sie repräsentieren und diese Auswirkungen können sehr verschieden sein: »Die Art und Weise, wie ich einen Unterrichtsinhalt an Kinder herangebracht habe, ist zugleich bestimmend für die Art und Weise, in der dieser Gegenstand in einem Kind lebendig wird. Das Medium bleibt gewissermaßen wie Eierschalen am Gegenstand haften« (ebd.). Es ist Jank und Meyer zuzustimmen, wenn sie fordern, dass die Zielsetzungen des Unterrichts, der je ausgewählte Gegenstand und das eingesetzte Medium »in einer inneren Koordinierung, in einer Harmonie stehen müssen« (ebd.). Gelingt dies nicht, so bauen Lernende Vorstellungen auf, die allenfalls kompatibel sind mit dem eingesetzten Medium, nicht aber mit der damit eigentlich zu vermittelnden Realität. Hierzu ein bekanntes Problem aus der blindenspezifischen Didaktik: Was erweckt ein Spielzeugtier oder Kunststoffmodell eines Tieres, sei es noch so realitätsgetreu gestaltet, bei einem blinden Kind an Vorstellungen der Wirklichkeit, wenn nicht darauf verwiesen wird, worum es sich beim Medium handelt und worin dessen Besonderheiten bestehen?

Medien sind ein wichtiger Ersatz für Realität, die nicht immer ins Schulzimmer zu bringen ist. Trotzdem sollte Unterricht, möglichst oft aus unmittelbarer Begegnung und in der Auseinandersetzung mit der realen Welt erfolgen. Schüpbach liefert aus dem Geografieunterricht mit sehenden Kindern eine mögliche Konsequenz des Ausbleibens der direkten Begegnung:

> »Die Lehrerin hat in der Kartenlehre erklärt, dass ›Norden immer oben‹ sei, und die Kinder haben diesen Satz brav so gelernt. Später, irgendwo draußen, stellt sich die Frage nach der Orientierung. Die Lehrerin fragt, wo denn nun Norden sei. Und die Schüler zeigen mit der Hand – nach oben« (2000, 59).

Schüpbach betont: »Aus der Energie der »Begegnung« entstehen weitere aktive Prozesse: fragen, untersuchen, erforschen, erklären, begreifen und verstehen« (ebd., 80). Was Schüpbach postuliert, gewinnt für blinde Lernende angesichts der oftmals eingeschränkten Vorerfahrungen zusätzlich an Bedeutung: Medien repräsentieren immer nur ausgewählte Aspekte realer Gegebenheiten.

Ideale und reale Lernumgebungen

Eine weitere Relativierung der als zentral dargestellten Bedeutung von Medien und medial aufbereiteten Lernumgebungen liefert Schindele:

> »Bei allen Entscheidungen in Bezug auf die Gestaltung der Lernumgebung für Sehgeschädigte ist die doppelte Aufgabe der Sehgeschädigtenpädagogik zu sehen: den Schülern einerseits ein Lernen in einer für sie optimal aufbereiteten idealen Lernumgebung zu ermöglichen, andererseits sie aber auf realistische Lern- und Lebenssituationen, in denen diese Adaptationen weitgehend nicht vorhanden sind, vorzubereiten« (1985, 118).

Daraus ist indessen nicht zu schließen, dass der Einsatz von Medien und gut angepassten Lernumgebungen zu reduzieren ist, wohl aber, dass sehgeschädigte Lernende auch Handlungsstrategien erwerben müssen für Situationen ohne vorhandene Adaptationen.

4.2.7 Themenzentrierte Interaktion

Vertreter der lern- und lehrtheoretischen Didaktik haben Aspekte aus der Themenzentrierten Interaktion (TZI) von Ruth Cohn (1988) in ihr Konzept eingefügt. TZI basiert auf einem Interaktionsmodell, welches alles beinhaltet, was zwischen zwei oder mehreren Menschen passiert. Interaktion ist außerdem immer zentriert auf ein Thema. In dynamischer Balance soll der Unterricht Sach-, Gefühls- und Sozialerfahrungen gleichermaßen ermöglichen. Zielsetzung ist persönliches Wachstum jedes Einzelnen in der Gruppe. Wichtig dabei sind die Förderung von Kooperationsfähigkeit sowie das Annehmen- und Bewältigen-Können von Anforderungen. Neben den zentralen Anliegen der Ausbildung von Selbst- und Sozialkompetenzen ist sachbezogene Kompetenzsteigerung stets bedeutsam.

Wenn Unterricht sich gemäß TZI zu beziehen hat auf die Einzelnen, die Gruppe und die Sache, gilt es für blinde und hochgradig sehbehinderte Lernende zu berücksichtigen, dass ihre Unterrichtung angesichts besonderer Lernvoraussetzungen, zusätzlicher blindenspezifischer Unterrichtsfächer sowie notwendiger Inhalts- und Methodendifferenzierung vielfach durch Individualisierung und oft getrennt von der Klasse erfolgt. Dies auch aufgrund der Tatsache, dass die Förderung in integrativer Schulung in der Regel durch eine punktuell begleitende Lehrperson geplant und durchgeführt wird. Mit Hilfe dieser bewährten Konstellation kann der Erwerb von Sachwissen sowie der Aufbau blindenspezifischer Lernstrategien und Kompetenzen in idealer Weise unterstützt werden. Beeinträchtigt sein kann dadurch allerdings der Austausch mit der Gruppe, das gegenseitige Lernen und Eingebunden-Sein im »Wir«. Verschiedene empirische Befunde verweisen auf diese Problematik, auf die ungenügende soziale Integration blinder Kinder und Jugendlicher in die Schulklasse (Tanner 2003; Thiele 2004). Unterrichtsgestaltung, welche für den Austausch über individuell beschrittene Lernwege regelmäßig gemeinsame Plattformen und Zeitgefäße mit der ganzen Klasse schafft, kann eine wichtige und notwendige Ergänzung im Sinne des gemeinsamen Lernens anbieten.

4.2.8 Aktives Lernen in gestalteter oder realer Umgebung

Laemers betont, dass die bei der Geburt vorhandenen genetisch angelegten Strukturen insbesondere durch erfahrungsabhängige Verknüpfungen – basierend auf der Eigenaktivität, auf dem Zusammenspiel von Wahrnehmung und Handeln – weiterentwickelt werden (2004, 303). Und Schindele fordert eine »Bevorzugung von Methodenkonzeptionen, die selbsttätigen-selbstentdeckenden und auf lebensnahe Ganzheiten angelegten Unterricht begünstigen« (1985, 112). Aktivität und Bewegung als zentrale Ausgangsbasis von Lernen und Verankerung von Wissen für blinde Lernende didaktisch zu garantieren, ist eine altbewährte Forderung. In verschiedenen Konzepten hat sie insbesondere für sehgeschädigt-mehrfachbehinderte Kinder eine weite Verbreitung gefunden.

Die Methode Montessoris

Eine pädagogisch gestaltete Umgebung ist die zentrale Voraussetzung, damit ein Kind sich gemäß seiner Anlagen entwickeln und die Welt begreifen kann (Montessori 1913; Pitamic 2006). Die Lehrfunktion liegt in der Sache selbst, welche allerdings in didaktischer Aufbereitung eine Reduktion erfährt. Aus vorhandener Komplexität werden bestimmte Dimensionen oder Merkmale (Länge, Farbe, Gewicht, …) isoliert und in Form ausgewählter Materialien angeboten. Beschränkung soll die Fokussierung der Aufmerksamkeit auf die vorgegebenen Merkmale und die eigenständige Beschäftigung mit den Materialien ermöglichen. Das didaktische Grundprinzip der freien Wahl und der Eigenaktivität wird vonseiten der Lehrpersonen ergänzt durch ihre bewusste Zurücknahme. Der Gewinn dieser Methode für sehgeschädigte Kinder ist gegeben. Er liegt insbesondere im Erwerb von Strategien und Vorstellungen in handelnder Auseinandersetzung mit den Lerninhalten. Gleichzeitig ist jedoch zu bedenken, dass der soziale Bezug im Lernprozess nicht vernachlässigt werden darf (vgl. auch Kap. IV, 1.4). Erzieherisches Handeln hat gerade bei Kindern mit begrenzter Motivation zu explorierendem Erkunden der

Umwelt eine wichtige unterstützende und begleitende Rolle. »Die Erziehungs- und Lernsituation wird somit beim blinden Kind noch stärker als beim sehenden zu einer Kommunikationssituation« (Austermann & Weinläder 2000, 227). Auch Wygotski, verweist mit seinem Konzept einer »Zone der nächsten Entwicklung« auf die Bedeutung sozialer Ko-Konstruktion. Aktives und selbstständiges Handeln in und mit der Welt kann unterstützt werden, wenn die nächstmögliche Entwicklungszone aus der Beobachtung des selbstständigen und des gemeinsamen Handelns abgeleitet wird. »Indem wir die Möglichkeiten des Kindes in der Zusammenarbeit ermitteln, bestimmen wir das Gebiet der reifenden geistigen Funktionen, die im allernächsten Entwicklungsstadium sicherlich Früchte tragen und folglich zum realen geistigen Entwicklungsstadium des Kindes werden« (1987, 83).

Die Methode Lili Nielsens

Insgesamt ist Nielsens Ansatz offener bezüglich einsetzbarer Materialien als derjenige Montessoris. Ihr Konzept des aktiven Lernens in einer gestalteten Umgebung will Materialien, welche die Umwelt erfahrbar machen, zu stetiger Verfügung bereithalten und somit ein Feld zum Experimentieren und Wiederholen anbieten (Nielsen 1996). Didaktisch verankert ist Nielsens Ansatz in der Annahme eines genetisch festgelegten, hierarchisch aufgebauten Entwicklungsverlaufs. Wenn durch eine Behinderung eine Entwicklungsstufe gestört ist, sind alle folgenden Stufen ebenfalls betroffen. Förderung muss ansetzen auf der primär gestörten Stufe und dem »natürlichen« Entwicklungsverlauf folgen. Nielsens Ansatz beruht auf der Überzeugung, dass erlernte Fähigkeiten nur Teil einer Person werden, wenn diese Gelegenheit erhält, aus eigenem Antrieb und gemäß eigener Auswahl zu lernen. Nielsen folgt in ihrem Förderkonzept einem strukturierten Aufbau in Stufen:

- Methode des Anbietens,
- Methode der Nachahmung,
- Methode der Interaktion,
- Methode der Arbeitsteilung,
- Methode der Konsequenz.

Eine Förderung, welche diese methodischen Schritte ausgewogen berücksichtigt, ist einerseits konsequent individualisierend ausgerichtet. Andererseits finden sich darin die Eckpunkte des TZI-Grundprinzips, des ausgewogenen Bezugs auf Individuum, Sache und Gruppe, umgesetzt.

Aktives Lernen in realer Umgebung

Einen weiteren aktivitätsorientierten Ansatz liefert das ImPAct-MDVI-Projekt (Drave 2006) für Lehrpersonen, die mit sehgeschädigt-mehrfachbehinderten Kindern arbeiten. Dieses Konzept geht davon aus, dass bisherige Programme zu stark auf die Schulräume und -umgebung beschränkt sind und nicht ausreichend Möglichkeiten bieten, die reale Umwelt zu erforschen. »Aktivitäten des realen Lebens sind Erfahrungen, die im Rahmen seines Lebens, seiner Familie und Gesellschaft für das Kind bedeutungsvoll sind. Beispiele für Aktivitäten des realen Lebens sind: Spielen, Essen, Ankleiden, ins Kino gehen, Freunde besuchen« (ebd., 8). Durch die Ankoppelung an die alltäglich sich anbietenden Aktivitäten wird eine Steigerung der Lernmotivation erwartet, weil damit der Fokus auf bedeutungsvolle Inhalte und Personen des Lebens ausgerichtet ist. Die Planung und Umsetzung des aktivitätsorientierten Ansatzes erfolgt ebenfalls in fünf Stufen (ebd., 14 ff.):

- Einschätzung der aktuellen Situation,
- zukünftige Aktivitäten planen, Hauptziele festlegen,
- Aktivitäten bevorzugen,
- Realisierung,
- Auswertung/Überprüfung.

Mit dem Prinzip der Einbindung der Förderung in reale Lebenssituationen geht dieses Konzept über die Ansätze von Montessori und Nielsen hinaus.

4.3 Interaktion: Grundlagen der kritisch-kommunikativen Didaktik und ihre Bedeutung im Unterricht für hochgradig sehbehinderte und blinde Schülerinnen und Schüler

»Im Gegenschlag zu einem technologischen Unterrichtsverständnis, das in den 1960er-Jahren die Diskussion bestimmte (lernzielorientierter Unterricht, programmierter Unterricht), folgte mit der 68er-Bewegung die Wiederentdeckung des Personalen, der Beziehungsverhältnisse« (Bönsch 2006, 99). Damit rückt die Interaktion zwischen Lehrenden und Lernenden in den Mittelpunkt. Unterrichtsplanung muss besonderen Wert darauf legen, Themen nicht nur der Sache angemessen sondern vor allem auch interaktionsadäquat zu vermitteln. Die explizit benannte und im Vordergrund stehende Tatsache, dass Unterricht störungsanfällig ist, mag eine befreiende Wirkung haben. Störungen erlangen einen gewissen Status an Normalität, wohingegen a priori gelingende Interaktion als eher unwahrscheinlich betrachtet wird. »Didaktik ist eine Theorie des schulischen Lehrens und Lernens als kommunikative Prozesse mit dem Ziel, vorhandene Wirklichkeiten kritisch zu reflektieren und sie in anspruchsvollere Möglichkeiten zu transformieren« (Winkel 2002, 110). Schule hat somit auch den Auftrag – und daher rührt der Begriff »kritisch« in Winkels Modell –, die bestehenden gesellschaftlichen Werte nicht einfach zu akzeptieren, sondern so weit wie möglich zu verbessern. Die Definition zeigt, dass mit der Feststellung der Normalität von Störungen gleichzeitig auch der Anspruch der Erweiterung kommunikativer Kompetenzen verbunden ist. Lehrpersonen müssen sich der eigenen Lerngeschichte bewusst werden. Persönliche soziale Erfahrungen prägen die kommunikativen und kooperativen Angebote, die sie in ihrer Schulpraxis umsetzen. Eine Schulklasse kann als Kommunikationssystem verstanden werden, in welchem die beteiligten Personen den Teil eines Ganzen darstellen. Ebenso dazu gehören Interaktionsformen, welche ihrerseits durch die sozialen Rollen der Beteiligten und durch explizit oder implizit vorhandene kommunikative Regeln gesteuert werden. Aus dieser Perspektive lassen sich auch personübergreifende, institutionelle und gesellschaftliche Muster erkennen, welche das Handeln und den Austausch zwischen Lehrenden und Lernenden wesentlich (mit-)konstruieren. Die Störungsanfälligkeit der kommunikativen Prozesse im Unterricht ist aber nur eine der Bedeutungsebenen von »kommunikativ« in diesem Modell. Das Adjektiv steht auch deshalb, »weil Lehren und Lernen kommunikativer werden *sollen*, das heißt schülerorientierter, kooperativer, transparenter, mit- und selbstbestimmender, störungsärmer usw.« (ebd., 95). In Planung und Reflexion ist die Interaktion zwischen allen am Unterricht Beteiligten und die Partizipation der Lernenden zu berücksichtigen. Damit verbindet auch kritisch-kommunikative Didaktik sich mit der Grundidee der Themenzentrierten Interaktion (TZI), mit der dynamischen Balance von Ich, Wir und Sache.

4.3.1 Praktische Bedeutung der kritisch-kommunikativen Didaktik

Gütekriterien eines kommunikativ orientierten Unterrichts sind wesentlich auf die darin enthaltenen Beziehungsstrukturen ausgerichtet. Dazu gehören Gegenseitigkeit im Lehr- und Lernhandeln, geprägt durch Einfühlungsvermögen, und Anerkennungsbereitschaft. Mit den zu entwickelnden Kompetenzen, sich einzubringen, mitzubestimmen und das Lernen zunehmend auch selbstbestimmt gestalten zu können, soll das in Beziehungsstrukturen Gewonnene zur Qualität von Unterricht beitragen. Transparent und nachvollziehbar, aber auch veränderbar sollen Auswahl und Bearbeitung der Unterrichtsinhalte erfolgen. Mit kritisch-kommunikativer Didaktik wird aber zusätzlich einer aktuellen Grundproblematik des schulischen Alltags Rechnung getragen: Die Tatsache, dass Lehrpersonen sich vielfach primär mit Störungen konfrontiert sehen, ist ein Aspekt ihres Unterrichts, in welchem sie sich von den bisher dargestellten didaktischen Modellen zu wenig unterstützt fühlen. Bildungs- wie auch lehr- und lerntheoretische Didaktik stellen angesichts oft massiv gestörten Unterrichts eine Art »Feiertags-Didaktik« dar, welche den Alltag nicht in seiner ganzen Komplexität abdeckt. Dies mag ein Grund dafür sein, dass die kritisch-kommunikative Didaktik als Möglichkeit eines Perspektivenwechsels vonseiten der Lehrpersonen begrüßt wird.

Die Relevanz dieses Ansatzes für blinde und sehbehinderte Lernende zeigt sich insbesondere aufgrund empirischer Befunde zur inklusiven resp. integrativen Unterrichtung. Deren Gelingen sowie das Wohlbefinden der Schülerinnen und Schüler scheint maßgeblich auf interaktiven Voraussetzungen, auf Beziehungsstrukturen und -kulturen zu beruhen. Soziale Integration, so Thiele (2004) sei offenbar noch »keine Erfolgsgeschichte«. Jüngere Forschungsergebnisse stützen diesen Befund mit Verweisen auf die Störungsanfälligkeit sozialer Integration bis hin zu als isolierend wahrgenommenem Unterricht (Böing & Korf 2013). Nater, Kolaschinsky und El Rasheed (2009) belegen, dass sehbehinderte und blinde Kinder im Alter von neun bis 14 Jahren in sozialen Kontakten schüchterner und zurückhaltender sind als ihre nichtbehinderten gleichaltrigen Peers. Forschungsergebnisse aus Dänemark zum Sozialleben blinder und sehbehinderter Kinder und

Jugendlicher im Vergleich mit demjenigen sehender Gleichaltriger (Rodney 2011) zeigen auf, dass eine Sehbeeinträchtigung Interaktionen in der Peergroup einschränkt. Die Befragten äußern »dass sie durch ihre Behinderung oft in atypische Situationen sowohl im schulischen als auch im sozialen Zusammenhang versetzt werden« (ebd., 224). Neben vielen, in schulischer Integration bereits gut erfüllten Kriterien, sind es offenbar die Kommunikations- und Interaktionskompetenzen aller Beteiligten, welche zu optimieren wären. Blinde und hochgradig sehbehinderte Kinder haben oft allgemeine oder auf bestimmte Bereiche bezogene besondere Erfahrungshorizonte, gerade aufgrund ihrer Behinderung und den damit verbundenen Fördermaßnahmen. Diese können zu Kommunikationsproblemen führen. Aufgrund unterschiedlicher Vorstellungen wird nicht immer »vom Gleichen« gesprochen. Zudem sind Kinder und Jugendliche mit behinderungsbedingt eingeschränkter Teilhabe an nonverbaler Kommunikation häufig zu wenig eingebunden in das formelle und insbesondere informelle Klassengefüge mit seinen Ritualen der Selbstdarstellung und den Möglichkeiten, sich Zugehörigkeit zu sichern. Aussagen von blinden und hochgradig sehbehinderten jungen Erwachsenen zu ihrer Schulsituation können dies belegen (Hofer 2007):

> »Aber viele haben mich ausgelacht. Wenn ich irgendwo hereingekommen bin, hat die ganze Klasse gelacht und der Lehrer war dann auch überfordert, weil es eine so schwierige Klasse war. Dann hat mich der Stützunterricht gestört. Da habe ich mich noch mehr als Außenseiterin gefühlt, weil die anderen das Gefühl gehabt haben, ich würde bevorzugt.«
> »Und es hat an Kommunikation vieles gegeben, das ich nicht mitbekommen habe. Wo die andern über dieses und jenes gesprochen haben und ich zuerst fragen musste, um was es geht. Und das hat die andern genervt, wenn ich dauernd nachgefragt habe.«
> »Ich habe das immer gerade persönlich genommen, wenn ich plötzlich auf dem Pausenplatz alleine stand und alle anderen waren in Gruppen zusammen. Im Nachhinein denke ich, dass es vielleicht mehr der Grund war, dass sie es einfach vergessen haben, dass ich auch noch da wäre.«

Kritisch-kommunikative Didaktik beinhaltet die chancengleiche Möglichkeit aller Beteiligten, sich auf der Beziehungs- wie der Inhaltsebene in die Kommunikationsprozesse einzubringen. Dazu gehört auch die Forderung, dass behinderte Menschen in ihrer Besonderheit und nicht lediglich aufgrund ihrer Anpassungsfähigkeit an die Mehrheit akzeptiert sind. Gemäß Spittler-Massolle hat die Frage nach der Bedeutung von Blindheit in der sehenden Welt bislang keine befriedigende Erklärung erhalten. Seine Feststellung aus dem Jahr 1998 mag, so kann es scheinen, heute angesichts zahlreicher Events wie »Essen im Dunkeln«, »Theater im Dunkeln«, »Kunst zum Anfassen« etc. (vgl. auch Kap. I, 1.3) ihre Gültigkeit verloren haben. Die Frage bleibt jedoch, ob sich diese Trends auch abbilden in einer integrativen Didaktik oder ob dort die Erwartung einseitiger Anpassung unterschwellig weiterbesteht. Der in früher Kindheit erblindete Hitschmann, Lehrer am Israelitischen Blindeninstitut »Hohe Warte« in Wien, veröffentlichte Ende des 19. Jahrhunderts Prinzipen einer Blindenpädagogik, welche von den anderen Fachvertretern kaum goutiert wurden. Für Hitschmann waren in allen Fragen der Menschenbildung zwei Standpunkte einnehmbar: Entweder sei auszugehen von einer idealtypischen Norm, welche mit jedem Zögling zu erreichen sei, oder aber von speziellen Anlagen, welchen die Verfahren der Erziehung und Bildung anzupassen wären, um sie verwirklichen zu können. Offenbar folgten die meisten

Blindenpädagogen jener Zeit dem ersten Weg: Sie nahmen Blindheit als zu überwindenden Defekt wahr und strebten danach, die Lücke zwischen Blinden und Sehenden weit möglichst zu verringern. Hitschmann selber plädierte für den zweiten Standpunkt, wonach »der Lichtlose nicht dem Sehenden so ähnlich als möglich, sondern in seiner eigenartigen Besonderheit so vollkommen als möglich gemacht werde« (Hitschmann in Degenhardt & Rath 2001, 61).

Spittler-Massolle argumentiert Ende des 20. Jahrhunderts in gleicher Weise, allerdings in systemischer Perspektive:

> »Sobald in der Integration die Vielheit von der Einheit verschluckt wird, verarmt die Einheit zu einem Einheitsbrei. Das bedeutet, dass eine Integration Blinder und Sehender im alleinigen Herrschen eines visuell bestimmten Systems sich die Möglichkeit verbaut, Blindheit als unverzichtbarer Bestandteil der entstehenden Einheit zu nutzen« (1998, 205).

Seine Forderung erhält Unterstützung durch diejenigen von Winkel (1988; 2002) nach chancengleicher Kommunikation.

4.3.2 Lernziel »Kommunikation« und »Interaktion«

»Der kommunikative Blickwinkel führt aus einer Ist-Ansicht zu einer kommunikationstheoretisch geleiteten Analyse des Interaktionsgeschehens und aus einer Soll-Ansicht zur Zielsetzung, dass Lehren und Lernen kommunikativer (also kooperativer, transparenter, störungsärmer etc.) werden soll« (Berner 1999, 112). Damit wird verdeutlicht, dass Lehrpersonen neben Fachkompetenz und didaktischer Kompetenz besonders auch kommunikative Kompetenzen benötigen. Berner meint: »Für gravierende berufliche Probleme und berufliches Scheitern sind häufig mangelnde Fähigkeiten im Kommunikations- und Kooperationsbereich ausschlaggebender als fachliche Mängel« (ebd., 104).

Eine Analyse des Interaktionsgeschehens kann in den elf Axiomen, mit welchen Winkel, bezugnehmend auf Watzlawick, den Unterricht als kommunikativen Prozess darstellt, wichtige Anhaltspunkte finden (Winkel 2002, 94 ff.):

- *Permanenz:* Man kann nicht kommunizieren.
- *Beziehung:* Inhalte, die kommuniziert werden, stellen bestimmte Beziehungen her.
- *Festlegung:* Teilnehmende einer Kommunikation legen sich auf Rollen fest.
- *Ökonomie:* Kommunikationspartner verhalten sich bezüglich Risiko und Aufwand ökonomisch.
- *Institution:* Kommunikationen werden durch offizielle Institutionalisierungen aufrechterhalten.
- *Erwartbarkeit:* In jede Kommunikation fließen Erwartungen ein, mit dem Ziel, soziale Identität herzustellen.
- *Regeln und Rollen:* Kommunikationen sind entweder mehr symmetrisch oder mehr komplementär geprägt.
- *Inhalte und Beziehungen:* Kommunikation teilt etwas auf bestimmte Weise mit. Im situativen Kontext wird ersichtlich, ob Inhalt oder Beziehung die »Botschaft« ist.
- *Kontrolle:* Kommunikationen enthalten mehr oder weniger offensichtlich immer Anweisungen, Wünsche, Meinungen etc.

- *Störung:* Kommunikation ist grundsätzlich störungsanfällig.
- *Mittel und Selbstzweck:* Kommunikationen sind entweder eher Mittel zum Zweck (z. B. Information, Belehrung) oder eher Selbstzweck (vergnügliches Erzählen).

Analysen kommunikativer Prozesse müssen Ausgangspunkte zu deren Verbesserung darstellen. Erschwerte Interaktion unterbricht nicht nur das Lehren und Lernen, sondern kann Lernen auch stören oder sogar verunmöglichen in Situationen, denen nicht unbedingt das Etikett »Unterrichtsstörung« anhaften muss. Beziehungsdefinitionen, Rollenzuschreibungen, Kontrollbedingungen etc. können Ursache von »Lernbehinderungen«, allenfalls sogar auch von »Lehrbehinderungen« sein. Darüber hinaus kann »Modelllernen« als Konzept bedeutsam werden. Lehrpersonen als kommunikative Modelle können imitiert werden, was positive wie negative Ergebnisse im Sinne sozialen Lernens zeitigen kann.

Nonverbale Kommunikation

Kommunikation hat neben verbalen (digitalen) immer auch nonverbale (analoge) Anteile. Ein Pferd, genannt »Kluger Hans«, das durch seine Fähigkeit, einfache Rechnungen zu lösen, verblüffte, veranschaulicht die Bedeutsamkeit analoger Kommunikation. »Kluger Hans« konnte die Resultate gestellter Rechenaufgaben mit dem Huf auf den Boden klopfen. Es stellte sich allerdings heraus,

> »dass das Pferd versagte, wenn die Lösung der gestellten Aufgabe keinem der Anwesenden bekannt war, beispielsweise, wenn ihm geschriebene Ziffern oder zu zählende Gegenstände so dargeboten wurden, dass sie den Anwesenden, vornehmlich dem Fragesteller, unsichtbar blieben. Der kluge Hans versagte auch, wenn er durch genügend große Scheuklappen gehindert wurde, die Personen, denen die Lösung der Aufgabe bekannt war, zu sehen. Das Pferd brauchte also optische Hilfen, wobei diese interessanterweise nicht bewusst werden mussten. Der kluge Hans konnte zwar nicht rechnen, aber er hatte etwas anderes gelernt: Er konnte während seines Tretens auch winzige unbewusste Veränderungen in der Körperhaltung der Rechnungssteller (analoge Kommunikation) beachten und als ›Schlusszeichen‹ nutzen« (Berner 1999, 107).

Körperhafte, analoge Kommunikation ist einflussreich. Wenn Menschen kommunizieren wollen wer sie sind, was sie fühlen oder wie sie auf Dinge und Menschen um sich herum reagieren, dann stößt Sprache oft an ihre Grenzen. Mit nonverbalen Botschaften werden Interaktionen gesteuert, Emotionen oder Einstellungen ausgedrückt und Botschaften über sich selbst vermittelt (Forgas 1999, 126 ff.). Ein großer Teil davon, wie das Stirnrunzeln der Lehrperson, die schnelle Handbewegung, die Verdrehung der Augen gegen oben sind allerdings ausschließlich visuell entschlüsselbare Botschaften. Beeinträchtigung des Sehens bedeutet somit immer auch einen Verlust an Ausdrucks- und Kommunikationsmöglichkeiten (vgl. auch Kap. I, 4.3). Nonverbale Kommunikation wird von sehenden Menschen als selbstverständlich angenommen. Ihr Einsatz erfolgt spontan und häufig unbewusst. Sehbehinderte Menschen haben

> »begrenzte Möglichkeiten, die nonverbale Kommunikationsebene z. B. durch auditive Reize in Gestalt etwa eines Zitterns in der Stimme eines Kommunikationspartners oder das

nervöse Klicken mit dem Kugelschreiber wahrzunehmen. Zur Selbstkontrolle fehlt blinden Menschen als Korrektiv der Spiegel oder das nonverbale Feed-back des sehenden Kommunikationspartners« (Jacobs 2004, 15).

4.3.3 Sozialintegrative Methoden

Die kritisch-kommunikative Didaktik versteht Schulklassen als Systeme, welche auch durch personübergreifende Muster bestimmt sind. Schülerinnen und Schüler sind Teil eines übergeordneten Gefüges sozialer Interaktion. Muster des Systems, die von den beteiligten Lehrpersonen und der Schule insgesamt mit gestaltet werden, stellen einen weiteren Teil davon dar. Stößt die soziale Integration sehgeschädigter Lernender auf Widerstände, so sind die Faktoren nicht nur in deren behinderungsbedingten Voraussetzungen zu suchen. Nicht gelingende oder störungsanfällige soziale Integration ist als Symptom einer Beziehungsstörung innerhalb des betreffenden Systems anzusehen.

Zur Integration behinderter Schülerinnen und Schüler ist die didaktische Kompetenz der Lehrpersonen von großer Bedeutung. Angesichts besonderer kommunikativer Voraussetzungen sehbehinderter und blinder Schülerinnen und Schüler und deren Auswirkungen auf soziale Kommunikation und Interaktion müssen sozialintegrative Methodenkonzeptionen, welche Kommunikation und Interaktion zwischen den Lernenden wie auch zwischen Lehrpersonen und ihren Schülerinnen und Schülern fördern, einen besonderen Stellenwert in der Unterrichtsgestaltung erhalten (Schindele 1985, 112).

Kooperative Lernformen

Wenn Kinder individuell oder in Gruppen Aufgaben oder Themen bearbeitet haben, ist es wichtig, ihnen Gelegenheit zu geben, sich gegenseitig die gewählten Wege und Strategien zu zeigen. Ihr Lerngewinn vergrößert sich dadurch, weil sie einerseits ihre Fähigkeiten in der sozialen Wahrnehmung im Selbstverständnis ihrer selbst und anderer Menschen differenzieren können. Gleichzeitig können sie dabei ihr persönliches Repertoire an Lern- und Arbeitsstrategien erweitern. Auch metakognitive Strategien kommen im Rahmen solcher Austauschgefäße zum Tragen. Das Überprüfen des eigenen Verstehens, die kontrollierende Sicht auf den persönlichen Zugang zu gestellten Aufgaben und die Bewertung der eigenen Problemlösungsstrategien und Lernprozesse ist in diesem Zusammenhang allen Lernenden möglich. Neurodidaktisch argumentiert begünstigen diese Austauschgefäße zudem Aktivierungsprozesse im Gehirn. Darin werden für nachhaltiges Lernen wichtige kognitive und emotionale Vernetzungen besonders aktiviert, wenn sie konfrontiert werden mit Situationen,

> »zu denen es unterschiedliche Meinungen, Beobachtungen und Begründungen, Erfahrungen gibt. In der Auseinandersetzung mit neuen, ggf. auch kontroversen Wahrnehmungen werden wir gezwungen, eigene Wahrheiten zu reaktivieren, zu begründen zu verteidigen, ggf. aber auch – etwa im Lichte neuer, besserer Erkenntnisse – zu revidieren, also umzulernen« (Schirp 2006, 205).

Kooperatives Lernen scheint ebenso effektiv in Bezug auf kognitive wie auf motivationale und soziale Zielsetzungen zu sein (Borsch 2010, 9 f.). Als zentrale Basiselemente kooperativer Methoden werden festgelegt (Borsch 2010; Brüning & Saum 2009):

- Interaktion in Gruppen: Teile eines Auftrags werden gemeinsam durchgesehen, beurteilt und zu einem gemeinsamen Ergebnis zusammengefügt.
- Positive Abhängigkeiten: Durch gegenseitiges »Aufeinander-Angewiesen-Sein« kann sich eine Kultur der gegenseitigen Unterstützung und Verantwortung aufbauen. Sie beruht auf der Erfahrung, dass Konkurrenz nicht funktioniert, weil individuelle Ziele nur erreicht werden, wenn auch die anderen ihr persönliches Ziel erreichen.
- Individuelle Verantwortlichkeit: Durch die Würdigung der einzelnen Leistungen und des Gruppenprodukts behält die eigens erreichte Leistung ihre Bedeutung.
- Kooperative Fähigkeiten: Durch den Aufbau sozialer Kompetenzen wie Kommunikationsfähigkeit, Führungsqualitäten, Vertrauen in andere entsteht eine sichere Basis für weiteres kooperatives Lernen.
- Reflexion von Arbeits- und Gruppenprozess: Gruppenmitglieder machen sich Gedanken über den Verlauf der Arbeiten und das Verhalten der einzelnen Beteiligten und der Funktionsfähigkeit der Gruppe. Diese werden ergänzt durch spezifische Rückmeldungen der Lehrperson.

Kooperatives Lernen erfolgt gemäß Brüning und Saum (2009, 17 f.) am sinnvollsten, weil für alle Beteiligten effektivsten im Dreischritt »Denken – Austauschen – Handeln«. Nichts anderes ist die von Klopsch (2012) postulierte Vorgehensweise »Think – Pair – Share«. In beiden Methoden geht es um drei Phasen, welche in festgelegten zeitlichen Gefäßen stattfinden.

- *Denken (Think)*: In selbständiger Einzelarbeit wird Wissen konstruiert: Neues Wissen wird mit spezifischem Vorwissen vernetzt.
- *Austauschen (Pair)*: In Partner- oder Gruppenarbeit soll die Ko-Konstruktion des Wissens ermöglicht werden.
- *Vorstellen (Share)*: Im Plenum wird das bisher erarbeitete Wissen vorgestellt mit dem Ziel, es zu mit allen teilbarem Wissen werden zu lassen.

Eine einfache und flexibel einsetzbare einfache Zweischritt-Version stellt das »Lerntempoduett« (Klopsch 2012, 7) dar. Sie nimmt Rücksicht auf individuelle Arbeits- und Lerntempi und sie kann genutzt werden zum übenden Vertiefen von Erlerntem. In der ersten Phase bearbeiten alle Beteiligten einen gegebenen Auftrag für sich. Wer damit fertig ist, findet sich für die zweite Phase in einer Zweiergruppe mit demjenigen Kind zusammen, welches als nächstes fertig wird. Gemeinsam vergleichen sie ihre Ergebnisse, ergänzen oder korrigieren wenn nötig.

Diese beiden Methoden eignen sich auch, wenn sehbehinderte und blinde Lernende mit ihren je eigenen Technologien, Medien und Strategien mitarbeiten. Unterstützend für ihre aktive und selbstgesteuerte Mitarbeit ist es, wenn sie Audioaufnahmegeräte, Apps oder die Braillezeile als Notizgerät für individuelle wie für austauschende Arbeitsschritte einsetzen können.

Die unabdingbare Individualisierung auch im kooperativen Lernen ist dann gewährleistet, wenn die folgenden Kriterien für alle Lernenden in je angemessenem Umfang umgesetzt sind:

- Es besteht immer die Möglichkeit, am eigenen Vorwissen anknüpfend zu lernen.
- Es ist ausreichend Zeit zum Experimentieren und Wiederholen gegeben, sodass Kausalitäten (wenn–dann) erfahren werden können.
- Es wird Gelegenheit geboten, dass Lernende ihre Erfahrungen miteinander vergleichen und so Übereinstimmungen und Unterschiede entdecken können.

Nur wenn neue Erfahrungen zu bereits im Gedächtnis abgespeicherten in Bezug gesetzt werden können, wird es möglich, Analogien zu erkennen, Erkenntnisse zu generalisieren, zu kategorisieren und zu differenzieren. Dies ist ein unabdingbarer Gelingensfaktor auch im kooperativen Lernen.

4.3.4 Sehschädigung-Mehrfachbehinderung als interaktive Herausforderung

In der Unterrichtung von schwer sehgeschädigt-mehrfachbehinderten Kindern und Jugendlichen sind die interaktiven und kommunikativen Erschwernisse oftmals von weitestreichender Bedeutung. Der Begriff »sehgeschädigt-mehrfachbehindert« pädagogisch gewichtet, kann in diesem Sinne auch dem Versuch gleichkommen, auf eine vorhandene Besonderheit in einem erzieherischen Verhältnis hinzuweisen. Ein Gegenüber mit besonderen Interaktionsvoraussetzungen nötigt uns zu einem Wechsel in unseren Kommunikations- und Beziehungsstrategien. Störungen, die daraus entstehen, haben ihren Grund in nicht kongruenten interaktiven Voraussetzungen und dem Scheitern traditionell genutzter Interventionsmethoden.

Beziehungskultur pflegen – Interaktion aufrechterhalten und erweitern

Zwar mögen die Grundprinzipien und Forderungen kritisch-kommunikativer Didaktik, symmetrische Beziehungen anzustreben, hier bisweilen exotisch anmuten. Ihre Bedeutung ist aber auch darin zu sehen, jede Interaktion als Aussage und als kommunikatives Angebot des Gegenübers ernst zu nehmen. Erzieherische Maßnahmen angesichts problematischer Interaktionen bestehen häufig im Versuch, unerwünschtes Verhalten zu beenden. Gerade bei behinderungsbedingt eingeschränkten Interaktionsfähigkeiten ist zu fragen, welche Verhaltensalternativen dem Kind oder Jugendlichen in der Folge noch bleiben. Anstelle des Beendens kann das aus der Lösungsorientierten Beratung bekannte »Reframing« oder »Umdeuten« eine Möglichkeit darstellen (Spiess 1998). Mit dem »Reframing« erhält das Wahrgenommene einen neuen Rahmen, obwohl die objektive Sachlage – das Bild – unverändert bleibt. »Umdeuten« ermöglicht der betrachtenden Person, die vorliegende Sache in einem anderen Licht zu erfassen. Das kann ihr eventuell helfen, diese anders zu bewerten und einer bislang negativ eingestuften Sachlage allenfalls auch positive Bedeutung zu verleihen. Vielleicht kann dadurch in den als schwierig eingestuften Verhaltensweisen eines Kindes Sinnvolles oder Notwendiges erkannt werden. Die eventuell als Stereotypie eingestufte Äußerung kann aufgenommen und beantwortet werden. In der Folge mag es gelingen, in monoton ablaufenden Reaktionsweisen kleine Variationen anzubieten oder Erweiterungen einzuführen.

4.4 Konstruktion: Grundlagen der konstruktivistischen Didaktik und ihre Bedeutung im Unterricht für hochgradig sehbehinderte und blinde Schülerinnen und Schüler

Konstruktivistische Sichtweisen befassen sich mit Wahrnehmung, mit Erkenntnismöglichkeiten und Wirklichkeitskonstruktionen von Individuen. Diese erzeugen sich ihre Welt aufgrund ihrer stets subjektgebundenen Erkenntnis, wodurch letztlich lauter individuelle, mehr oder weniger unterschiedliche Wirklichkeiten entstehen (Varela 1994). Auch in Piagets Entwicklungsmodell erfolgt der Aufbau psychischer Strukturen in tätiger Auseinandersetzung mit der Umwelt (Piaget 1973). Der Mensch ist ein erkennender Organismus, der zu Dingen und Symbolen der Welt eine eigenaktive Beziehung herstellt und sich dadurch entwickelt. Bei Piaget, wie in aktuellen Formen konstruktivistischer Didaktik, geht es um die Frage, wie sich die Welt dem Menschen erschließt, wie er erkennt, Vorstellungen aufbaut und denkt. Unterricht wird dabei als konstruktiver Ort eigener Weltfindung gesehen, in welchem Lernende erfinden und entdecken (Reich 1996, 76). Er zeichnet sich aus durch Eigenerfahrung, Ausprobieren und Experimentieren. Inhalte müssen immer in eigene Konstruktionen ideeller oder materieller Art überführt und in den Bedeutungen für die individuellen Interessen, Motivations- und Gefühlslagen verankerbar sein (Reich 1997, 119). Lernprozesse erhalten dadurch den Charakter von Forschungsprozessen. Methodische, wie auch inhaltliche Offenheit sind wichtige Voraussetzung, um selbstbestimmte Handlungs- und Lösungsräume überhaupt anbieten zu können. Aus neurowissenschaftlicher Sicht wird der motivationale Aspekt in diesem Prozess dargestellt. Das limbische System als zentrale Bewertungsinstanz wird als Hauptakteur erfolgreichen Lernens betrachtet, weil es Vorabentscheide darüber fällt, ob sich eine weitergehende Beschäftigung mit aufgenommenen Wahrnehmungsgehalten lohnt (Roth 2010). Solche Entscheide werden maßgeblich auch gesteuert durch in diesem System gespeicherte emotionale Erfahrungen. Erscheint etwas aufgrund dieser Gedächtnisinhalte als gut, vorteilhaft oder sogar lustvoll, könnte Zuwendung sich durchaus lohnen. Wird es als schlecht, nachteilig oder schmerzhaft erinnert, könnte Vermeidung sinnvoller sein (ebd.). Kognitive Leistungen, so Roth, können Lernende nur dann erbringen, wenn die grundlegende emotional-motivationale Frage nach der Bedeutung der anzueignenden Inhalte positiv beantwortbar ist (ebd.). Gemäß Hüther ist für Schülerinnen und Schüler mit funktionalen Beeinträchtigungen zu bedenken, dass sie öfter als andere erschwerten Bedingungen im Aufbau von Vertrauen in sich und die Welt ausgesetzt sein könnten (Hüther 2006). Es wäre somit didaktisch zu berücksichtigen, dass ihre Zuwendung zu Lerninhalten emotional durch Misserfolgserlebnisse geprägt eher vermeidend ausfallen könnte, was Erfolg und Motivation erneut prägt.

Radikaler, subjektiver Konstruktivismus

Im radikalen Konstruktivismus (von Glasersfeld 1996) geht es nicht um die Frage nach dem »Was«, sondern nach dem »Wie«. Wie läuft Erkennen ab? Wissen wird, wie im Modell von Piaget, aktiv aufgebaut. Es ist eine stets individuelle Konstruktion. Kognition dient dem Zurechtfinden des Menschen in seiner Welt und nicht der Erkenntnis einer objektiven Realität. Radikaler Konstruktivismus beruht auf der Annahme, dass alles Wissen, wie immer man es auch definieren mag, nur in den Köpfen der Menschen existiert und dass das denkende Subjekt sein Wissen nur auf der Grundlage eigener Erfahrungen konstruieren kann (ebd., 22).

In dieser Sichtweise sind – im Sinne von Foerster, von Glasersfeld und Watzlawick – alle Erkenntnisse rein subjektive Konstruktionen. Nervensystem und Gehirn sind geschlossene, sich selbst erzeugende Systeme, dergestalt dass sich im menschlichen Kopf Erkenntnis und Wissen autonom aufbauen (Hess 2003, 31). Die Wirklichkeit, in der wir leben, »ist ein Konstrukt des Gehirns« (Roth 1997, 21).

Das Problem dieser Sichtweise besteht darin, dass letztlich eine ontologische Beliebigkeit heraufbeschworen wird. »Das handelnde und beobachtende Subjekt wird damit nicht nur zum Agens und Movens seiner Entwicklung, sondern gleichzeitig auch zur letzten Bezugsgröße jeglichen Erfassens und Erzeugens von Wirklichkeit« (Reusser 1994, 3). Gleichzeitig und folgerichtig vermittelt der radikale Konstruktivismus implizit auch, dass es nicht nur nutzlos, sondern sogar falsch ist, jemanden etwas lehren zu wollen. Eine »radikal konstruktivistische Didaktik« ist demzufolge ein Widerspruch in sich: die Kunst des Lehrens hebt sich mit ihr selbst auf. Beim Einbezug des radikal subjektiven Konstruktivismus in die Didaktik werden den Lehrenden keine Entscheide über Inhalte, Ziele und Lernprozesse mehr zugestanden. Sie haben sich darauf zu beschränken, zu beobachten, wie Lernende diese Entscheide treffen (Kiper & Mischke 2004, 33). Diese Kritik illustrieren die beiden Autoren mit der Kindergeschichte »Ein Tisch ist ein Tisch« von Peter Bichsel (1979). Darin entscheidet sich ein alter Mann eines Tages für einen beliebigen, subjektiven Sprachgebrauch, indem er Wörter austauscht. Zum Bett sagt er fortan »Bild«, zum Tisch »Teppich«, zum Stuhl »Wecker«. Die Zeitung nennt er »Bett« und den Spiegel »Stuhl« usw. Damit hat der Mann in Bichsels Geschichte letztlich eine neue Sprache, die ihm ganz allein gehört. Die Folge davon ist, dass die anderen ihn nicht mehr verstehen, er sie aber ebenfalls nicht mehr. Da die Sprache für ihn dadurch ihren Nutzen verloren hat, verstummt er schließlich. Dieser Zustand entspricht keiner pädagogischen Intention. Zielsetzung von Wissenserwerb besteht letztlich seit der Aufklärungszeit darin, intersubjektiv teilbares gemeinsames Wissen zu erhalten. Individuelle Konstruktion von Wissen und Erkenntnis ist im sozialen Raum zu prüfen. Es soll zur gemeinsam teilbaren Konstruktion werden. In Gegenposition zum radikalen Konstruktivismus erfolgt aus diesem Grund die Forderung an Lehrkräfte, die Verantwortung über das Lernen ihrer Schülerinnen und Schüler zu behalten.

Sozial und kulturell orientierter Konstruktivismus

Im Unterschied zum radikalen geht ein sozial und kulturell orientierter Konstruktivismus von der Wichtigkeit und Notwendigkeit geteilten Wissens, von dessen Ko-Konstruktion aus. Ein sozial gesteuertes Entwicklungsmodell, gestützt auf neurowissenschaftliche Erkenntnisse, fokussiert auch Hüther. Menschliches Verhalten ist gemäß diesem Modell Ergebnis des Lernens in den ersten Lebensjahren, welches sozial und kulturell bedingt ist.

> »Alles worauf ein Kind später stolz ist, was es als Persönlichkeit ausmacht, was es weiß und kann, ebenso wie das, was es denkt und fühlt, ja sogar das, was es wünscht und träumt, und nicht zuletzt das, was es als seine Muttersprache erwirbt, verdankt es dem Umstand, dass andere Menschen ihm bei der Benutzung und Ausformung seines Gehirns geholfen haben« (2006, 44).

Ausformung und Reifung cerebraler Strukturen ist von zentraler Bedeutung, aber insbesondere die Ausreifung synaptischer Netzwerke im Neokortex ist auf intensive zwischenmenschliche Stimulation angewiesen. »Um diese Strukturen ausbilden zu können, suchen und brauchen bereits Neugeborene die lebendige Interaktion mit anderen Menschen« (ebd., 45). Sozial und kulturell determinierte konstruktivistische Modelle, so auch in der Didaktik von Kösel (1995), sind verankert in Systemtheorien. Darin ist die »Passung« von Sender und Empfänger in kommunikativen Situationen nicht als linearer Transfer von Informationen vom einen zum anderen, sondern spiralförmig gedacht. Kommunikation vollzieht sich stets eingebettet in kulturelle und soziale Kontexte. Systeme werden festgelegt als »komplexe Ganzheiten, die jeweils Teil größerer Systemwelten sind (Zelle, Organismus, Psyche, Klasse, Schule, Gemeinde, Gesellschaft)« (Voß 2002). Nun können Systeme allerdings nicht alleine, sondern immer nur in gemeinsamer Entwicklung und unter Angleichung von Strukturen leben, was für eine Schulklasse wie für andere Systeme gleichermaßen gilt. Selbstorganisation ist dabei insbesondere auch Koevolution. Hier besteht wiederum eine Angleichung an die Grundideen Themenzentrierter Interaktion (TZI): Der Mensch ist gleichzeitig autonom und interdependent. Seine Autonomie ist aber umso größer, je mehr er sich seiner Verbundenheit mit allen und der Abhängigkeit von allem bewusst ist.

4.4.1 Praktische Bedeutung der konstruktivistischen Didaktik

Unterrichtsgestaltung, welche von Lernen die Erschaffung gemeinsam zu teilender und kommunizierbarer Wirklichkeiten erwartet, muss immer auch die Lernenden zu gemeinsam handelnden Subjekten werden lassen. Gleichzeitig ist Lernen ein spiralförmiger dynamischer Prozess mit offenem Anfang und Ende. Er erfolgt durch die gemeinsamen Konstruktionen beteiligter Menschen in ihrer wechselseitigen Beeinflussung (Voß 2002). Individuelle Wahrnehmungs- und Bewegungsstrukturen, verbunden mit der möglichen Partizipation an sozialen Strukturen, ergeben für jeden Menschen seine persönlich konstruierte Wirklichkeit. An Objektivität gewinnt eine Realität zusätzlich dadurch, dass sie – anders als in der Geschichte von Peter Bichsel – gemeinsam bearbeitet resp. erarbeitet wird. Dadurch kann sie verschiedenen Menschen sprachlich und handelnd in zumindest gewisser Übereinstimmung zur Verfügung stehen. Im Gegensatz zur radikalen Version des Konstruktivismus scheint die praktische Bedeutung der konstruktivistischen Didaktik in sozialer und kultureller Spielart gegeben und zudem auch neurowissenschaftlich belegbar. Nur in dieser sozialen Version kann sie dem Anspruch, einer »kritischen« Ausrichtung, mit betont demokratischer, auf Autonomie wie auf gegenseitiger Verantwortung beruhenden Form einer offenen Schule genügen.

Weil der radikal subjektiv ausgerichtete Konstruktivismus das Lernen zusätzlich vom Lehren abkoppeln will, ist er letztlich kaum nutzbar für didaktische Konzepte. Ressourcen, und seien sie auch nur argumentativer Art, bietet er aufgrund der radikalen Subjektorientierung aber trotzdem im didaktisch geforderten Umgang mit Heterogenität und der damit verbundenen Notwendigkeit der Individualisierung und Differenzierung. Die sozial ausgerichtete Variante bietet aber zusätzlich realistisch umsetzbare Neuerungen von Didaktik, ohne auf wichtige Steuerfunktionen zu verzichten.

Hess (2003, 57 f.) kritisiert, gestützt auf Reusser (1994) und Dubs (1995), einen radikalen Paradigmenwechsel in der Didaktik hin zum Konstruktivismus als Heilsbringer für alle Schulprobleme. Dagegen plädieren diese Autoren für ein Lernen, das sowohl prozess- als auch produktorientiert ist. Die Begleitung des Lernens als Modelling, Scaffolding, Coaching und Fading sehen sie in Anlehnung an Wygotsky so, dass Lehrende Modelle sind, welche zu beobachten sind, deren Handeln übernommen werden kann, die sich aber mehr und mehr zurücknehmen, damit die Lernenden die eigenständige Steuerung ihres Lernens übernehmen können.

4.4.2 Subjektive Didaktik als konstruktivistische Spielart

Subjektive Didaktik ist stark auf intrapsychische Prozesse und Modelle fokussiert, wird aber durch Einbezug des systemischen Denkens ebenfalls auf interpsychische Aspekte, auf Koevolution von Systemen hin ausgeweitet. Primär soll die »Entdeckung« des Subjekts die traditionelle Didaktik herausfordern. In angestrebter Individualisierung des Unterrichts möchte dieses didaktische Konzept Voraussetzungen schaffen zur notwendigen inneren Differenzierung des Unterrichts angesichts von Vielfalt und Heterogenität in Lerngruppen und Klassen (Kösel 1995).

Subjektive Didaktik kann Bezug nehmen auf moderne westliche Gesellschaften und die darin erkennbare zunehmende Individualisierung aller Lebensbereiche. Die Welt als »Globales Dorf« ist konfrontiert mit stets noch zunehmender Pluralität: Alles ist immer auch ganz anders möglich. Wenn Lernen in der subjektiven Didaktik als eine, von biografischen Erfahrungen und individuellen sowie situativen Erwartungen geprägte Tätigkeit verstanden wird, so ist dies auch als eine, der Überforderung vorbeugende Reaktion interpretierbar. Allerdings entsteht daraus das didaktische Problem, wie denn Anfänge, Verläufe und insbesondere Ergebnisse von Lernprozessen plan- und gestaltbar sein können. Konsequent, im Sinne Kösels, lässt sich dieses Dilemma nur dadurch lösen, dass Didaktik sich beschränkt auf die Gestaltung von Lernwelten, auf das Bereitstellen von Lernangeboten in geeigneten Kontexten, weil Lernen – und auch Lehren – aufgrund immer individuell zu verstehender (Lern-)Biografien bei jedem Menschen anders verläuft. Subjektive

Didaktik stellt sich in Gegensatz zu einer »objektiven« Version, welche überindividuelle und allgemeine Strukturen zu erfassen sucht.

Dabei ist Strukturdeterminismus für Kösel (ebd., 39) bestimmendes Merkmal lebender Systeme. Deren individuelle Struktur legt fest, wie sie welche Erfahrungen sammeln und was sie lernen wollen. Diese Annahme ist nicht kompatibel mit der traditionellen Idee, wonach Lehrpläne und didaktische Analysen Lerninhalte auswählen. Die Struktur von Menschen bestimmt, welche Interaktionen mit der Umwelt initiiert werden, auf welche Angebote sie wie reagieren können und wollen. Aufgenommene und weiter gepflegte Interaktionsprozesse mit der Außenwelt, mit anderen Systemen, werden als strukturelle Koppelung bezeichnet.

Ein weiteres Kennzeichen der Strukturdeterminiertheit des Menschen besteht darin, dass er nur Erfahrungen behält und nutzt, die sich in der Vergangenheit positiv und hilfreich bewährt haben. Auf diese werden mögliche neue Lerninhalte bezogen. An ihnen wird alles Neue geprüft und nur dadurch erfolgt Erweiterung, Differenzierung und Neumodellierung. Wissen und Erkenntnis sind so gesehen immer selbstreferenziell oder rückbezüglich: »Erfahrung misst sich an Erfahrung, und Erkenntnis verändert sich an Erkenntnis« (Kösel 1995, 200). Dies widerspricht nicht der gängigen Annahme, dass Lebewesen grundsätzlich offen, neugierig und wissbegierig sind. Sie sind es aber immer nur bezogen auf bereits angelegte, bewährte und gefestigte Strukturen.

Selbstreferenzielles Lernen im diesem Sinne ist kompatibel mit neurowissenschaftlichen Sichtweisen von Wahrnehmen: Prozesse der Wahrnehmung sind nie rein aufnehmend. Es geht nicht um »Abbildung«, sondern um »Konstruktion« von Wirklichkeit im Gehirn des Menschen. Wirklichkeit ist nicht per se gegeben und darauf wartend, »entdeckt« zu werden, sondern ist immer Ergebnis subjektiven Wahrnehmens und Erlebens.

Positive Einschätzung erfährt die Sichtweise dieser Didaktik aufgrund ihrer besonderen Eignung zur Begründung eines individualisierenden Unterrichts, wobei gleichzeitig die darin enthaltene Zielsetzung des Austauschs, die Wichtigkeit, gemeinsam geteilte Wirklichkeit anzustreben, hervorgehoben wird. Ihre Bedeutung für Individualisierung angesichts von Heterogenität zeigt Bönsch auf: »Die Konsequenz dieses Denkansatzes für eine Didaktik ist, dass sie als Außensystem die Aufgabe hat, strukturelle Anreize zu geben, um den vielen individuellen Systemen Lernen zu ermöglichen. Das Wissen über Personen wird wichtiger« (Bönsch 2006, 107). So gesehen trifft sich der Ansatz mit den Grundsätzen heilpädagogischer Förderung in systemischer Ausrichtung: Förderdiagnostik darf sich nicht darin erschöpfen, Fakten über Defizite einzelner Lernender zu erhalten. »Wissen über Personen« meint Wissen über Entwicklungsbedarf ebenso wie über Ressourcen verschiedener Beteiligter. Die als didaktische Aufgabe gestellte Forderung, »strukturelle Anreize« zu schaffen, ist ressourcenorientiert und verweist auf die Bedeutung angemessener Kontextgestaltung.

4.4.3 Handlungsorientierte Didaktik

Handlungsorientierung als Unterrichtsprinzip ist nicht ausschließlich konstruktivistischen Sichtweisen zuzuweisen. Trotzdem soll dieser methodische Ansatz in seinen Grundzügen hier kurz umrissen werden, weil das konstruierende Prinzip des Lernens ebenfalls besonders relevant ist. Handlungsorientierter Unterricht berücksichtigt Produkt und Prozess in gleichem Maße, er ist »ein ganzheitlicher und schüleraktiver Unterricht, in dem die zwischen dem Lehrer und den Schülern vereinbarten Handlungsprodukte die Gestaltung des Unterrichtsprozesses leiten, sodass Kopf- und Handarbeit der Schüler in ein ausgewogenes Verhältnis zueinander gebracht werden können« (Jank & Meyer 2003, 315).

Aus entwicklungstheoretischer Sicht ist das Kind ein reflexives Subjekt, das sich auf handelnder, anschauender oder denkender Ebene aktiv mit Umweltgegebenheiten auseinandersetzt und Erkenntnisse konstruiert. Wissen kann sich aufbauen aus der Reflexion von Erfahrungen. Von besonderer Bedeutung ist dies für sehbehinderte und blinde Lernende. Um die oftmals fehlenden Vorerfahrungen, aufgrund (noch) nicht erfolgter Lernprozesse zu ermöglichen, muss ihnen jeder Unterricht ausreichend Gelegenheit zum Handeln bieten. Durch erprobendes Handeln können bereits aufgebaute Vorstellungen überprüft, erweitert und differenziert werden. Relevant ist diese Forderung auch um den oft mit sinnlichen Beeinträchtigungen verbundenen Gefahren einer Deprivation aufgrund vorenthaltener Erfahrungen zu begegnen: Im Gehirn genetisch angelegte Strukturen brauchen zur Weiterentwicklung ausreichend Verknüpfung mit Erfahrungen (Singer 2002). Wissen in Endverpackung abgegeben erzeugt bei Lernenden keinen Sinn und somit auch keine Nachhaltigkeit. Erst wenn Wissen notwendig wird, um etwas zu erkennen, herzustellen, zu verändern oder zu erklären füllt es sich mit Bedeutung und tritt in ein anderes Verhältnis mit Lernenden. Handlungsorientierung will dieses andere Verhältnis initiieren und aufrechterhalten. »Empfinde ich etwas als nützlich, vielleicht sogar als wichtig für mich, für uns, für andere, entsteht ein Sinnzusammenhang, der motiviert, bewegt im ursprünglichen Sinn des Wortes« (Bönsch 2006, 95).

Handlungsorientierung ist allerdings nicht einfach gleichzusetzen mit praktischem Lernen, mit dem Bezug auf die »Hand« in der Trias von Pestalozzis »Kopf, Herz und Hand«. »Die Handlung setzt umfassender an und bindet praktische Tätigkeiten in einen weiteren Kontext ein« (Bönsch 2006, 95). In Anlehnung an Aeblis Überzeugung, dass sich Denkstrukturen entwickeln aus verinnerlichten Handlungen, formuliert Gudjons: »Denken geht aus dem Handeln hervor und wirkt ordnend auf dieses zurück« (1999, 232). Und wenn (schulische) Bildung, im Sinne Klafkis den Menschen befähigen soll, autonom und vernünftig selbstbestimmt leben zu können, so muss diese Bildung in individueller Begegnung und handelnder Erfahrung und Auseinandersetzung mit der Umwelt erworben werden.

In konkreter praktischer Umsetzung zu berücksichtigen ist, dass der Begriff »Handeln« in didaktischer Argumentation bisweilen etwas inflationär gebraucht wird. Handlungsorientierung ist nicht einfach alles Lernen, das nicht auf kognitiver Eben stattfindet und es ist auch nicht lediglich als Auflockerung mühseligen kognitiven Lernens zu postulieren. Handlungsorientierter Unterricht ist ebenfalls nicht abdeckbar mit der Forderung nach »Ganzheitlichkeit« oder einem »Lernen mit allen Sinnen«. Überspitzt formuliert lässt sich kritisieren, dass diese Forderung oft nicht zu einer Handlungsorientierung führt, sondern dazu, »dass der Buchstabe der Woche im Stationsbetrieb nicht nur gebastelt, gezählt, gerochen und auf dem

Fußboden abgegangen wird, sondern auch noch gebacken, gegessen, geturnt und getanzt wird« (Peschel 2006, 232).

Drei Repräsentationsstufen des Wissens

Zur Klärung der Bedeutung des Handlungsbegriffs ist es hilfreich, sich einmal mehr auf das Modell der drei Repräsentationsstufen des Wissens zu berufen. Darin setzt der Aufbau von Vorstellungen auf der Basis des Handelns ein und ist vorerst einmal enaktiv. Die drei Modi der enaktiven, ikonischen oder anschaulichen und symbolischen mentalen Repräsentationen bauen gemäß Bruner aufeinander auf. Alle bleiben aber im Verlauf der weiteren Entwicklung präsent. Komplexe mentale Repräsentationen beruhen auf der Integration der drei Modi, welche immer wieder dadurch zu unterstützen ist, dass handelndes, anschauliches und symbolisches Lernen zueinander in Bezug gesetzt werden. Grundvorstellungen ermöglichen die Repräsentation eines abstrakten, zum Beispiel mathematischen Begriffs auf einer gegenständlichen oder anschaulichen Ebene. Grundvorstellungen sind jedoch nicht fotografische Abbildungen der Realität sondern flexible kognitive Schemata. Flexibel, weil sie durch die Auseinandersetzung mit neuen Inhalten in fortlaufender Veränderung, Erweiterung, Reorganisation und Vernetzung begriffen sind (Wartha & Wittmann 2009).

Handlungsorientierter Unterricht muss einen regen Wechsel, ein Hin und Her zwischen verschiedenen Interaktionsebenen ermöglichen. Handeln kann zu Beginn des Unterrichts wie auch an dessen Schluss stehen, wenn durch erprobendes Handeln erworbene Vorstellungen zu überprüfen sind.

> »Das Ziel des Unterrichts ist also eine Überführung des im Handeln erworbenen Wissens in flexible Repräsentationssysteme. Ob Handlungen real ausgeführt werden müssen oder innerlich ablaufen können, ob sie zeichnerisch oder sprachlich repräsentiert abgerufen werden können, ist vom erlangten Verständnis abhängig« (Möller 2006, 281).

Der Erwerb flexibler Repräsentationsschemata braucht für hochgradig sehbehinderte und blinde Lernende besondere Unterstützung. Die Übergänge von einer Repräsentationsebene auf die andere können aufgrund mangelnder Angebote erschwert sein. Dies, weil Modelle der Anschauung unangemessen oder fehlend sind bzw. weil deren Erfassung aufgrund der visuellen Beeinträchtigung grundsätzlich mehr Zeit und Konzentration erfordert. Der Erfolg des Prozesses, in welchem konkrete Handlungen vorstellungsmäßig verinnerlicht und durch unanschauliche Symbole ersetzt werden, ist maßgeblich darauf angewiesen, dass Kinder ausreichend Möglichkeiten haben, ihn immer wieder durchlaufen zu können.

In der oft zur Unterstützung blinder Kinder und Jugendlicher eingesetzten verbalen Erläuterung dessen, was im Unterricht abläuft, erkennt Degenhardt denn auch ein Problem, weil Erfahrungen dabei weitgehend und ausschließlich auf symbolischer Ebene vermittelt werden. »Auch eine noch so gut durchdachte und gelungene Verbalisierung eines naturwissenschaftlichen Experiments verkennt die Kernrolle experimentellen Tuns im Erkenntnisprozess der Schülerinnen und Schüler« (2003, 380). Es ist anzunehmen, dass mit der als Kompensation gedachten, oftmals aber auch aus Gründen der Effizienz gewählten Verbalisierung das enaktive wie auch das anschauliche Lernen übergangen werden resp. zu kurz kommen.

Weil Kinder und Jugendliche heute in anderen Sozialisationsbedingungen aufwachsen als ihre Eltern und andere Erziehungspersonen, gilt dies in hohem Maße nicht nur für sehbehinderte Lernende. Begegnungen und handelnde Auseinandersetzung mit Sachen und Phänomenen der natürlichen Umwelt gehören längst nicht mehr für alle Kinder und Jugendlichen zum oft mehr medial denn natürlich gestalteten Alltag. Mängel auf der einen wie Überfluss auf der anderen Seite können gleichermaßen problematisch werden. Die Schule muss deshalb »den immer umfangreicheren Medienkonsum ihrer Schüler einplanen und ihnen helfen, diese virtuellen Erfahrungen auf ihren Realitätsbezug und ihre soziale und politische Bedeutung zu überprüfen« (Jank & Meyer 2003, 323).

4.4.4 Wahrnehmung und Vorstellungen

Umweltinformationen ermöglichen die Bildung von Vorstellungen über die Welt, sie erschließen Wissen und Bedeutungszusammenhänge. Bedeutungen entstehen allerdings nur in Verbindung mit Gedächtnisinhalten. Nur wenn Vorstellungen über verschiedene Vierbeiner aufgrund von Wahrnehmungen gespeichert sind, kann angesichts eines weiteren, bislang noch nie wahrgenommenen Tieres mit vier Beinen eine vorerst hypothetische Zuweisung zu einer bestimmten Unterkategorie, z.B. Katze, vorgenommen und anhand gespeicherter Vorstellungen überprüft werden. Dadurch erst kann der neue Vierbeiner eine bestimmte Bedeutung erhalten. Wird dieses Beispiel nun anhand einer (künstlichen) Reduktion auf Wahrnehmungen einer einzigen Sinnesmodalität durchdacht, wird sofort klar, wie unterschiedlich die Ergebnisse sein müssen: Riechen und Schmecken fällt weg und auch die Reduktion auf das Hören führt kaum weiter. Tasten ist denkbar. Vergleiche mit dem Sehen, als noch verbleibender Möglichkeit, verweisen einerseits sofort auf erhebliche Unterschiede und auf den »hohen Komfort« des Sehens. Andererseits lässt sich auch nachvollziehen, dass eine besondere sinnliche Ausstattung besondere subjektive Vorstellungen von Wirklichkeit erzeugen muss, welche indessen nicht als wahr oder falsch einzustufen sind.

Neurobiologische Differenzierung

Es ist nicht primär die Gestalt des Angebots, welche auf eine bestimmte Verarbeitung und auf den Aufbau bestimmter Vorstellungen schließen lässt. So scheint empirisch belegbar, dass lokalisierbare Erregungsausbreitungen im Gehirn sehr unterschiedlich ausfallen zwischen Geburtsblinden, die Braille lesen, und sehenden Menschen, welche dies mit verdeckten Augen, ebenfalls tun. Überraschenderweise gleichen sich diese dagegen, wenn Sehende visuell lesen und dabei verglichen werden mit taktil lesenden Blinden. Das bedeutet, dass nicht die Art der Reizaufnahme, sondern die Bedeutungsentnahme die Aktivität der Nervenzellen bestimmen (Sadato et al. 1996). Verarbeitung und Interpretation sensorieller Inputs wird also weniger durch Gestalt oder Logik der Sache, als vielmehr durch die subjektiv geprägte Struktur und Logik des wahrnehmenden Menschen gelenkt. Es gibt im Gehirn kein »Abbild« der Außenwelt, sondern es entsteht eine, der individuellen Struktur angemessene Bedeutung. Kösels Begründung einer subjektiven Didaktik trifft sich übereinstimmend mit dieser neurologischen Tatsache: »Welche neuronalen Aktivitäten durch welche Anreize von außen ausgelöst werden, ist allein durch die individuelle Struktur jeder Person und nicht durch die Eigenschaften des außen bestehenden Anreizfeldes, der Personen und Sachen, bestimmt« (1995, 50).

Vorwissen prägt Lernlandschaften und -prozesse

Gemäß Entwicklungstheorien von Piaget, von Bruner, Wygotsky und anderen, haben Kinder bei Schuleintritt, je nach bisherigen Kontextbedingungen und dadurch ermöglichten Lernerfahrungen ihr Weltwissen aufgebaut. Ihre Lernvoraussetzungen sind dadurch geprägt und Didaktik muss reagieren auf eine Vielfalt an subjektiven Kulturen und Logiken in den Köpfen der Lernenden. Der »Förderbedarf« blinder und hochgradig sehbehinderter Lernender wird einerseits zwar bestimmt durch deren behinderungsbedingte Strukturen und Funktionen (Kap. I, 3.1). Andererseits wird er ebenso bestimmt durch die bereits erfahrenen Lernangebote und deren Kompatibilität mit funktionellen Lernvoraussetzungen.

Realität ist primär individuell und nur zum Teil übereinstimmend mit derjenigen anderer Menschen, weil stets ein je eigenes Fühl-, Denk- und Handlungssystem in einem gegebenen Kontext ausgelöst und für weiteres Lernen wirksam wird. Auch eine spezielle Didaktik für den Unterricht mit blinden und hochgradig sehbehinderten Lernenden hat dies zu berücksichtigen. Der Faktor des beeinträchtigten Sehens ist darin ein zentrales Kriterium. Zur Erfassung der Lernvoraussetzungen ist er wichtig, aber nicht ausreichend.

Das Problem der Passung

Gasser (2001) bezieht sich nicht auf Lernende mit sinnlichen oder kognitiven Beeinträchtigungen, wenn er das didaktische Problem der Passung aufwirft. Aber genau hier ist sein Verweis auf die oftmals gefährdete oder gar nicht vorhandene Passung von besonderer Wichtigkeit. Gemäß Gasser erfolgt Unterricht oft so, dass die lehrende Person etwas vorgibt, in sprachlicher Form, mündlich oder schriftlich, häufig ergänzt durch Objekte, Modelle oder Abbildungen. Die Annahme besteht, dass die Ausgangssituation durch die Lernenden so verstanden wird, wie die Lehrperson mit ihrer Aufgabenstellung dies vorsieht, dass sie »passt«. Dabei muss allerdings berücksichtigt werden, dass Verstehen auf sehr verschiedenen Faktoren beruht, welche Sender und Empfänger nur im Idealfall übereinstimmend verbindet. Verstehen unter Menschen basiert darauf, dass sie eine mehr oder weniger gemeinsame »Konstruktionsgeschichte« hinter sich haben. Ob und was die Lernenden dann im Unterricht verstehen, hängt von dieser Passung ab (ebd., 66). Dass das didaktische Herstellen von Passung bei vorliegender Sehbehinderung zusätzlich gefährdet ist aufgrund oft stark auseinanderdriftender Vortheorien und eingeschränkter gemeinsamer Konstruktion, ist eine nachvollziehbare Annahme. Das hat insbesondere auch damit zu tun, dass die Gelegenheiten des Lernens auf enaktiver, ikonischer und symbolischer Ebene aufgrund notwendiger sensorischer und medialer Kompensation unterschiedlich ausfallen. Gestaltung eines Unterrichts, der auch hier ausgeht von Heterogenität, muss einerseits durch besondere Sensibilität für mögliche Vortheorien und Lernlandschaften der Schülerinnen und Schüler gesteuert sein (Kösel 1995, 59). Andererseits ist die regelmäßige Einplanung von Unterrichtsphasen mit Plattformen des Austauschs wichtig. Sie sind unabdingbare Voraussetzungen zum Austauschen, zum Erzeugen »geteilten Wissens« über Inhalte ebenso wie über individuelle Lernprozesse und Strategien zu dessen Erwerb. Konstruktivismus in der Didaktik kann nur dann effektiv sein, wenn er die Individualität der einzelnen Lernenden einbinden kann in die sozialen Gemeinschaften, welche individuell wie kooperativ lernen können.

5 Fazit

Die in diesem Teil des Buches erfolgte Skizzierung aktuell genutzter allgemeindidaktischer Konzepte verweist auf eine mögliche Koexistenz des Allgemeinen und des Besonderen. Grundsätzliche Prinzipien einer Didaktik, welche den Bildungsbedarf blinder und hochgradig sehbehinderter Menschen fokussiert, stehen nicht außerhalb allgemeindidaktischer Konzeptionen, sondern in sinnvoller Synergie und, wo immer nötig, Ergänzung derselben. Sie ist ein selbstverständlicher Bestandteil der Ausgestaltung einer Pädagogik und Schule der Vielfalt und muss dafür sorgen, dass das Besondere seinen Eigenwert im Allgemeinen erhalten und entwickeln kann.

6 Literatur

Adl-Amini, K., Büttner, G. & Warwas, J. (2012): Kooperatives Lernen und Peer Tutoring im inklusiven Unterricht. In: *Zeitschrift für Inklusion*, 1–2. http://www.inklusion-online.¬ net/index.php/inklusion-online/article/view/61/61.

Austermann, M. & Weinläder, H. G. (2000): Sehgeschädigte Kinder und Jugendliche mit geistiger Behinderung – Förderbedarf und Lehr- und Lernstrategien. In: E. Fischer (Hrsg.). *Pädagogik für Kinder und Jugendliche mit mehrfachen Behinderungen. Lernverhalten, Diagnostik, Erziehungsbedürfnisse und Fördermaßnahmen*. Dortmund, 209–235.

Beck, F. J., Brass, P., Liebald, A. & Wissmann, K. (2012): Bildung, Erziehung und Rehabilitation blinder und sehbehinderter Kinder und Jugendlicher in einer inklusiven Schule in den Ländern der Bundesrepublik Deutschland. Standards – Spezifisches Curriculum – Modell-Leistungsbeschreibung. In: *Positionen des VBS*. (Sonderheft zu *blind-sehbehindert*, 132), 53–85.

Berner, H. (1999): *Didaktische Kompetenz. Zugänge zu einer theoriegestützten bildungsorientierten Planung und Reflexion des Unterrichts*. Bern, Stuttgart und Wien.

Bichsel, P. (1979): *Kindergeschichten*. Darmstadt.
Böing, U. & Korf, G. (2013): Gelingensbedingungen für die Weiterentwicklung von GU im Förderschwerpunkt Sehen. In: *blind-sehbehindert*, 133, 26–43.
Bönsch, M. (2006): *Allgemeine Didaktik. Ein Handbuch zur Wissenschaft vom Unterricht*. Stuttgart.
Borsch, F. (2010): *Kooperatives Lehren und Lernen im schulischen Unterricht*. Stuttgart.
Brandstaeter, A. (1933): Erinnerungen, das Tasten der Blinden betreffend. In: *Der Blindenfreund*, 53, 130–138.
Bruner, J. S. (1988a): Über kognitive Entwicklung. In: J. S. Bruner, R. R. Olver und P. M. Greenfield. *Studien zur kognitiven Entwicklung. Eine kooperative Untersuchung am »Center for Cognitive Studies« der Harvard-Universität*. 2. Aufl. Stuttgart, 21–54.
Bruner, J. S. (1988b): Über kognitive Entwicklung II. In: J. S. Bruner, R. R. Olver und P. M. Greenfield. *Studien zur kognitiven Entwicklung. Eine kooperative Untersuchung am »Center for Cognitive Studies« der Harvard-Universität*. 2. Aufl. Stuttgart, 55–96.
Brüning, L. & Saum, T. (2009): *Erfolgreich unterrichten durch Kooperatives Lernen. Strategien zur Schüleraktivierung*. Essen.
Brunsting, M. (2011): *Lernschwierigkeiten – Wie exekutive Funktionen helfen können. Grundlagen und Praxis für Pädagogik und Heilpädagogik*. Bern.
Cohn, R. (1988): *Von der Psychoanalyse zur Themenzentrierte Interaktion. Von der Behandlung einzelner zu einer Pädagogik für alle*. Stuttgart.
Condillac, E. B. de (1983): *Abhandlung über die Empfindungen*. Auf der Grundlage d. Übers. von E. Johnson neu bearb. und hrsg. von L. Kreimendahl. Hamburg.
Degenhardt, S. (2003): Pädagogische Interventionen bei Beeinträchtigungen der visuellen Wahrnehmung. In: A. Leonhard und F. B. Wember (Hrsg.). *Grundfragen der Sonderpädagogik*. Weinheim, Basel und Berlin, 376–398.
Degenhardt, S. & Rath, W. (Hrsg.) (2001): *Blinden- und Sehbehindertenpädagogik*. Studientexte zur Geschichte der Behindertenpädagogik Band 2. Neuwied und Berlin.
Diderot, D. (1994): Lettres sur les aveugles. In: *Œuvres. Tome I: Philosophie*. Hrsg. von L. Versini. Paris, 133–185.
Dilthey, W. (1957): *Gesammelte Schriften*. Band V. Stuttgart und Göttingen.
DIMDI (Hrsg.) (2006): *ICF: Internationale Klassifikation der Funktionsfähigkeit, Behinderung und Gesundheit*. Köln.
Drave, W. (Hrsg.) (2006): *ImPAct-MDVI-Projekt: Verbesserung der Teilnahme und Aktivität von Schülern mit Mehrfachbehinderungen und Sehschädigungen*. Würzburg.
Drolshagen, B. & Rothenberg, B. (1998): Selbstbestimmt leben als Lebensperspektive sehgeschädigter Menschen – eine Herausforderung auch für die Sehgeschädigtenpädagogik. In: Verband für Blinden- und Sehbehindertenpädagogik e. V. (VBS) (Hrsg.). *Lebensperspektiven. Kongressbericht. 32. Kongress der Blinden- und Sehbehindertenpädagogen, Nürnberg, 3.–7. August 1998*. Hannover, 249–271.
Dubs, R. (1995): Konstruktivismus: Einige Überlegungen aus der Sicht der Unterrichtsgestaltung. In: *Zeitschrift für Pädagogik*, 41, 889–903.
Entlicher, F. (1989/1872): *Das blinde Kind im Kreise seiner Familie und in der Schule seines Wohnortes: eine Anleitung zur zweckmäßigen Behandlung desselben; für Lehrer, Lehramtskandidaten, Erzieher, Ältern*. Nachdruck. Würzburg.
Feuser, G. (o. J.): *Gemeinsames Lernen am gemeinsamen Gegenstand – Didaktisches Fundamentum einer Allgemeinen (integrativen) Pädagogik*. http://www.streese-film.de/pdf/¬feuser-gemeinsam-arbeiten.pdf (Zugriff: 04.08.2015).
Forgas, J. P. (1999): *Soziale Interaktion und Kommunikation. Eine Einführung in die Sozialpsychologie*. Weinheim.
Fromm, W. (1993): Verbindung von Tasten, Sprechen und Denken – ein Weg zum Erkennen tastbarer Zeichnungen. In: Verband der Blinden- und Sehbehindertenpädagogen e. V. (Hrsg.). *Ganzheitlich bilden – Zukunft gestalten. Kongressbericht. 31. Kongress der Blinden- und Sehbehindertenpädagogen. Marburg, 26.–30. Juli 1993*. Würzburg, 131–137.
Gässlein, A.-K. (2014): Wer sich an den Bedürfnissen der Schwächsten orientiert, ist innovativ. Ein Interview über die Zukunft der Hilfsmittel. In: *tactuel*, 3, 6–8.

Gasser, P. (2001): *Lehrbuch Didaktik*. Bern.
Glasersfeld, E. von (1996): *Radikaler Konstruktivismus. Ideen, Ergebnisse, Probleme*. Frankfurt a. M.
Gudjons, H. (1999): *Pädagogisches Grundwissen. Überblick – Kompendium – Studienbuch*. Bad Heilbrunn.
Gudjons, H. (2001): *Handlungsorientiert lehren und lernen*. 6., überarb. u. erw. Aufl. Bad Heilbrunn.
Gudjons, H. & Winkel, R. (Hrsg.) (2002): *Didaktische Theorien*. 11. Aufl. Hamburg.
Guldimann, T. (2010): Adaptive Lehrkompetenz – das Wissen der Lehrpersonen über guten Unterricht. In: E. Jürgens und J. Standop (Hrsg.). *Was ist »guter« Unterricht? Namhafte Expertinnen und Experten geben Antwort*. Bad Heilbrunn, 257–277.
Haas, J. & Henriksen, Ch. (2015): *Im Blick!? Kinder und Jugendliche mit Sehschädigung und mehrfachen Beeinträchtigungen im Unterricht*. Würzburg.
Häussler, A. (2008): *Der TEACCH Ansatz zur Förderung von Menschen mit Autismus. Einführung in Theorie und Praxis*. Dortmund.
Hahn, V. F. (2004): Ikonisch-mediale Unterstützung Blinder beim Mathematik lernen – der neue Geometrie-Atlas. In: *blind-sehbehindert*, 124, 188–203.
Hascher, T. (2011): *Lernen dokumentieren und verstehen*. https://www.bifie.at/system/¬files/dl/srdp_hascher_lernen_dokumentieren_2011-12-16.pdf (Zugriff: 31.7.2015).
Hattie, J. (2013): *Lernen sichtbar machen*. Überarb. deutschsprachige Ausg. von »Visible Learning« besorgt von W. Beywl und K. Zierer. Baltmannsweiler.
Haüy, V. (1990/1786): *Essai sur l'éducation des aveugles*. Nachdruck. Würzburg.
Heimann, P. (1976): Didaktische Grundbegriffe. In: K. Reich und H. Thomas (Hrsg.). *Paul Heimann – Didaktik als Naturwissenschaft*. Stuttgart, 103–141.
Heimann, P., Otto, G. & Schulz, W. (1965): *Unterricht – Analyse und Planung*. Hannover.
Herrmann, U. (2006a): Gehirnforschung und die neurodidaktische Revision schulisch organisierten Lehrens und Lernens. In: U. Herrmann (Hrsg.). *Neurodidaktik. Grundlagen und Vorschläge für gehirngerechtes Lehren und Lernen*. Weinheim und Basel, 111–144.
Herrmann, U. (Hrsg.) (2006b): *Neurodidaktik. Grundlagen und Vorschläge für gehirngerechtes Lehren und Lernen*. Weinheim und Basel.
Hess, K. (2003): *Lehren – zwischen Belehrung und Lernbegleitung. Einstellungen, Umsetzungen und Wirkungen im mathematischen Anfangsunterricht*. Bern.
Hillenbrand, C. (2013): Inklusive Bildung braucht wirksame Unterstützung! Evidenzbasierte Förderung und Implementationsforschung. In: *blind-sehbehindert*, 133, 91–101.
Hofer, A. (2014): 3-D-Drucker – Eine neue Dimension des Druckens. In: *blind-sehbehindert*, 134, 39–41.
Hofer, U. (2004): Sonderpädagogik. In: J. Oelkers und D. Benner (Hrsg.). *Historisches Wörterbuch der Pädagogik*. Weinheim und Basel, 878–902.
Hofer, U. (2007): *Bedeutung institutioneller Bildungsangebote für die berufliche und soziale Integration sehgeschädigter junger Erwachsener*. Forschungsprojekt der Hochschule für Heilpädagogik Zürich (2006–2008). Unveröffentlichte Ergebnisse.
Hofer, U. & Lang, M. (2014): Die Nutzung der Brailleschrift: Ist-Stand, Herausforderungen und Entwicklungen. In: *blind-sehbehindert*, 134, 230–245.
Hudelmayer, D. (1978): Integration in die Regelschule – eine Möglichkeit der Erziehung auch für blinde und sehbehinderte Kinder und Jugendliche in der Bundesrepublik Deutschland? In: Verband der Blinden- und Sehbehindertenpädagogen e. V. (Hrsg.). *Kongressbericht vom 28. Kongress der Sehgeschädigtenpädagogik. Waldkirch 24.–28. Juli 1978*. Hannover, 88–107.
Hudelmayer, D. (2006): Tradition und Umgestaltung der Blinden- und Sehbehindertenpädagogik in der BRD nach 1945. In: W. Drave und H. Mehls (Hrsg.). *200 Jahre Blindenbildung in Deutschland (1806–2006)*. Würzburg, 197–210.
Hüther, G. (2006): Die Bedeutung sozialer Erfahrungen für die Strukturentwicklung des menschlichen Gehirns. In: U. Herrmann (Hrsg.). *Neurodidaktik. Grundlagen und Vorschläge für gehirngerechtes Lehren und Lernen*. Weinheim und Basel, 41–48.
Ianes, D. (2006): *Die besondere Normalität. Inklusion von SchülerInnen mit Behinderung*. München und Basel.

Jacobs, K. (2004): Kommunikationsmöglichkeiten und -grenzen mit einer schweren Sehbehinderung – Eine lebensgeschichtliche Perspektive unter dem Aspekt von Selbstbestimmung. In: *Vierteljahreszeitschrift für Heilpädagogik und ihre Nachbargebiete*, 73, 12–18.
Jank, W. & Meyer, H. (2003): *Didaktische Modelle*. Berlin.
Kalina, U. (2015): Mit 3D-Druck die Welt begreifbar machen. In: *blind-sehbehindert*, 135, 9–19.
Kiper, H. & Mischke, W. (2004): *Einführung in die Allgemeine Didaktik*. Weinheim und Basel.
Klafki, W. (1957): *Das pädagogische Problem des Elementaren und die Theorie der kategorialen Bildung*. Weinheim.
Klafki, W. (1958): Didaktische Analyse als Kern der Unterrichtsvorbereitung. In: *Die Deutsche Schule*, 50, 450–471.
Klafki, W. (1963): *Studien zur Bildungstheorie und Didaktik*. Weinheim.
Klafki, W. (1986): Die Bedeutung der klassischen Bildungstheorien für ein zeitgemäßes Konzept allgemeiner Bildung. In: *Zeitschrift für Pädagogik*, 32, 455–476.
Klafki, W. (1995): »Schlüsselprobleme« als thematische Dimension eines zukunftsorientierten Konzepts von »Allgemeinbildung«. In: W. Münzinger und W. Klafki (Hrsg.). *Schlüsselprobleme im Unterricht. Thematische Dimensionen einer zukunftsorientierten Allgemeinbildung*. Die Deutsche Schule, Beiheft 3. Weinheim, 9–14.
Klafki, W. (2002): Die bildungstheoretische Didaktik im Rahmen kritisch-konstruktiver Erziehungswissenschaft. In: H. Gudjons und R. Winkel (Hrsg.). *Didaktische Theorien*. 11. Aufl. Hamburg, 13–34.
Klein, J. W. (1991/1819): *Lehrbuch zum Unterrichte der Blinden, um ihnen ihren Zustand zu erreichen, sie nützlich zu beschäftigen und sie zur bürgerlichen Brauchbarkeit zu bilden*. Faksimile-Ausgabe. Würzburg.
Klopsch, B. (2012): *At School – At the Library. Kooperative Lernmethoden im Englischunterricht*. Buxtehude.
Knoop, K. & Schwab, M. (1994): *Einführung in die Geschichte der Pädagogik. Pädagogen-Porträts aus vier Jahrhunderten*. 3., überarb. und erw. Aufl. Heidelberg und Wiesbaden.
Kösel, E. (1995): *Die Modellierung von Lernwelten. Ein Handbuch der Subjektiven Didaktik*. Elztal-Dallau.
Kron, F. W. (2004): *Grundwissen Didaktik*. München.
Kultusministerkonferenz (KMK) (2000): Empfehlungen zum Förderschwerpunkt Sehen. In W. Drave, F. Rumpler und P. Wachtel (Hrsg.). *Empfehlungen zur sonderpädagogischen Förderung. Allgemeine Grundlagen und Förderschwerpunkte. Mit Kommentaren*. Würzburg, 177–197.
Laemers, F. (2004): Low Vision in der Pädagogik. Überlegungen zur Unterstützung und Förderung des kindlichen Sehvermögens im pädagogischen Kontext. In: S. Teich (Red.). *»Qualitäten«. Rehabilitation und Pädagogik bei Blindheit und Sehbehinderung. Kongressbericht. XXXIII. Kongress. vom 04.08.–08.08.2003 in Dortmund*. Würzburg, 298–309.
Lang, M. (2003): *Haptische Wahrnehmungsförderung mit blinden Kindern. Möglichkeiten der Hinführung zur Brailleschrift*. Regensburg.
Lang, M. (2014): Taktile Bilderbücher für blinde Kinder: theoretische Grundlagen. In: *blind-sehbehindert*, 134, 113–118.
Leonhart, Y. K. (2002): *Dokumentation der Progredienz bei NCL (Neuronale Ceroidlipofuszinose)*. Unveröffentlichte Hausarbeit. Humboldt-Universität Berlin, Institut für Rehabilitationswissenschaften.
Lippe, J. (1998): Leben mit begrenzter Perspektive? – Kinder und Jugendliche mit juveniler Neuronaler Ceroidlipofuszinose (NCL). In: Verband für Blinden- und Sehbehindertenpädagogik e. V. (VBS) (Hrsg.). *Lebensperspektiven. Kongressbericht. 32. Kongress der Blinden- und Sehbehindertenpädagogen, Nürnberg, 3.–7. August 1998*. Hannover, 131–137.
Locke, J. (1981): *Versuch über den menschlichen Verstand. Band 1: Buch I und II*. 4. Aufl. Hamburg.
Mandl, H. (2010): Lernumgebungen problemorientiert gestalten – Zur Entwicklung einer neuen Lernkultur. In: E. Jürgens und J. Standop (Hrsg.). *Was ist »guter« Unterricht? Namhafte Expertinnen und Experten geben Antwort*. Bad Heilbrunn, 19–38.

Meyer, M. (1999): Bildungsgangdidaktik. Auf der Suche nach dem Kern der Allgemeinen Didaktik. In: *Die Deutsche Schule*, 91, 123–140.

Meyer, H. (2001): *Türklinkendidaktik. Aufsätze zur Didaktik, Methodik und Schulentwicklung.* Berlin.

Möller, K. (2006): Handlungsorientierung im naturwissenschaftlichen Sachunterricht mit dem Ziel, den Aufbau von Wissen zu unterstützen. In: A. Fritz, R. Klupsch-Sahlmann und G. Ricken (Hrsg.). *Handbuch der Kindheit. Neue Kindheit, neues Lernen, neuer Unterricht.* Weinheim und Basel, 273–281.

Montessori, M. (1913): *Selbsttätige Erziehung im frühen Kindesalter. Nach den Grundsätzen der wissenschaftlichen Pädagogik methodisch dargelegt.* Übers. v. O. Kapp. Stuttgart (ital. Original 1909).

Müller, N. (1998): Welches sind die unverzichtbaren Grundpositionen der Blindenbildung auch und gerade vor sozialem und technologischem Wandel? In: Verband für Blinden- und Sehbehindertenpädagogik e. V. (VBS) (Hrsg.). *Lebensperspektiven. Kongressbericht. 32. Kongress der Blinden- und Sehbehindertenpädagogen, Nürnberg, 3.–7. August 1998.* Hannover, 189–198.

Nagel, J. & Reinschmidt, H. (1998): Der Umgang mit taktilen Medien. In: Verband für Blinden- und Sehbehindertenpädagogik e. V. (VBS) (Hrsg.). *Lebensperspektiven. Kongressbericht. 32. Kongress der Blinden- und Sehbehindertenpädagogen, Nürnberg, 3.–7. August 1998.* Hannover, 924–927.

Nater, P., Kolaschinsky, D. & El Rasheed, N. (2009): Untersuchung sozial-emotionaler Persönlichkeitseigenschaften sehgeschädigter Kinder. In: *blind-sehbehindert*, 129, 261–268.

Nielsen, L. (1992): *Bist du blind? Entwicklungsförderung sehgeschädigter Kinder.* Würzburg.

Nielsen, L. (1996): *Schritt für Schritt. Frühes Lernen von sehgeschädigten und mehrfachbehinderten Kindern.* Würzburg.

Peschel, F. (2006): Didaktische Prinzipien des offenen Unterrichts auf dem Prüfstand. In: A. Fritz, R. Klupsch-Sahlmann, und G. Ricken (Hrsg.). *Handbuch der Kindheit. Neue Kindheit, neues Lernen, neuer Unterricht.* Weinheim und Basel, 228–240.

Piaget, J. (1973): *Einführung in die genetische Erkenntnistheorie.* Frankfurt a. M.

Pitamic, M. (2006): *Zeig mir mal, wie das geht! Spielen, lernen und fördern mit der Montessori-Pädagogik.* München.

Prengel, A. (2006): *Pädagogik der Vielfalt.* 3. Aufl. Wiesbaden.

Reich, K. (1996): Systemisch-konstruktivistische Didaktik. Eine allgemeine Zielbestimmung. In: R. Voß (Hrsg.). *Die Schule neu erfinden. Systemisch-konstruktivistische Annäherungen an Schule und Pädagogik.* Neuwied, 70–91.

Reich, K. (1997): *Systemisch-konstruktivistische Pädagogik. Einführung in die Grundlagen einer interaktionistisch-konstruktivistischen Pädagogik.* 2. durchges. Aufl. Neuwied.

Renkl, A. (1997): *Lernen durch Lehren. Zentrale Wirkmechanismen beim kooperativen Lernen.* Wiesbaden.

Reusser, K. (1994): Die Rolle von Lehrerinnen und Lehrern neu denken. Kognitionspädagogische Anmerkungen zur »neuen Lernkultur«. In: *Beiträge zur Lehrerbildung*, 13, 19–37.

Röder, B. & Rösler, F. (2006): Kompensatorische Plastizität bei blinden Menschen. Was Blinde über die Adaptivität des Gehirns verraten. In: *blind-sehbehindert*, 126, 277–298.

Rodney, P. (2011): Stolpersteine auf dem Weg zur Inklusion – 30 Jahre Inklusion blinder und sehbehinderter Schülerinnen und Schüler in Dänemark – Ein Erfolgsmodell? In: *blind-sehbehindert*, 131, 218–228.

Roth, G. (1997): *Das Gehirn und seine Wirklichkeit. Kognitive Neurobiologie und ihre philosophischen Konsequenzen.* Frankfurt a. M.

Roth, G. (2010): Die Bedeutung von Motivation und Emotionen für den Lernerfolg. In: E. Jürgens und J. Standop (Hrsg.). *Was ist »guter« Unterricht? Namhafte Expertinnen und Experten geben Antwort.* Bad Heilbrunn, 233–246.

Rumpf, H. (1991): *Didaktische Interpretationen. Galilei, Euler, Lichtenberg, Lessing, Tolstoj, Freud, Kükelhaus, Oevermann und andere.* Weinheim und Basel.

Sadato, N., Pascual-Leone, A., Grafman, J., Ibañez, V., Deiber, M. P., Dold, G. und Hallett, M. (1996): Activation of the primary visual cortex by Braille reading in blind subjects. In: *Nature*, 380, 526–528.

Schabow, D. (2004): Lehr- und Lernmittel für blinde und sehbehinderte Schülerinnen und Schüler. Einige Bemerkungen zur Lehrmittelsammlung der Schule für Blinde und Sehbehinderte Nürnberg. In: Blindenanstalt Nürnberg e. V. (Hrsg.). *Zielgerichtetheit und Wandel. Tradition und Perspektiven in der Bildung blinder und sehbehinderter Menschen. Fachbeiträge zum 150-jährigen Bestehen der Blindenanstalt Nürnberg e. V. Nürnberg*. Nürnberg, 129–136.

Schindele, R. (1985): Didaktik des Unterrichts bei Sehgeschädigten. In: W. Rath und D. Hudelmayer (Hrsg.). *Pädagogik der Blinden und Sehbehinderten*. Handbuch der Sonderpädagogik, Band 2. Berlin, 91–123.

Schirp, H. (2006): Wie »lernt« unser Gehirn Werte und Orientierungen? In: U. Herrmann (Hrsg.). *Neurodidaktik. Grundlagen und Vorschläge für gehirngerechtes Lehren und Lernen*. Weinheim und Basel, 200–215.

Scholz, I. (2012): *Das heterogene Klassenzimmer. Differenziert unterrichten*. Göttingen.

Schüpbach, J. (2000): *Nachdenken über das Lehren. Vordergründiges und Hintergründiges zur Didaktik im Schulalltag*. Bern, Stuttgart und Wien.

Schulz, W. (1981): *Unterrichtsplanung. Mit Materialien aus Unterrichtsfächern*. München.

Schulz, W. (2002): Die lehrtheoretische Didaktik. Oder Didaktisches Handeln im Schulfeld. In: H. Gudjons und R. Winkel (Hrsg.). *Didaktische Theorien*. 11. Aufl. Hamburg, 35–56.

Singer, W. (2002): Neurologische Anmerkungen zum Konstruktivismus-Diskurs. In: W. Singer. Der Beobachter im Gehirn. Essays zur Hirnforschung. Frankfurt a. M., 87–111.

Spiess, W. (1998): Ideen, Techniken und Haltungen aus dem Kontext der konstruktivistischen lösungsorientierten Kurztherapie(n) In: W. Spiess (Hrsg.). *Die Logik des Gelingens. Lösungs- und entwicklungsorientierte Beratung im Kontext von Pädagogik*. Dortmund, 79–100.

Spittler-Massolle, H.-P. (1998): Blindheit in der ›sehenden Welt‹ – ein Anachronismus oder eine subversive Kraft? In: Verband für Blinden- und Sehbehindertenpädagogik e. V. (VBS) (Hrsg.). *Lebensperspektiven. Kongressbericht. 32. Kongress der Blinden- und Sehbehindertenpädagogen, Nürnberg, 3.–7. August 1998*. Hannover, 199–216.

Spychiger, M. B. (2010): Fehlerkultur und Reflexionsdidaktik. In: E. Jürgens; J. Standop (Hrsg.). Was ist »guter« Unterricht? Namhafte Expertinnen und Experten geben Antwort (175-197). Bad Heilbrunn

Tanner, S. (2003): *Sehgeschädigte Kinder an allgemeinen Schulen. Möglichkeiten und Grenzen der allgemeinen Betreuungsarbeit*. Unveröffentlichte Lizentiatsarbeit. Universität Fribourg.

Thiele, M. (2004): Inklusion statt Integration – und alles wird gut? In: *blind-sehbehindert*, 124, 40–49.

Tschekan, K. (2012): *Kompetenzorientiert unterrichten*. Berlin.

Varela, F. (1994): *Ethisches Können*. Frankfurt a. M. und New York.

Verband für Blinden- und Sehbehindertenpädagogik e. V. (VBS) (Hrsg.) (2011): *Bildung, Erziehung und Rehabilitation blinder und sehbehinderter Kinder und Jugendlicher in einer inklusiven Schule in den Ländern der Bundesrepublik Deutschland. Standards, Spezifisches Curriculum, Modell-Leistungsbeschreibung*. https://www.ew.uni-hamburg.de/ueber-die-fakultaet/personen/degenhardt/files/110721-vbs-spezifisches-curriculum-und-standards.pdf.

Voß, R. (2002): Unterricht ohne Belehrung – Kontextsteuerung, individuelle Lernbegleitung, Perspektivenwechsel. In: R. Voß (Hrsg.). *Unterricht aus konstruktivistischer Sicht. Die Welt in den Köpfen der Kinder*. Neuwied, 35–55.

Wagenschein, M. (1999): *Verstehen lernen*. Weinheim und Basel.

Walthes, R. (1997): 150 Jahre Blindenbildung – zwischen Anfang und Ende? Überlegungen zur Blinden- und Sehbehindertenpädagogik heute. In: Landschaftsverband Westfalen-Lippe (Hrsg.). *150 Jahre Blindenbildung in Soest 1847–1997. Festschrift*. Münster, 20–31.

Walthes, R. (1998): Einsichten – Überlegungen zu Wahrnehmung und Vorstellungen und ihre pädagogischen Konsequenzen für den gemeinsamen Unterricht. In: H. Pielage (Hrsg.). *Sehgeschädigte Kinder in allgemeinen Schulen – heute ein Regelfall?* Hannover, 54–68.

Walthes, R. (2006a): Sind 200 Jahre genug oder: Welche Zukunftsperspektiven hat das System? In: W. Drave und H. Mehls (Hrsg.). *200 Jahre Blindenbildung in Deutschland (1806–2006)*. Würzburg, 245–250.
Walthes R. (2006b): Heterogenität zulassen – Gemeinsamkeiten stärken (Vortragsfassung). Vortrag anlässlich des Festaktes 200 Jahre Blindenbildung am 12.10.2006 in Berlin. In: *blind-sehbehindert*, 126, 264–270.
Walthes, R. (2014): *Einführung in die Blinden- und Sehbehindertenpädagogik*. 3. überarb. Aufl. München und Basel.
Wartha, S. & Wittmann, G. (2009): Lernschwierigkeiten im Bereich des Bruchrechnens und des Bruchzahlbegriffs. In: A. Fritz und S. Schmidt (Hrsg.). *Fördernder Mathematikunterricht in der Sek. I. Rechenschwierigkeiten erkennen und überwinden*. Weinheim, Basel und Berlin.
Wigger, L. (2004): Didaktik. In: J. Oelkers und D. Benner (Hrsg.). *Historisches Wörterbuch der Pädagogik*. Weinheim und Basel, 244–278.
Winkel, R. (2002): Die kritisch-kommunikative Didaktik. In: H. Gudjons und R. Winkel (Hrsg.). *Didaktische Theorien*. 11. Aufl. Hamburg, 93–112.
Wygotski, L. (1987): *Ausgewählte Schriften. Band 2: Arbeiten zur psychischen Entwicklung der Persönlichkeit*. Köln.

IV Inhaltsbereiche und konkrete Ausgestaltung einer spezifischen Didaktik des Unterrichts mit blinden und hochgradig sehbehinderten Schülerinnen und Schülern

Markus Lang

1 Historische Entwicklung

1.1 Blindenunterricht zu Beginn der institutionalisierten Blindenbildung

Im Vordergrund der ersten Gründungen von Blindenschulen gegen Ende des 18. und zu Beginn des 19. Jahrhunderts stand zunächst, die grundsätzliche Bildbarkeit blinder Menschen unter Beweis zu stellen. Das Ziel der Erziehung und Bildung wurde als »bürgerliche Brauchbarkeit« (Klein 1991/1819) eindeutig formuliert. Blinde Menschen sollten eine allgemeine Schulbildung erhalten und sich später vornehmlich als Handwerker (Bürstenbinder, Korbflechter etc.) in die Gesellschaft einbringen. Angesichts der sozialen Verhältnisse des 18. Jahrhunderts, in denen blinde Menschen in der Regel als Bettler ein äußerst karges Dasein fristeten, spiegelt sich im Bildungsangebot an diese Randgruppe aber auch der Geist der Aufklärung und das Aufkommen eines säkularen Wohltätigkeitsdenkens wider.

Bereits in diesen Anfängen der institutionalisierten Blindenbildung tauchte die Frage nach den Spezifika des Unterrichts auf. In der Regel herrschte bei den Schulgründern wie Valentin Haüy (1745–1822, Gründer der weltweit ersten Blindenschule in Paris 1784) und Johann August Zeune (1778–1853, Gründer der Blindenschule in Berlin 1806) eine mechanistische Sichtweise über die Parallelität der Sinne vor, wonach das Tastvermögen die Leistungen des Sehvermögens problemlos kompensieren könne. Der spezifisch blindenpädagogische Anteil des Unterrichts beschränkte sich dementsprechend auf die Herstellung und Bereitstellung geeigneter Medien, die aus dem visuellen in den taktilen Wahrnehmungsbereich übertragen wurden. Dies wird auch in den ersten Lehrbüchern über den Unterricht blinder Kinder und Jugendlicher deutlich: Sowohl Haüy (1990/1786) als auch Zeune (1808) gingen in ihren spezifischen didaktischen Ausführungen im Grunde nicht über die Darstellung und Beschreibung taktiler Unterrichtsmedien hinaus.

Besonders deutlich wurde die Praxis einer weitestgehenden Anlehnung an den Unterricht Sehender bei der Lösung der Frage nach einer Leseschrift für blinde Menschen: Es stand nicht zur Diskussion, dass blinde Menschen eine andere als die gewöhnliche Schwarzschrift zu erlernen hatten, wenngleich eben als vergrößerte und tastbare Reliefschrift.

Der Blindenunterricht stand im Zeichen der allgemein üblichen Lernschule, in der die verbale Unterweisung eine gewichtige Rolle einnahm. Didaktische Anpassungen erfolgten lediglich im medialen Bereich. Diese Sichtweise zeigte sich noch 1867 in folgender Einschätzung von Pablasek: »Der Unterschied des Unterrichts für Sehende und für Blinde liegt eben nur in den verschiedenen Mitteln für die verschiedene Anschauung« (Pablasek 1867, 186).

Unter den Gründern der Blindenschulen nahm Johann Wilhelm Klein (1765–1848, Gründer der Wiener Blindenschule 1804) eine besondere Stellung ein. Er prägte die deutschsprachige Blindenpädagogik des 19. Jahrhunderts wie kein anderer.

Zwar lehnte sich Klein ebenfalls eng an die Didaktik und Methodik des Unterrichts Sehender an, um blinde Menschen nicht zusätzlich zu isolieren bzw. um potenzielle Blindenlehrer nicht durch eine Vielzahl von Besonderheiten abzuschrecken (Klein 1991/1819, IV), jedoch beschäftigte er sich im Unterschied zu Haüy und Zeune schon früh mit den Folgen von Blindheit. Auf der Basis umfassender und äußerst exakter Beobachtungen erkannte er eine Vielzahl besonderer Unterrichtsnotwendigkeiten, die er in seinen didaktischen Überlegungen aufgriff.

Den Schwerpunkt blindenspezifischer Unterrichtsanteile sah auch Klein im medialen Bereich. Seine konkreten Unterrichtserfahrungen veröffentlichte er in einem Lehrbuch (Klein 1819), das jahrzehntelang den Blindenunterricht bestimmte. Neben sehr detaillierten Beschreibungen von Unterrichtsmedien (z. B. aus den Bereichen Deutsch und Mathematik), verwies Klein – wohl unter dem Einfluss Pestalozzis, mit dem er in Verbindung stand – auf die große Bedeutung der sinnlichen Wahrnehmung und der konkreten Anschauung im Unterricht blinder Kinder und Jugendlicher. Diese Bereiche nahmen einen hohen Stellenwert in Kleins Unterrichtskonzeption ein (vgl. Bauer 1926, 50; Garbe 1959, 13). So beschrieb Klein in seinem Lehrbuch eine Reihe von Anschauungsgegenständen, die ausschließlich der Begriffsbildung dienten (Klein 1991/1819, 373). Darüber hinaus erkannte Klein, angesichts der angestrebten Handwerkstätigkeiten, die Notwendigkeit einer motorischen, insbesondere einer feinmotorischen Förderung (Klein 1991/1819, 18 f.; 1830, 8 f.; 1841, 31 f.). Klein empfahl hierzu eigene, spezifische Medien wie das »Wiener Allerlei«, eine Sammlung kleiner Objekte (Körner, Früchte, Münzen, Stücke aus Holz, Glas, Metall etc.) für Benennungs-, Sortier- und Ordnungsübungen (Klein 1991/1819, 275 ff.).

Kleins pragmatische und auf die unmittelbare Eigenerfahrung bezogene Unterrichtskonzeption enthält bereits erste Ansätze einer eigenständigen Didaktik, da ausgehend von den konkreten Lernvoraussetzungen der blinden Kinder und Jugendlichen besondere Zielvorstellungen (z. B. Handgeschicklichkeit, Begriffsbildung, Selbstständigkeit), besondere Inhaltsbereiche (z. B. Tastschulung, Anschauungsunterricht) und besondere Medien angesprochen werden.

Trotz aller aus heutiger Sicht festzustellenden Unzulänglichkeiten und Fehleinschätzungen – beispielsweise blieb Klein dem Prinzip der Sehvermeidung verhaftet (Kap. V, 1.5.2) und trat vehement als Gegner der Brailleschrift auf – gelten Kleins ausführliche Darstellungen des Blindenunterrichts zu Recht als Ausgangspunkt einer blindenspezifischen Didaktik (vgl. Hudelmayer 1976, 53).

1.2 Die Verallgemeinerungsbewegung: Blinde Kinder im Unterricht an Volksschulen

Interessanterweise wurde in Deutschland bereits im ersten Drittel des 19. Jahrhunderts (in Frankreich etwas später) versucht, die allgemeinen Schulen bei der Erziehung und Bildung blinder Kinder mit einzubeziehen. Dieser Sachverhalt ergab sich aus der Absicht, die blinden Kinder in ihren Familien zu belassen und an Volksschulen des Heimatortes zu unterrichten, aber auch aus der Notwendigkeit heraus, dass die bis dahin geringe Anzahl von Blindenanstalten insgesamt nur wenige blinde Schülerinnen und Schüler aufnehmen konnten. Darüber hinaus war das Aufnahmealter mit zehn bis zwölf Jahren sehr hoch (Drave 1998, 273 f.).

Aufgrund der angenommenen weitreichenden Übereinstimmung des Unterrichts sehender und blinder Kinder, wodurch, wie bereits aufgezeigt wurde, lediglich einige mediale und eventuell inhaltliche Anpassungen notwendig seien, erschien dieses Vorhaben durchaus praktikabel. Eine ganze Reihe von Veröffentlichungen der als »Verallgemeinerungsbewegung« bezeichneten Strömung, sollten Eltern und Volksschullehrerinnen und -lehrer für die Aufgabe der Erziehung und Bildung blinder Kinder befähigen (vgl. Klein 1844; Knie 1851; Entlicher 1872). Zu einer breiten und nachhaltigen Umsetzung kam es allerdings nicht. Stattdessen wurde das System der Blindenanstalten ausgebaut und das Eintrittsalter abgesenkt. Vermutlich waren die Widerstände an den allgemeinen Schulen größer als erwartet, so dass sich trotz finanzieller Sonderleistungen (vgl. Drave 1998, 274) die Bereitschaft von Volksschullehrerinnen und -lehrern, blinde Kinder zu unterrichten, in Grenzen hielt. Zudem erschienen die Anweisungsschriften als zu optimistisch und als zu wenig blindenspezifisch. Didaktische Besonderheiten lassen sich in ihnen kaum finden, vielmehr wird den Lehrkräften der Volksschulen aufgezeigt, dass blinde Kinder mittels Hören oder Tasten problemlos an so gut wie allen Unterrichtsinhalten teilnehmen könnten (Entlicher 1872, 34 f.). Die Betonung der sinnes- und gedächtnismäßigen Kompensationsfähigkeiten blinder Menschen ließ den Eindruck entstehen, dass sich der Volksschulunterricht durch den Besuch eines blinden Kindes im Grunde nicht verändern müsse. Beispielhaft für diesen Sachverhalt steht die Einschätzung Entlichers (1872, 40) zum Lesenlernen blinder Kinder, der wie an den zeitgleich existierenden Blindenschulen noch in tastbarer Reliefschrift erfolgte:

> »Der Gang beim Lesenlernen der Blinden ist derselbe, wie bei den Sehenden. Nachdem sie die Buchstaben kennen, geht man gleich zum Lesen [...]«.

Die Verallgemeinerungsbewegung brachte somit unter didaktischen Gesichtspunkten keine neuen Impulse hervor. Falls blindenspezifische didaktische Herangehensweisen Berücksichtigung fanden, beschränkten diese sich noch stärker als an Blindenschulen auf das Bereitstellen taktil zugänglicher Medien.

1.3 Aufbau und Grundlegung einer Theorie der Blindenpädagogik

Simon Heller (1842–1922), Leiter der jüdischen Blindenanstalt »Hohe Warte« in Wien, entwickelte gegen Ende des 19. und zu Beginn des 20. Jahrhunderts eine erste spezifische und systematische Theorie der Blindenpädagogik (vgl. Heller 1876; 1886; 1888; 1892; 1895; 1901; 1905). Er sah in der Blindenpädagogik und im Blindenunterricht nicht mehr nur die medial adaptierte allgemeine Pädagogik und Didaktik. Vielmehr erkannte Simon Heller die spezifischen psychologischen Grundlagen der Blindenbildung und setzte diese in konkrete Handlungsweisen um. Heller grenzte die Blindenpädagogik bewusst von der allgemeinen Didaktik und Pädagogik ab:

> »Die Blindenpädagogik kann also nicht schlechthin als ein Zweig der allgemeinen Pädagogik bezeichnet werden, welcher sich von dieser nur durch einzelne Abänderungen bezüglich der Lehrmittel unterscheidet; sondern die wesentlichste Unterscheidung liegt darin, dass die psychologische Grundlage der Blindenpädagogik [...] eine abweichende ist, und dass aus dieser die abweichenden Methoden und Bildungsmittel [...] resultieren« (Heller, 1888, 100 f.).

Simon Heller geht folglich davon aus, dass die Blindheit die geistige Entwicklung nachhaltig beeinflusst (Heller 1892, 198), was blindenspezifische Vorgehensweisen in Bildungsprozessen erfordere.

In der Tradition Friedrich Herbarts (1776–1841), dessen psychologisch untermauerte Pädagogik das Schulwesen des 19. Jahrhunderts prägte, nahm Simon Heller an, dass Vorstellungen unmittelbar aus Sinneswahrnehmungen hervorgingen (Heller 1876, 89; 1892, 199). Dies hatte zur Folge, dass auch an den Blindenschulen der Anschauungsunterricht propagiert wurde und schließlich ganz in den Mittelpunkt rückte. Der Unterricht sollte vielfältige Realbegegnungen und eine unmittelbare Auseinandersetzung mit Objekten, Tieren oder Tätigkeiten ermöglichen. Detailliert beschrieb Simon Heller den Einsatz von Veranschaulichungsmitteln. Hierbei empfahl er die »Methode der absteigenden Linie« (Heller 1886, 140 ff.), d. h. von der Realbegegnung ausgehend sollen eingesetzte Medien stufenweise abstrakter werden (z. B. Realbegegnung mit einem Tier – Stopfpräparat – Nachbildung aus Holz, Ton etc. – Reliefbild – Umrisszeichnung). Zu einem späteren Zeitpunkt könne auch der umgekehrte Weg einer »Methode der aufsteigenden Linie« gegangen werden.

Nach Simon Heller können blinde Menschen nur über das Tasten zu wahren Vorstellungen und zu logischem Denken gelangen. Damit der Anschauungsunterricht für blinde Schülerinnen und Schüler entsprechend erfolgreich sein kann, forderte Simon Heller eine systematische und spezifische Tastschulung (Heller 1892, 200 f.; 1888, 104; 1886, 136).

Die »Lehre vom Tasten« bildete das Zentrum Simon Hellers Entwurf einer Blindenpädagogik und -didaktik (Heller 1892, 213; 1888, 108). Die wahrnehmungspsychologische Grundlegung dieser »Lehre vom Tasten« lieferte Simon Hellers Sohn Theodor (Heller, Th. 1989/1904).

Äußerst bedeutsam für die Unterrichtspraxis an den Blindenschulen war Hellers Systematik der Tastschulung, die sich in folgende Teilbereiche untergliederte (Heller 1888, 113 ff.; 1892, 203 ff.):

1. Handturnen,
2. Freies Spiel,
3. Modellieren,

4. Handfertigkeitsunterricht,
5. Nachahmung alltäglicher Tätigkeiten.

Einige dieser und eng verwandter Bereiche fanden sich als Unterrichtsfächer teilweise bis in die Mitte des 20. Jahrhunderts hinein in den Stundentafeln der Blindenschulen wieder, beispielsweise unter den Bezeichnungen Anschauungsunterricht, Fröbelarbeiten, Modellieren und Zeichnen, Handfertigkeitsunterricht, Handarbeiten, Handgymnastik (vgl. Hudelmayer 2006, 198).

Zusammenfassend lässt sich festhalten, dass es Simon Hellers großes didaktisches Verdienst war, die psychischen Auswirkungen von Blindheit ins Zentrum zu rücken und auf die »innere Eigenlage« des blinden Menschen aufmerksam zu machen (vgl. Kremer 1948). Hervorgehoben werden muss auch Hellers grundlegende Zielstellung des Blindenunterrichts: Ausgehend von der Kritik an einer umfassenden Blindenfürsorge (Pablasek 1867: »Die Fürsorge für die Blinden von der Wiege bis zum Grabe«) forderte Heller, blinde Menschen zu Selbstständigkeit und Selbstbestimmung zu führen.

Wenngleich seine psychologische Analyse der Wahrnehmung unter dem gegenwärtigen Forschungsstand als stark vereinfacht erscheint, so hat er doch wesentliche Ziele und Methoden des Blindenunterrichts systematisch herausgearbeitet und in einer eigenständigen Theorie der Blindenpädagogik bzw. -didaktik dargestellt (vgl. Garbe 1959, 28 ff.; Hudelmayer 1970, 13 ff.).

Erwähnt werden soll an dieser Stelle jedoch auch, dass sehr vereinzelt Kritik an Simon Hellers Dominanz des Anschauungsprinzips und der Tastlehre geübt wurde. Hellers Kollege an der Wiener Blindenschule »Hohe Warte« Friedrich Hitschmann, selbst blind, wies darauf hin, dass trotz aller Sinnesübungen der Tastsinn keinen Ersatz des Gesichtssinnes darstellen könne (Hitschmann 1892, 391). Blinde Menschen würden in der Regel nicht in bildhaften Vorstellungen denken, wie sie der Anschauungsunterricht durch Ertasten erzeugen wolle, sondern in unanschaulichen »Surrogatvorstellungen«, die sich durch verbalen Unterricht erzeugen ließen (Hitschmann 1895, 9 ff.). Hitschmann plädierte somit für eine völlig andere methodische, inhaltliche und mediale Ausrichtung des Blindenunterrichts als Simon Heller, was von der zeitgenössischen Blindenpädagogik allerdings strikt und vehement abgelehnt wurde (vgl. Lembcke 1899; 1902; Brandstaeter 1899; 1900; Zech 1913).

1.4 Der Einfluss der Reformpädagogik auf den Unterricht an Blindenschulen

Trotz der Etablierung der Blindenanstalten und der von Simon Heller herausgearbeiteten Besonderheiten blieb selbstverständlich eine enge Verbindung zwischen allgemeiner Pädagogik und Blindenpädagogik erhalten, sodass sich die reformpädagogischen Ansätze im ersten Drittel des 20. Jahrhunderts – allerdings in unterschiedlicher Gewichtung – auch auf den Unterricht an den Blindenschulen auswirkten. Die Umsetzungsmöglichkeiten eines stärker kindorientierten Unterrichts, der die Selbsttätigkeit hervorhob, wurden auch in der Blindenpädagogik diskutiert und auf die Praxis übertragen, sodass dort das didaktisch-methodische Repertoire wesentlich erweitert wurde.

Die Montessori-Pädagogik blieb in der Blindenpädagogik umstritten. Ihre Befürworter (vgl. Brandstäter 1925), die vor allem die Bedeutung der Sinnesmaterialien und Lebenspraktischen Übungen hervorhoben, sahen sich deutlicher Kritik ausgesetzt, die sich an der zurückhaltenden Rolle des Lehrers oder an der starken Individualisierung in der Montessori-Pädagogik entzündete (Mayntz 1931, 120 ff.).

Einen weitaus größeren Einfluss auf die Blindenpädagogik übte die Kunsterziehungsbewegung aus. Hierdurch veränderte sich der Turnunterricht an den Blindenschulen, da anstatt der im militärischen Drill praktizierten Körperertüchtigung nun stärker die natürliche Bewegung bzw. ein auf Körpergefühl und Körperbewusstsein aufbauendes »physiologisches Turnen« in den Mittelpunkt rückte (Bauer 1928). Ebenfalls von der Kunsterziehungsbewegung beeinflusst, erweiterte der Kieler Blindenlehrer Wilhelm Voss (1881–1952) die auf das plastische Gestalten reduzierte bildnerische Kunsterziehung um die Bereiche figürlicher und bildlicher Darstellung, indem er Möglichkeiten des taktilen Zeichnens aufzeigte (vgl. posthume Veröffentlichung: Voss 1955).

Den größten Einfluss auf die Blindenpädagogik übte jedoch die von Georg Kerschensteiner (1854–1932) geprägte »Arbeitsschulbewegung« aus, da sich hier ein nahtloses Anknüpfen an Simon Hellers Konzeption ermöglichte. Vor allem der Direktor der Danziger Blindenanstalt Friedrich Zech forderte eine Übertragung des Arbeitsschulgedankens auf die Blindenpädagogik im Sinne eines kindgemäßen Unterrichts, der sich am Leben und an den Bedürfnissen des blinden Kindes orientiere (Zech 1908). Konkret beinhaltete dies beispielsweise das Arbeiten im Schulgarten, das Versorgen von Tieren oder das Durchführen vielfältiger Versuche, d. h. die Vermittlung von Wissen aufgrund von Eigenerfahrungen (Zech 1908; 1914).

Auch die Betonung der an Blindenschulen stark verbreiteten Methode des »Gesamtunterrichts« (Zech 1918), eines fächerübergreifenden Lernens in Gesamtzusammenhängen (vgl. Mayntz 1924), lässt sich nur vor dem Hintergrund der reformpädagogischen Arbeitsschulbewegung erklären.

Am Beispiel der Reformpädagogik zeigt sich, dass die allgemeine Pädagogik die Blindenpädagogik positiv beeinflusst hat, da deren didaktisch-methodische Aussagen konsequent den Lernerfordernissen blinder Kinder und Jugendlicher angepasst wurden.

1.5 Didaktische Weiterentwicklungen in der ersten Hälfte des 20. Jahrhunderts

Neue, philosophisch orientierte Aspekte für die Theorie der Blindenpädagogik und somit auch für eine blindenspezifische Didaktik ergaben sich durch den Breslauer Blindenpädagogen Alfred Petzelt (1886–1967). Petzelt ging erkenntnistheoretisch davon aus, dass Wissen unabhängig von der wahrnehmenden Sinnesmodalität sei, sodass das Wissen sehender und blinder Menschen als gleichwertig zu betrachten ist (Petzelt 1925, 135). Vor allem bei der Vermittlung visueller Phänomene erhalte bei blinden Menschen die Sprache eine besondere Funktion. Das Wissen um die

Möglichkeiten des Sehens und Gesehenwerdens ist nach Petzelt eine Voraussetzung für ein Verständnis zwischen Menschen mit und ohne Sehvermögen. Dieses Inbeziehungsetzen mit visuellen Phänomenen bezeichnete Petzelt als »Visualisationsbezug« (Petzelt 1925, 138 f.). Das Herstellen dieses Visualisationsbezuges sei daher die Hauptaufgabe der Blindenpädagogik und spiele speziell bei der Erschließung der Dingwelt eine herausragende Rolle (Petzelt 1925, 144). Das Spezifische am Blindenunterricht trat in der Sichtweise Petzelts folglich im Anschauungsunterricht der Elementarstufe und in den Sachfächern am deutlichsten hervor, da hier die blindengemäße Erarbeitung visueller Bezüge im Vordergrund stand.

Der Dürener Blindenpädagoge Aloys Kremer (1895–1955) stellte mit seinem geschlossenen Theoriesystem vom »blindseinsgemäßen Unterricht« (Kremer 1933; 1948; 1951), in dem er sämtliche bisherige Gedanken aufgreift, Mitte des 20. Jahrhunderts ebenfalls eine spezifische Didaktik vor.

Ausführlich bestimmte Kremer folgende »psychophysischen Entwicklungsbedingtheiten« blinder Menschen als Ausgangspunkt seiner weiteren Überlegungen (Kremer 1933, 33):

- die qualitative und quantitative Minderung von Erlebensmöglichkeiten,
- das Ertastenmüssen,
- das größere Mitbestimmtsein durch die weiteren Restsinne (Gehör-, Geruch- und Geschmacksinn),
- die vermehrte Unanschaulichkeit des Gegenstandswissens,
- der Zwang zum Zusammenleben mit Sehenden in deren auf Sehen ausgerichteter Lebenswelt,
- das Wissen um ein Anderssein.

Diese Faktoren bewirken nach Kremer typische Besonderheiten oder Tendenzen im Seelenleben blinder Menschen (Kremer 1933, 55 ff.):

- synthetische Tendenzen im Vorstellen und Denken aufgrund des synthetischen Charakters der Tastwahrnehmung,
- subjektive Tendenzen der Geisteshaltung, da das Tasten in stärkerem Maße subjektive Anteile aufweist als das Sehen,
- abstrakte Tendenzen im Denken durch eingeschränkte konkrete Wahrnehmungserfahrungen,
- passive Tendenzen durch geringere Bewegungs- und »Handelnsanreize« sowie durch Beschränkungen der Bewegungsfreiheit,
- Tendenzen zu Gefühlen eigener Minderwertigkeit, da das Zusammenleben mit Sehenden zu einem als negativ empfundenen Anderssein führt.

Die Aufgabe der Blindenpädagogik sei es nun, durch entsprechende Maßnahmen ein Manifestieren dieser Tendenzen zu verhindern. Erfüllt werde diese Aufgabe durch einen »blindseinsgemäßen« Unterricht:

»Jede Unterrichtsstunde, der gesamte Lehrplan, alle Lehr- und Anschauungsmittel, die Stoffmenge, der Unterrichtsschritt, alles, was irgendwie blindenpädagogisches Geschehen darstellt, verlangt unausweichlich diese blindseinsgemäße Fundierung und Ausrichtung« (Kremer 1948, 159).

Blindseinsgemäß ist der Unterricht dann, wenn er der äußeren Eigenlage des blinden Menschen gerecht wird (»Periphere Blindseinsgemäßheit«, vgl. Zeit der Schulgründungen), der inneren Eigenlage des blinden Menschen entspricht (»zentrale Blindseinsgemäßheit«, vgl. »Lehre vom Tasten« nach Simon und Theodor Heller) und die pädagogische Eigenlage des blinden Menschen berücksichtigt (»pädagogische Blindseinsgemäßheit«, vgl. »Visualisationsbezug« nach Petzelt) (Kremer 1948; 1951).

Alle drei Aspekte müssen in den Blindenunterricht einfließen, der dadurch ein Höchstmaß an Anschaulichkeit, an verstandesmäßiger Durchdringung des Lerninhaltes und an Visualisationsbezug aufweise (Kremer 1948; 1951). Nach Kremer müssten folglich die didaktischen Dimensionen Ziele, Inhalte, Methoden und Medien das Kriterium der »Blindseinsgemäßheit« erfüllen.

1.6 Erziehungswissenschaftliche Einflüsse auf die Blindenpädagogik und -didaktik in der zweiten Hälfte des 20. Jahrhunderts

Bis Mitte des 20. Jahrhunderts basierten die theoretischen Grundlagen der Blindenpädagogik weitgehend auf Ableitungen psychologischer Erkenntnisse. Die Etablierung einer eigenständigen Erziehungswissenschaft veränderte diesen Sachverhalt nachhaltig. Die Blindenpädagogik griff die entsprechenden Theorien auf, sodass sich ein erziehungswissenschaftliches Profil der Blindenpädagogik entwickeln konnte.

Maßgeblichen Anteil an dieser Entwicklung hatten zunächst Herbert Garbe (1918–1995) und Werner Boldt (1928–1998).

Garbe beschäftigte sich ganz im Sinne einer hermeneutischen Pädagogik mit den historischen Wurzeln und Entwicklungen der Blindenpädagogik. Konsequent entwickelte er hieraus seine Theorie der Blindenpädagogik (Garbe 1959). Unter didaktischen Gesichtspunkten erscheint Garbes Kritik an der einseitigen Ableitung der Blindenpädagogik aus der Psychologie interessant. Garbe argumentierte, dass sich allein aus psychologischen Erkenntnissen keine Bildungsziele, Inhalte und Unterrichtsmethoden ergeben könnten (Garbe 1959, 77). Vielmehr seien diese Kategorien abhängig von kulturellen Faktoren, wie der gesellschaftlichen Stellung oder den bestehenden Bildungs- und Ausbildungsmöglichkeiten. Garbe brachte somit den Einfluss äußerer Faktoren auf didaktische Handlungsfelder zum Ausdruck. Das Ziel der Blindenbildung ist nach Garbe

> »[…] den Blinden durch Schulung und Verwertung der verbliebenen Fähigkeiten und durch Schaffung und Benutzung zweckentsprechender Hilfsmittel eine Bildung und Ausbildung zu gewähren, die der ihrer sehenden Altersgenossen gleichwertig ist« (Garbe 1959, 86).

Von dieser Vorgabe ausgehend bestimmte Garbe Anforderungen an Bildungsinhalte, Lehrmittel und Unterrichtsmethoden (Garbe 1959, 87 ff.). Garbe forderte für diese Bereiche explizit, blindenspezifische Anpassungen der allgemeinen Didaktik vorzunehmen. So sah er beispielsweise die Notwendigkeit zur stofflichen Reduktion und zum exemplarischen Unterricht bzw. benannte Sonderbereiche wie Orientierungsübungen, Hilfsmittelgebrauch oder »Benehmen und Bewegen unter Sehenden«. An anderer Stelle verwies Garbe auf didaktische Besonderheiten in den Bereichen Deutsch, Mathematik, Sachfächer, Leibeserziehung und ästhetische Erziehung (Garbe 1966).

Boldt, von 1968 bis 1993 Professor für Blinden- und Sehbehindertenpädagogik in Dortmund, dessen wissenschaftlicher Standpunkt der Hermeneutik und in besonderem Maße der pädagogischen Anthropologie zuzuordnen ist, forderte, von der Ganzheitlichkeit des Menschen auszugehen und somit den ganzen Menschen mit seinen Lebensbeziehungen in den Mittelpunkt pädagogischen Wirkens zu stellen (Boldt 1966, 27 ff.).

Am Beispiel des naturwissenschaftlichen Unterrichts versuchte Boldt, die didaktische Relevanz pädagogisch-anthropologischer Fragestellungen aufzuzeigen. Ausgehend von einer eigenen Untersuchung, die die pädagogische Ausgangslage und die Lernentwicklung blinder Kinder und Jugendlicher im Bereich des naturwissenschaftlichen Lernens analysieren sollte, formulierte Boldt blindenspezifische, fachdidaktische Konsequenzen hinsichtlich Unterrichtsinhalten, Unterrichtsformen und -methoden (Boldt 1966, 208 ff.), wobei diese nur ansatzweise konkret ausformuliert wurden.

Didaktisch bedeutsam und folgenreich wäre eine Umsetzung Boldts Gedanken einer Neuordnung des Blindenbildungswesens gewesen, da sie eine grundlegende Veränderung der schulischen Rahmenbedingungen bedeutet hätten: Um für blinde Schülerinnen und Schüler ein differenziertes und vielfältiges Schulsystem anbieten zu können, forderte Boldt eine Konzentrierung der Blindenschulen auf bundesweit einige wenige Schulstandorte (Boldt 1970). Eine Realisierung dieser Pläne fand jedoch nicht statt.

In gewissem Sinne können die didaktischen Ausführungen von Hugo Schauerte (1929–2016) als Weiterführung und Konkretisierung der Standpunkte von Boldt aufgefasst werden. Schauerte, von 1974 bis 1993 Professor der Blinden- und Sehbehindertenpädagogik in Dortmund, geht ebenfalls von anthropologischen Grundpositionen aus und entwickelt hieraus seinen Theorieansatz.

Auf der Basis einer umfassenden Analyse der Lernausgangslage und der Lernvoraussetzungen blinder und sehbehinderter Schülerinnen und Schüler formulierte Schauerte die Notwendigkeit einer spezifischen Didaktik, die aus der allgemeinen Didaktik ableitbar ist: »Spezifische Bedingungen erfordern spezifische didaktische Maßnahmen [...]« (Schauerte 1972, 339). Schauerte verstand hierunter in erster Linie Maßnahmen zur Kompensation der Sehschädigung, wobei er zwischen einer unmittelbaren Kompensation (durch optische Hilfsmittel, durch Optimierung der Schrift, durch Verbesserung der Beleuchtung etc.) und einer mittelbaren Kompensation (z. B. durch Seh- oder Tastförderung) unterscheidet (Schauerte 1972, 47). Spätere Forschungen ließen Schauerte die Unterrichtsartikulation, speziell die Erarbeitung notwendiger Lernvoraussetzungen, stärker in den Mittelpunkt rücken (Schauerte 1985). Die theoretischen Überlegungen konkretisierte Schauerte, indem er zu verschiedenen Unterrichtsfächern didaktische Notwendigkeiten im Rahmen spezifischer Curricula ausarbeitete (Schauerte 1972; 1985).

Vom verhaltenswissenschaftlichen Standpunkt aus (vgl. Mersi 1985, 57) beschäftigte sich Dieter Hudelmayer (1933–2015) mit der Erziehung blinder Menschen (Hudelmayer 1975) und darin enthalten auch mit didaktischen Fragestellungen. Hudelmayer, von 1971 bis 1996 Professor für Blindenpädagogik an der Pädagogischen Hochschule Heidelberg, benutzte als Strukturmodell seiner didaktischen Überlegungen die lerntheoretische Didaktik nach Heimann, Otto und Schulz (Hudelmayer 1976, 53). Ausgehend von diesem Raster wies er die blindenspezifischen Komponenten hinsichtlich Zielen, Inhalten, Methoden, Medien und organisatorischen Gesichtspunkten nach. Hudelmayer skizzierte somit eine von der allgemeinen Didaktik abgeleitete selbstständige Didaktik der Blindenschule.

Hudelmayer begründete hierbei spezifische Zielsetzungen der Blindenpädagogik als unabdingbare Folge von drei zueinander in Abhängigkeit stehender Relationen (Hudelmayer 1975, 71 ff.; 1976, 53 ff.):

1. dem Verhältnis des Blinden zu sich selbst (Umgang mit der Behinderung),
2. dem Verhältnis des Blinden zu sehenden Menschen (Integration aufgrund kultureller, beruflicher und sozialer Kompetenzen, z. B. Notwendigkeit zum Erlernen der Brailleschrift oder Lebenspraktischer Fähigkeiten),
3. dem Verhältnis zur konkreten Objektwelt (Auswirkungen von Blindheit v. a. auf die kognitive und emotionale Entwicklung, z. B. Begriffsbildung).

Hieraus ergeben sich nach Hudelmayer besondere, auf die Gesamtsituation des blinden Menschen bezogene Zielsetzungen, die durchaus auch Allgemeingültigkeit haben können.

Hinsichtlich der Lerninhalte sieht Hudelmayer die Notwendigkeit einer Anpassung allgemeiner Bildungs- und Lehrpläne (Hudelmayer 1975, 85; 1976, 62 ff.). Wie bereits Garbe, verweist Hudelmayer auf quantitative Einschränkungen aufgrund des tastbedingten Zeitbedarfs, aber auch auf blindheitsbedingte Inhaltserweiterungen und spezielle Schwerpunktsetzungen (z. B. musikalische Zusatzangebote, Sacherfahrungen, Blindentechniken im Umgang mit Medien und Hilfsmitteln, Bewegungserziehung, Lebenspraktische Fähigkeiten etc.).

Unter methodischen Gesichtspunkten führt Hudelmayer folgende blindenspezifische Aspekte auf (Hudelmayer 1975, 89 ff.; 1976, 66 ff.): integrierte Wahrnehmungsförderung, Konkretisierung v. a. in den Sachfächern, Individualisierung, Betonung der Eigenaktivität, Strukturierung und Sequenzierung der Lehrgegenstände, auf die Blindheit abgestimmte Kommunikation und Verbalisierung, Berücksichtigung der psychischen Situation der Schülerinnen und Schüler.

Am offensichtlichsten ist nach Hudelmayer die Notwendigkeit zur Anpassung der Unterrichtsmedien, wobei er detailliert auf die Besonderheiten der Brailleschrift und auf Anforderungen zur Herstellung und zum Einsatz von Repräsentationsmedien eingeht (Hudelmayer 1975, 91 ff.; 1976, 73 ff.).

Darüber hinaus fordert Hudelmayer die Umsetzung spezifischer organisatorischer Aspekte (Hudelmayer 1975, 95 ff.), wie die Einführung eines fünften Grundschuljahres, die Reduzierung der Klassengrößen und die Durchführung umfassender Maßnahmen zur Diagnostik und Beratung.

1.7 Das Konzept einer Didaktik des Unterrichts bei Sehgeschädigten

Rudolf Schindele (1941–2007, von 1977 bis 1995 Professor für die Didaktik der Blinden- und Sehbehindertenpädagogik an der Pädagogischen Hochschule Heidelberg) entwickelte ein in sich geschlossenes Konzept einer sehgeschädigtenspezifischen Didaktik (Schindele 1985), das aufgrund seines präzisen und praxisbezogenen Aufbaus an dieser Stelle gesondert dargestellt werden soll.

Die Notwendigkeit der Konstituierung einer sehgeschädigtenspezifischen Didaktik sah Schindele darin begründet, dass sich blinde, hochgradig sehbehinderte und sehbehinderte Schülerinnen und Schüler in einem für den Lehr-Lern-Prozess entscheidenden Merkmal, nämlich dem Grad der visuellen Wahrnehmungsfähigkeit, von der Gruppe Normalsehender unterscheiden, wodurch spezielle didaktische Reflexionen und Maßnahmen erforderlich würden (Schindele 1985, 101). Gleichzeitig betonte er die enge strukturelle Bindung einer sehgeschädigtenspezifischen Didaktik an die allgemeine Didaktik (Schindele 1985, 92, 99). Als Konsequenz hiervon übernahm Schindele wie bereits Hudelmayer (s. o.) die Strukturelemente der allgemeinen Didaktik und füllte diese mit blinden- und sehbehindertenspezifischen Inhalten.

Vor dem Hintergrund einer präzisen Darstellung besonderer Lernvoraussetzungen sehgeschädigter Schülerinnen und Schüler (Schindele 1985, 101 ff.) erarbeitete Schindele sehgeschädigtenspezifische Adaptationen zu folgenden Strukturelementen der allgemeinen Didaktik (Schindele 1985, 106 ff.):

Adaptationen im intentionalen Bereich

Schindele betont, dass auf der Ebene der Leit- und Richtziele (z. B. Erreichen kultureller, beruflicher und sozialer Kompetenz) keine Veränderungen vorgenommen werden müssen. Auf der Grobzielebene können dagegen Schwerpunktsetzungen notwendig sein (z. B. Lebenspraktische Fähigkeiten, Kommunikationsfähigkeit), da hier spezifische Inhalte und Fertigkeiten als Voraussetzungen gelten. Auf der auf konkrete Unterrichtsstunden bezogenen Feinzielebene sind Besonderheiten die Regel, da hier die speziellen Fertigkeiten und Inhalte als Zielstellungen formuliert werden (z. B. selbstständig einen Apfel schälen, einen Passanten nach dem Weg fragen).

Im Bereich der Unterrichtsinhalte gelten die Vorgaben der allgemeinen Lehrpläne als verbindlich, wobei Schwerpunktverschiebungen und Inhaltsergänzungen erforderlich sein können (z. B. Betonung der Bewegungserziehung, Tierstimmen in der Biologie, taktiles Zeichnen).

Adaptationen im methodisch-prozessual-organisatorischen Bereich

In diesem didaktischen Entscheidungsfeld sieht Schindele spezifische Aspekte in den Bereichen Unterrichtsartikulation (z. B. Vorerfahrungen in der Einstiegsphase klären, Übungsphasen zeitlich ausdehnen), Methodenkonzeption (z. B. Hörerziehung im Musikunterricht, selbstentdeckendes Lernen in der Physik), Vermittlungs- und Erarbeitungsformen und -techniken (z. B. Schülerversuche statt Lehrerdemonstration, Lesetechniken) und der Sozial- und Interaktionsformen (z. B. vermehrtes Einbeziehen von Rollenspielen, Gruppenarbeiten etc.).

Mediale Adaptationen und Lernumgebung

Schindele fordert einen der jeweiligen Sehschädigung optimal angepassten Einsatz von Hilfsmitteln und Veranschaulichungsmedien (z. B. Reliefbilder, Funktionsmodelle, Schreib- und Zeichengeräte, optische Hilfsmittel), darüber hinaus jedoch auch eine entsprechend ausgestaltete sachliche Lernumgebung (z. B. Ausstattung des Schülerarbeitsplatzes, Klassenzimmerbeleuchtung) sowie einen intensiven Kontakt zu nichtbehinderten Kindern und Jugendlichen.

1.8 Zusammenfassung und Ausblick

Ein Blick in die Geschichte der Blinden- und Sehbehindertenpädagogik kann den Aufbau sowie die facettenreiche Weiterentwicklung und inhaltliche Ausgestaltung einer spezifischen Didaktik deutlich aufzeigen. Die Notwendigkeit besonderer, sich aus Blindheit und Sehbehinderung ergebender didaktischer Entscheidungen bei der Planung, Durchführung und Auswertung des Unterrichts wurde von den Praktikerinnen und Praktikern erkannt und schließlich wissenschaftlich fundiert von verschiedenen Standpunkten aus aufgearbeitet.

Schindele hat 1985 das letzte umfassende Modell einer sehgeschädigtenspezifischen Didaktik vorgestellt. In jüngerer Zeit wurden einige, sehr detailliert ausgearbeitete fachdidaktische Konzeptionen für den Unterricht blinder und hochgradig sehbehinderter Kinder und Jugendlicher entwickelt (vgl. beispielsweise für den Sportunterricht Thiele 2001; Giese 2010a; b; für den Mathematikunterricht Csocsán et al. 2002; Hahn 2006; Leuders 2012; für den Schriftspracherwerb Lang 2003; für den Kunstunterricht Lokatis-Dasecke & Wolter 2008) und didaktische Notwendigkeiten insbesondere im Kontext schulischer Integration konkret aufgelistet (Landeswohlfahrtsverband Hessen 2002; Iggesen & Laemers 2004). Eine weiterführende Bearbeitung didaktischer Grundlagen fand jedoch nicht statt. Dies gilt es nun, mit Blick auf die vielfältigen Veränderungen und Herausforderungen inner- und außerhalb der Blinden- und Sehbehindertenpädagogik in den zurückliegenden dreißig Jahren nachzuholen. Unumstritten ist hierbei, dass eine spezifisch ausgestaltete Didaktik nach wie vor notwendig ist, um den besonderen Lernvoraussetzungen und Lernbedürfnissen blinder und sehbehinderter Schülerinnen und Schülern gerecht werden zu können.

2 Grundlegende didaktische Herausforderungen für den Unterricht mit blinden und hochgradig sehbehinderten Schülerinnen und Schülern

2.1 Kinder und Jugendliche mit mehrfachen Behinderungen

Die Gruppe taubblinder bzw. hörsehbehinderter Kinder und Jugendlicher trat früh in den Blickpunkt einer besonderen Pädagogik und Didaktik. In Deutschland begann 1886 im Oberlinhaus bei Potsdam die systematische Unterrichtung taubblinder Kinder und Jugendlicher. Seitdem hat sich ein differenziertes Bildungswesen für diese Schülerinnen- und Schülergruppe mit speziellen, eigenständigen Einrichtungen bzw. gesonderten Abteilungen an Blindenschulen entwickelt (Pfitzmann et al. 2006).

Aufgrund dieser relativen Eigenständigkeit nimmt die Gruppe der hörsehgeschädigten Kinder und Jugendlichen eine Sonderrolle im Bereich der Mehrfachbehindertenpädagogik ein. Allgemein wird Mehrfachbehinderung aufgefasst als eine Verbindung einer geistigen Behinderung mit Hörschädigungen, Sehschädigungen, Körperbehinderungen, Verhaltensstörungen oder chronischen Krankheiten (vgl. Fornefeld 2004, 71). Mehrfachbehinderung darf jedoch nicht als Addition mehrerer »Einzelbehinderungen« betrachtet werden. Sie stellt vielmehr ein komplexes, sich gegenseitig bedingendes und beeinflussendes Gefüge dar.

Fröhlich (2015, 17) nennt aus einer humanistisch-pädagogischen Sichtweise folgende Bedürfnisse schwerbehinderter Kinder:

- körperliche Nähe, um direkte Erfahrungen machen zu können,
- körperliche Nähe, um andere Menschen wahrnehmen zu können,
- andere Menschen, die ihnen die Umwelt auf einfachste Weise nahebringen,
- Menschen, die ihnen Fortbewegung und Lageveränderung ermöglichen,
- Menschen, die sie auch ohne Sprache verstehen und zuverlässig versorgen und pflegen können

Während lernbehinderte sehgeschädigte Schülerinnen und Schüler an einigen Orten bereits Ende des 19. Jahrhunderts offiziell in Blindenschulen aufgenommen wurden, ist die Erziehung und Bildung geistig- bzw. mehrfachbehinderter sehgeschädigter Kinder und Jugendlicher ein junges Aufgabenfeld der Blindenpädagogik.

In den 1960er Jahren wurde in der Bundesrepublik der Begriff der »Bildungsunfähigkeit« überwunden und in fast allen Bundesländern die Schulpflicht für geistigbehinderte Kinder eingeführt, was den Aufbau spezieller Einrichtungen (Schulen, Werkstätten, Kindergärten etc.) zur Folge hatte (vgl. Fornefeld 2004, 40 ff.). Ab 1978 wurden Menschen mit schweren Behinderungen in die gesetzliche Schulpflicht mit eingeschlossen (Heinen & Lamers 2001, 20). Im Zuge dieser Entwicklung musste sich auch die Blinden- und Sehbehindertenpädagogik mit der Beschulung geistigbehinderter, sehgeschädigter Kinder und Jugendlicher auseinandersetzen und diese neue Aufgabe annehmen. Noch in den 1960er Jahren eröffneten die Blindenschulen Soest und Düren entsprechende Abteilungen (Hudelmayer 2006, 205). Ab den 1970er Jahren rückte die Gruppe der mehrfachbehinderten Kinder, die angesichts medizinischer Fortschritte und der damit zusammenhängenden besseren Überlebenschancen zahlenmäßig stark anwuchs, zunehmend ins Zentrum der Blinden- und Sehbehindertenpädagogik, sodass heute, von wenigen Ausnahmen abgesehen (z. B. Blindenstudienanstalt Marburg), jede der existierenden Blindenschulen entsprechende Abteilungen besitzt. Darüber hinaus wurden auch spezielle Schulen gegründet, die ausschließlich mehrfachbehinderte Sehgeschädigte aufnehmen (z. B. München, Regensburg). Der Anteil mehrfachbehinderter Schülerinnen und Schüler an Blindenschulen wird aktuell mit über 60 % angegeben (Hudelmayer 2006, 205).

Macht man sich die oben aufgeführten Bedürfnisse mehrfachbehinderter Kinder und Jugendlicher bewusst, wird deutlich, welch tiefgreifende inhaltliche und institutionelle Erweiterung sich in der Blinden- und Sehbehindertenpädagogik der letzten Jahrzehnte vollzogen hat.

Gleichzeitig liegen mittlerweile Untersuchungen vor, die belegen, dass sich die große Mehrzahl mehrfachbehinderter sehgeschädigter Kinder und Jugendlicher außerhalb der Institutionen der Blinden- und Sehbehindertenpädagogik befindet. Drave, Fischer und Kießling (2013) konnten in einer Prävalenzstudie mit orthoptischen Reihenuntersuchungen an Schulen der Förderschwerpunkte Geistige Entwicklung und Motorische Entwicklung im Bundesland Bayern nachweisen, dass 15 % der dort untersuchten Schülerinnen und Schüler nach sozialrechtlich-medizinischer Definition sehgeschädigt sind. Auf der Grundlage der Statistik der Kultusministerkonferenz zur Anzahl von Schülerinnen und Schüler mit sonderpädagogischem Förderbedarf im Schuljahr 2013/14 (KMK 2014a) wäre demnach bundesweit an Schulen der Förderschwerpunkte Geistige Entwicklung und Motorische Entwicklung mit mehr als 14.000 blinden oder sehbehinderten Kindern und Jugendlichen zu rechnen. Inwieweit diese Schülerinnen und Schüler blinden- und sehbehindertenspezifisch unterstützt werden ist unklar.

Angesichts der skizzierten pädagogischen Versorgungslage mehrfachbeeinträchtigter blinder und sehbehinderter Schülerinnen und Schüler ist offensichtlich, dass eine aktuelle Didaktik des Unterrichts blinder und hochgradig sehbehinderter Schülerinnen und Schüler den Bereich Mehrfachbehinderung auf allen Handlungsebenen ausdrücklich mit einbeziehen muss. Diese didaktische Erweiterung ist bislang noch nicht erfolgt.

Didaktische Referenzpunkte einer diesbezüglichen Erweiterung liefert beispielsweise die Geistigbehindertenpädagogik, die der Blinden- und Sehbehindertenpädagogik wesentliche Impulse geben kann. Besonders deutlich sind entsprechende Einflüsse auf der methodischen und medialen Ebene feststellbar. Zweifellos gehört die Basale Stimulation (Fröhlich 2015) zu einer weitverbreiteten Förderkonzeption an Blindenschulen. Aber auch andere Förderkonzepte (vgl. Überblick bei Fröhlich, Heinen & Lamers 2001) werden intensiv von der Blinden- und Sehbehindertenpädagogik aufgegriffen, angepasst und praktisch umgesetzt.

Auf der Ziel- und Inhaltsebene des Unterrichts mit mehrfachbehinderten sehgeschädigten Kindern und Jugendlichen gibt die Geistigbehindertenpädagogik einen Orientierungsrahmen vor. Formal drückt sich das dadurch aus, dass die entsprechenden Bildungspläne der Schule für Geistigbehinderte auch an den entsprechenden Abteilungen der Blindenschulen Gültigkeit haben. Angesichts der großen Zahl blinder und sehbehinderter Schülerinnen und Schüler an Schulen des Förderschwerpunkts Geistige Entwicklung müssen jedoch umgekehrt auch didaktische Prinzipien der Blinden- und Sehbehindertenpädagogik in die Praxis der Geistigbehindertenpädagogik eingehen. Die starke Einschränkung bzw. das Nichtvorhandensein visueller Wahrnehmung muss bei allen didaktischen Entscheidungen (inkl. der Ermittlung des Lern- und Entwicklungsstandes) mitberücksichtigt werden (vgl. Degenhardt & Henriksen 2009).

Offensichtlich wird der Grundsatz einer wechselseitigen Verschränkung spezifischer Maßnahmen der Geistigbehinderten- und der Blinden- und Sehbehindertenpädagogik bei einer Analyse der Unterrichtspraxis: Im Unterricht geistigbehinderter Schülerinnen und Schüler spielen Maßnahmen der Visualisierung eine bedeutende Rolle (z. B. bei der Kontaktaufnahme, bei der Veranschaulichung von Unterrichtsinhalten, beim Erlernen von Bewegungsformen etc.). Genau diese Kompensationsstrategie steht blinden und hochgradig sehbehinderten Kindern und Jugendlichen jedoch nicht oder nur sehr eingeschränkt zur Verfügung. Umgekehrt können kognitive Fähigkeiten in vielen Bereichen die Folgen von Blindheit (z. B. den sukzessiven Charakter des Tastens) zumindest abmildern. Bei Vorliegen einer zur Sehschädigung zusätzlichen geistigen Behinderung, ist dies jedoch nicht oder nur bis zu einem gewissen Umfang möglich (vgl. Austermann & Weinläder 2000, 216 ff.).

Der Unterricht mit geistig- bzw. mehrfachbehinderten sehgeschädigten Schülerinnen und Schülern stellt eine hohe didaktische Herausforderung dar, was eine ausgeprägte, mehrdimensionale fachliche Kompetenz erfordert: spezifische Kompetenzen der Blinden- und Sehbehindertenpädagogik, der Geistigbehindertenpädagogik sowie häufig auch der Körperbehindertenpädagogik müssen sinnvoll miteinander verknüpft werden. Dieses Zusammenspiel hat eigene sonderpädagogische Konzeptionen hervorgebracht wie beispielsweise den Ansatz des »Aktiven Lernens« von Lilli Nielsen (vgl. Nielsen 2001; 2000; 1996; 1993). Andere Bereiche wie die Kommunikationsförderung durch »Unterstützte Kommunikation« werden intensiv bearbeitet: die bei mehrfachbehinderten Schülerinnen und Schülern mit Sehvermögen eingesetzten Strategien, Techniken und Hilfsmittel sind in der Regel überwiegend optisch ausgelegt und müssen somit für blinde und hochgradig sehbehinderte Kinder und Jugendliche grundlegend adaptiert und in Unterrichtssituationen erprobt werden (vgl. Korf, Pulko & Weitershagen 2003; Klasser 2005).

2.2 Spezifische Bildungspläne und Vorgaben

In den »Empfehlungen der Kultusministerkonferenz zur Sonderpädagogischen Förderung in den Schulen der Bundesrepublik Deutschland« von 1994 (s. Drave, Rumpler & Wachtel 2000, 25 ff.) werden Förderschwerpunkte festgelegt, die nicht mehr mit den verschiedenen Behinderungsformen bezeichnet werden. Der Bereich der blinden- und sehbehindertenspezifischen Förderung wird nun unter die Bezeichnung »Förderschwerpunkt des Sehens, der visuellen Wahrnehmung, des Umgehen-Könnens mit einer Sehschädigung« (vgl. Drave, Rumpler & Wachtel 2000, 177) zusammengefasst. Diese Benennung erscheint problematisch, da der hier definierte Förderschwerpunkt nicht nur für sehbehinderte, sondern auch für amaurotisch blinde Schülerinnen und Schüler gilt. Eine Empfehlung zu diesem »Förderschwerpunkt Sehen« wurde 1998 von der Kultusministerkonferenz (KMK) verabschiedet (s. Drave, Rumpler & Wachtel 2000, 177 ff.). Hier kommt es zu einer gewissen Präzisierung hinsichtlich einiger Aspekte des »Förderbedarfs« blinder und sehbehinderter Schülerinnen und Schüler. Explizit genannt werden in diesem Zusammenhang Begriffsbildung und kognitives Lernen, Schrift und Kommunikation, Lebenspraktische Fähigkeiten, Orientierung und Mobilität, Ästhetische Erziehung, Seherziehung. Eine umfassende und systematische Erarbeitung der Lernvoraussetzungen und Lernbedingungen sehgeschädigter Kinder und Jugendlicher sowie eine fundierte Darstellung fachdidaktischer Notwendigkeiten fehlen jedoch weitgehend. Diese Aspekte waren in den zuvor gültigen »Empfehlungen für den Unterricht in der Schule für Blinde« (Sekretariat der Ständigen Konferenz der Länder in der Bundesrepublik Deutschland 1979) konkret ausformuliert.

Didaktisch bedeutsam sind die Aussagen der Empfehlungen zu den Grundlagen des Unterrichts von 1998. Wie in den Vorläuferempfehlungen wird die Gültigkeit der allgemeinen Bildungs- und Lehrpläne betont:

> »Dem Unterricht bei blinden und sehbehinderten Kindern und Jugendlichen sind grundsätzlich die Bildungspläne der allgemeinen Schule zugrunde zu legen. […] Der Sonderpädagogische Förderbedarf hat Konsequenzen für die didaktisch-methodischen Entscheidungen bei der Gestaltung des Unterrichts. Der Unterricht ist entsprechend den erschwerten Lernbedingungen zu modifizieren, zu differenzieren und ggf. zu erweitern« (Drave, Rumpler & Wachtel 2000, 188).

Blinde und hochgradig sehbehinderte Schülerinnen und Schüler ohne weitere Behinderungen durchlaufen folglich dieselben Bildungsgänge wie sehende Schülerinnen und Schüler an den allgemeinen Schulen und erzielen dieselben Bildungsabschlüsse. Damit die Bildungsgänge erfolgreich bewältigt werden können, wird die Notwendigkeit spezifischer didaktischer Maßnahmen auf der intentionalen bzw. inhaltlichen Ebene (z. B. inhaltliche Erweiterungen), auf der methodischen Ebene (z. B. Differenzierungsmaßnahmen), auf der medialen Ebene (z. B. taktile Karten, Hilfsmitteleinsatz) und auf der organisatorischen Ebene (z. B. Klassenraumgestaltung) klar hervorgehoben (Drave, Rumpler & Wachtel 2000, 188 f.).

Die »Empfehlungen zum Förderschwerpunkt Sehen« bilden somit die Grundlage des Unterrichts blinder und sehbehinderter Schülerinnen und Schüler ergänzend zu den allgemeinen Bildungsplänen des jeweils besuchten Bildungsgangs. Für ein blindes Grundschulkind ist beispielsweise der Bildungsplan der Grundschule der entsprechende Bezugsbildungsplan, für ein sehgeschädigtes Kind mit zusätzlicher geistiger Behinderung ist dies der Bildungsplan für Kinder mit geistiger Behinderung. Hahn (2006, 241) konnte anhand einer Umfrage ermitteln, dass eigene, blinden- und sehbehindertenspezifische Bildungs- und Lehrpläne nur noch in wenigen Bundesländern existieren (Tab. 4.1). In der Schweiz existieren grundsätzlich keine behinderungsspezifischen Bildungspläne.

Tab. 4.1: Bildungsplansituation in den 16 deutschen Bundesländern (vgl. Hahn 2006, 241, aktualisiert M. L.)

Bundesland	Blinden- und sehbehindertenspezifischer Bildungsplan
Baden-Württemberg	ja (2011)
Bayern	ja (Grundschule 2002, Hauptschule 2007, Realschule 2005)
Berlin	nein
Brandenburg	nein
Bremen	nein
Hamburg	nein
Hessen	ja (1981)
Mecklenburg-Vorpommern	nein
Niedersachsen	nein
Nordrhein-Westfalen	ja (1981) (Entwurffassung 2001)
Rheinland-Pfalz	nein
Saarland	nein
Sachsen	nein
Sachsen-Anhalt	nein
Thüringen	nein
Schleswig-Holstein	ja (2002)

Die aktuellste Neufassung eines spezifischen Bildungsplanes stammt aus Baden-Württemberg (Ministerium für Kultus, Jugend und Sport Baden-Württemberg 2011). In diesem Bildungsplan werden blinden- und sehbehindertenspezifische Kompetenzen als Zielvorgaben für folgende Bildungsbereiche formuliert:

- Wahrnehmung und Lernen;
- Methodenkompetenz;
- Kommunikation;
- Identität und Umgang mit Anderen;
- Lebenspraxis;
- Bewegung, Orientierung und Mobilität;
- Lebensentwürfe, Lebensplanung.

Angesichts der skizzierten Bildungsplansituation und aufgrund der inhaltlichen Armut der »Empfehlungen zum Förderschwerpunkt Sehen« befürchtet Hahn (2006, 237 ff.) den Verlust blindenpädagogischer Kompetenzen. Derartige Befürchtungen sind durchaus begründet.

Im Verband für Blinden- und Sehbehindertenpädagogik (VBS) wurde die Problematik des Fehlens einheitlicher Standards bezüglich blinden- und sehbehindertenspezifischer Unterrichtsziele und Inhalte insbesondere vor dem Hintergrund inklusiver Unterrichtskontexte diskutiert. Eine Arbeitsgruppe des Arbeitskreises der Leiterinnen und Leiter von Blinden- und Sehbehindertenbildungseinrichtungen wurde beauftragt, nach dem Vorbild des in den USA in den 1990er Jahren entwickelten und anschließend landesweit implementierten »Expanded Core Curriculum« (ECC), ein Dokument zu entwickeln, das diejenigen blinden- und sehbehindertenspezifische Bedarfe zusammenfasst, die zusätzlich zu den Vorgaben der Bezugsbildungspläne erfüllt sein müssen, um einen erfolgreichen Bildungsprozess zu ermöglichen. Seit 2011 liegt dieses »Spezifische Curriculum« als Instrument für die Qualitätssicherung des Unterrichts mit blinden und sehbehinderten Schülerinnen und Schülern vor (Verband für Blinden- und Sehbehindertenpädagogik e. V. 2011). Es gliedert sich in folgende Inhaltsbereiche:

- Förderung des Sehens;
- Wahrnehmung und Lernen;
- Orientierung und Mobilität, Lebenspraktische Fähigkeiten, Bewegung;
- Technische Hilfen;
- Lebensplanung, Beruf, Freizeit;
- Soziale Kompetenz (Kap. II, 1.2).

Die wenigen aktuellen blinden- und sehbehindertenspezifischen Bildungspläne, das »Spezifische Curriculum« sowie die KMK-Empfehlungen geben einen notwendigen Rahmen für den Unterricht mit blinden und sehbehinderten Kindern vor.

2.3 Die Integration bzw. Inklusion blinder und hochgradig sehbehinderter Schülerinnen und Schüler

Die sonderpädagogisch unterstützte schulische Integration blinder und hochgradig sehbehinderter Kinder und Jugendlicher begann 1970 im Gymnasialbereich (Hudelmayer 1989, 27; Thiele 2004, 43) und wurde von hier aus auf andere Schularten ausgeweitet. Impulsgeber hierfür waren wie in anderen sonderpädagogischen Fachrichtungen Elterninitiativen, die eine wohnortnahe Beschulung forderten. Die in den 1970er und 1980er Jahren breit geführte Diskussion des Integrationsgedankens brachte eine differenzierte internationale Forschung mit einer Vielzahl konkreter Schulversuche mit sich und letztendlich den Nachweis, dass für sehgeschädigte Schülerinnen und Schüler »*unter bestimmten Voraussetzungen die unterstützte Integration in die Regelschule möglich, verantwortbar und wünschenswert ist [...]*« (Hudelmayer 1978, 106). Bereits in den 1970er Jahren wurde begonnen, die unterrichtlichen Herausforderungen der Integration sehgeschädigter Schülerinnen und Schüler auf der Grundlage einer spezifischen Didaktik herauszuarbeiten (vgl. Schindele 1978) und die notwendigen Kompetenzen (z. B. Beratungskompetenz, Hilfsmittelkompetenz) von Betreuungslehrern konkret zu beschreiben (vgl. Drave 1990; Drave & Wißmann 1997). Zunehmend rückte die soziale Integration mit ins Zentrum integrativer Maßnahmen (vgl. Thiele 2003).

Spätestens ab Mitte der 1990er Jahre formulierten die einzelnen Bundesländer unter dem Einfluss internationaler Entwicklungen (z. B. Salamanca-Erklärung 1994) die rechtlichen Voraussetzungen für den gemeinsamen Unterricht. Die konkrete Grundlage hierfür bildeten die bereits erwähnten (s. 2.2) »Empfehlungen der Kultusministerkonferenz zur Sonderpädagogischen Förderung in den Schulen der Bundesrepublik Deutschland« von 1994 (Drave, Rumpler & Wachtel 2000, 25 ff.). Mit diesen Empfehlungen vollzog sich schulorganisatorisch eine Neuorientierung in der Sonderpädagogik. Die wesentlichste Neuerung betraf die konkrete Umsetzung sonderpädagogischer Förderung, die nun nicht mehr zwangsläufig mit dem Besuch einer Sonderschule verbunden war. Im Mittelpunkt des diagnostischen Prozesses der Zuteilung sonderpädagogischer Ressourcen stand folglich nicht mehr die Ermittlung einer »Sonderschulbedürftigkeit«, sondern das Erfassen eines individuellen »sonderpädagogischen Förderbedarfs«, der aus einer Analyse der verschiedenen Entwicklungsbereiche und des Lernumfeldes abgeleitet werden sollte. Sonderpädagogische Förderung wurde somit sehr stark unter individualisierten und personenbezogenen Gesichtspunkten betrachtet, was eine Lernprozess begleitende Diagnostik zur Folge hatte und statische Entscheidungen ausschließen sollte.

Aufgrund der Kulturhoheit der Bundesländer fielen die jeweiligen schulrechtlichen Rahmenbedingungen durchaus unterschiedlich aus. Während in einigen wenigen Bundesländern zunächst ausschließlich eine zielgleiche Integration möglich war (z. B. Bayern, Baden-Württemberg), bei der die integrierten Schülerinnen und Schüler dem Bildungsgang der allgemeinen Schule folgen mussten, waren in den meisten Bundesländern (z. B. Schleswig-Holstein, Niedersachsen, Berlin) bereits in den 1990er Jahren auch zieldifferente Integrationsmaßnahmen grundsätzlich denkbar.

Trotz dieser vielerorts bestehenden gesetzlichen Möglichkeit der zieldifferenten Integration von Kindern und Jugendlichen mit mehrfachen Behinderungen, wurde die Integration eines blinden bzw. sehbehinderten Kindes oder Jugendlichen in der Regel unter dem Aspekt der zielgleichen Einzelintegration realisiert (vgl. Thiele 2004, 43 ff.).

In der Diskussion einer inklusiven »Schule für alle« (vgl. Sander 2003; 2004; Hinz 2002; 2004) wurde Inklusion als Weiterentwicklung und Optimierung von Integration definiert, wodurch weitreichende Veränderungsforderungen an die Pädagogik verknüpft waren. Die Aufgliederung der Sonderpädagogik in spezialisierte Fachrichtungen mit entsprechend ausgerichteten Förderangeboten wurde teilweise grundsätzlich in Frage gestellt (Hinz 2008a; b). Zumindest für die Blinden- und Sehbehindertenpädagogik erschienen diese Tendenzen äußerst problematisch, denn nur bei Berücksichtigung fundierter blinden- und sehbehindertenpädagogischer Kompetenzen bei der Unterrichtsplanung, -durchführung und -auswertung ist ein sinnvoller und für alle Beteiligten förderlicher gemeinsamer bzw. inklusiver Unterricht denkbar (Lang 2008a; b; Hofer 2008)

Im Zusammenhang mit dem 2006 von der Generalversammlung der Vereinten Nationen beschlossenen »Übereinkommen über die Rechte von Menschen mit Behinderungen«, das nach den jeweiligen Ratifizierungsprozessen 2008 in Österreich, 2009 in Deutschland und 2014 in der Schweiz in Kraft trat, änderte sich die rechtliche Ausgangslage für inklusive Schulkontexte grundlegend. Artikel 24, Absatz 2 gibt unmissverständlich vor, dass die Vertragsstaaten sicherzustellen haben, »[...] dass [...] b) Menschen mit Behinderungen gleichberechtigt mit anderen in der Gemeinschaft, in der sie leben, Zugang zu einem integrativen, hochwertigen und unentgeltlichen Unterricht an Grundschulen und weiterführenden Schulen haben; [...]« (Bundesgesetzblatt 2008, 1436 f.). Die Konvention ist rechtsverbindlich und muss sich in den Schulgesetzen der Vertragsstaaten bzw. Bundesländer und Kantone wiederfinden. Für Deutschland wurde das Deutsche Institut für Menschenrechte als Monitoringstelle mit der Kontrolle des Umsetzungsprozesses beauftragt. Die rechtliche Umsetzung zieldifferenten Unterrichts ist jedoch nur ein erster Schritt in Richtung Inklusion. Die Behindertenrechtskonvention verlangt ausdrücklich einen »hochwertigen« Bildungszugang, was dadurch erreicht werden kann, dass spezifische didaktische Expertise auf der konkreten Unterrichtsebene wirksam wird.

Die offizielle Statistik der Kultusministerkonferenz (KMK 2016) weist nach, dass 2014 3.132 Schülerinnen und Schüler blinden- und sehbehindertenspezifisch an allgemeinen Schulen betreut wurden (39,4 %), 4.817 (60,6 %) besuchten behinderungsspezifische Bildungseinrichtungen. Im Jahr 2000 waren dies noch 23,2 % an allgemeinen Schulen und 76,8 % an Sonder- oder Förderschulen.

Insgesamt wird deutlich, dass sich die Unterstützung und Förderung blinder und sehbehinderter Schülerinnen und Schüler an allgemeinen Schulen zu einem breiten und bedeutenden Aufgabenfeld der Blinden- und Sehbehindertenpädagogik entwickelt hat.

2.4 Technische Weiterentwicklungen

In den zurückliegenden gut zwei Jahrzehnten fanden enorme Entwicklungen in den Bereichen EDV (Elektronische Datenverarbeitung) und IKT bzw. ICT (Informations- und Kommunikationstechnologie bzw. information and communications technology) statt. Blinde und hochgradig sehbehinderte Menschen erhielten mittels Braillezeilen, Screenreader-Programmen, Sprachausgaben und Vergrößerungsprogrammen grundsätzlich einen Zugang zu sämtlichen Möglichkeiten der digitalen Informationsgewinnung (z. B. über das Internet) sowie der Text- und Datenverarbeitung. Blinde und hochgradig sehbehinderte Computeranwenderinnen und -anwender nutzen hierbei prinzipiell die allgemein gebräuchliche Standardsoftware (Betriebssysteme, Anwendungsprogramme). Im schulischen, beruflichen und privaten Bereich sind diese Möglichkeiten nicht mehr wegzudenken. Aktuelle, an die Grundsätze des »Universal Design« angelehnte und implizit barrierefrei gestaltete Ausgabegeräte (z. B. iPad) setzen neue Maßstäbe für Aktivität und Teilhabe.

Viele Berufsperspektiven sind eng mit fundierten Computerkenntnissen verbunden. Da mit Hilfe des Computers sämtliche Daten bzw. Texte gleichzeitig über den Bildschirm in Schwarzschrift und über die Braillezeile in Punktschrift verfügbar sind und zudem die Inhalte über einen Brailledrucker oder einen Schwarzschriftdrucker ausgedruckt werden können, ist eine direkte schriftliche Kommunikation zwischen sehenden und blinden Menschen uneingeschränkt möglich. Dieser Sachverhalt ist für die schulische und berufliche Integration von großer Relevanz wie auch für den gemeinsamen Unterricht sehbehinderter und blinder Schülerinnen und Schüler.

Unter didaktischen Gesichtspunkten sind die technischen Fortschritte im EDV-/ICT-Bereich höchst bedeutsam, da sich auf der Ziel- und Inhaltsebene (z. B. Hard- und Softwarebedienung, Computerbraille, Mathematikschrift, Intranet-Nutzung), auf der Methodenebene (z. B. Arbeitsformen unter Einbezug der PC-Arbeitsplätze, Individualisierung je nach Computerkenntnissen), auf der Medienebene (z. B. Auswahl geeigneter Hard- und Software, Hilfsmittel für taktiles, auditives und visuelles Lernen bei hochgradig Sehbehinderten) und auf der Ebene der Lernraumgestaltung (z. B. Anordnung der Computerarbeitsplätze unter Berücksichtigung sozial-integrativer Aspekte, Arbeitsplatzausgestaltung) weitreichende Konsequenzen ergeben.

Auch im Unterricht bzw. in der Förderung mehrfachbehinderter sehgeschädigter Kinder und Jugendlicher treten Computer und mobile Endgeräte (z. B. Tablets) zunehmend in Erscheinung z. B. bei der Durchführung von Sehförderung, als Kommunikationshilfe oder in Form von einfachen Lernprogrammen mit unterschiedlichen Inhalten. Ebenso wie bei sehgeschädigten Schülerinnen und Schülern ohne weitere Beeinträchtigungen muss auch hier Sinn und Zweck des Einsatzes neuer Medien umfassend reflektiert werden. Ist dies der Fall, kann der Computer zu einem wertvollen Unterrichtsmedium werden.

Technische Weiterentwicklungen betreffen auch den blindenspezifischen Lehrmittelbau. Neben den traditionellen Verfahren des Tiefziehens und der Erstellung von Thermokopien kommen zunehmend computergestützte Verfahren zur Anwendung (s. 3.7.4).

3 Entwurf einer Didaktik des Unterrichts mit blinden und hochgradig sehbehinderten Schülerinnen und Schülern

3.1 Der Grundsatz der Anschlussfähigkeit

Eine spezifische Didaktik für den Unterricht blinder und hochgradig sehbehinderter Schülerinnen und Schüler darf kein in sich geschlossenes und isoliertes System darstellen. Vielmehr muss sie anschlussfähig an allgemeindidaktische Modelle und kompatibel mit weiteren spezifischen Didaktiken (z. B. mit der Didaktik des Unterrichts mit geistigbehinderten Kindern und Jugendlichen) sein.

Die allgemeine Didaktik stellt das grundlegende Bezugssystem dar. In den dort entwickelten Modellen lassen sich Kategorien, Bereiche bzw. grundlegende Sichtweisen finden, die sehgeschädigtenspezifisch interpretiert und inhaltlich gefüllt werden können. Auf diese Weise kann die notwendige inhaltliche und strukturelle Verzahnung zwischen allgemeiner und spezifischer Didaktik gewährleistet werden, die speziell unter dem Aspekt der Integration bzw. Inklusion eine besondere Bedeutung erhält. Auf dieser Grundlage kann sichergestellt werden, dass die besonderen Lernbedürfnisse blinder und hochgradig sehbehinderter Kinder und Jugendlicher auch in der Inklusion die notwendige Berücksichtigung finden (zur grundsätzlichen Bedeutung allgemeindidaktischer Modelle für den Unterricht mit blinden und hochgradig sehbehinderten Schülerinnen und Schülern Kap 3).

Die nachfolgenden Ausführungen verstehen Didaktik »[…] als Theorie institutionalisierter Lehr-/Lernprozesse […]« bzw. als »[…] die wissenschaftliche Reflexion organisierten Lehrens und Lernens«; gleichzeitig ist Didaktik jedoch auch »*die Kritik an einer bestimmten Praxis, das heißt auf eine vorhandene und gewollte Praxis bezogen und deshalb nicht nur Theorie, sondern das Durchdenken und Verantworten von Praxis*« (Gudjons & Winkel 2002, 9). Diese Veränderungs- und Optimierungsintention kommt in Klafkis kritisch-konstruktiver Didaktik deutlich zum Ausdruck. »Kritisch« ist Klafkis Didaktik in dem Sinne, dass sie die Zielsetzungen der Selbstbestimmungs-, Mitbestimmungs- und Solidaritätsfähigkeit verfolgt. Das »konstruktive« Element ist schließlich die grundlegende Absicht seiner Didaktik, konkret auf die Praxis einzuwirken, um zu einer humaneren und demokratischeren Schule zu führen (Klafki 1996, 89 f.). Diese globale didaktische Zielrichtung gilt uneingeschränkt auch für die auf blinde und hochgradig sehbehinderte Schülerinnen und Schüler bezogene Didaktik.

Strukturelle Anleihen des nachfolgend skizzierten Entwurfs einer Didaktik des Unterrichts mit blinden und hochgradig sehbehinderten Schülerinnen und Schülern ergeben sich auch aus der lehr- bzw. lerntheoretischen Didaktik (vgl. Schulz 1999; 1965; Heimann 1970; Kron 2004, 92 ff.), v. a. hinsichtlich der Gliederung didaktischer Entscheidungsebenen (Intentionen, Inhalte, Methoden, Medien) oder hinsichtlich der Bedeutung der individuellen Lernausgangslagen.

Im Sinne einer Didaktik der Heterogenität soll das Individuum mit seinen spezifischen Voraussetzungen und Bedürfnissen den Ausgangspunkt der Didaktik für den Unterricht mit blinden und hochgradig sehbehinderten Kindern und Jugendlichen bilden. Hier zeigen sich Bezüge zur Reformpädagogik des 20. Jahrhunderts oder zu neueren subjektorientierten didaktischen Theorien (Kap. III).

Weitere Bezüge zur allgemeinen Didaktik ergeben sich innerhalb einzelner didaktischer Teilbereiche und werden im Rahmen der entsprechenden Ausführungen thematisiert (s. 3.3).

Ein wesentliches Ziel der spezifisch auf blinde und hochgradig sehbehinderte Schülerinnen und Schüler ausgerichteten Didaktik ist das Herausarbeiten der besonderen Lernbedürfnisse und -erfordernisse, damit diese auf die konkreten Lernvoraussetzungen einer Schülerin oder eines Schülers bezogen und innerhalb der didaktischen Ebenen im Unterricht oder in Fördermaßnahmen adäquat berücksichtigt werden können. Die Didaktik des Unterrichts mit blinden und hochgradig sehbehinderten Schülerinnen und Schülern stellt somit einen Handlungsrahmen für Individualentscheidungen – unabhängig vom Lernort (allgemeine Schule oder Sondereinrichtung) – zur Verfügung. Der einzelnen Schülerin bzw. dem einzelnen Schüler kann nur dann im Lernprozess entsprochen werden, wenn die individuellen Lernvoraussetzungen diagnostisch erfasst, hieraus entsprechende Lernbedürfnisse und Lernerfordernisse abgeleitet und passgenaue didaktische Entscheidungen getroffen werden können. Eine in diesem Sinne konzipierte spezifische Didaktik steht somit einem inklusiven Schulsystem in keiner Weise im Wege, sondern ganz im Gegenteil: sie wird zur Voraussetzung für das Gelingen von Inklusion.

3.2 Die Zielgruppe

Blinde Kinder und Jugendliche mit oder ohne zusätzliche Behinderungen sind in ihrem Zugang zur dinglichen und sozialen Umwelt sowie allgemein in ihrem Lernen auf nicht-optische Vermittlungsformen und Medien angewiesen. Hochgradig sehbehinderte Kinder und Jugendliche greifen in verschiedenen Handlungsbereichen ebenfalls auf blindenspezifische Vermittlungsformen und Medien zurück bzw. benötigen diese als Ergänzung der noch vorhandenen visuellen Wahrnehmungsmöglichkeiten. Aufgrund des Nicht- oder Kaum-sehen-Könnens ergeben sich besondere schulische Ziele und Inhalte (z. B. im Bereich Selbstständigkeit). Diese Sachverhalte bedingen – trotz der Individualität der Sehschädigung und ihrer Auswirkungen – das Zusammenfassen blinder und hochgradig sehbehinderter Schülerinnen und Schüler zu einer Lerngruppe, die einer eigenen, spezifischen Didaktik bedarf.

Sehende und auch sehbehinderte Kinder und Jugendliche nutzen für Lern- und Aneignungsprozesse überwiegend optisch-orientierte Verfahren, sodass im Vergleich zum Unterricht mit blinden und auf Blindentechniken angewiesenen hochgradig sehbehinderten Schülerinnen und Schülern auf sämtlichen didaktischen Entscheidungsebenen (Intentionen, Inhalte, Methoden, Medien, Raumgestaltung) neben durchaus vorhandenen Gemeinsamkeiten wesentliche Unterschiede feststellbar sind.

3.3 Modell einer spezifischen Didaktik des Unterrichts mit blinden und hochgradig sehbehinderten Schülerinnen und Schülern

Die nachfolgende Grafik (Abb. 1) zeigt einen Überblick über die einzelnen Modellkomponenten. Sämtliche dieser didaktischen Komponenten und Bereiche werden anschließend ausführlich beschrieben und konkretisiert.

3.4 Der didaktische Ausgangspunkt

Den Ausgangspunkt aller didaktischer Überlegungen und Entscheidungen bildet die blinde oder hochgradig sehbehinderte Schülerin bzw. der blinde oder hochgradig sehbehinderte Schüler mit jeweils individuellen Lernvoraussetzungen, die sich aus verschiedenen Variablen ergeben. Eine Möglichkeit, diese individuellen Variablen zu beschreiben und zu erfassen, bietet die WHO-Klassifikation ICF (International Classification of Functioning, Disability and Health) aus dem Jahr 2001 (Kap. I, 3). Die nachfolgenden Ausführungen beziehen sich auf die deutsche Übersetzung von 2005 (Deutsches Institut für Medizinische Dokumentation und Information 2006) (Abb. 2).

3 Entwurf einer Didaktik des Unterrichts

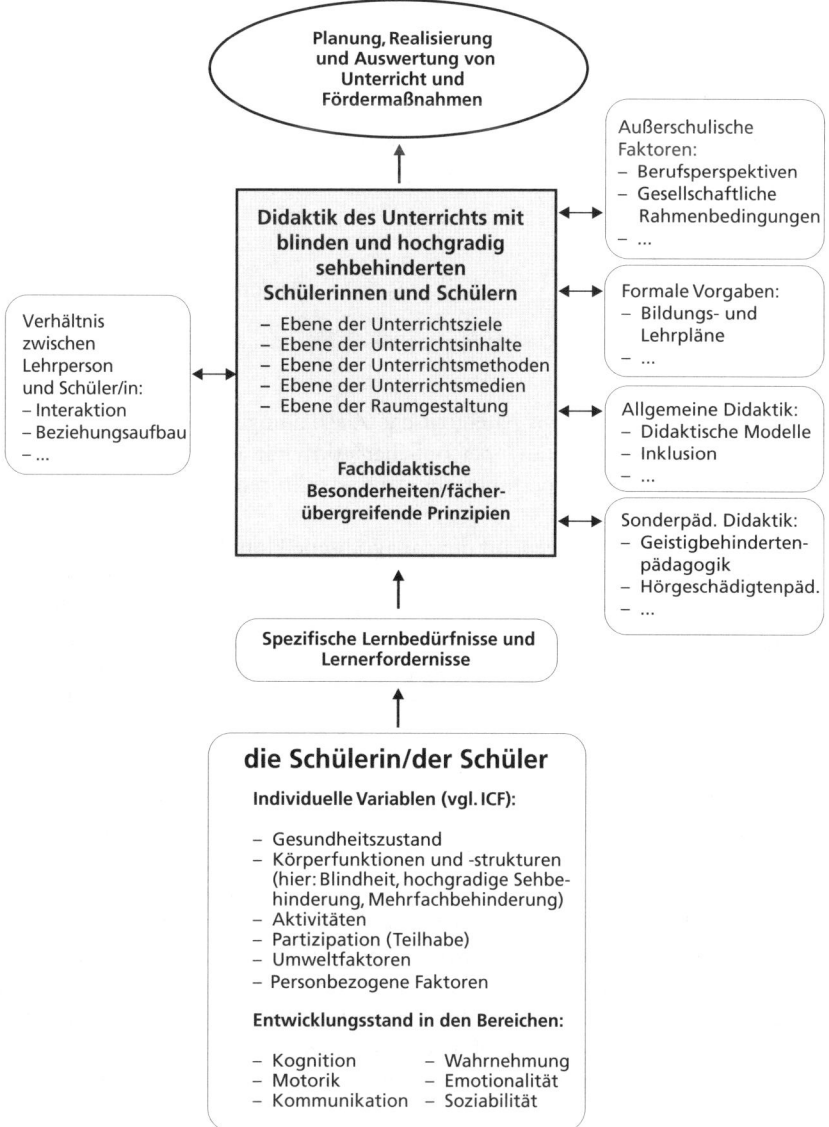

Abb. 1: Teilbereiche der Didaktik des Unterrichts mit blinden und hochgradig sehbehinderten Schülerinnen und Schülern

Funktionstüchtigkeit und Behinderung definiert sich nach der ICF als komplexes Gefüge sich gegenseitig auf vielfältige Weise beeinflussender Teilbereiche. Die individuelle Lebenssituation hängt von den Körperfunktionen und -strukturen, von den Möglichkeiten zur Aktivität und vom Maß sozialer Partizipation ab. Mitberücksichtigt wird hierbei die Abhängigkeit von situativen Umweltfaktoren und von individuellen personbezogenen Faktoren.

Abb. 2: Grundstruktur der WHO-Klassifikation ICF

Aus der ICF können durchaus pädagogische Zielstellungen abgeleitet werden wie beispielsweise die Optimierung persönlicher Aktivität und Partizipation unter Einbezug der jeweiligen Körperfunktionen und -strukturen sowie von Umwelt- und personalen Faktoren.

Um derartige Zielstellungen auf die pädagogische Handlungsebene zu übertragen, erscheint es wichtig, die in der ICF unter Körperfunktionen, Aktivität und Partizipation auffindbaren Bereiche der Kognition, Motorik, Wahrnehmung, Kommunikation, Emotionalität und Soziabilität noch einmal explizit herauszustellen. Für ein Erfassen der individuellen Lernvoraussetzungen ist eine differenzierte Analyse dieser Entwicklungsbereiche sowie eine umfassende Umfeldbetrachtung unerlässlich.

Wichtig ist hierbei, Blindheit bzw. hochgradige Sehbehinderung als »intervenierende Variable« (Hudelmayer 1975, 35) zu verstehen, die sich auf sämtliche Entwicklungsbereiche auswirken kann. Inwiefern und in welchem Ausmaß dies geschieht, hängt von vielfältigen Faktoren ab (Hudelmayer 1975, 35; Rath 2000, 108). Hierzu zählen beispielsweise der Zeitpunkt des Eintritts und die Ursache der Blindheit bzw. hochgradigen Sehbehinderung, der Grad der verbliebenen Sehfähigkeit oder das Vorliegen einer Mehrfachbehinderung. Darüber hinaus können Variablen wie die Persönlichkeitsstruktur, die soziale und materielle Umgebung, aber auch die konkreten Interaktionsbedingungen die Auswirkungen von Blindheit entscheidend beeinflussen. Die tatsächlichen Auswirkungen von Blindheit und hochgradiger Sehbehinderung sind somit immer äußerst individuell.

3.5 Spezifische Lernbedürfnisse und Lernerfordernisse

Aus den individuellen Lernvoraussetzungen lassen sich spezifische Lernbedürfnisse und Lernerfordernisse ableiten. Die Aufteilung in diese beiden Begriffe soll deutlich machen, dass es Besonderheiten hinsichtlich Lernzielen, Lerninhalten, Lernmethoden, Lernmedien und der Raumgestaltung gibt, die sich vom Kind oder Jugendlichen aus und dessen Bedürfnissen her ergeben. In diesem Fall wäre der Begriff »Lernbedürfnis« passend. Darüber hinaus können jedoch auch die aus der Sicht der Lehrperson anzustrebenden Lern- und Entwicklungsprozesse bestimmte Ziele, Inhalte, Methoden, Medien oder räumliche Anpassungen erforderlich machen. Hier würde man folglich von »Lernerfordernis« sprechen.

Die letztendlich realisierten konkreten unterrichtlichen Maßnahmen (z. B. gezielte Wahrnehmungsförderung zur Lesevorbereitung, Computertastatur zur Einhandbedienung, optimale Arbeitsplatzbeleuchtung etc.), können trotz der unterschiedlichen Herleitung aus Lernbedürfnissen der Schülerin bzw. des Schülers oder aus sachbedingten Lernerfordernissen in der Sichtweise der Lehrerin bzw. des Lehrers durchaus ähnlich oder identisch sein. Trotzdem erscheint eine Unterscheidung notwendig, da durchaus nicht alle spezifischen didaktischen Entscheidungen einem Schülerbedürfnis entsprechen, sondern von außen an die Schülerin oder den Schüler herangetragen werden.

Beispielsweise erfordert die Realisierung eines offenen Unterrichts mit Freiarbeitselementen den Einsatz von Lernmaterialien mit taktiler oder akustischer Selbstkontrolle. Hier würde man folglich eher von spezifischen Lernerfordernissen sprechen.

Aufgabe einer spezifischen Didaktik für den Unterricht mit blinden und hochgradig sehbehinderten Schülerinnen und Schülern ist es nun, konkrete Möglichkeiten auf den didaktischen Ebenen der Ziele, Inhalte, Methoden, Medien und der Raumgestaltung aufzuzeigen, sodass die individuellen Lernbedürfnisse und Lernerfordernisse im Unterricht und in Fördermaßnahmen berücksichtigt werden können, damit der Schülerin bzw. dem Schüler ein optimales Lernen zugänglich wird.

3.6 Äußere Einflussfaktoren auf didaktische Entscheidungen

Neben den spezifischen Lernbedürfnissen und Lernerfordernissen der Schülerinnen und Schüler wirken eine Reihe weiterer Faktoren auf eine Didaktik des Unterrichts mit blinden und hochgradig sehbehinderten Kindern und Jugendlichen ein. Einige wesentliche dieser Einflussfaktoren werden im Folgenden skizziert.

Von grundlegender Bedeutung ist, dass sich diese Faktoren konkret auf die Ausgestaltung einer Didaktik auswirken können. Andererseits kann die Didaktik aufgrund ihrer Veränderungsabsicht durchaus versuchen, auf diese Faktoren einzuwirken, um diese positiv im Hinblick auf blinde und hochgradig sehbehinderte Menschen zu gestalten (in Abb. 1 wird dies durch Doppelpfeile symbolisiert).

3.6.1 Außerschulische Faktoren

Unter den außerschulischen Einflussfaktoren nimmt sicherlich die Arbeitsmarktsituation, d. h. die Frage, welche Berufsperspektiven zur Verfügung stehen, eine bedeutende Rolle ein. Veränderungen der Berufsperspektiven wirken sich auf didaktische Entscheidungen aus, da Schule Grundqualifikationen für eine spätere berufliche Integration vermitteln soll. Aktuell ist hierbei beispielsweise an Computerkenntnisse, an Problemlösungsstrategien oder auch an soziale Kompetenzen zu denken, die in vielen Berufsfeldern vorausgesetzt werden. Bei mehrfachbehinderten Schülerinnen und Schülern steht der Werkstufenunterricht im Zeichen der Vorbereitung auf eine Tätigkeit in einer Werkstatt für Behinderte, die z. B. ein gewisses Maß an Konzentration, an manueller Fertigkeit oder an Sozialkompetenz erfordert. Für schwerstbehinderte junge Erwachsene werden Tätigkeiten in Fördergruppen, die nicht wie Werkstätten für Behinderte dem Druck wirtschaftlicher Produktivität ausgesetzt sind, angestrebt.

Die hier nur angedeuteten Berufsperspektiven zeigen bereits, dass sich hiervon Auswirkungen auf unterrichtliche Ziele, Inhalte, Methoden und Medien ergeben. Zu bedenken ist jedoch, dass angesichts hoher Arbeitslosenzahlen zunehmend Menschen mit Behinderungen ohne Erwerbstätigkeit bleiben. Für Deutschland geht die Bundesagentur für Arbeit für das Jahr 2014 von einer im Vergleich zu Menschen ohne Behinderungen stark erhöhten Arbeitslosenquote schwerbehinderter Menschen von 13,9 % aus (bei Menschen ohne Behinderungen: 8,6 %) (Bundesagentur für Arbeit 2014). Bereits Mersi (1971, 221 ff.) warnte vor einer einseitigen Orientierung von Selbstwertgefühl, Selbstbewusstsein und Lebenssinn an das Ausüben einer Erwerbstätigkeit, da das Ziel einer Berufsausübung für eine steigende Anzahl Sehgeschädigter nicht erreicht werden könne. Austermann (1998) stellt ebenfalls die Frage nach einem »sinnerfüllten Leben mit und ohne Arbeit?!« Die Institution Schule muss diese Fragestellung sicherlich thematisieren und Schülerinnen und Schülern unter Umständen Möglichkeiten unentgeltlicher sinnvoller Betätigungen aufzeigen, sei es beispielsweise im musisch-ästhetischen oder im sozialen Bereich. Deutlich wird jedoch, dass auch ungünstige Berufsperspektiven bzw. die Perspektive der Arbeitslosigkeit einen Einfluss auf didaktische Entscheidungen haben können. Schule kann natürlich auch versuchen, durch spezielle Profilbildungen, durch das Aufgreifen besonderer Inhalte und Methoden die beruflichen Perspektiven der Schülerinnen und Schüler zu verbessern.

Zu außerschulischen Einflussfaktoren sind sicherlich gesellschaftliche Rahmenbedingungen zu rechnen. Hierzu gehören beispielsweise der generelle Entwicklungsstand der Gesellschaft oder kulturbedingte Gepflogenheiten. Von diesen Bedingungen aus ergeben sich unterrichtliche Ziele und Inhalte für die Bereiche Orientierung und Mobilität (Nutzung öffentlicher Verkehrsmittel etc.) oder Lebenspraktische Fähigkeiten (Haushaltsgeräte bedienen, Einkäufe erledigen etc.) und weit darüber hinaus reichende Bereiche (Nutzung der Telekommunikation und Datenverarbeitung, Besuch kultureller Veranstaltungen etc.). Die hierfür notwendigen Kompetenzen gehören sicherlich auch in den Zuständigkeitsbereich schulischen Lernens. Gleichzeitig strebt eine auf Blindheit und hochgradige Sehbehinderung spezialisierte Didaktik auch gesellschaftliche Veränderungsprozesse an, z. B. im Sinne von sehgeschädigtenspezifischer Gestaltung öffentlicher Räume durch das Aufzeigen entsprechender Bedürfnisse.

3.6.2 Formale Vorgaben

Ein unbestritten großer Einfluss auf die Didaktik des Unterrichts mit blinden und hochgradig sehbehinderten Schülerinnen und Schülern geht von formalen Vorgaben (s. 2.2) und hier insbesondere von den verbindlichen Bildungs- und Lehrplänen aus. Liegen neben den verbindlichen allgemeinen Bildungs- und Lehrplänen ergänzende, spezielle Bildungs- und Lehrpläne für den Unterricht mit blinden und sehbehinderten Kindern und Jugendlichen vor, werden in diesen Notwendigkeiten inhaltlicher Erweiterung und Spezifizierung aufgezeigt (vgl. bspw. Ministerium für Kultus und Sport Baden-Württemberg 2011). Existieren keine speziellen Bildungs- und Lehrpläne, müssen aus den Empfehlungen der Kultusministerkonferenz zum »Förderschwerpunkt Sehen« (Drave, Rumpler & Wachtel 2000, 177 ff.) oder aus dem von Verbandsseite entwickelten »Spezifischen Curriculum« (Verband für Blinden- und Sehbehindertenpädagogik 2011) entsprechende Anpassungen abgeleitet werden (s. 2.2).

Formale Vorgaben betreffen auch die sachliche und personale Ausstattung sowie die Klassengröße und -zusammensetzung im integrativen Unterricht an der allgemeinen Schule und im Unterricht an den Blinden- und Sehbehindertenschulen. Diese Faktoren bestimmen mit, inwieweit spezifische Unterrichts- und Fördermaßnahmen, die in der Didaktik aufgeführt sind, umgesetzt werden können. Sie beeinflussen die Didaktik an sich jedoch nicht, sondern »nur« deren Umsetzbarkeit.

3.6.3 Allgemeine Didaktik

Wie bereits aufgezeigt wurde, beeinflussen Modelle und Konzepte der allgemeinen Didaktik die Didaktik des Unterrichts mit blinden und hochgradig sehbehinderten Schülerinnen und Schülern maßgeblich (s. 3.1). Sie bilden das grundlegende Bezugssystem, wobei die gegenseitige Anschlussfähigkeit gegeben sein muss. Hierdurch kann gewährleistet werden, dass auch ein umgekehrter Einfluss der spezifischen Didaktik auf die allgemeine Didaktik z. B. unter dem Aspekt einer Didaktik der Heterogenität möglich wird. Das Prinzip der Berücksichtigung individueller Besonderheiten erscheint von wesentlicher Bedeutung bei der Realisierung von Inklusion im Sinne einer »Schule für alle« zu sein. Inklusion darf keinesfalls Verschiedenheit negieren wollen oder deren Tragweite gering schätzen. Bei der Herausarbeitung besonderer Lernbedürfnisse und Lernerfordernisse sind inklusive Schulformen auf die Zusammenarbeit mit spezialisierten Sonderpädagoginnen und -pädagogen und auf die Existenz spezifischer Didaktiken angewiesen, um wirklich jeder Schülerin und jedem Schüler gerecht werden zu können.

3.6.4 Didaktiken der Sonderpädagogik

Das Prinzip der Anschlussfähigkeit gilt auch für das Verhältnis einer Didaktik des Unterrichts mit blinden und hochgradig sehbehinderten Schülerinnen und Schülern zu anderen sonderpädagogischen Didaktiken. Im Unterricht mit mehrfachbeeinträchtigten Kindern und Jugendlichen ist dies von grundlegender Bedeutung wie unter 2.1 aufgezeigt werden konnte. Der Komplexität einer Mehrfachbehinderung kann im Unterricht nur dann entsprochen werden, wenn in Abhängigkeit der individuellen Lernbedürfnisse und Lernerfordernisse Maßnahmen und Prinzipien der Blinden- und Sehbehindertenpädagogik mit denjenigen anderer sonderpädagogischer Fachrichtungen (insbesondere der Geistigbehindertenpädagogik und Körperbehindertenpädagogik) verknüpft werden. Dies betrifft alle didaktischen Handlungsebenen (Unterrichtsziele, -inhalte, -methoden, -medien, Raumgestaltung) gleichermaßen.

3.6.5 Verhältnis zwischen Lehrperson und Schülerin bzw. Schüler

Unterricht und Förderung sind stets komplexe interpersonale Geschehen. Die Qualität von Unterricht und Förderung hängt auch von der Struktur und der Ausgestaltung des Verhältnisses zwischen Lehrperson und Schülerin bzw. Schüler ab (vgl. Hattie 2014). Dieser Aspekt findet einerseits in einem kommunikativ orientierten Unterricht Berücksichtigung, da hier Komponenten wie Gegenseitigkeit, Einfühlungsvermögen und Anerkennungsbereitschaft eine zentrale Rolle spielen (Kap. III, Kritisch-kommunikative Didaktik). Andererseits kann im Unterricht mit blinden und hochgradig sehbehinderten Kindern und Jugendlichen die Bedeutung der Interaktionsgestaltung spezifiziert und inhaltlich näher bestimmt werden. Die Rolle der Beziehung zwischen Lehrkraft und Schülerin und Schüler erhält beispielsweise bei Vorliegen einer progredienten Augenerkrankung oder bei Vorhandensein eines Tumors als Sehschädigungsursache ein besonderes Gewicht. Derart hochbelastende psychische Lebensumstände müssen im Unterrichtsgeschehen berücksichtigt werden, da die betroffenen Kinder und Jugendlichen auch im Kontext Schule auf haltgebende Unterstützung und Begleitung angewiesen sind.

Bei blinden und sehbehinderten Schülerinnen und Schülern mit zusätzlichen schweren Beeinträchtigungen kommt dem Beziehungsaufbau als Grundlage allen pädagogischen Handelns eine Schlüsselrolle zu. Hierbei ist aufseiten der Pädagogin bzw. des Pädagogen eine besondere Sensitivität notwendig, die kommunikativen Signale und Äußerungen aufzunehmen und situationsadäquat zu interpretieren. Am Beispiel taubblinder Kinder und Jugendlicher wird dieser Sachverhalt in seiner grundlegenden Bedeutsamkeit eindrücklich. Nur durch eine dialog-orientierte Grundhaltung aller Bezugspersonen können die Kinder bzw. Jugendlichen erleben, dass ihre Bedürfnisse nach Sicherheit und Selbstwirksamkeit respektiert und ihre Signale für Angst und Unbehagen, Neugier und Interesse wahrgenommen werden (Sarimski, Lang & Keesen 2015). Entsprechende pädagogische Konzepte liegen unter der Bezeichnung »Co-Creating Communication« (Rødbroe & Janssen 2014) vor. Auf dieser Grundlage werden für schwerstbehinderte Schülerinnen und Schüler Teilhabe und Aktivität konkret umsetzbar.

3.7 Struktur der Didaktik des Unterrichts mit blinden und hochgradig sehbehinderten Schülerinnen und Schülern

Die Didaktik gliedert sich in die Ebenen Unterrichtsziele, Unterrichtsinhalte, Unterrichtsmethoden, Unterrichtsmedien und in die Ebene der Raumgestaltung auf, sodass konkrete Aussagen zu unterrichtlichen Notwendigkeiten getroffen werden können. Diese Aussagen gelten sowohl für den integrativen Unterricht an der allgemeinen Schule wie auch für den Unterricht an der Schule für Blinde und Sehbehinderte unabhängig davon, ob weitere Beeinträchtigungen und Behinderungen vorliegen.

3.7.1 Ebene der Unterrichtsziele

Die Ebene der Unterrichtsziele kann in verschiedene Hierarchiestufen unterteilt werden. Dies ist sinnvoll, da spezifische Ziele für blinde und hochgradig sehbehinderte Schülerinnen und Schüler nicht auf allen Hierarchiestufen auftreten. Nach Schindele (1985, 106 ff.) gelten für sehgeschädigte Schülerinnen und Schüler dieselben Leit-, Richt- und Grobziele wie für sehende. Gemeint sind hierbei v. a. Zielstellungen, die dem Bildungs- und Erziehungsauftrag der Schule zu entnehmen sind. Von Hentig (2004, 10 ff.) unterscheidet diesbezüglich Einstellungen (Freude am Lernen, aktive Teilnahme am Gemeinschaftsleben, verantwortliches Handeln, Zivilcourage etc.), Fähigkeiten (Reden und Darstellen, sinnentnehmendes Lesen, sinnvoller Mediengebrauch, Kooperationsfähigkeit etc.) und Kenntnisse (geschichtliche Prozesse und Entwicklungen, Kenntnisse der physischen Welt, mathematisches Denken, Fremdsprachen, Kulturverständnis etc.). Diese Ziele haben selbstverständlich auch für den Unterricht mit mehrfachbehinderten Kindern und Jugendlichen ihre Berechtigung und Gültigkeit und sollten entsprechend individualisiert und elementarisiert umgesetzt werden (vgl. Lamers & Klauß 2003; Klauß & Lamers 2003). Auf der Hierarchiestufe allgemein gültiger Richtziele sind auch Klafkis drei grundlegenden Zielformulierungen der Fähigkeit zur Selbstbestimmung, der Mitbestimmungsfähigkeit und der Solidaritätsfähigkeit zu verstehen (Klafki 1996, 52 ff.). Diese Ziele haben nach seinem Verständnis einer »Allgemeinbildung« als »Bildung für alle« konsequenterweise für alle Schülerinnen und Schüler zu gelten.

Die Empfehlungen der Kultusministerkonferenz zum Förderschwerpunkt Sehen von 1998 nennen als Zielstellung für sehgeschädigte Kinder und Jugendliche »[…] ein möglichst hohes Maß an schulischer und beruflicher Eingliederung, gesellschaftlicher Teilhabe und selbstständiger Lebensgestaltung […]« (Drave, Rumpler & Wachtel 2000, 178). Auch diese Formulierung ist zunächst nicht spezifisch.

Welche konkreten Konsequenzen ergeben sich aus der Umsetzung dieser globalen Ziele im Unterricht mit blinden und hochgradig sehbehinderten Schülerinnen und Schülern? Spätestens an dieser Stelle treten spezifische Zielstellungen als untergeordnete Teilziele auf, die jedoch Voraussetzung für die allgemeinen Richtziele sind. Anhand von Fragestellungen kann dieser Sachverhalt verdeutlicht werden: Welche Fähigkeiten und Fertigkeiten muss ein blinder oder hochgradig sehbehinderter Mensch erwerben, um soziale und berufliche Integration zu erreichen? Um ein selbstbestimmtes Leben zu gestalten? Um mündig am Gesellschaftsleben teilhaben zu können? etc.

Auf der Basis dieser Überlegungen ergeben sich zwangsläufig Fähigkeiten und Fertigkeiten, die sich von denjenigen unterscheiden, die sehende Menschen in ihrer Lebensgestaltung benötigen. Aus diesen spezifischen Fähigkeiten und Fertigkeiten lässt sich wiederum eine Vielzahl spezifischer Ziele ableiten, beispielsweise in folgenden Bereichen:

- Lebenspraktische Fähigkeiten: Alltagsverrichtungen unter Zuhilfenahme spezifischer Hilfsmittel und Handlungsstrategien bewältigen etc.,
- Orientierung und Mobilität: mit entsprechenden Hilfen (Langstock etc.) und Techniken Strecken in offenen und geschlossenen Räumen zurücklegen; Raumkonzepte überwiegend taktil und auditiv entwickeln und für die Orientierung nutzen etc.,
- Sozialkompetenz: sich zum Gesprächspartner hinwenden; die kommunikative Wirkung von Bewegungen, Mimik und Gestik kennen und im Umgang mit sehenden Menschen berücksichtigen etc.,
- Kulturtechniken: unter Zuhilfenahme entsprechender Hilfsmittel (Scanner, Vorlesesystem etc.) Schwarzschrift zugänglich machen; Beherrschen der Brailleschriftsysteme und Anwendung entsprechender Hilfsmittel (Brailleschreibmaschine, Computer mit Braillezeile etc.) zur schriftlichen Kommunikation,
- etc.

Auch hinsichtlich der Unterrichtsfächer oder verschiedener Lernbereiche ergeben sich aufgrund der benötigten Hilfsmittel, Medien oder Handlungsstrategien spezifische Zielstellungen (vgl. 3.7.6).

Selbst vermeintlich universelle Lern- und Förderbereiche wie die Wahrnehmungsförderung verfolgen im Unterricht mit blinden und hochgradig sehbehinderten Kindern und Jugendlichen ganz spezifische Ziele. Besonders deutlich wird dies beim Schriftspracherwerb: kein sehender Mensch ist im Alltag auf eine derart ausdifferenzierte Haptik, wie sie zur Unterscheidung von Braillezeichen benötigt wird, angewiesen.

Um angesichts der Existenz allgemein gültiger Zielformulierungen die spezifischen Ziele nicht zu vernachlässigen, fordert Hudelmayer (1976, 54) konsequenterweise, bei der Formulierung von Zielstellungen für blinde und hochgradig sehbehinderte Schülerinnen und Schüler nicht von allgemeinen Zielkatalogen auszugehen, sondern von der »[...] Ganzheit des blinden Menschen und seiner Situation [...], mögen am Ende auch noch so viele Intentionen identisch mit denen allgemeiner Erziehungs-, Bildungs- oder Lehrpläne erscheinen.«

3.7.2 Ebene der Unterrichtsinhalte

Grundsätzlich gelten für sehgeschädigte Schülerinnen und Schüler die in den Bildungs- und Lehrplänen des jeweiligen Bildungsganges ausgewiesenen Inhalte bzw. die Ergänzungen der blinden- und sehbehindertenspezifischen Bildungs- und Lehrpläne (s. 2.2; 3.6.2). Die spezifischen inhaltlichen Anpassungen betreffen überwiegend inhaltliche Reduktionen, spezifische Schwerpunktsetzungen und spezifische Inhaltserweiterungen.

Inhaltliche Reduktionen

Quantitative Einschränkungen sind häufig nötig, da die Wahrnehmungsmöglichkeiten blinder und hochgradig sehbehinderter Kinder und Jugendlicher eine intensivere Auseinandersetzung mit Objekten oder Handlungen erfordert: Die haptische Erkundung ist grundsätzlich zeitintensiver als die visuelle. Darüber hinaus müssen im Unterricht mit blinden und hochgradig sehbehinderten Schülerinnen und Schülern die Voraussetzungen für zahlreiche Lerninhalte, die sehende Kinder und Jugendliche über Alltagssituationen oder über das Beobachtungslernen erwerben, zeitintensiv angebahnt werden. In diesem Zusammenhang muss auch auf die aufwändigen unterrichtlichen Maßnahmen im Rahmen der Begriffsbildung hingewiesen werden (Kap. V, 2).

Die inhaltliche Fülle allgemeiner Lehrpläne kann durch eine Auswahl im Sinne des exemplarischen Lehrens und Lernens (vgl. Klafki 1996, 141 ff.) ohne eine gleichzeitige Reduktion der zu vermittelnden Fähigkeiten, Fertigkeiten und Kenntnisse verringert werden.

Inhaltliche Schwerpunktsetzungen

Schwerpunktsetzungen betreffen Lernbereiche, die in den allgemeinen Bildungs- und Lehrplänen ausgewiesen sind und die für die Entwicklungs- und Lernprozesse blinder und hochgradig sehbehinderter Schülerinnen und Schüler von besonderer Wichtigkeit sind. Zu denken wäre diesbezüglich an den Bereich Bewegungsförderung, da blinde Kinder und Jugendliche in der motorischen Entwicklung verstärkt Verzögerungen (v. a. hinsichtlich selbstinitiierter Bewegungen und Lokomotion) zeigen sowie Bewegungshemmungen und unphysiologische Bewegungsmuster aufbauen können (vgl. Tröster & Brambring 1990; Warren 1994; Brambring 2005; 1999; Bureau of Education for Exceptional Students 1986). Bewegungserziehung in Form psychomotorischer oder rhythmisch-musikalischer Förderung kommt somit eine besondere Bedeutung zu. Daneben kann Sport eine sinnvolle Freizeitbeschäftigung darstellen sowie zu Kontaktmöglichkeiten und Gemeinschaftserlebnissen mit sehenden Altersgenossen führen.

Auch der Unterricht im Bereich Musik sollte angesichts seiner Bedeutung für die Freizeitgestaltung, der Möglichkeiten zur sozialen Integration (Chorsingen, Ensemblespiel etc.) oder allgemein des Zugangs zur ästhetischen Erziehung besonders betont und durch Zusatzangebote (Instrumentalunterricht, Arbeitsgemeinschaften) ergänzt werden.

Äußerst sinnvolle Schwerpunktsetzungen können sich beispielsweise auch in den Bereichen Informationstechnologie oder Bildende Kunst (z. B. plastisches Gestalten) ergeben.

Im Unterricht mit mehrfachbehinderten sehgeschädigten Kindern und Jugendlichen können die Schwerpunktsetzungen ganz ähnliche Bereiche umfassen: Musik als Ausdrucksmöglichkeit und Zugang zur Umwelt sowie als Erlebnis von Gemeinschaft; Bewegungserziehung und Physiotherapie zur Ermöglichung bzw. Verbesserung eigenaktiver Bewegungen; Kommunikationsförderung für nichtsprechende Schülerinnen und Schüler durch körpereigene Ausdrucksmittel und elektronische Hilfen etc.

Inhaltliche Erweiterungen

Inhaltliche Erweiterungen betreffen Lernbereiche, die in dieser Form und Gewichtung in den allgemeinen Bildungs- und Lehrplänen nicht berücksichtigt werden. Inhaltliche Erweiterungen ergeben sich als Konsequenz spezifischer Zielstellungen (s. 3.7.1). Offensichtlich sind inhaltliche Erweiterungen in den Lernbereichen Orientierung und Mobilität sowie Lebenspraktische Fähigkeiten. Hier treten Inhalte auf, die sehende Kinder und Jugendliche in der Regel außerschulisch durch Beobachtung und Nachahmung ohne pädagogische Intervention erwerben.

Inhaltliche Erweiterungen sind in allen Bereichen notwendig, in denen blinde und hochgradig sehbehinderte Schülerinnen und Schüler spezifische Medien, Hilfsmittel, Strategien und Informationen benötigen, z. B.:

- Brailleschrift: Vollschrift, Kurzschrift, Eurobraille, Mathematikschrift, Notenschrift etc.;
- Lesen taktiler Karten;
- geometrisches Zeichnen;
- Computerbedienung ohne Maus mittels Braillezeile, Screenreader und Sprachausgabe;
- Soziales Lernen: Umgang mit der Sehschädigung, Kommunikation mit Sehenden etc.;
- Wahrnehmungsförderung: Anbahnung spezifischer Taststrategien, Richtungshören, basale Stimulation bei mehrfachbehinderten Kindern und Jugendlichen.

3.7.3 Ebene der Unterrichtsmethoden

Im Unterricht mit blinden und hochgradig sehbehinderten Kindern und Jugendlichen kommen prinzipiell dieselben Unterrichtsmethoden zum Einsatz wie im Unterricht mit sehenden. Die Spezifität methodischer Entscheidungen ergibt sich aus der grundlegenden Relevanz und Bedeutung einzelner Methoden. Im Unterricht mit normalsehenden Schülerinnen und Schülern sind viele methodische Ansätze sinnvoll und äußerst wünschenswert, im Unterricht mit hochgradig sehbehinderten und blinden Schülerinnen und Schülern sind sie häufig absolut notwendig. Einige dieser methodischen Notwendigkeiten sollen nachfolgend skizziert werden.

Handlungsorientierter Unterricht

Der Unterricht mit blinden und hochgradig sehbehinderten Kindern und Jugendlichen muss vielfältige handlungsorientierte Aspekte aufweisen. Viele Sachverhalte der sozialen und dinglichen Umwelt lassen sich für blinde und hochgradig sehbehinderte Menschen nur durch eigenaktive, konkret-handelnde Auseinandersetzung begreifen und kognitiv durchdringen (Kap. V, 2), da beispielsweise das Lernen über Bilddarstellungen oder Lehrerdemonstrationen stark beeinträchtigt bzw.

kaum oder gar nicht möglich ist. Darüber hinaus gilt es, eventuell bestehende Mängel hinsichtlich konkreter Sacherfahrungen im Schulunterricht insbesondere der Eingangsstufen gezielt auszugleichen.

Selbstverständlich besitzt ein handlungsorientierter Unterricht für blinde wie für sehende Kinder und Jugendliche Vorzüge aus aneignungstheoretischer oder motivationspsychologischer Sicht (vgl. Gudjons 2001, 39 ff.).

Im Unterricht mit mehrfachbehinderten sehgeschädigten Schülerinnen und Schülern wird die grundlegende Bedeutung der Eigenaktivität in subjektiv bedeutsamen Spielhandlungen für die gesamte individuelle Entwicklung beispielsweise im Förderkonzept des »Aktiven Lernens« von Lilli Nielsen aufgegriffen und konkret umgesetzt (Nielsen 2001; 2000; 1996; 1993). Auch hier lässt sich somit zu Recht von der Notwendigkeit eines handlungsorientierten Unterrichts sprechen.

Individualisierung

Die Auswirkungen von Sehschädigungen sind aufgrund vielfältig miteinander verwobener Faktoren und Variablen äußerst individuell (s. 3.4). Grundlegende Aspekte der Klassenzusammensetzungen an Blinden- und Sehbehindertenschulen erhöhen den Grad an Heterogenität zusätzlich: Schülerinnen und Schüler mit den unterschiedlichsten Sehschädigungen und gegebenenfalls weiteren Beeinträchtigungen besuchen dieselbe Klasse; darüber hinaus erfordern die insgesamt geringen Schülerzahlen in der Regel das Bilden jahrgangsübergreifender oder bildungsgangübergreifender Klassen.

Ein nach Zielen, Inhalten, Methoden und Medien individualisiertes Unterrichten, die individuelle Gestaltung der Arbeitsplätze und das Erarbeiten individueller Förderpläne sind somit unabdingbare schulische Notwendigkeiten.

Eine sinnvolle und erfolgreiche Integration blinder und hochgradig sehbehinderter Schülerinnen und Schüler in die allgemeine Schule ist ohne Differenzierungsmaßnahmen in den oben genannten Bereichen ebenfalls nicht denkbar.

Offene Unterrichtsformen

Die Verknüpfung eines handlungsorientierten Unterrichts mit offenen Unterrichtsformen (Freiarbeit, Wochenplan, Projektunterricht, Lernstationen etc.) erscheint für blinde und hochgradig sehbehinderte Schülerinnen und Schüler noch zwingender als für normalsehende, da sich hier Individualisierung und Eigenaktivierung als Grundlagen des Lernens optimal ergänzen können.

Prinzipien sozialer Interaktion

Blindheit und hochgradige Sehbehinderung können die Gefahr sozialer Isolation verstärken. Die betroffenen Schülerinnen und Schüler können die An- oder Abwesenheit von Personen bzw. die Handlungen von Personen häufig nicht eindeutig bestimmen und kontrollieren (vgl. Hudelmayer 1976, 69 f.). Lehrkräfte und sehende Mitschülerinnen und Mitschüler müssen diesen Sachverhalt im Unterrichtsgeschehen berücksichtigen. Folgende Verfahren können sich hierbei als hilfreich erweisen:

- handlungsbegleitendes Verbalisieren bei unterrichtsrelevanten Tätigkeiten,
- optische Informationen beschreiben und erläutern (Abläufe in Unterrichtsfilmen, Farbänderungen bei chemischen Versuchen etc.),
- direktes Ansprechen bzw. Aufrufen der Schülerinnen und Schüler,
- verbale statt nonverbaler Rückmeldung (Lob, Tadel etc.),
- mitteilen, wer sich zu Wort meldet bzw. in welcher Reihenfolge die Wortmeldungen aufgerufen werden,
- Handführungen, Berührungen oder das Austeilen von Medien stets vorher ankündigen,
- etc.

Als Folge der an Blinden- und Sehbehindertenschulen in der Regel kleinen Klassengrößen kann die Interaktion der Schüler untereinander reduziert sein. Hier gilt es, gezielt Partner- und Gruppenarbeiten zu initiieren und anzuleiten.

Unter der Zielstellung der sozialen Integration sollten die Bedeutung und die Wirkung nonverbaler Kommunikationssignale im Unterricht thematisiert und erarbeitet werden. Methodisch bietet sich hierfür das Rollenspiel an.

Methodische Überlegungen zur Unterrichtsstrukturierung

Zum methodischen Repertoire gehört auch die gezielte und reflektierte Strukturierung des Unterrichts. Die im Folgenden aufgeführten Aspekte sollen beispielhaft spezifische Strukturierungsnotwendigkeiten verdeutlichen.

Im Hinblick auf die konkrete Lernausgangslage der einzelnen Schülerinnen und Schüler ergibt sich unter Umständen die Notwendigkeit, die für das Unterrichtsziel wichtigen, für blinde und hochgradig sehbehinderte Schülerinnen und Schüler jedoch schwer zugänglichen Vorerfahrungen in einer ausgedehnten Einstiegsphase handlungsorientiert anzubahnen (vgl. Schindele 1985, 68).

Bei der Strukturierung des Unterrichts müssen die Besonderheiten eines überwiegend auf haptischer und auditiver Wahrnehmung basierenden Lernens berücksichtigt werden. Zum Beispiel erfordert die bei großen und komplexen Objekten gezwungenermaßen sukzessive Erkundung einen erhöhten Zeitbedarf, aber auch eine gezielte Vor- und Nachbereitung, in der die wesentlichen Merkmale und Informationen vorstrukturiert bzw. zusammengefasst werden. Nicht zuletzt können blinde und hochgradig sehbehinderte Kinder und Jugendliche aufgrund ihrer eingeschränkten Wahrnehmungsmöglichkeiten und der bei der haptischen und auditiven Informationsgewinnung notwendigen hohen Konzentration rascher ermüden als sehende Mitschülerinnen und Mitschüler, sodass Bewegungs- oder Entspannungselemente eingeplant werden müssen.

Bei schwerstbehinderten Schülerinnen und Schülern sind Lagerungsänderungen, Maßnahmen zur Aktivierung oder Pflege- und Versorgungstätigkeiten im Unterrichtsverlauf häufig zwingend notwendig und müssen entsprechend eingeplant werden, da die Schülerinnen und Schüler hier auf Hilfestellungen angewiesen sind.

3.7.4 Ebene der Unterrichtsmedien

Hohn (1982, 89 ff.) unterscheidet verschiedene Mediengruppen, wodurch die inhaltliche Vielfalt des Begriffs »Unterrichtsmedium« deutlich wird:

- »Wirklichkeit:
  - Lerngang, Realbegegnung etc.
- Naturgetreue Präparate, Modelle und Reliefdarstellungen:
  - Tierpräparat,
  - Funktionsmodell (z. B. Schleuse, Wasserpumpe),
  - maßstabsgetreue Reliefdarstellungen (Reliefkarten, Globus etc.),
  - nicht maßstabsgetreue Darstellungen im Sandkasten.
- Audio-visuelle Medien:
  - Filme [Anm. d. Verf.: Video, DVD].
- Rein visuelle Medien:
  - Dias, Papierbilder [Anm. d. Verf.: Digitalbilder, Grafiken im Dateiformat], Folien, Poster etc.
- Tonaufnahmen
- Texte:
  - Dokumente, Quellen (Normaldruck, Großdruck, Brailledruck, Anm. d. Verf.: Dateien).
- Vereinfachte Darstellungen:
  - Reliefdarstellungen verschiedener Herstellung,
  - Skizzen, Zeichnungen etc.
- Verbale Beschreibung«.

Die von Hohn zusammengestellte Auflistung folgt der klassischen Methode der absteigenden Linie, d.h. von der Realität ausgehend zu Medien zunehmender Abstraktheit (vgl. Heller 1886; s. 1.3). Schindele (1985, 116) zählt auch Arbeitsmaterialien (Schreib- und Zeichengeräte, Taschenrechner etc.) und die spezifischen Hilfsmittel (Bildschirmlesegerät, Lupen etc.) zu den Unterrichtsmedien.

Schrift

Eines der wichtigsten und auch charakteristischsten Medien im Bildungsprozess blinder Menschen stellt die Brailleschrift dar. Ihre Etablierung verlief jedoch nicht reibungslos.

Zu Beginn des 19. Jahrhunderts kamen an den Blindenschulen verschiedene, dem Schwarzschriftsystem entsprechende Reliefschriften zum Einsatz. Die Leiter der Blindenanstalten in Wien und Breslau, J. W. Klein und J. G. Knie, bevorzugten die sogenannte »Stachelschrift«, bei der die Linien der Buchstabenkonturen punktiert dargestellt wurden.

Der französische Offizier Charles Barbier entwickelte ein aus zwölf Punkten bestehendes Punktschriftsystem, das dem militärischen Zweck der schriftlichen Nachrichtenübermittlung bei Nacht dienen sollte. Bei Versuchen am Pariser Blindeninstitut kam der blinde jugendliche Schüler Louis Braille (1809–1852) mit Barbiers Punktschrift in Kontakt. Braille griff die Grundidee einer aus Punktkombinationen aufgebauten Schrift auf. Sein System basiert auf der freien Kombinierbarkeit von maximal sechs in zwei Dreierspalten angeordneten Punkten (Abb. 3).

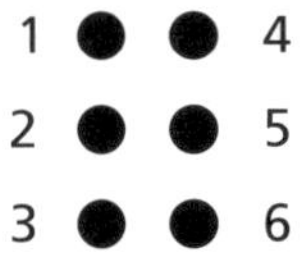

1 ● ● 4
2 ● ● 5
3 ● ● 6

Abb. 3: Braillezelle mit Punktnummerierung

Bei freier Kombination der Punkte ergeben sich 64 Kombinationsmöglichkeiten (inkl. Leerzelle). Jedem Kleinbuchstaben und jeder Interpunktion kann somit ein Punktschriftzeichen zugeordnet werden. Die Zahldarstellung gelingt durch Voranstellung eines Ankündigungszeichens.

Brailles Punktschrift zeichnet sich dadurch aus, dass sie einerseits sehr gut ertastbar ist und andererseits von blinden Menschen eigenständig notiert und kontrolliert werden kann. Bezüglich des Schreibens der Punktschrift griff Braille die Idee Barbiers auf, dessen Schrift sich mittels einer Rillentafel und eines Stichels problemlos produzieren ließ.

Im deutschsprachigen Raum sorgte nicht zuletzt die ablehnende Haltung J. W. Kleins, der die deutsche Blindenpädagogik im 19. Jahrhundert nachhaltig beeinflusste (vgl. 1.1), dafür, dass sich das Braillesystem zunächst nicht durchsetzen konnte. Blinde Menschen sollten nicht durch eine »Geheimschrift« vom gesellschaftlichen Leben isoliert werden.

Erst nach jahrelanger kontroverser Diskussion wurde die Brailleschrift schrittweise akzeptiert und schließlich 1850 am Pariser Blindeninstitut und 1879 an den deutschen Blindenschulen offiziell eingeführt.

Die im ursprünglichen Braillesystem enthaltenen französischen Sonderzeichen (é, è, à etc.) wurden im deutschen Sprachraum für folgende Grapheme bzw. Graphemverbindungen verwendet: w, ä, ö, ü, ß, au, äu, eu, ei, ie, ch, sch, st. Das so entstandene Schriftsystem wird als deutsche Vollschrift bezeichnet.

Bereits 1895 wurde für den deutschsprachigen Raum ein Kurzschriftsystem angenommen, das bis heute mehrfach reformiert und erweitert wurde.

Die Begrenzung der möglichen Punktkombinationen auf 64 Einzelzeichen (inkl. Leer- und Vollzeichen) hat zur Folge, dass aufgrund der verschiedenen Schriftsysteme (Vollschrift, Kurzschrift, Mathematikschrift, Musikschrift etc.) die einzelnen Braillezeichen mehrfach belegt sind. Dieser Sachverhalt wurde zum Problem, als sich der Computer zum universalen Hilfsmittel in Schule und Beruf entwickelte. Um Schwarzschrift per Computer korrekt und unmittelbar in Punktschrift übertragen zu können, müssen sich die beiden Schriftsysteme einander eindeutig zuordnen lassen. Diese Eindeutigkeit lässt sich aufgrund der zu geringen Kombinationsmöglichkeiten mit sechs Punkten nicht erzielen. Aus diesem Grund wurde schließlich die traditionelle Braillezelle um zwei Punkte erweitert.

Die normierte »Achtpunktschrift« (DIN 32982) trägt die Bezeichnung »Computerbraille« oder »Eurobraille« und stellt den Standardzeichensatz von Braillezeilen und Punktschriftdruckern dar. Eurobraille basiert auf dem Braillesystem, d. h. dieses Schriftsystem ist eine Weiterentwicklung und keine Neuentwicklung der Punktschrift. Die hinzugefügten Punkte werden zur Kennzeichnung der Großbuchstaben, der Umlaute sowie der ß-Darstellung benötigt. Alle übrigen Buchstaben bleiben unverändert.

Punktschriftbücher nehmen je nach verwendetem Brailleschriftsystem das dreißig- bis fünfzigfache Volumen entsprechender Schwarzschriftbücher ein. Das Problem des enormen Raumbedarfs ist bei der Textproduktion auf Papier nach wie vor bedeutsam. Bei der Speicherung von Texten auf modernen Datenträgern (CD-Rom, USB-Stick etc.) spielt dieser Sachverhalt keine Rolle mehr.

Im Allgemeinen wird davon ausgegangen, dass das visuelle Lesen zwei- bis dreimal so schnell ist wie das taktile Lesen (Harley, Truan & Sanford 1997, 132; Hudelmayer 1985, 132).

Voraussetzung für ein zügiges Lesetempo ist das beidhändige Lesen. Auf diese Weise ist ein flüssiger Zeilenwechsel zu bewerkstelligen. Die Analyse der Lesebewegungen von Braillelesern zeigt darüber hinaus, dass gute Leser außer den Zeigefingern noch weitere Finger auf die Textzeile auflegen. Auch wenn letztendlich nur wenige Finger die eigentliche Dekodierungsaufgabe durchführen, können zusätzliche Finger unter Umständen hilfreiche Orientierungsfunktionen übernehmen (Harley, Truan & Sanford 1997, 78).

Leseanfänger nehmen Braillebuchstaben aufgrund ihrer unsystematischen Tastbewegungen zunächst textural anhand der Punktdichte und nicht räumlich-figurativ wahr. Die sich im Laufe des Leselernprozesses entwickelnden systematischen Tastbewegungen ermöglichen den Aufbau externaler räumlicher Referenzen. Hierdurch wird die Aufnahme temporaler dynamischer Wahrnehmungseinheiten ermöglicht, die als laterale Schubmuster einer charakteristischen Punkt-Lücke-Folge bezeichnet werden können. Diese Schubmuster besitzen darüber hinaus eine wahrnehmbare räumliche Dimension. Grundsätzlich spielen auch semantische, phonologische und syntaktische Strategien im Leseprozess eine bedeutende Rolle (Millar 1997; Lang 2003).

Zu Beginn des 21. Jahrhunderts stehen blinden Menschen zum Schreiben der Punktschrift verschiedene Hilfsmittel zur Verfügung. Begonnen wird der Schreiblehrgang meist mit der Punktschriftbogenmaschine. Als weitere Schreibmedien kommen ein mit einer Braillezeile bzw. Sprachausgabe ausgestatteter Computer, der mittels einer Brailleeingabe- oder einer Normaltastatur bedient wird, und die Punktschrifttafel, die ein spiegelverkehrtes Sticheln der Buchstaben erforderlich macht, hinzu.

Didaktische Fragen zum Schriftspracherwerb blinder Kinder wurden in neuerer Zeit umfangreich aufgearbeitet (vgl. Lang 2007; 2011b; 2003).

Veranschaulichungsmedien

Veranschaulichungsmedien sind Medien, die bestimmte Merkmale oder Funktionsweisen von Objekten und Sachverhalten bzw. Eigenschaften und Funktionsabläufe von Lebewesen verdeutlichen. Für den Unterricht blinder und hochgradig sehbehinderter Schülerinnen und Schüler fallen hierunter vor allem Tierpräparate, Modelle und taktile Abbildungen bzw. Grafiken. Taktile Abbildungen und Grafiken werden auch als Typhlografien oder Reliefdarstellungen bezeichnet und umfassen beispielsweise taktile Landkarten, Stadtpläne, Objektdarstellungen, geometrische Zeichnungen oder Bilder unterschiedlicher Herstellungsart.

Tierpräparate, Modelle und Reliefdarstellungen kommen in der Regel dann zum Einsatz, wenn Realbegegnungen nicht möglich sind, da die Realobjekte zum Beispiel zu klein oder zu groß (z. B. Amöbe, Mond), zu weit entfernt (z. B. Eiffelturm), zu komplex (z. B. Schleuse), zu gefährlich (z. B. Vogelspinne) oder nicht mehr existent (z. B. Dinosaurier) sind.

Reliefdarstellungen lassen sich folgendermaßen unterteilen (vgl. Hudelmayer 1983, 192):

- *Rissdarstellung*: v. a. Umrissdarstellungen; die Linie ist meist das einzige Hinweismerkmal der Darstellung; ein texturales Merkmal kann hinzutreten (die Figur erhält z. B. durch Schraffur eine andere Oberflächenqualität als der Hintergrund).
- *Flachrelief*: Erhöhung der Figur; häufig nur in einer Ebene, sodass es sich im Prinzip auch hierbei um eine Umrissdarstellung handelt (die Kontur ist jedoch durch eine Kante dargestellt und nicht durch eine Linie); texturale Abhebungshilfen können hinzutreten.
- *Halbrelief*: (Vorform: Flachrelief mit zwei oder mehreren Höhenstufen) kontinuierliche Höhenübergänge (Neigungen, Rundungen, Wölbungen etc.); Räumlichkeit und Körperlichkeit sind angedeutet; bei starken Überhöhungen ist man dem Modell sehr nahe (greifendes Tasten ist ansatzweise möglich).

Didaktische Aspekte zum Einsatz von Veranschaulichungsmedien

Reliefdarstellungen bedürfen meist einer Ergänzung durch verbale Erläuterungen, Legenden, Texte oder durch Phasen der gezielten Vorbereitung bzw. Nacharbeit. Grundsätzlich bleibt jedoch das Erkennen und Verstehen von Modellen und Reliefdarstellungen abhängig von Verarbeitungsprozessen und somit von der kognitiven Leistungsfähigkeit. Darüber hinaus spielen visuelle Vorerfahrungen, d. h. der Zeitpunkt der Erblindung, eine wesentliche Rolle.

Der Erwerb der Fähigkeit zum Bildererkennen unterscheidet sich bei sehenden und blinden Kindern von Grund auf. Sehende Kinder erwerben ohne spezielle Anweisung mit ca. 1,5 Jahren die Fähigkeit, Bilder als Repräsentanten realer Gegenstände zu sehen. Ähnliche Fähigkeiten bezüglich taktiler Bilder entwickeln blinde Kinder jedoch nicht spontan. Die Interpretation taktiler Bilder muss also gezielt erlernt werden und bedarf der verbalen Erläuterung bzw. vielfältiger

Erfahrungen (vgl. Hudelmayer 1983, 194 f.). Umrissdarstellungen (hierauf bauen taktile Bilder überwiegend auf) sind die visuell wahrnehmbaren äußeren Grenzen einer Figur vor einem Hintergrund. Die haptische Formwahrnehmung ist jedoch primär dreidimensional. Taktile Umrisse sind folglich für blinde Menschen zunächst nicht oder kaum direkt ableitbar. Zudem sind Umrissdarstellungen von der Betrachtungsperspektive abhängig (Seitansicht, Draufsicht etc.), die blinden Menschen schwer zugänglich ist und von einem sicheren Körperschema aus kognitiv erarbeitet werden muss.

Um taktile Abbildungen verstehen zu können, muss die Abstraktion vom Realgegenstand zum Reliefbild verstanden werden. Dies kann dadurch erreicht werden, dass ein kleines Objekt (z. B. ein Tisch oder Stuhl aus dem Puppenhaus) in eine nachgebende Oberfläche (z. B. Sand, Knetmasse etc.) eingedrückt wird, sodass ein Relief entsteht. Auch das Umfahren des Objektes auf der Zeichenfolie kann ein geeignetes Verfahren darstellen, da hierbei eine taktile Umrissspur entsteht. Tastbilder sind häufig als Symbole zu verstehen, die übersetzt werden müssen. Sehende Kinder erlernen gleichermaßen einen Kreis mit Strahlen als Symbol der Sonne kennen (Pluhar 1988, 513).

Eine wichtige Interpretationshilfe taktiler Bilder stellt die Texturähnlichkeit zwischen Realobjekt und Abbild dar (z. B. Hundedarstellung mit Felloberfläche) bzw. bei hochgradig sehbehinderten Kindern können auch Farbmerkmale von Bedeutung sein.

Generell ist zu betonen, dass für blinde Kinder von gut gestalteten taktilen Bildern eine große Faszination und Motivation ausgeht. Bilder können also auch für blinde Schülerinnen und Schüler eine Lernerleichterung bzw. einen Lernanreiz darstellen. Aus motivationalen Gründen ist es erforderlich, die Tastbilder auch visuell attraktiv zu gestalten, sodass ein Austausch mit sehenden Mitschülern, Freunden oder Geschwistern möglich ist.

Die Frage, wann das ausgewählte Veranschaulichungsmedium im Lernprozess eingesetzt werden soll, muss didaktisch gründlich reflektiert werden. Je nach Lernziel und zu vermittelndem Objekt bzw. Sachverhalt, kann das Medium zur Vorbereitung und Strukturierung einer Realbegegnung dienen (z. B. Modell einer Straßenbahn) oder als deren Ergänzung bzw. Nachbearbeitung. Unter Umständen ist das Veranschaulichungsmedium auch eine der wenigen Möglichkeiten des Zuganges zum Lerninhalt überhaupt (z. B. Kreislaufsysteme, optische Strahlengänge, Molekülmodelle).

Anforderungen an geeignete Veranschaulichungsmedien

Aufgrund der geringen Schülerzahlen ist der Lehrmittelmarkt für blinde und hochgradig sehbehinderte Schülerinnen und Schüler äußerst klein. Viele Unterrichtsmedien müssen nach wie vor von den Lehrkräften selbst hergestellt werden. Hinzu kommt, dass einige der käuflich zu erwerbenden Medien selbst didaktischen Mindestanforderungen nicht gerecht werden. Für den Lehrmittelbau und für die kritische Bewertung von Veranschaulichungsmedien ist der nachfolgende Kriterienkatalog, der auf die Auflistungen von Messerschmidt (1951, 54 ff.), Hudelmayer (1983, 196) und Spitzer (1988, 500) zurückgreift, äußerst hilfreich:

- 1:1-Übertragungen herkömmlicher Bilder sind nicht sinnvoll.
- Das Veranschaulichungsmedium muss dem didaktischen Zweck entsprechen. Entsprechende Informationen müssen deutlich erkennbar sein (angepasst an Alter, Vorerfahrungen etc. der Schülerinnen und Schüler).
- Da das Tasten zeitaufwändig ist und weitgehend sukzessiv abläuft, müssen die Informationen auf das Wesentliche beschränkt werden; auf Nebensächlichkeiten ist zu verzichten.
- Relevante Merkmale müssen einen deutlichen taktilen Kontrast aufweisen (Plastikfolien können nachträglich mit unterschiedlichen Materialien ausgestaltet werden).
- Für hochgradig sehbehinderte Schülerinnen und Schüler sollte eine kontrastreiche Farbgebung vorhanden sein.
- Materialähnlichkeit bzw. Texturähnlichkeit zum Realgegenstand hilft bei der Interpretation der Darstellung.
- Figur und Grund bzw. verschiedene Texturen sollten deutlich durch Kanten oder Linien voneinander abgegrenzt werden (Höhenunterschied mindestens 1 mm).
- Flächen sollten nicht nur durch Grenzlinien dargestellt werden, sondern als textural ausgefüllte Flächen.
- Zu bedenken ist, dass die Unterscheidbarkeit von Merkmalen kontextabhängig ist.
- Die Anatomie und Physiologie des tastenden Fingers muss bei der Abstandswahl von Punkten, Linien etc. berücksichtigt werden (Abstand immer größer als 2¼ mm).
- Linienverläufe sind taktil weniger prägnant. Sich annähernde oder kreuzende Linien erzeugen leicht den Eindruck geschlossener Figuren. Linienüberschneidungen und Linienunterbrechungen sollen deshalb möglichst vermieden werden.
- Visuell gut unterscheidbare Muster (Schraffuren, Punktierungen etc.) erzeugen u. U. denselben Tasteindruck.
- Redundanz macht die Wahrnehmung sicherer. Die Darstellung größerer Flächen sollte deshalb durch Höhe und Textur erfolgen (dadurch wird deutlicher, was zusammengehört bzw. wo sich der Hintergrund befindet).
- Objekte sollten in typischer Ansicht dargestellt werden: horizontale, vertikale oder sagittale (parallel zur Mittelachse) Ebene.
- Perspektivische Darstellungen müssen vermieden werden. Objekte nebeneinander, nicht hintereinander und ohne Überschneidungen abbilden.
- Die Größe des Mediums sollte den Armtastraum der Benutzer nicht überschreiten.
- Transport, Aufbewahrung und Stabilität müssen bei der Herstellung mit bedacht werden.
- Eine regelmäßige Anordnung der Objekte erleichtert die Orientierung (horizontal, vertikal).
- Die Beschriftung darf nicht störend sein (evtl. Abkürzungen verwenden oder eine gesonderte Legende anfertigen). Hinweis- und Beschriftungspfeile erschweren in der Regel das taktile Erkunden.

- Bei komplexen Sachverhalten sind u. U. mehrere Darstellungen mit verschiedenen Inhaltsschwerpunkten notwendig.
- Symbole sollten einheitlich verwenden werden (vgl. Vorschläge bei Edman 1992, 205 ff.)

Herstellungsverfahren

Nach wie vor bieten die erprobten Herstellungsverfahren blindenspezifischer Reliefdarstellungen vielfältige Möglichkeiten für eine sinnvolle Medienherstellung:

- Darstellung auf Zeichenfolie: Eine spezielle Zeichenfolie wird in eine Zeichentafel eingespannt; mit einem Zeichenstift (bzw. einem herkömmlichen Kugelschreiber) können taktile Spuren erzeugt werden.
- Thermokopieverfahren (Quellkopieverfahren, Schwellkopieverfahren): Eine Schwarz-weiß-Vorlage wird auf mikrokapsuläres Spezialpapier gedruckt (Computerausdruck) oder kopiert (das Spezialpapier kann auch von Hand beschriftet werden). Ein Fuser-Gerät bestrahlt das Spezialpapier, sodass alle schwarzen Linien oder Flächen aufquellen (ca. 1 mm) und somit tastbar werden.
- Tiefziehverfahren: Mit Hilfe einer Tiefziehpresse, die eine Plastikfolie erhitzt und per Vakuum auf eine hitzebeständige Vorlage presst, können Plastikabzüge der Vorlage als Reliefdarstellung hergestellt werden.
- Grafikfähige Brailledrucker: Entsprechend geeignete Geräte drucken die zuvor am Computer mittels Grafikprogrammen erstellte Grafiken punktiert auf Punktschriftpapier aus. Je nach Gerät existieren Kombinationsmöglichkeiten mit Schwarzschriftdruckern, sodass die Grafiken auch visuell voll zugänglich sind.

Gänzlich neue Möglichkeiten und Chancen für den Lehrmittelbau ergeben sich durch die zunehmende Verbreitung des 3-D-Druckverfahrens. Entsprechende 3-D-Drucker kommen an Einrichtungen der Blinden- und Sehbehindertenpädagogik zunehmend zum Einsatz.[7] Im 3-D-Druckverfahren können dreidimensionale Medien von größter Präzision hergestellt werden. Vor allem im Bereich mathematischer Veranschaulichungen der Körpergeometrie, aber auch in naturwissenschaftlichen Zusammenhängen ergeben sich vielfältige Einsatzmöglichkeiten. Darüber hinaus können auch spezifische Hilfsmittel (z. B. taktile Lineale, Winkelmesser) mit dem 3-D-Drucker hergestellt werden. Durch den Austausch der Druckdateien lassen sich Modelle und Reliefdarstellungen an verschiedenen Orten weiterbearbeiten und ausdrucken.

Tabelle 4.2 zeigt einen Vergleich der verschiedenen Herstellungsverfahren hinsichtlich einiger wesentlicher Gestaltungs- und Herstellungskriterien. Je nach Komplexität der Darstellung, zeitlichen Möglichkeiten, Alter und Tasterfahrungen der Schülerinnen und Schüler ist ein Verfahren auszuwählen. Bei allen Verfahren sind

---

[7] Einen guten Überblick über den Stand dieser Technik und seiner Verwendbarkeit in der Blinden- und Sehbehindertenpädagogik gibt das Themenheft »3D-Druck« (1/2015) der Zeitschrift *blind-sehbehindert*.

unbedingt die oben genannten Grundsätze zu berücksichtigen. Insgesamt bieten das Tiefziehverfahren und der 3-D-Druck die meisten Gestaltungsmöglichkeiten.

Tab. 4.2: Vergleich verschiedener Herstellungsverfahren

Aspekt	Zeichenfolie	Thermokopie	Tiefziehverfahren	Grafikfähiger Brailledrucker	3-D-Druckverfahren
Darstellbares Relief	Rissdarstellung	Rissdarstellung, Flachrelief	Rissdarstellung, Flachrelief, Halbrelief	Rissdarstellung	Rissdarstellung, Flachrelief, Halbrelief, 3-D-Objekt
Grafische Elemente	durchgezogene Linie, punktierte Linie, schraffierte Fläche	durchgezogene Linie, punktierte Linie, schraffierte Fläche, punktierte Fläche, erhabene Fläche	Linien und Flächen aller Art in unterschiedlicher, stufenloser Höhe und in verschiedener Oberflächengestaltung	durchgezogene Linie, punktierte Linie, schraffierte Fläche, punktierte Fläche (je nach Druckermodell gegebenenfalls mit leicht variabler Druckhöhe)	Linien, Flächen und Körper aller Art in unterschiedlicher, stufenloser Höhe, Größe und Oberflächengestaltung
Farbigkeit	begrenzt möglich (Kugelschreiber)	nur schwarz-weiß	Kopie ist einfarbig, Einfärbung problemlos nachträglich	je nach Druckermodell existieren Kombinationsmöglichkeiten mit Tintenstrahldruckern, sodass Einfärbungen umsetzbar sind	durch Wechsel des Druckmaterials bzw. Einsatzes mehrerer Druckdüsen grundsätzlich möglich; nachträgliches Einfärben problemlos
Erstellen einer Vorlage	nicht nötig	durch Kopieren oder eigenes Beschriften bzw. Vorlagenerstellung am Computer	durch Anbringen verschiedener temperaturfester Materialien auf einer Grundplatte bzw. durch computergesteuertes Fräsen in eine Grundplatte	Erstellen einer Datei mit entsprechenden Grafikprogrammen am Computer	Erstellen einer Datei mit entsprechenden Grafikprogrammen am Computer

Tab. 4.2: Vergleich verschiedener Herstellungsverfahren – Fortsetzung

Aspekt	Zeichen-folie	Thermo-kopie	Tiefziehverfahren	Grafikfähiger Brailledrucker	3-D-Druckverfahren
Beschriftung	Braille nicht möglich	Braille und Schwarzschrift unmittelbar oder nachträglich	Braille und Schwarzschrift unmittelbar oder nachträglich	Braille möglich (je nach Druckermodell auch Kombination mit Schwarzschrift)	Braille und taktile Schwarzschrift möglich
Vervielfältigung	nicht möglich	beliebig	je nach Stabilität der Vorlage	beliebig	beliebig
Zeitbedarf	gering	relativ gering	relativ hoch (je nach Vorlage)	je nach Komplexität der Grafikdatei	je nach Komplexität der Grafikdatei
Benötigte Geräte und Materialien	Zeichentafel, Zeichenfolie, Zeichenstift	Spezialpapier, Fuser-Gerät, Kopierer oder Drucker	Tiefziehpresse, Plastikfolie, Materialien zur Vorlagenerstellung	Grafikprogramm, geeigneter Brailledrucker	Grafikprogramm, 3-D-Drucker

Technische Entwicklungen ermöglichen die Herstellung von Tiefziehvorlagen mit Hilfe computergesteuerter Fräsmaschinen (Kurt & Jentzsch 2001; Nater 2001; Wolfsteiner 2012), wodurch der Produktionsvorgang ökonomischer wird. Grafikfähige taktile Displays, die ähnlich funktionieren wie eine Computerbraillezeile, stellen aufgrund der enormen Kosten derzeit noch keine wirkliche Alternative für grafische Darstellungen dar.

3.7.5 Ebene der Raumgestaltung

Die spezifischen räumlichen Anforderungen beziehen sich auf die Schule an sich, den Klassenraum und den individuellen Arbeitsplatz (vgl. Schindele 1985, 117 f.; Landeswohlfahrtsverband Hessen 2002, 37 f.).

Hinsichtlich einer blinden- und sehbehindertenfreundlichen Schulraumgestaltung sind beispielsweise folgende Aspekte relevant:

- optimal und blendfrei ausgeleuchtete Schulräume,
- Beschriftung aller Räume in Schwarzschrift (kontrastreich, deutlich etc.) und in Brailleschrift,
- übersichtlich gestaltete Außenanlagen,

- Hindernisse, Gefahrenquellen (z. B. Gegenstände auf den Fluren oder auf dem Schulgelände) vermeiden bzw. beseitigen, Handläufe an Treppen,
- Vorsichtsmaßnahmen bzw. Absicherungen in der Sporthalle und auf dem Sportplatz,
- falls erforderlich, taktile Wegmarkierungen, Ab- und Aufgänge kennzeichnen bzw. absichern,
- bei körperbehinderten Schülerinnen und Schülern: rollstuhlgerechte Gänge und Flure, ausreichend breite Türen, Aufzüge etc.

Für die Klassenraumgestaltung gelten ebenfalls spezifische Kriterien, wie

- Verdunklungsmöglichkeit (z. B. zur Vermeidung von Blendung),
- klar den Schülern zugeordnete und beschriftete bzw. markierte Bereiche (Garderobe, Ablagefächer etc.),
- übersichtliche und konstante Anordnung der Schülerarbeitsplätze,
- konstante Ordnung der für Schülerinnen und Schüler zugänglichen Regale und Schränke etc.,
- optimale Beleuchtungssituation,
- Lagerungsmöglichkeiten für mehrfachbehinderte Schülerinnen und Schüler,
- Ausstattung mit speziellen Fördermaterialien (z. B. Materialien des Förderansatzes nach Lilli Nielsen: Little Room, Resonanzplatte etc.; vgl. Nielsen 1993; 1996).

Die Gestaltung und Ausstattung des individuellen Arbeitsplatzes hat sich nach den jeweiligen konkreten Bedürfnissen und Erfordernissen zu richten und beispielsweise folgende Komponenten aufzuweisen:

- Kaltlichtbeleuchtung,
- blendfreier Sitzplatz für hochgradig sehbehinderte Schülerinnen und Schüler,
- höhenverstellbare Tische mit neigbarer Tischplatte für Schülerinnen und Schüler, die noch visuell arbeiten können,
- optimale Sitzposition, evtl. Sitzhilfen, Lagerungshilfen etc.,
- ergonomische und übersichtliche Anordnung der benötigten Arbeits- und Hilfsmittel (Computer, Drucker, Punktschriftmaschine, Bildschirmlesegerät, Tafelkamerasystem etc.),
- Ordnungssysteme bspw. für Arbeitsblätter und Arbeitsmittel (Zeichengeräte, Taschenrechner etc.),
- rutschfeste Unterlagen für Materialien und Lesetexte, Materialschälchen für Sortieraufgaben etc.

3.7.6 Fachdidaktische Besonderheiten

Die dargestellten didaktischen Ebenen betreffen prinzipiell sämtliche Unterrichtssituationen. Darüber hinaus gibt es spezielle fachdidaktische Notwendigkeiten für die einzelnen Unterrichtsfächer oder Unterrichtsbereiche. Diese fachspezifischen Aspekte sind selbstverständlich auch Bestandteil der Didaktik für den Unterricht mit blinden und hochgradig sehbehinderter Schülerinnen und Schüler. Die äußerst vielfältigen fachdidaktischen Besonderheiten können an dieser Stelle nur exemplarisch skizziert werden. Eine ausführliche Abhandlung zu diesen Bereichen ist als Band 2 der Didaktik für den Unterricht mit blinden und hochgradig sehbehinderten Schülerinnen und Schülern veröffentlicht (Lang, Hofer & Beyer 2011).

Fachdidaktische Besonderheiten können beispielsweise folgende Aspekte ausgewählter Unterrichtsbereiche betreffen:

- Sport/Bewegungserziehung (vgl. Scherer 1983; Thiele 2001; Giese 2010a; b; Lang 2011c):
  - Möglichkeiten des nichtvisuellen Lehrens und Lernens von Bewegungsabläufen (Zerlegen des Bewegungsablaufs in einzelne Übungsabfolgen; Ableitung aus bekannten Bewegungen; koaktive, gemeinsame Bewegungsausführung; Bewegungsführung; propriozeptive und auditive Wahrnehmung ausnutzen; Bewegungsbeschreibung etc.),
  - spezifische Sportspiele (z. B. Goalball/Torball), evtl. Anpassung traditioneller Spiele, Verwendung besonderer Spielgeräte (z. B. Klingelball) etc.,
  - Sicherheitsaspekte (z. B. Laufwege absichern, um Kollisionen zu vermeiden).
- Mathematik (vgl. Hahn 2006; Csocsán et al. 2002; Lang 2011b; Leuders 2012):
  - Einführung in das geometrische Zeichnen (Handhabung der speziellen Zeichengeräte, konkrete Handlungsstrategien etc.),
  - Aufbau des Zahlbegriffs (mathematische Grunderfahrungen; spezifische Veranschaulichungsmaterialien etc.),
  - Rechnen mit dem Abakus,
  - schriftliche Rechenverfahren an der Punktschriftmaschine,
  - Rechnen am Computer (Computer-Mathematikschrift etc.).
- Schriftspracherwerb (vgl. Lang 2003; 2007; Lang 2011a):
  - Voraussetzungen anbahnen (Schriftkonzept, haptische Wahrnehmungsfähigkeiten etc.),
  - Lehren günstiger Lesebewegungen,
  - Materialien für den Schriftspracherwerb (Fibel, fibelunabhängige Übungen und Spiele etc.),
  - Schriftsysteme (Vollschrift, Kurzschrift, Eurobraille),
  - Schreiben an der Punktschriftmaschine, am Computer und mit Tafel und Stichel.

3.7.7 Fächerübergreifende Prinzipien

Einige Lernbereiche haben für den Unterricht blinder und hochgradig sehbehinderter Kinder und Jugendlicher eine grundsätzliche und übergeordnete Bedeutung, sodass diese als fächerübergreifende Prinzipien bezeichnet und ausgewiesen werden können. Hierzu zählt zweifellos die Wahrnehmungsförderung.

Schwerpunkte sind hierbei die Schulung der haptischen und der auditiven Wahrnehmung sowie die Förderung noch vorhandener visueller Wahrnehmungsmöglichkeiten. Wahrnehmungsförderung umfasst auch das Vermitteln günstiger Wahrnehmungsstrategien (beidhändige Objekterkundung, Umfahren von Konturen und Linien etc.), den Einsatz erforderlicher Hilfsmittel (optische Hilfsmittel wie

Monokular, Lupe, Bildschirmlesegerät, Vergrößerungssoftware etc.) und die Optimierung von Kontextfaktoren (Beleuchtung, Sitzhaltung etc.). In Förderkonzeptionen für mehrfachbehinderte Schülerinnen und Schüler (vgl. Fröhlich, Heinen & Lamers 2001) spielt die Wahrnehmungsförderung eine zentrale Rolle.

Neben der Wahrnehmungsförderung muss als grundlegendes Unterrichtsprinzip die Begriffsbildung blinder und hochgradig sehbehinderter Kinder und Jugendlicher genannt werden. Wahrnehmungsförderung und Begriffsbildung werden in eigenen Kapiteln dieses Didaktikbandes ausführlich bearbeitet und dargestellt (Kap. V, 1 und 2). Weitere, mit Sicherheit ebenfalls wichtige Bereiche mit fächerübergreifendem Charakter wie die Förderung der Motorik, der Erwerb sozialer Kompetenz (einschl. Orientierung und Mobilität und Lebenspraktische Fähigkeiten), die Nutzung assistiver Informationstechnologien oder die ästhetische Erziehung können entsprechenden Unterrichtsfächern oder fest verankerten Fördermaßnahmen (Sport, Orientierung und Mobilität, Lebenspraktische Fähigkeiten, Informationstechnische Grundbildung, Musik/Kunst) zugeordnet werden, deren Thematisierung in Band 2 der Didaktik für den Unterricht mit blinden und hochgradig sehbehinderten Schülerinnen und Schülern erfolgt.

3.8 Planung, Realisierung und Auswertung von Unterricht und Fördermaßnahmen

Die ausführlich ausgearbeiteten Komponenten der Didaktik des Unterrichts mit blinden und hochgradig sehbehinderten Schülerinnen und Schülern sollen dazu beitragen bzw. gewährleisten, dass Unterricht und Fördermaßnahmen unter Berücksichtigung der individuellen Lernbedürfnisse und Lernerfordernisse blinder und hochgradig sehbehinderter, einschließlich mehrfachbehinderter Kinder und Jugendlicher geplant, durchgeführt und ausgewertet werden können. Die Reflexion des Unterrichts wird ganz bewusst an dieser Stelle mit aufgeführt, da hierfür ebenso wie für die Unterrichtsplanung eine Systematik notwendig ist, die grundlegende Prinzipien und Vorgehensweisen bzw. konkrete Handlungsalternativen aufzeigt.

4 Ausblick

Wie bereits in den Ausführungen angedeutet, müssen die hier dargestellten didaktischen Grundlagen durch konkret ausgearbeitete fachdidaktische Besonderheiten ergänzt werden. Diese dann vollständig vorliegende Didaktik für den Unterricht mit blinden und hochgradig sehbehinderten Schülerinnen und Schülern soll die notwendigen spezifischen didaktischen Kompetenzen umfassend widerspiegeln.

Das eigentliche Ziel dieser Didaktik ist die konkrete Umsetzung in der Schulpraxis unabhängig vom Förder- oder Schulort bzw. vom Vorhandensein etwaiger zusätzlicher Beeinträchtigungen.

Zugleich soll die Didaktik die Inklusionsdiskussion bzw. die umzusetzende »inklusive Schule« um spezifische Aspekte der Unterrichtung blinder und hochgradig sehbehinderter Kinder und Jugendlicher bereichern, um auch für diese Schülerinnen- und Schülergruppe optimale Lernvoraussetzungen zu gewährleisten.

Hinter diesen Zielstellungen steht die Befürchtung, dass angesichts des vielerorts praktizierten Verzichts auf spezielle Lehrpläne bzw. auf umfassende Handreichungen für den Unterricht mit blinden und hochgradig sehbehinderten Schülerinnen und Schülern die für Unterrichts- und Fördermaßnahmen notwendigen Kompetenzen verloren gehen. Leidtragende dieser Entwicklung wären letztendlich die betroffenen Schülerinnen und Schüler.

Betont werden muss auch, dass die hier skizzierte Didaktik die Aus- und Weiterbildungsinstitutionen der Blinden- und Sehbehindertenpädagogik in die Verantwortung nehmen will: Hier müssen Lehrkräfte für ein hochkomplexes und spezialisiertes Aufgabenfeld aus- und weitergebildet werden.

5 Literatur

Austermann, M. (1998): Sinnerfülltes Leben mit und ohne Arbeit?! In: *blind-sehbehindert*, 118, 11–16.

Austermann, M. & Weinläder, H. G. (2000): Sehgeschädigte Kinder und Jugendliche mit geistiger Behinderung – Förderbedarf und Lehr- und Lernstrategien. In: E. Fischer (Hrsg.). *Pädagogik für Kinder und Jugendliche mit mehrfachen Behinderungen. Lernverhalten, Diagnostik, Erziehungsbedürfnisse.* Dortmund, 209–235.

Bauer, J. I. (1926): *Johann Wilhelm Klein und die historischen Grundlagen der deutschen Blindenpädagogik.* Bamberg.

Bauer, J. I. (1928): *Hauptprobleme der Blindenpädagogik.* Marburg a. d. L.

Boldt, W. (1966): *Blinde und hochgradig sehbehinderte Kinder in der physisch-technischen Welt. Untersuchungen zur Pädagogischen Anthropologie und Didaktik des Blindenunterrichts.* Ratingen.

Boldt, W. (1970): Das Blindenbildungswesen vor den Anforderungen der Zukunft. In: Verein zur Förderung der Blindenbildung e. V. (Hrsg.). *XXXVI. Deutscher Blindenlehrerkongreß. 21. bis 25. Juli 1969 München, Kongreßbericht.* Hannover-Kirchrode, 40–55.

Brambring, M. (1999): *Entwicklungsbeobachtung und -förderung blinder Klein- und Vorschulkinder. Handbuch. Beobachtungsbögen und Entwicklungsdaten der Bielefelder Längsschnittuntersuchung.* Würzburg

Brambring, M. (2005): Divergente Entwicklung blinder und sehender Kinder in vier Entwicklungsbereichen. In: *Zeitschrift für Entwicklungspsychologie und Pädagogische Psychologie* 37, 173–183.

Brandstaeter, A. (1899): Nochmals Fried. Hitschmann: Ueber die Prinzipien der Blindenpädagogik. In: *Der Blindenfreund*, 19, 215–219.

Brandstaeter, A. (1900): Nochmals Fried. Hitschmann: Ueber die Prinzipien der Blindenpädagogik. In: *Der Blindenfreund*, 20, 10–13.

Brandstäter, F. (1925): Grundsätze und praktische Auswirkungen der Montessori-Methode, die für den Unterricht und die Erziehung der Blinden von Wert sind. In: *Der Blindenfreund*, 45, 273–283.

Bundesagentur für Arbeit (2014): *Analyse des Arbeitsmarktes für schwerbehinderte Menschen 2014.* http://www.statistik.arbeitsagentur.de/Navigation/Statistik/Statistische-¬

Analysen/Analytikreports/Zentral/Jaehrliche-Analytikreports/Analyse-Arbeitsmarkt-¬ Schwerbehinderte-nav.html (Zugriff: 17.11.2015).

Bundesgesetzblatt 2008, Nr. 35: Gesetz zu dem Übereinkommen der Vereinten Nationen vom 13. Dezember 2006 über die Rechte von Menschen mit Behinderungen sowie zu dem Fakultativprotokoll vom 13. Dezember 2006 zum Übereinkommen der Vereinten Nationen über die Rechte von Menschen mit Behinderungen vom 21. Dezember 2008. http://www.¬ un.org/Depts/german/uebereinkommen/ar61106-dbgbl.pdf (Zugriff: 17.11.2015).

Bureau of Education for Exceptional Students (1986): *Volume V-K: Movement analysis and curriculum for visually impaired preschoolers*. Tallahassee.

Csocsán, E., Klingenberg, O., Koskinen, K.-L. & Sjöstedt, S. (2002): *Mathe mit anderen Augen »gesehen«. – Ein blindes Kind in der Klasse – Lehrerhandbuch für Mathematik*. Esbo.

Degenhardt. S. et al. (1998): *Daten zur Angebotsqualität blindenpädagogischer Förderung (Aqua-Studie). Ergebnisse einer Erhebung im Bereich Schule durch die Arbeitsgruppe Qualitätssicherung (AQUA) im Auftrag des Verbandes der Blinden- und Sehbehindertenpädagogen e. V.* Berlin.

Degenhardt, S. & Henriksen, C. (2009): Was macht die Bildung von Menschen mit mehrfachen Behinderungen zu einer sehgeschädigtenspezifischen Bildung? *Vierteljahresschrift für Heilpädagogik und ihre Nachbargebiete (VHN)*, 78, 212–226.

Deutsches Institut für Medizinische Dokumentation und Information, DIMDI (Hrsg.) (2006): *ICF. Internationale Klassifikation der Funktionsfähigkeit, Behinderung und Gesundheit*. Köln. http://www.dimdi.de/dynamic/de/klassi/downloadcenter/icf/endfassung/icf_¬ endfassung-2005–10–01.pdf (Zugriff: 25.11.2007).

Drave, W. (1990): *Lehrer beraten Lehrer*. Würzburg.

Drave, W. (1998): Integration sehbehinderter und blinder Kinder in allgemeine Schulen – Vergangenheit und Zukunft. In: Verband für Blinden- und Sehbehindertenpädagogik e. V. (VBS) (Hrsg.). *Lebensperspektiven. Kongressbericht. 32. Kongress der Blinden- und Sehbehindertenpädagogen, Nürnberg, 3.–7. August 1998*. Hannover, 272–286

Drave, W. & Wißmann, K. (Hrsg.) (1997): *Der Sprung ins kalte Wasser. Integration blinder Kinder und Jugendlicher an allgemeinen Schulen*. Würzburg.

Drave, W., Rumpler, F. & Wachtel, P. (Hrsg.) (2000): *Empfehlungen zur sonderpädagogischen Förderung. Allgemeine Grundlagen und Förderschwerpunkte (KMK) mit Kommentaren*. Würzburg.

Drave, W., Fischer, E. & Kießling, C. (2013): *Sehen plus. Beratung und Unterstützung sehbehinderter und blinder Schüler mit weiterem Förderbedarf*. Würzburg

Eberwein, H. (1996): Zur Kritik des Behinderungsbegriffs und des sonderpädagogischen Paradigmas. Integration als Aufgabe der allgemeinen Pädagogik und Schule. In: H. Eberwein (Hrsg.). *Einführung in die Integrationspädagogik. Interdisziplinäre Zugangsweisen sowie Aspekte universitärer Ausbildung von Lehrern und Diplompädagogen*. Weinheim, 9–37.

Edman, P. K. (1992): *Tactile graphics*. New York.

Entlicher, F. (1872): *Das blinde Kind im Kreise seiner Familie und in der Schule seines Wohnortes. Eine Anleitung zur zweckmäßigen Behandlung derselben für Lehrer, Lehramtskanditaten, Erzieher, Ältern*. Wien.

Feuser, G. (2000): Zum Verhältnis von Sonder- und Integrationspädagogik – eine Paradigmendiskussion? In: F. Albrecht, A. Hinz und V. Moser (Hrsg.). *Perspektiven der Sonderpädagogik. Disziplin- und professionsbezogene Standortbestimmungen*. Neuwied, 20–44.

Fornefeld, B. (2004): *Einführung in die Geistigbehindertenpädagogik*. 3., aktualisierte Aufl. München.

Fröhlich, A. (2015): *Basale Stimulationn – ein Konzept für die Arbeit mit schwer beeinträchtigten Menschen. Völlig überarb. Neuauflage*. Düsseldorf.

Fröhlich, A., Heinen, N. & Lamers, W. (Hrsg.) (2001): *Schwere Behinderung in Praxis und Theorie – ein Blick zurück nach vorn. Texte zur Körper- und Mehrfachbehindertenpädagogik*. Düsseldorf.

Garbe, H. (1959): *Grundlinien einer Theorie der Blindenpädagogik*. Göttingen.

Garbe, H. (1966): Sonderheiten eines Bildungsplanes für sehgeschädigte Kinder. In: *Der Blindenfreund*, 86, 142–151.
Gudjons, H. (2001): *Handlungsorientiert lehren und lernen. Schüleraktivierung, Selbsttätigkeit, Projektarbeit*. 6., überarb. und erw. Aufl. Bad Heilbrunn.
Gudjons, H. & Winkel, R. (2002): Vorwort der Herausgeber zur neubearbeiteten 9. Auflage. In: H. Gudjons und R. Winkel (Hrsg.). *Didaktische Theorien*. 11. Aufl. Hamburg, 8–12.
Giese, M. (Hrsg.) (2010a): *Sport- und Bewegungsunterricht mit Blinden und Sehbehinderten. Band 1: Theoretische Grundlagen, spezifische und adaptierte Sportarten*. Aachen.
Giese, M. (Hrsg.) (2010b): *Sport- und Bewegungsunterricht mit Blinden und Sehbehinderten. Band 2: Praktische Handreichungen für den Unterricht*. Aachen.
Hahn, V. F. (2006): *Mathematische Bildung in der Blindenpädagogik. Probleme der Veranschaulichungsmedien beim Mathematiklernen Blinder mit einem Lösungskonzept im Bereich geometrischer Grundbildung*. Norderstedt.
Harley, R. K., Truan, M. B. & Sanford, L. D. (1997): Communication skills for visually impaired learners. Braille, print and listening skills for students who are visually impaired. 2. Aufl. Springfield.
Hattie, J. (2014): *Lernen sichtbar machen*. Überarb. deutschsprachige Ausg. von »Visible Learning« besorgt von W. Beywl und K. Zierer. 2., korrig. Aufl. Baltmannsweiler.
Haüy, V. (1990/1786): *Essai sur l'éducation des aveugles*. Nachdruck. Würzburg.
Heimann, P. (1970): Didaktik als Theorie und Lehre. In: D. C. Kochan (Hrsg.). *Allgemeine Didaktik, Fachdidaktik, Fachwissenschaft. Ausgewählte Beiträge aus den Jahren 1953–1969*. Darmstadt, 110–142.
Heinen, N. & Lamers, W. (2001): Wanderungen durch die schwerstbehindertepädagogische Landschaft. In: A. Fröhlich, N. Heinen und W. Lamers (Hrsg.). *Schwere Behinderung in Praxis und Theorie – ein Blick zurück nach vorn. Texte zur Körper- und Mehrfachbehindertenpädagogik*. Düsseldorf, 13-47.
Heller, S. (1876): Das Prinzip der Unmittelbarkeit in der Blindenschule. In: Congress-Comité (Hrsg.). *Der II. Europäische Blindenlehrer-Congress in Dresden am 25., 26. und 27. Juli 1876*. Dresden, 88–104.
Heller, S. (1886): Das Prinzip der Wechselwirkung in der Blindenschule. In: Congress-Comité (Hrsg.). *Verhandlungen des V. Blindenlehrer-Congresses in Amsterdam, am 3., 4., 5., 6. und 7. August 1885*. Amsterdam, 131–143.
Heller, S. (1888): Die psychologische Grundlegung der Blindenpädagogik. In: Congress-Vorstand (Hrsg.). *Verhandlungen des VI. Blindenlehrer-Congresses zu Köln am Rhein am 6., 7., 8., 9. und 10. August 1888*. Düren, 97–121.
Heller, S. (1892): System der Blindenpädagogik. In: Kongress-Comité (Hrsg.). *Verhandlungen des VII. Blindenlehrer-Kongresses in Kiel vom 3. bis 7. August 1891*. Kiel, 195–220.
Heller, S. (1895): Die Bildungselemente des Blinden. In: Kongress-Komité (Hrsg.). *Verhandlungen des VIII. Blindenlehrer-Kongresses in München vom 5. bis 8. August 1895*. München, 207–215.
Heller, S. (1901): Das Bewusstsein als Faktor der Blindenbildung. In: Kongress-Komitee (Hrsg.). *Bericht über den X. Blindenlehrer-Kongress in Breslau vom 29. Juli bis 2. August 1901*. Breslau, 110–124.
Heller, S. (1905): Entwicklungsphänomene im Seelenleben der Blinden und ihre Konsequenzen für die Blindenbildung. In: Kongress-Komitee (Hrsg.). *Bericht über den XI. Blindenlehrerkongress zu Halle a. S. vom 1. bis 5. August 1904*. Halle a. d. S., 58–72.
Heller, Th. (1989/1904): *Studien zur Blindenpsychologie*. Faksimile-Ausgabe. Würzburg.
Hentig, H. von (2004): Einführung in den Bildungsplan 2004. In: Ministerium für Kultus, Jugend und Sport Baden-Württemberg (Hrsg.). *Bildungsplan für die Grundschule*. Ditzingen, 7–19.
Hinz, A. (2002): Von der Integration zur Inklusion – terminologisches Spiel oder konzeptionelle Weiterentwicklung? *Zeitschrift für Heilpädagogik*, 53, 354–361.
Hinz, A. (2004): Entwicklungswege zu einer Schule für alle mit Hilfe des »Index für Inklusion«. In: *Zeitschrift für Heilpädagogik*, 55, 245–250.
Hinz, A. (2008a): Inklusion – Ende der Blinden- und Sehbehindertenpädagogik? Überlegungen zu inklusiven Perspektiven in sieben Thesen. In: *blind-sehbehindert*, 128, 7–16.

Hinz, A. (2008b): Inklusion und Sonderpädagogik – ein offenbar schwieriges Verhältnis. In: *blind-sehbehindert*, 128, 360–363.
Hofer, U. (2008): Inklusion als Trend – Die Bedeutung für Bildungsangebote für sehbehinderte und blinde Kinder und Jugendliche. In: *blind-sehbehindert*, 128, 364–368.
Hitschmann, F. (1892): Über die Begründung einer Blindenpsychologie von einem Blinden. In: *Zeitschrift für Psychologie und Physiologie der Sinnesorgane*, 3, 388–397.
Hitschmann, F. (1895): *Über die Prinzipien der Blindenpädagogik*. Langensalza.
Hohn, F. (1982): *Mediale Aspekte der exemplarischen Anschauungsvermittlung im Unterricht mit blinden und sehbehinderten Schülern*. St. Gallen.
Hudelmayer, D. (1970): *Nichtsprachliches Lernen von Begriffen. Untersuchungen über die Begriffsbildung bei geburtsblinden Schülern*. Stuttgart.
Hudelmayer, D. (1975): Die Erziehung Blinder. In: Deutscher Bildungsrat (Hrsg.). *Gutachten und Studien der Bildungskommission. Sonderpädagogik 5*. Stuttgart, 17–137.
Hudelmayer, D. (1976): Didaktik der Blindenschule. In: K.-J. Kluge (Hrsg.). *Einführung in die Sonderschuldidaktik*. Darmstadt, 52–79.
Hudelmayer, D. (1978): Integration in die Regelschule – eine Möglichkeit der Erziehung auch für blinde und sehbehinderte Kinder und Jugendliche in der Bundesrepublik Deutschland. In: Verband der Blinden- und Sehbehindertenpädagogen e. V. (Hrsg.). *Kongressbereicht vom 28. Kongress für Sehgeschädigtenpädagogik, Waldkirch 24.–28. Juli 1978*. Hannover-Kirchrode, 85–112.
Hudelmayer, D. (1983): Taktile Bilder als Hilfen zur Veranschaulichung. In: Verband der Blinden- und Sehbehindertenpädagogen e. V. (Hrsg.). Standortbestimmung und Neuorientierung. Kongressbericht. 29. Kongress für Sehgeschädigtenpädagogik, Würzburg, 1.–5. August 1983. Hannover-Kirchrode,
Hudelmayer, D. (1985): Schrift, Schreiben und Lesen im Unterricht bei Blinden. In: W. Rath und D. Hudelmayer (Hrsg.). *Pädagogik der Blinden und Sehbehinderten*. Handbuch der Sonderpädagogik Band 2. Berlin, 127–142.
Hudelmayer, D. (1989): Blinde und hochgradig Sehbehinderte in allgemeinen Schulen – eine Situationsbeschreibung für die Bundesrepublik Deutschland. In: Deutscher Blindenverband e. V. (Hrsg.). *Schulische Integration Blinder und Sehbehinderter in der BRD. Bestandsaufnahme, Probleme und Folgerungen aufgezeigt am Beispiel der Grundschule (2. Neuwieder Tagung, 14. bis 16. April 1989)*. Köln, 26–36.
Hudelmayer, D. (2000): Gemeinsamer Unterricht von Blinden und Sehbehinderten. In: *blindsehbehindert*, 120, 88–92.
Hudelmayer, D. (2006): Tradition und Umgestaltung der Blinden- und Sehbehindertenpädagogik in der BRD nach 1945. In: W. Drave und H. Mehls (Hrsg.). *200 Jahre Blindenbildung in Deutschland (1806–2006)*. Würzburg, 197–210.
Iggesen, A. & Laemers, F. (2004): Didaktische und methodische Hinweise für den Unterricht bei Blindheit und Sehbehinderung. Dortmund. http://www.isar-projekt.de/portal/1/¬uploads/didaktikpool_54_1.pdf.
Klafki, W. (1996): Neue Studien zur Bildungstheorie und Didaktik. Zeitgemäße Allgemeinbildung und kritisch-konstruktive Didaktik. 5. Aufl. Weinheim und Basel.
Klasser, T. (2005): Ideen zur Arbeit (nicht nur) mit blinden und sehbehinderten Kindern. In: *Unterstützte Kommunikation*, 3, 5–7.
Klauß, Th. und Lamers, W. (Hrsg.) (2003): *Alle Kinder alles lehren … Grundlagen der Pädagogik für Menschen mit schwerer und mehrfacher Behinderung*. Heidelberg.
Klein, J. W. (1830): *Nachricht von dem kaiserlich-königlichen Blinden-Institute und von der Versorgungs- und Beschäftigungs-Anstalt für erwachsene Blinde in Wien*. Wien.
Klein, J. W. (1841): *Die Anstalten für Blinde in Wien*. Wien.
Klein, J. W. (1844): *Anleitung, blinden Kindern ohne sie in einem Blinden-Institute unterzubringen, die nöthige Bildung in den Schulen ihres Wohnortes und im Kreise ihrer Familien zu verschaffen. Wodurch einer weit größeren Anzahl von Blinden, mit geringeren Kosten als bisher, die Wohlthat einer zweckmäßigen Bildung zu Theil wird*. Wien.
Klein, J. W. (1991/1819): *Lehrbuch zum Unterrichte der Blinden, um ihnen ihren Zustand zu erleichtern, sie nützlich zu beschäftigen und sie zur bürgerlichen Brauchbarkeit zu bilden*. Faksimile-Ausgabe. Würzburg.

Sekretariat der Ständigen Konferenz der Kultusminister der Länder in der Bundesrepublik Deutschland (KMK) (2016): *Sonderpädagogische Förderung in Schulen 2005 bis 2014. Dokumentation Nr. 210 – Februar 2016.* https://www.kmk.org/fileadmin/Dateien/pdf/¬Statistik/Dokumentationen/Dok_210_SoPae_2014.pdf (Zugriff: 21.06.2016).

Knie, J. G. (1851): *Anleitung zur zweckmäßigen Behandlung blinder Kinder, für deren erste Jugendbildung und Erziehung in ihren Familien, in öffentlichen Volksschulen und durch zu ertheilende Privat-Unterweisung.* 4., verb. Aufl. Breslau.

Kösel, E. (1993): *Die Modellierung von Lernumwelten. Ein Handbuch zur Subjektiven Didaktik.* Elztal-Dallau.

Korf, G., Pulko, B. & Weitershagen, U. (2003): Unterstützte Kommunikation mit sehgeschädigten Kindern. In: Arbeitsgemeinschaft Frühförderung sehgeschädigter Kinder (Hrsg.). *Frühförderung zwischen Erwartung und Realität.* Würzburg, 51–67.

Kremer, A. (1933): *Über den Einfluß des Blindseins. Untersuchungen über das Problem des Verstehens Blinder als einer Grundlage der Blindenpädagogik.* Düren.

Kremer, A. (1948): Der blindseinsgemäße didaktische Dreischritt im Blindenunterricht. *Pädagogische Rundschau*, 2, 159–169.

Kremer, A. (1951): Sonderheiten der Blindenpädagogik. In: Verein zur Förderung der Blindenbildung (Hrsg.). *Bericht über den 21. Blindenlehrerkongreß in Hannover-Kirchrode vom 1. bis 3. August 1951.* Hannover-Kirchrode, 22–39.

Kron, F. W. (2004): *Grundwissen Didaktik.* 4., neubearb. Aufl. München und Basel.

Kurt, J. & Jentzsch, K.-J. (2001): Ein neues Verfahren zur Herstellung von tastbaren Grafiken für Blinde und hochgradig Sehbehinderte. In: *blind-sehbehindert*, 121, 111–119.

Lamers, W. & Klauß, Th. (Hrsg.) (2003): *... alle Kinder alles lehren! – Aber wie? Theoriegeleitete Praxis bei schwer- und mehrfachbehinderten Menschen.* Düsseldorf.

Landeswohlfahrtsverband Hessen (Hrsg.) (2002): *Ambulante Beratung und Unterstützung blinder und sehbehinderter Schülerinnen und Schüler in allgemeinen Schulen und Sonderschulen. Handreichungen.* Kassel.

Lang, M. (2003): *Haptische Wahrnehmungsförderung mit blinden Kindern. Möglichkeiten der Hinführung zur Brailleschrift.* Regensburg.

Lang, M. (2007): Methoden und Materialien für den Erstleseunterricht blinder Schülerinnen und Schüler der Bildungsgänge Grundschule, Förderschule und Schule für Geistigbehinderte. In: *blind-sehbehindert*, 127, 3–12.

Lang, M. (2008a): Inklusion: Dabei sein ist alles? In: *blind-sehbehindert*, 128, 155–158.

Lang, M. (2008b): Inklusion aus dem Blickwinkel der Blinden- und Sehbehindertenpädagogik: kritische Fragen und mögliche Antworten. In: *blind-sehbehindert*, 128, 369–373.

Lang, M. (2011a): Lesen und Schreiben. In: M. Lang, U. Hofer und F. Beyer (Hrsg.). Didaktik des Unterrichts mit blinden und hochgradig sehbehinderten Schülerinnen und Schülern. Band 2: Fachdidaktiken. Stuttgart, 15–60.

Lang, M. (2011b): Mathematisches Lernen. In: M. Lang, U. Hofer und F. Beyer (Hrsg.). Didaktik des Unterrichts mit blinden und hochgradig sehbehinderten Schülerinnen und Schülern. Band 2: Fachdidaktiken. Stuttgart, 61–84.

Lang, M. (2011c): Bewegungserziehung. In: M. Lang, U. Hofer und F. Beyer (Hrsg.). Didaktik des Unterrichts mit blinden und hochgradig sehbehinderten Schülerinnen und Schülern. Band 2: Fachdidaktiken. Stuttgart, 145–167.

Lang, M., Hofer, U. & Beyer, F. (Hrsg.) (2011): Didaktik des Unterrichts mit blinden und hochgradig sehbehinderten Schülerinnen und Schülern. Band 2: Fachdidaktiken. Stuttgart.

Lembcke, K. F. L. (1899): Ueber die Prinzipien der Blindenpädagogik. Von Friedrich Hitschmann in Wien. In: *Der Blindenfreund*, 19, 66–70.

Lembcke, K. F. L. (1902): Zweiter Beitrag zu den Verhandlungen über Hitschmanns Prinzipien der Blindenpädagogik. In: *Der Blindenfreund*, 22, 65–69.

Leuders, J. (2012): *Förderung der Zahlbegriffsentwicklung bei sehenden und blinden Kindern. Empirische Grundlagen und didaktische Konzepte.* Wiesbaden.

Lokatis-Dasecke, S. & Wolter, B. (2008): *Gemeinsam kreativ. Integrativer Kunstunterricht mit blinden Schülerinnen und Schülern.* Würzburg.

Mayntz, J. (1924): Gesamtunterricht. In: *Der Blindenfreund*, 44, 189–192.

Mayntz, J. (1931): *Blinde Kinder im Anfangsunterricht. Beiträge zur Geschichte und Methodik der ersten Bildungsarbeit in der Blindenschule.* Düren.
Mersi, F. (1971): *Die Schulen der Sehgeschädigten. Funktionen, Theorie, Praxis.* Neuburgweier.
Mersi, F. (1985): Konzepte der Erziehung Sehgeschädigter. In: W. Rath und D. Hudelmayer (Hrsg.). *Pädagogik der Blinden und Sehbehinderten.* Handbuch der Sonderpädagogik Band 2. Berlin, 49–62.
Messerschmidt, K. (1951): Welche Anforderungen sind an das blindengemäße Lehrmittel zu stellen? In: Verein zur Förderung der Blindenbildung (Hrsg.). *Bericht über den 21. Blindenlehrerkongreß in Hannover-Kirchrode vom 1. bis 3. August 1951.* Hannover-Kirchrode, 54–74.
Ministerium für Kultus, Jugend und Sport Baden-Württemberg (Hrsg.) (2011): *Bildungsplan Schule für Blinde und Schule für Sehbehinderte.* Stuttgart.
Nater, P. (2001): Tastpsychologische Untersuchung zur Validierung eines computergestützten Verfahrens (CAM) für die Erstellung tiefgezogener Tastfolien. In: *blind-sehbindert*, 121, 102–110.
Nielsen, L. (1993): *Das Ich und der Raum. Aktives Lernen im »Kleinen Raum«.* Würzburg.
Nielsen, L. (1996): *Schritt für Schritt. Frühes Lernen von sehgeschädigten und mehrfachbehinderten Kindern.* Würzburg.
Nielsen, L. (2000): *Der FIELA-Förderplan. 730 Fördervorschläge. Konkrete Beispiele zum Aktiven Lernen von sehgeschädigten und mehrfachbehinderten Kindern.* Würzburg.
Nielsen, L. (2001): Der Ansatz des Aktiven Lernens. In: A. Fröhlich, N. Heinen und W. Lamers (Hrsg.). *Schwere Behinderung in Praxis und Theorie – ein Blick zurück nach vorn. Texte zur Körper- und Mehrfachbehindertenpädagogik.* Düsseldorf, 235–244.
Pablasek, M (1867): *Die Fürsorge für die Blinden von der Wiege bis zum Grabe.* Wien.
Petzelt, A. (1925): Über die Grundlegung des Blindenunterrichts. In: Blindenanstalt Nikolauspflege Stuttgart (Hrsg.). *Bericht über den Kongreß für Blindenwohlfahrt (16. Blindenlehrerkongreß) in Stuttgart vom 4. bis 7. August 1924.* Stuttgart, 131–146.
Pfitzmann, D., Roth, E., Kühne, G. & Pittroff, H. (2006): 120 Jahre Taubblindenpädagogik in Deutschland. In: W. Drave und H. Mehls (Hrsg.). *200 Jahre Blindenbildung in Deutschland (1806–2006).* Würzburg, 105–121.
Pluhar, Ch. (1988): Bilder im Unterricht der Blindenschule. In: K. Spitzer und M. Lange (Hrsg.). *Tasten und Gestalten. Kunst und Kunsterziehung bei Blinden.* Unveränderte Neuaufl. Hannover, 490–505.
Rath, W. (2000): Blindheit und Sehbehinderung. In: J. Borchert (Hrsg.). *Handbuch der Sonderpädagogischen Psychologie.* Göttingen, Bern, Toronto und Seattle, 104–113.
Rødbroe, I. & Janssen, M. (2014): *Kommunikation und angeborene Taubblindheit. Angeborene Taubblindheit und die Kernprinzipien der Intervention. Booklet I.* Würzburg (s. auch Booklet II–IV).
Sander, A. (2003): Von Integrationspädagogik zu Inklusionspädagogik. In: *Sonderpädagogische Förderung*, 48, 313–329.
Sander, A. (2004): Konzepte einer Inklusiven Pädagogik. In: *Zeitschrift für Heilpädagogik*, 55, 240–244.
Sarimski, K., Lang, M. & Keesen, E. (2015): Kommunikationsförderung bei Kindern und Jugendlichen mit Hörsehbehinderung – Zum Stand der Qualität der pädagogischen Versorgung aus der Sicht der Praxis. In: *Hörgeschädigten Pädagogik*, 69, 145–153.
Schauerte, H. (1972): *Didaktik und Sehschädigung. Abhebung spezifisch didaktischer Momente aus struktureller, unterrichts- und umgangsdidaktischer Sicht in bezug auf blinde und sehbehinderte Kinder.* Dortmund.
Schauerte, H. (1984): Curricula für sehgeschädigte Schüler. In: *blind-sehbehindert*, 104, 11–14, 154–169.
Scherer, F. (1983): *Sport mit blinden und sehbehinderten Kindern und Jugendlichen.* Schorndorf.
Schindele, R. (1978): Didaktische Probleme und Lösungsmöglichkeiten behinderungsspezifischer Betreuung Blinder und Sehbehinderter in Regelschulen. In: Verband der Blinden-

und Sehbehindertenpädagogen e. V. (Hrsg.). *Kongressbereicht vom 28. Kongress für Sehgeschädigtenpädagogik, Waldkirch 24.–28. Juli 1978.* Hannover-Kirchrode, 525–554.

Schindele, R. (1985): Didaktik des Unterrichts bei Sehgeschädigten. In: W. Rath und D. Hudelmayer (Hrsg.). *Pädagogik der Blinden und Sehbehinderten.* Handbuch der Sonderpädagogik Band 2. Berlin, 91–123.

Schulz, W. (1965): Unterricht – Analyse und Planung. In: P. Heimann, G. Otto und W. Schulz (Hrsg.). *Unterricht. Analyse und Planung.* Hannover, 13–47.

Schulz, W. (1999): Die lehrtheoretische Didaktik. In: H. Gudjons und R. Winkel (Hrsg.). *Didaktische Theorien.* 10. Aufl. Hamburg, 35–56.

Sekretariat der Ständigen Konferenz der Kultusminister der Länder in der Bundesrepublik Deutschland (KMK) (Hrsg.) (1979): *Empfehlungen für den Unterricht in der Schule für Blinde.* Neuwied.

Spitzer, K. (1988): Gegenständliche Tastbilder. Gestaltproblematik und Bedeutung. In: K. Spitzer und M. Lange (Hrsg.). *Tasten und Gestalten. Kunst und Kunsterziehung bei Blinden.* Unveränderte Neuaufl. Hannover, 490–505.

Thiele, M. (2001): *Bewegung, Spiel und Sport im gemeinsamen Unterricht von sehgeschädigten und normalsichtigen Schülerinnen und Schülern.* Würzburg.

Thiele, M. (2003): *Soziale Integration im Gemeinsamen Unterricht. Eine Untersuchung am Beispiel des Sportunterrichts von blinden und sehenden Schülerinnen und Schülern.* Würzburg.

Thiele, M. (2004): Inklusion statt Integration – und alles wird gut? In: *blind-sehbehindert*, 124, 40–49.

Tröster, H. & Brambring, M. (1990): *Die Auswirkungen der Blindheit auf die motorische Entwicklung im ersten Lebensjahr.* Bielefeld.

Verband für Blinden- und Sehbehindertenpädagogik e. V. (Hrsg.) (2011): *Bildung, Erziehung und Rehabilitation blinder und sehbehinderter Kinder und Jugendlicher in einer inklusiven Schule in den Ländern der Bundesrepublik Deutschland. Standards, Spezifisches Curriculum, Modell-Leistungsbeschreibung.* https://www.ew.uni-hamburg.de/ueber-die-fakul¬taet/personen/degenhardt/files/110721-vbs-spezifisches-curriculum-und-standards.pdf (Zugriff: 17.11.2015).

Voss, W. (1955): *Die Bildgestaltung des blinden Kindes.* Hannover.

Warren, D. H. (1994): *Blindness and children. An individual differences approach.* Cambridge.

Wolfsteiner, T. (2012): *Einsatzmöglichkeiten der CNC-Frästechnik (KOSY) im Lehrmittelbau für blinde Schülerinnen und Schüler.* Unveröffentlichte Examensarbeit. Pädagogische Hochschule Heidelberg.

Zech, F. (1908): Forderung der neueren Pädagogik mit Bezug auf den Blindenunterricht. In: Blindenanstalt Hamburg (Hrsg.). *Bericht über den XII. Blindenlehrerkongress in Hamburg vom 23. bis 27. September 1907.* Hamburg, 152–175.

Zech, F. (1913): *Erziehung und Unterricht der Blinden.* Danzig.

Zech, F. (1918): Die Arbeitsschule. In: *Die Blindenschule*, 74–76.

Zeune, A. (1808): *Belisar. Über den Unterricht der Blinden.* Berlin.

V Wahrnehmungsförderung und Begriffsbildung als fächerübergreifende Prinzipien des Unterrichts mit blinden und hochgradig sehbehinderten Kindern und Jugendlichen

Markus Lang

Für den Unterricht mit blinden und hochgradig sehbehinderten Schülerinnen und Schülern ließe sich eine ganze Reihe von fächerübergreifenden Prinzipien formulieren. Neben der Wahrnehmungsförderung und der Begriffsbildung könnten beispielsweise die Förderung der Motorik, die Kommunikationsförderung, das Soziale Lernen (inklusive der Bereiche Orientierung und Mobilität sowie Lebenspraktische Fähigkeiten), die Computernutzung oder die Ästhetische Erziehung berechtigterweise als Unterrichtsprinzipien bezeichnet werden, da sie in verschiedenen Zusammenhängen im schulischen Kontext umzusetzen sind. Im Unterschied zur Wahrnehmungsförderung und zur Begriffsbildung sind die genannten Bereiche in der Regel an den Bildungseinrichtungen in Form von Unterrichtsfächern oder ausgewiesenen Fördermaßnahmen fest verankert. Aus diesem Grund werden nachfolgend lediglich die Wahrnehmungsförderung und die Begriffsbildung ausführlich thematisiert. Die anderen Bereiche wurden in den zweiten Band der Didaktik des Unterrichts mit blinden und hochgradig sehbehinderten Schülerinnen und Schülern (Lang et al. 2011) aufgenommen, der fachdidaktische Aspekte beinhalten wird.

1 Wahrnehmungsförderung blinder und hochgradig sehbehinderter Kinder und Jugendlicher

1.1 Einführung

Wahrnehmung hängt zweifellos mit der Tätigkeit der zur Verfügung stehenden Sinnesorgane zusammen. Bei einer genaueren Betrachtung wird darüber hinaus deutlich, dass Wahrnehmung auch etwas mit kognitiver Verarbeitung, mit Speicherprozessen, mit bewusster und gezielter Aufmerksamkeit, mit Motivation und häufig auch mit motorischen Fertigkeiten zu tun haben muss. Es erscheint deshalb als notwendig, sich zunächst grundlegend an den Begriff »Wahrnehmung« anzunähern, um hiervon abgeleitet differenzierte Aussagen über Wahrnehmungslernen und Wahrnehmungsförderung treffen zu können. Wahrnehmungsförderung wird bei der Erziehung und Bildung blinder Kinder und Jugendlicher im Grunde seit den institutionellen Anfängen besonders gewichtet. Dies resultiert aus dem Sachverhalt, dass blinde bzw. hochgradig sehbehinderte Menschen einen Teil der Umweltreize nicht oder nur sehr eingeschränkt aufnehmen können. Eine gezielte Wahrnehmungsförderung soll mithelfen, mögliche negative Auswirkungen der fehlenden oder beeinträchtigten visuellen Wahrnehmungsmodalität auf die individuelle Entwicklung zu vermeiden.

1.2   Wahrnehmung als Teil einer funktionalen Ganzheit

Wahrnehmung vollzieht sich nicht isoliert, sondern sie ist Teil eines eng verwobenen Beziehungsgeflechts verschiedener Entwicklungsbereiche (Abb. 1). Dies bedeutet, dass Wahrnehmungsleistungen mit Leistungen in anderen Bereichen verknüpft sind. Beispielsweise können über das Tasten nur dann vielfältige Informationen aufgenommen werden, wenn neben den intakten Sinnesorganen auch adäquate Tastbewegungen und kognitive Verarbeitungsmöglichkeiten verfügbar sind und keine grundlegende emotionale Tasthemmung vorliegt.

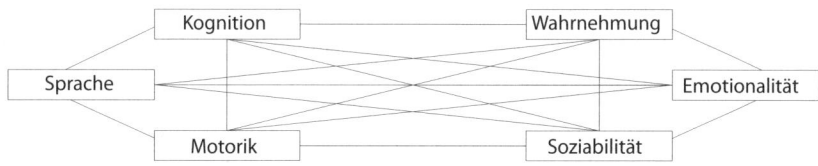

Abb. 1: Entwicklungsbereiche (vgl. Fröhlich 2005, 13)

Darüber hinaus wird aus dieser funktionalen Ganzheit der verschiedenen Entwicklungsbereiche deutlich, dass sich Einschränkungen und Störungen in einem der Bereiche sehr komplex auswirken können. Umgekehrt kann jedoch auch die pädagogisch äußerst relevante Zielstellung abgeleitet werden, dass sich Einschränkungen und Störungen unter Umständen durch das Zusammenspiel bzw. durch die Betonung einzelner oder mehrerer Bereiche abmildern lassen.

Dieser Sachverhalt wird deutlich, wenn der Frage nachgegangen wird, inwieweit sich Blindheit und hochgradige Sehbehinderung auf die verschiedenen Entwicklungsbereiche auswirken. Betroffen ist zunächst zweifellos der Wahrnehmungsbereich. Aber auch darüber hinaus ist Blindheit bzw. hochgradige Sehbehinderung eine »intervenierende Variable« (Hudelmayer 1975, 35), die sich auf sämtliche der aufgeführten Bereiche auswirken kann.

1.3   Entwicklungspsychologische Aspekte

Kenntnisse über grundlegende Aspekte der Wahrnehmungsentwicklung sind von zentraler Bedeutung, um die Wahrnehmungsfähigkeiten von Kindern adäquat einschätzen zu können, um Zusammenhänge und Voraussetzungen von Wahrnehmungsleistungen zu erkennen und um in der Lage zu sein, eine fundierte und entwicklungsangemessene Wahrnehmungsförderung durchzuführen.

Die an dieser Stelle vorgenommene bereichsspezifische Darstellung täuscht unter Umständen darüber hinweg, dass Wahrnehmungsprozesse in der Regel multimodal ablaufen. Spätestens im Alter von drei bis vier Monaten verknüpfen Säuglinge Informationen aus verschiedenen Wahrnehmungsmodalitäten miteinander (Krist, Kavšek & Wilkening 2012).

1.3.1 Visuelle Wahrnehmung

Die überwiegende Mehrzahl derjenigen Kinder, Jugendlichen und Erwachsenen, die auf blindenspezifische Techniken und Medien angewiesen sind, verfügt noch über – teilweise sehr geringe – visuelle Wahrnehmungsmöglichkeiten. Diese können jedoch für die individuelle Lebensgestaltung und -bewältigung äußerst bedeutsam sein, da bei der Realisierung konkreter Handlungsstrategien eine Verknüpfung mit anderen Wahrnehmungsmöglichkeiten (v. a. haptische und auditive Wahrnehmung) stattfinden kann. Auf die Darstellung der Entwicklung der visuellen Wahrnehmungsfähigkeiten darf an dieser Stelle somit nicht verzichtet werden.

Die Sehfunktionen (Sehschärfe, Kontrastsehen, Farbensehen, Stereosehen etc.) entwickeln sich erst im Laufe der ersten Lebensmonate bzw. Lebensjahre bis zu ihrer vollen Leistungsfähigkeit. Nachfolgend soll die Entwicklung des Sehens anhand wesentlicher Meilensteine grob skizziert werden (vgl. Walthes 2014; Lahme et al. 2010; Ferrell 2010; Kampmann 1998; Hyvärinen 1993). Die in der Literatur aufgeführten Angaben variieren teilweise beträchtlich, in Abhängigkeit davon, welche Verfahren und Methoden zur Überprüfung der visuellen Fähigkeiten herangezogen wurden. Gerade bei Säuglingen und Kleinkindern sind die entsprechenden diagnostischen Daten schwierig zu ermitteln.

Pupillenreflex

Der Pupillenreflex ist als Schutzreflex kurz nach der Geburt vorhanden. Allerdings lässt er sich zunächst nur auf sehr starke Reize hin auslösen.

Visuelle Aufmerksamkeit

Visuelle Aufmerksamkeit bedeutet, dass ein visueller Reiz die augenblickliche Tätigkeit des Kindes unterbrechen kann. Bereits drei bis vier Tage nach der Geburt ist dies gegeben.

Fixation

Erste Versuche, die Augen in Haupt-Sehrichtung auf das angeschaute Objekt auszurichten finden schon kurz nach der Geburt statt. Längeres Fixieren gelingt ab dem dritten Monat in Abhängigkeit der Ausreifung der Netzhaut (v. a. der Netzhautmitte).

Augenbeweglichkeit, Kopfbewegung

Isoliert sind entsprechende Fähigkeiten kurz nach der Geburt vorhanden. Das Kind kann jedoch erst ab ca. der vierten Lebenswoche verschiedene Dinge nacheinander fixieren.

Visuelles Abtasten

Erste unbeholfene Versuche des visuellen Abtastens sind bereits bei der Geburt beobachtbar; konstanter und erfolgreicher ab der vierten Lebenswoche. Entsprechende Versuche konzentrieren sich hauptsächlich auf markante Konturen, Unterbrechungen von Reizmustern und vor allem auf Gesichter (Mund, Augen).

Bewegungswahrnehmung

Die Bewegungswahrnehmung stabilisiert sich ab der achten Lebenswoche, wobei zunächst in horizontaler, anschließend in vertikaler und dann in Kreisrichtung nachgeblickt wird. Kinder unter einem halben Jahr können nur langsam bewegte Objekte wahrnehmen. Das Fixieren bewegter Objekte perfektioniert sich im zweiten Lebensjahr.

Tiefenwahrnehmung

Die Tiefenwahrnehmung beruht auf dem beidäugigen Sehen. Neugeborene reagieren auf Näherkommendes mit Abwehr. Eine Kugel wird längere Zeit als Kreis wahrgenommen. Die Ausdifferenzierung und Weiterentwicklung der Tiefenwahrnehmung hängt von der Eigenbewegung ab. Mit ca. dem zwölften Lebensjahr ist die Tiefenwahrnehmung endgültig ausdifferenziert.

Farbsehen

Neugeborene sehen bereits Farben: deutliche Präferenz für rot-orange Farbtöne. Mit drei bis vier Jahren kennt das Kind alle wichtigen, d. h. häufig vorkommenden Farben.

Personendifferenzierung

Ab ca. dem dritten Lebensmonat kann das Kind aufgrund visueller Analyse Personen unterscheiden.

Sehschärfe

Die Sehschärfe verbessert sich kontinuierlich von Geburt an. Bei Neugeborenen beträgt die Sehschärfe ca. 0,05 bis 0,03. Nach drei Monaten erreicht das Kind eine Sehschärfe von ca. 0,1. Mit ca. sechs bis acht Monaten nähern sich die Werte an diejenigen Erwachsener an (0,6 bis 0,8). Die Angaben, wann ein Visuswert von 1,0 erreicht wird, variieren stark (zwölf Monate bis vier Lebensjahre). Bei Säuglingen wird in der Regel anhand schwarz-weißer Balkenmuster und einheitlicher Flächen derselben mittleren Beleuchtungsstärke im Preferential-Looking-Verfahren die Gittersehschärfe ermittelt. Erst zu einem späteren Zeitpunkt können normierte Optotypen eingesetzt werden.

Kontrastempfindlichkeit

Neugeborene können Objekte mit großen Kontrasten wahrnehmen. Die Kontrastempfindlichkeit verbessert sich rasch im ersten Lebensjahr. Erwachsenenwerte werden mit ca. drei Jahren erreicht.

Gesichtsfeld

Ein drei Monate altes Kind reagiert auf Gegenstände nur innerhalb des zentralen 60°-Winkels, mit sechs Monaten bereits innerhalb des gesamten Gesichtsfeldes.

1.3.2 Haptische Wahrnehmung

Der Begriff »haptische Wahrnehmung« bezeichnet keinen isolierten Tastsinn, sondern ein äußerst komplexes und leistungsfähiges Wahrnehmungssystem, das die aktive und passive Reizaufnahme der Rezeptorsysteme der Haut, Muskeln und Gelenke sowie deren zentrale Verarbeitung umfasst. Haptische Wahrnehmung basiert somit auf den unmittelbaren Hautempfindungen hinsichtlich mechanischer, thermischer, chemischer oder elektrischer Stimulation und deren kortikaler Verarbeitung. Darüber hinaus müssen diese Hautempfindungen im Zusammenhang mit der Wahrnehmung der Eigenbewegung, der Stellung der Gelenke und des Kraftaufwandes (kinästhetische oder propriozeptive Wahrnehmung) betrachtet werden. Erst das Zusammenspiel dieser Komponenten kann die Wahrnehmungsleistungen durch aktives Tasten erklären. Die Bezeichnungen »haptische Wahrnehmung« und »taktil-kinästhetische Wahrnehmung« werden in der Regel synonym verwendet.

Die Wahrnehmungsmöglichkeiten über die Haut entwickeln sich pränatal bereits sehr früh. Die anatomische Entwicklung entsprechender Rezeptoren beginnt ab der achten Schwangerschaftswoche (Streri 1993). Nach elf Schwangerschaftswochen sind sie in den Händen vorhanden. Untersuchungen deuten darauf hin, dass wenige Wochen alte Föten auf taktile Stimuli reagieren (Elsner & Pauen 2012). Nachgeburtlich beeinflusst das Berühren und Berührtwerden maßgeblich die emotionale Entwicklung.

1 Wahrnehmungsförderung blinder und hochgradig sehbehinderter Kinder

Haptische Wahrnehmungsleistungen hängen sehr eng mit motorischen Entwicklungsprozessen zusammen. Bedeutsame Entwicklungsschritte sind diesbezüglich die allmähliche Überwindung des Greifreflexes im Alter von zwei bis drei Monaten. Mit ca. vier bis fünf Monaten zeigen sehende Säuglinge verstärkt willkürliche Greifversuche, die visuell begleitet und zunehmend präziser werden (Krist, Kavšek & Wilkening 2012; Michaelis 1999). Das Greifen eines Gegenstandes erfolgt anfangs durch Umfassen mit der ganzen Hand (»Ganzhandgriff« mit parallel zu den Fingern geführtem Daumen), später mit der Handfläche zwischen Daumen und Fingern (»Zangengriff« mit Daumenopposition) (Elsner & Pauen 2012; Michaelis 1999). In der zweiten Hälfte des ersten Lebensjahres kann der sehende Säugling durch die freie Sitzposition sein Handlungsfeld erweitern, zielsicher nach Gegenständen greifen und diese beidhändig explorieren. Ab einem Alter von ca. acht Monaten ergreifen die normalsichtigen Säuglinge kleine Gegenstände mit allen fünf Fingerspitzen und schließlich zwischen Daumen und Zeigefinger (»Pinzettengriff«) (vgl. Elsner & Pauen 2012; Krist, Kavšek & Wilkening 2012; Brambring 1999). Die weitere feinmotorische Entwicklung ist in hohem Maße von Übung abhängig. Bis zu einem Alter von etwa sechs Jahren entwickeln Kinder die Händigkeit (Handdominanz).

Bezüglich der feinmotorischen Entwicklung blinder Kinder weisen entsprechende Untersuchungen auf Verzögerungen hin (vgl. Fraiberg 1977; Ferrell et al. 1990; Tröster & Brambring 1990; Warren 1994; Ferrell 2000; Brambring 2007). Die Ursachen hierfür werden darin gesehen, dass blinden Kindern der visuelle Anreiz für Fingerspiele und gezielte Greifbewegungen fehle, sodass insgesamt weniger feinmotorische Erfahrungen gemacht werden. Darüber hinaus tritt die für blinde Kinder bedeutsame Ohr-Hand-Koordination entwicklungsbedingt deutlich später auf als die Auge-Hand-Koordination.

Der Entwicklungsverlauf der Feinmotorik bestimmt maßgeblich den Erwerb haptischer Wahrnehmungsleistungen. Reflektorische und synergetische Prozesse ermöglichen in den ersten Lebensmonaten lediglich einfache Greifhandlungen (Umgreifen etc.), stereotype Handbewegungsmuster (wenig kontrolliertes Schlagen, Drücken etc.) und statische Berührungskontakte, wodurch die Objekteigenschaften Volumen, Temperatur und Konsistenz (Härte) zugänglich sind. Die Aufnahme texturaler Informationen erfordert ebenfalls keine systematischen Tastbewegungen, weswegen diese Fähigkeit früh auftreten kann. Dagegen ist eine Formerfassung erst dann möglich, wenn die reflektorischen und synergetischen Prozesse überwunden sind, eine differenzierte Finger- und Handmotorik vorliegt und zudem die Statuomotorik eine sichere Körperhaltung ohne Hand- und Armbeteiligung zulässt. Über diese Voraussetzungen für beidhändige, koordinierte und systematische Explorationshandlungen verfügen Kinder frühestens ab einem Jahr (Bushnell & Boudreau 1991, 150 ff.). Die Entwicklung haptischer Wahrnehmungsleistungen hängt darüber hinaus davon ab, ob eine Objekteigenschaft multimodal zugänglich ist (z. B. Größe), ob sie eine funktionale Bedeutung hat und ob es dem Kind generell gelingt, die Aufmerksamkeit auf diese Objekteigenschaft zu lenken. Bushnell und Boudreau (1991, 156 ff.) entwickelten hierzu ein »Doppelfiltermodell«, das sowohl motorische als auch kognitive Aspekte berücksichtigt.

Generell wird angenommen, dass sehende Kinder aufgrund der visuellen Stimulation früher mit Explorationshandlungen beginnen und insgesamt mehr Tasterfahrungen sammeln können als blinde Kinder (vgl. Bishop 2000; Tröster & Brambring 1990; Fraiberg 1977; Lowenfeld 1973). Unter Berücksichtigung der feinmotorischen Entwicklung besteht für blinde Kinder eine erhöhte Gefahr einer Verzögerung der haptischen Wahrnehmungsentwicklung.

Eine weitere Gefährdung für die Entwicklung der Tastfähigkeiten blinder und hochgradig sehbehinderter Kinder geht von subjektiven Gefühlskomponenten aus, die durch den direkten Hautkontakt beim Tastvorgang mitunter sehr stark ausgeprägt sind. Negativgefühle wie Abneigung und Ekel sowie tatsächliche oder eingebildete Gefährdungsmomente können Ängste hervorrufen, die unter Umständen zu einem massiven Tastvermeidungsverhalten führen. Soziale Tabus hinsichtlich des Ertastens von Personen, Speisen etc. können diese Tendenzen noch verstärken (Hudelmayer et al. 1985, 165).

Nach Warren (1982, 115) kommt der Verbesserung von Taststrategien die Schlüsselrolle bei der Entwicklung haptischer Wahrnehmungsfähigkeiten zu. Blinde und hochgradig sehbehinderte Kinder entwickeln günstige Taststrategien nicht von alleine, sondern bedürfen hierbei gezielter pädagogischer Hilfestellung.

1.3.3 Auditive Wahrnehmung

Hören ist über weite Entfernungen möglich und selbst Schallereignisse, die neben oder hinter uns stattfinden, können registriert werden. Die auditive Wahrnehmung spielt beispielsweise bei der Orientierung, bei der Identifikation von Tätigkeiten, Objekten und Lebewesen sowie bei der Warnung vor Gefahren eine bedeutende Rolle. Die vielleicht wichtigste Funktion kommt ihr als Grundvoraussetzung für die lautsprachliche Kommunikation zu.

Intrauterin reagieren Föten ab etwa der zwanzigsten bis 28. Schwangerschaftswoche auf akustische Reize und bereits wenige Tage alte Säuglinge sind in der Lage, die Stimme ihrer Mutter von anderen Stimmen zu unterscheiden (Krist, Kavšek & Wilkening 2012; Elsner & Pauen 2012; Goldstein 2015, 281; Guski 1996, 111).

Säuglinge zeigen auf soziale Laute andere Reaktionen als auf nichtsoziale Töne und Geräusche. Die Fähigkeit zur Lautdiskrimination scheint angeboren zu sein: Untersuchungen konnten bestätigen, dass Säuglinge schon im Alter von einem Monat Lautunterschiede erkennen und mit sechs Monaten sämtliche Laute aller menschlichen Sprachen differenzieren können (Krist, Kavšek & Wilkening 2012). Diese universale Diskriminierungskompetenz reduziert sich im weiteren Entwicklungsverlauf augenscheinlich auf diejenigen Laute, die in der Umgebungssprache vorkommen (Goldstein 2015, 328 f.; Szagun 2013, 36). Allerdings kann die Muttersprache bereits von Neugeborenen erkannt werden (Goldstein 2015, 282; Szagun 2013, 50).

Eine wesentliche Information, die auditiv gewonnen wird, ist die Geräuschlokalisation. Hierbei spielt die Zeitdifferenz, mit welcher der Schall das rechte und das linke Ohr erreicht, die wesentliche Rolle. Neugeborene sind zu einer groben

Schallquellenortung fähig. Die Präzision der Geräuschlokalisation nimmt rasant zu. Mit ca. drei bis vier Monaten dreht der Säugling den Kopf zur Seite und sucht mit dem Blick die Schallquelle (Holle 2011, 100). Sechs Monate alte Säuglinge können Abweichungen von ca. 15 Winkelgraden von der Gesichtsfeld-Mittellinie feststellen, während das 18monatige Kleinkind bereits eine Abweichung von weniger als fünf Winkelgraden registriert (Wilkening & Krist 2002).

Die Fähigkeit zum Abschätzen der Geräuschentfernung ist im Alter von sechs Monaten rudimentär vorhanden und verbessert sich im weiteren Entwicklungsverlauf (Guski 1996, 122).

Interessant ist darüber hinaus der Sachverhalt, dass sich die Hörschwellen von Säuglingen und Kleinkindern rasch denjenigen von Erwachsenen annähern. Ein sechs Monate alter Säugling erreicht bereits ein ähnliches Hörvermögen wie ein Erwachsener. Seine Hörschwellen liegen nur noch 10 bis 15 dB über den Erwachsenen-Hörschwellen (Goldstein 2015, 280; Krist, Kavšek & Wilkening 2012). Im Alter von drei bis vier Jahren werden die Schwellenwerte Erwachsener ganz erreicht (Maier, Ambühl-Caesar & Schandry 1994, 70 f.). Tendenziell entwickelt sich die Empfindlichkeit für tiefer frequente Geräusche etwas später als die für höher klingende (Guski 1996, 120).

Warren (1994, 12 ff.) kommt nach der Durchsicht vorliegender Untersuchungen zur auditiven Entwicklung blinder Kinder zu der Schlussfolgerung, dass sich die auditiven Fähigkeiten blinder und sehender Kinder nicht unterscheiden. Blinde Kinder zeigen im ersten Lebensjahr vergleichbare Reaktionen auf akustische Stimuli wie sehende Kinder und erreichen dieselben Leistungen. Unterschiede zeigen sich auch im weiteren Entwicklungsverlauf nur dann, wenn die Reaktionen auf akustische Reize komplexer werden, bspw. beim Greifen nach Geräuschobjekten. Zeitliche Verzögerungen blinder Kinder haben in diesen Bereichen ihre Ursache jedoch nicht in der auditiven Wahrnehmungsentwicklung, sondern eher im Bereich der Motorik oder hängen mit einem möglichen Erfahrungsmangel zusammen, da die visuelle Greifmotivation fehlt. Darüber hinaus können Leistungen, die bei sehenden Kindern früh auf multimodale Prozesse der Verknüpfung von Sehen und Hören zurückgreifen, bei blinden Kindern zeitlich später auftreten. Dieser Sachverhalt trifft zum Beispiel auf die Geräuschlokalisierung zu, da sehende Kinder mit der Kopfdrehung zur Geräuschquelle visuelle Suchstrategien verbinden können. Darüber hinaus ist der Aufbau räumlicher Referenzen durch das Sehen wesentlich erleichtert, was die Lokalisierung zusätzlich begünstigt (Warren 1994, 23 f.; 1984, 18 f.).

Die in einigen Untersuchungen festgestellten besseren auditiven Leistungen blinder Menschen lassen sich überwiegend auf Übungseffekte bzw. auf eine erhöhte auditive Aufmerksamkeit zurückführen (vgl. Warren 1994, 23 f.; 1984, 70 ff.). Zahlreiche Studien (Röder 2012; Catteneo & Vecchi 2011; Röder & Rösler 2004) verweisen darauf, dass die intensive Inanspruchnahme der auditiven Wahrnehmungsmodalität blinder Menschen die neuronale Struktur des Zentralen Nervensystems dahingehend verändern kann, dass über eine Steigerung der neuronalen Vernetzung bzw. über die Aktivierung ungenutzter visueller Kortexareale eine Verbesserung bestimmter Wahrnehmungsleistungen möglich wird.

1.3.4 Olfaktorische und gustatorische Wahrnehmung

Geruchs- und Geschmackswahrnehmung sind häufig eng aufeinander bezogen und werden in Kombination miteinander registriert. Die entsprechenden Sinnesmodalitäten sind bei der Geburt bereits weit entwickelt. Verschiedene Untersuchungen konnten zeigen, dass Neugeborene Geruchsstoffe unterscheiden können und entsprechend ablehnende oder akzeptierende Reaktionen zeigen (Krist, Kavšek & Wilkening 2012; Goldstein 2015, 380). Interessant ist in diesem Zusammenhang, dass Säuglinge schnell lernen, ihre engsten Bezugspersonen am Geruch eindeutig zu identifizieren (Krist, Kavšek & Wilkening 2012).

Hinsichtlich der Geschmackswahrnehmung konnte eindeutig nachgewiesen werden, dass Neugeborene süße, saure und bittere Geschmacksstoffe unterscheiden können (Krist, Kavšek & Wilkening 2012; Goldstein 2015, 381). Die Frage, inwieweit Säuglinge salzigen Geschmack wahrnehmen, wird uneinheitlich beantwortet. Während Goldstein (2015, 381) davon berichtet, dass Säuglinge nicht oder kaum auf salzige Stimuli reagieren, stellen Krist, Kavšek und Wilkening (2012) fest, dass salziger Geschmack anfänglich eindeutig abgelehnt, im Alter ab vier Monaten jedoch durchaus akzeptiert bzw. sogar gemocht werde. Geschmackspräferenzen im Kindes- und Erwachsenenalter sind vermutlich durch frühe Erfahrungen mitbedingt.

Für die olfaktorische und gustatorische Wahrnehmungsentwicklung gibt es keine spezifischen Untersuchungen mit blinden Säuglingen und Kindern. Allerdings besteht auch kein Anlass für die Annahme, blinde Kinder würden sich in diesen Wahrnehmungsbereichen von sehenden unterscheiden. Unter Umständen erhalten gustatorische und die olfaktorische Wahrnehmungsinformationen im Rahmen der Begriffsbildung blinder und hochgradig sehbehinderter Menschen eine größere Bedeutung.

1.4 Grundlagen der Wahrnehmung

1.4.1 Wahrnehmungstheoretische und neurophysiologische Grundlagen

Aus der Vielzahl an Wahrnehmungstheorien werden nachfolgend lediglich kognitionspsychologische Ansätze und der ökologische Ansatz skizziert. Diese können nach Ansicht des Verfassers zentrale Aspekte zum Verständnis von Wahrnehmungsprozessen beisteuern. Darüber hinaus gehende Ergänzungen durch weitere Wahrnehmungstheorien sind sinnvoll und unter Umständen auch notwendig (vgl. Lang 2003, 41 ff.).

Kognitionspsychologische Ansätze

Kognitionspsychologische Ansätze sehen Wahrnehmung in unmittelbarer Beziehung zu Prozessen der Aufmerksamkeitssteuerung, wobei früheren Wahrnehmungserfahrungen hinsichtlich der Interpretation neuartiger Wahrnehmungssituationen eine lenkende Funktion zukommt (Kebeck 1994, 123). Dies bedeutet, dass der aktive Prozess der Wahrnehmung nicht erst bei der Verarbeitung der sensorischen Information beginnt, sondern bereits bei deren Selektion und bei der Aufmerksamkeitssteuerung (Kebeck 1994, 157). Wahrnehmungsprozesse lassen somit auf ein enges Zusammenspiel von »Bottom-up-Verarbeitung« (reizgesteuerte Verarbeitung) und »Top-down-Verarbeitung« (wissensbasierte Verarbeitung) schließen (Goldstein 2015, 8 f.).

Nach Neisser (1979, 26 ff.) basiert die Informationsverarbeitung auf spezifischen kognitiven Strukturen. Grundsätzlich geht er davon aus, dass nur diejenige Information aufgenommen werden kann, über die ein entsprechendes, angeborenes oder durch vorangegangene Wahrnehmungen geprägtes Schema vorhanden ist. Diese kognitive Struktur, die Neisser »antizipierendes Schema« nennt, bereitet den Wahrnehmenden darauf vor, bestimmte Arten von Information eher anzunehmen als andere, wodurch letztendlich der Wahrnehmungsprozess gesteuert wird. Gleichzeitig trägt jede aufgenommene Information wieder dazu bei, das Schema selbst zu verändern, d. h. zu aktualisieren. Dieser Prozess aus Antizipation, Informationsauswahl und Modifikation von Schemata verläuft zyklisch (Kebeck 1994, 176) (Abb. 2).

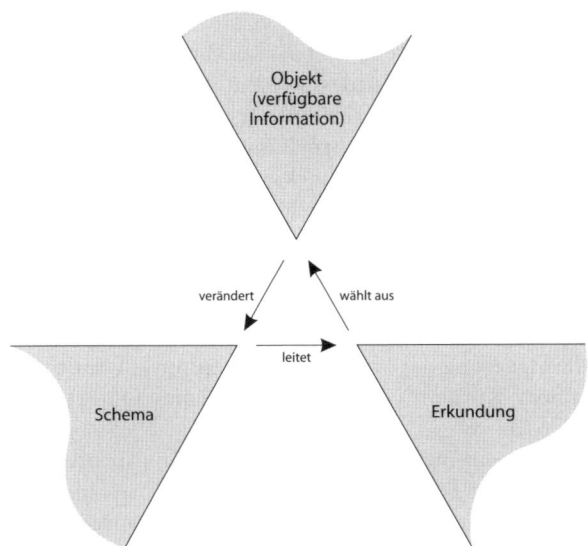

Abb. 2: Wahrnehmungszyklus (Neisser 1979, 27)

Durch Wahrnehmungslernen im Rahmen vielfältiger Wahrnehmungszyklen entsteht die Fähigkeit, auf immer feinere Aspekte der Umwelt zu achten, diese aufzunehmen und zu entsprechend detaillierter werdenden Schemata aufzubauen (Neisser 1979, 55 f.).

Eine bedeutende Rolle für die Informationsaufnahme und somit für die Modifikation kognitiver Schemata spielt die Aufmerksamkeit.

Ähnlich wie für Neisser ist auch für Piaget die konkrete Auseinandersetzung mit der Umwelt der Ausgangspunkt kognitiver Prozesse (vgl. Trautner 1991; Hannover, Zander & Woltes 2014, 149 f.). Die Modulation kognitiver Schemata erfolgt auch hier aufgrund von Wahrnehmungserfahrungen.

Andere kognitive Wahrnehmungstheorien betonen darüber hinaus die Bedeutung der motivationalen Befindlichkeit des Wahrnehmenden als Einflussgröße (vgl. bspw. Bruner 1974).

Der ökologische Ansatz

Der wahrnehmungsökologische Ansatz geht zurück auf die Arbeiten von J. J. Gibson (1904–1979). Gibson versucht, Wahrnehmung im natürlichen Umweltkontext zu erforschen. Dies bedeutet, dass die aktiven Prozesse der Informationsentnahme aus den Reizanordnungen der Umgebung im Mittelpunkt seiner Untersuchungen stehen.

Nach Gibson sind die handlungsrelevanten Informationen über Umwelteigenschaften »in der umgebenden optischen, akustischen, olfaktorischen etc. Anordnung enthalten, sie brauchen nur entdeckt zu werden« (Guski 1996, 46). Wahrnehmung ist entsprechend dieser Annahme die aktive Suche nach Umweltinformationen und deren Aufnahme.

Gibson verwirft die Vorstellung passiver Sinnesorgane, die Umweltreize lediglich empfangen können. Stattdessen geht er von miteinander verflochtenen Wahrnehmungssystemen aus. Hierbei unterscheidet er ein grundlegendes Orientierungssystem (v. a. vestibuläre Wahrnehmung), das haptische, das auditive, das visuelle, das Geruchs- und das Geschmackssystem (Gibson 1973, 75). Diese Systeme wirken gemeinsam und suchen mit Hilfe von Erkundungshandlungen aktiv nach Informationen und lösen diese aus der Gesamtsituation heraus (Gibson 1982, 263 ff.; 1973, 72 ff.). Wahrnehmung ist in diesem Sinne als Aktivität des Hinschauens, Horchens, Betastens, Kostens oder Beriechens zu verstehen, wobei extero- und propriozeptive Aspekte sowie vielfältige motorische Handlungen (z. B. die Steuerung der Hals- und Nackenmuskulatur sowie die Ausrichtung des gesamten Körpers beim Betrachten eines Objektes) integriert sind (Gibson 1973, 76 f.).

Von zentraler Bedeutung in diesem Wahrnehmungsprozess sind distinktive Merkmale, die trotz der Bewegung konstant bleiben bzw. die erst aufgrund der Explorationshandlungen aus einer Reizsituation herausgelöst werden. Diese wesentlichen Informationen nennt Gibson »Invarianten« (Gibson 1973, 21 ff., 330).

Wahrnehmungslernen bezieht sich nach Gibson maßgeblich auf das aktive Entdecken von Invarianten. Seiner Ansicht nach kommt eine Verbesserung der Wahrnehmungsleistung dadurch zustande, dass gelernt wird, auf kritische Merkmale zu achten, d. h. die Aufmerksamkeit gezielt auf bestimmte invariante Informationen zu richten (Gibson 1973, 77 f., 329 f.; 1982, 274). Hierdurch könnten immer feinere Einzelheiten entdeckt werden.

Wahrnehmung und Wahrnehmungslernen unter neurophysiologischen Aspekten

Neuere Forschungen auf dem Gebiet der Neurophysiologie konnten sowohl den Aufbau und die Funktion von Nervenzellen als auch die Prozesse der Reizaufnahme an den spezifischen Rezeptoren der Sinnesorgane, die elektrophysische Umwandlung in Aktionspotentiale und die chemischen Vorgänge der Informationsweiterleitung über synaptische Neuronenverbindungen weitgehend entschlüsseln (vgl. Rösler 2011; Birbaumer & Schmidt 2010).

Von grundlegender Bedeutung für Wahrnehmungsprozesse sind darüber hinaus die psycho-physikalischen Messungen der Reizschwelle, d.h. welche Reizintensitäten oder Reizunterschiede bei bestimmten Reizkonstellationen von den Sinnesorganen aufgenommen werden können und Empfindungen hervorrufen (vgl. Goldstein 2015, 11 ff.; Guski 1996, 21 ff.).

Die Neurophysiologie beschäftigt sich auch mit Lernvorgängen und Gedächtnisfunktionen.

Die anatomischen Voraussetzungen für Lern- und Gedächtnisprozesse liegen in der Struktur und in der funktionalen Verflechtung der verschiedenen Verarbeitungsebenen des Zentralnervensystems begründet (vgl. Birbaumer & Schmidt 2010, 308 ff., 72 ff.). Reizinformationen einer bestimmten Wahrnehmungsmodalität (z.B. optische oder akustische Informationen) oder einer bestimmten Körperregion werden an ein umrissenes Kortexareal zur Verarbeitung weitergeleitet (vgl. Rösler 2011, 156; Birbaumer & Schmidt 2010, 308 ff.).

Die funktionale Architektur der Hirnstrukturen ist einerseits maßgeblich von Reifungsvorgängen geprägt, deren Abläufe (»kritische Phasen«) angeboren sind. Andererseits sind der Aufbau und die Verflechtung von Nervenzellgruppen während der Individualentwicklung in großem Umfange von einer vielschichtigen Interaktion mit der Umwelt und somit von Lernprozessen abhängig (Rösler 2011, 152 ff., Squire & Kandel 1999, 216; Singer 1992, 96 ff.). Adaptive Mechanismen, die strukturelle Veränderungen im Gehirn bewirken, bleiben auch nach der Pubertät aktiv und sorgen dafür, dass Erwachsene lern- und anpassungsfähig bleiben (Hummel & Gerloff 2012; Rösler 2011, 155 ff.; Singer 1992, 97).

Die Neurophysiologie geht folglich davon aus, dass Lernprozesse und somit auch das Wahrnehmungslernen die Gehirnstrukturen nachhaltig verändern können (Elbert & Rockstroh 2012; Birbaumer & Schmidt 2010, 629 ff.; Squire & Kandel 1999, 217). Elbert und Rockstroh (2012, 727) zitieren Untersuchungsergebnisse, die nahelegen, dass neben der Frequenz der Inanspruchnahme auch das Aufmerksamkeits- und Motivationsniveau diese Veränderungsprozesse mitbestimmt (vgl. auch Singer 1992, 109 f.).

Verschiedene Untersuchungen lassen auf eine kompensatorische Plastizität der neuronalen Strukturen bei blinden Menschen schließen. Das verstärkte Angewiesensein auf die auditive und haptische Wahrnehmung steigert demnach die diesbezügliche neuronale Vernetzung bzw. aktiviert Kortexareale, die normalerweise der Verarbeitung visueller Sinneseindrücke dienen (Röder 2012; Cattaneo & Vecchi 2011; Röder & Rösler 2004; vgl. Pascual-Leone et al. 2006).

Squire und Kandel (1999, 178) betonen die Spezifität von Wahrnehmungslernen. Sie verweisen diesbezüglich auf entsprechende Experimente, in denen erlernte Diskriminationsfähigkeiten kaum auf veränderte Reizsituationen übertragen werden konnten. Dieser Sachverhalt führt zu weitreichenden pädagogischen Konsequenzen: Wahrnehmungsförderung müsste demnach im Hinblick auf ein konkretes Ziel und unter Verwendung darauf abgestimmter, spezifischer Medien stattfinden.

1.4.2 Begriffsbestimmung: Wahrnehmung und Wahrnehmungslernen

Für eine pädagogisch intendierte Bestimmung der Begriffe »Wahrnehmung« und »Wahrnehmungslernen« erscheint die Verknüpfung kognitiver wahrnehmungstheoretischer Ansätze und des ökologischen Ansatzes überaus sinnvoll. Darüber hinaus liefert die Neurophysiologie wesentliche, diese Ansätze stützende Bezugspunkte.

Bedeutsam für eine eindeutige Begriffsbestimmung ist die Unterscheidung zwischen Empfindung (engl. sensation) und Wahrnehmung (engl. perception) (vgl. Gibson 1973, 18 ff.; Krist, Kavšek & Wilkening 2012, 365):

Eine Empfindung tritt dann auf, wenn die neurophysiologischen Reizschwellen der Rezeptoren überschritten werden und somit ein Reizeingang in das Nervensystem stattfindet. Dies kann unbewusst geschehen. Empfindungen sind äußerst variabel, da sich die eingehenden Reize permanent z. B. durch die Bewegung verändern. Im Gegensatz hierzu sind Wahrnehmungen konstant. Dies bedeutet, dass im Wahrnehmungsprozess aus den vielfältigen Empfindungen diejenigen herausgefiltert werden, die invariant bleiben. Ein Beispiel soll diesen Aspekt verdeutlichen:

> Wir betreten einen Raum und betrachten einen Tisch. Die Wahrnehmung »Tisch« bleibt konstant, obwohl sich die eingehenden Empfindungen ständig verändern (z. B. Licht- und Schattenverhältnisse, Farbnuancen, Betrachtungsperspektive). Wir sind demnach in der Lage, relevante Merkmale des Tisches aus den vielfältigen Reizeingängen herauszulösen und zu verarbeiten.

Aus den vorangegangenen Erläuterungen lässt sich folgender Wahrnehmungsbegriff ableiten:

> Wahrnehmung umfasst die aktive Suche, die Verarbeitung (z. B. Deutung, Kategorisierung) und Speicherung von Umweltinformationen, die über spezifische Erkundungstätigkeiten miteinander verknüpfter Wahrnehmungssysteme aus einer komplexen Reizsituation herausgelöst werden können.

Die in diesem Wahrnehmungsbegriff enthaltenen wesentlichen Komponenten sollen noch einmal explizit herausgestellt werden:

- Wahrnehmung ist ein sinn- bzw. hypothesengeleiteter Suchprozess.
- Wahrnehmung ist zu einem großen Teil motivations- und konzentrationsabhängig.

- Wahrnehmung erfordert Aktivität durch Erkundungstätigkeiten (z. B. Explorationsbewegungen beim Tasten, gerichtete Aufmerksamkeit beim Hören); Wahrnehmung ist auch bei äußerlicher Passivität möglich.
- Wahrnehmung beinhaltet die kognitive Verarbeitung und Speicherung von Umweltreizen und baut auf vorhandenen Erfahrungen auf. Wahrnehmung ist somit subjektiv.
- Wahrnehmung erfolgt in der Regel multimodal, d. h. verschiedene Wahrnehmungssysteme wirken zusammen.
- Wahrnehmung setzt funktionierende neurophysiologische Prozesse der Wahrnehmungssysteme voraus.

Für eine pädagogische Wahrnehmungsförderung ist die Sichtweise des Wahrnehmungslernens von direkter Relevanz. Wahrnehmungslernen lässt sich im Rahmen dieser Abhandlung folgendermaßen inhaltlich bestimmen:

> Wahrnehmungslernen kommt dadurch zustande, dass aufeinander bezogene Wahrnehmungserfahrungen die kognitiven Strukturen und damit zusammenhängend auch die Erkundungshandlungen differenzieren und spezifizieren, sodass entsprechend neue bzw. differenziertere Merkmale einer Reizsituation erfasst werden können. Die neurophysiologischen Reizempfindungsschwellen bleiben hierbei unverändert.

Wahrnehmungslernen hängt eng mit der Aufmerksamkeitssteuerung und mit dem Motivationsniveau des Wahrnehmenden zusammen.

1.5 Praxis der Wahrnehmungsförderung

1.5.1 Zentrale Anforderungen an Wahrnehmungsförderung

Aus den im vorangegangenen Unterkapitel skizzierten Vorstellungen über Wahrnehmungsprozesse und über Wahrnehmungslernen geht die für die Wahrnehmungsförderung grundlegende Überzeugung hervor, dass Wahrnehmung und Wahrnehmungslernen erfahrungs- und lernabhängig sind, d. h. sie sind durch pädagogische Maßnahmen beeinflussbar. In Erweiterung der von Hudelmayer et al. (1985) formulierten Aspekte lassen sich folgende konkrete Konsequenzen für die Wahrnehmungsförderung ziehen:

1. Wahrnehmungsförderung muss individuell geplant und durchgeführt werden und am gesamten Entwicklungsstand des Kindes bzw. des Jugendlichen ansetzen. Eine vorausgehende und prozessbegleitende Diagnostik wesentlicher Persönlichkeitsbereiche (Wahrnehmung, Motorik, Kommunikation, Kognition, Emotionalität, Soziabilität) ist erforderlich.
2. Wahrnehmungsförderung muss zielgerichtet unter Zuhilfenahme spezifischer Medien und Methoden ablaufen.

3. Wahrnehmungsförderung muss versuchen, eine Bereitschaft für Wahrnehmungsprozesse herzustellen (z. B. hemmende Gefühlskomponenten und Ängste überwinden helfen).
4. Wahrnehmungsförderung sollte Neugierverhalten und Interesse wecken und in subjektiv bedeutsamen Lernsituationen erfolgen, um die notwendigen motivationalen und konzentrativen Voraussetzungen für Wahrnehmung und Wahrnehmungslernen zu schaffen. Ein isoliertes und u. U. mechanistisches Bereizen ist entschieden abzulehnen.
5. Wahrnehmungsförderung muss der Multimodalität von Wahrnehmung bzw. dem Zusammenwirken verschiedener Wahrnehmungssysteme gerecht werden.
6. Wahrnehmungsförderung sollte handlungsorientiert und variantenreich durchgeführt werden und zu vielfältigen Erkundungstätigkeiten anregen bzw. Erkundungstätigkeiten gezielt einführen.
7. Wahrnehmungsförderung sollte Hilfen anbieten, neue Wahrnehmungserfahrungen mit bereits bestehenden kognitiven Konzepten zu verknüpfen bzw. diese zu erweitern und zu differenzieren (kritische Merkmale herausarbeiten, Kategorien bilden etc.)

1.5.2 Wahrnehmungsförderung in der Geschichte der Blinden- und Sehbehindertenpädagogik

Die Wahrnehmungsförderung nimmt in der Blindenpädagogik im Grunde seit den Anfängen der institutionalisierten Blindenbildung eine zentrale Stellung ein (vgl. Lang 2003, 85 ff.). Von den Gründern der ersten Blindenschulen war es vor allem Johann Wilhelm Klein (1765–1848), der die Sinneserziehung und hier vor allem die Tasterziehung besonders gewichtete und ausdifferenzierte (Klein 1991/1819, 18 f.; 1830, 8 f.; 1844, 9 f.). Klein sah die Bildbarkeit blinder Menschen und vor allem deren Ausbildbarkeit im Blindenhandwerk (z. B. zum Korbflechter) eng mit den Tastfähigkeiten und Handfertigkeiten verbunden. Hinsichtlich der sehbehinderten und hochgradig sehbehinderten Schülerinnen und Schüler, vertrat Klein die ophthalmologische Lehrmeinung seiner Zeit, wonach sich das verbliebene Sehvermögen durch Gebrauch abnutze. Eine Seherziehung lehnte Klein somit entschieden ab (Klein 1991/1819, 8 f.), was sich für die gesamte deutschsprachige Blindenpädagogik als folgenschwer erwies. Das Dogma der Sehvermeidung und Sehschonung konnte erst im 20. Jahrhundert allmählich überwunden werden.

Gegen Ende des 19. und zu Beginn des 20. Jahrhunderts rückte Simon Heller (1842–1922) die Tasterziehung ins Zentrum einer ersten systematischen Theorie der Blindenpädagogik (vgl. Heller 1886; 1888; 1892; 1905). Heller sah im Tasten die Grundlage der Erkenntnisgewinnung blinder Menschen. Das Gehörte werde dagegen leicht zum Objekt »phantastischer Spekulationen« und könne nicht zur Grundlage des logischen Denkens werden. Hörübungen seien dann bedeutsam, wenn diese eng an die Tastwahrnehmung gekoppelt seien. Hinweise auf eine auditive Wahrnehmungsförderung finden sich bis Mitte des 20. Jahrhunderts nur vereinzelt (vgl. Hudelmayer et al. 1985, 169 f.).

Bei der praktischen Umsetzung Hellers »Lehre vom Tasten« kam es zu einer festen Verankerung der Tastschulung im Unterricht der Blindenschulen. In den

Lehrplänen tauchten spezielle Unterrichtsfächer auf, in denen die Tasterziehung angesiedelt war: Anschauungsunterricht, Fröbelarbeiten, Modellieren und Zeichnen, Handfertigkeitsunterricht, Handarbeiten, Handgymnastik (vgl. Fischer 1898; Gigerl 1895). Teilweise entwickelte sich die Tastschulung und hier insbesondere die Handgymnastik jedoch zu einem isolierten, mechanistischen Drill, der im Zuge des Einflusses der Reformpädagogik im ersten Drittel des 20. Jahrhunderts wieder überwunden werden konnte (vgl. Mayntz 1931). Die herausragende Stellung der haptischen Wahrnehmungsförderung und ihre Bedeutung als Vorbereitung auf eine berufliche Tätigkeit im Blindenhandwerk wurden weiterhin betont.

Zu Beginn des 20. Jahrhunderts hielt die visuelle Wahrnehmungsförderung sehbehinderter und hochgradig sehbehinderter Kinder und Jugendlicher Einzug in die Blindenpädagogik. Die vollständige Überwindung der »Abnutzungstheorie« und das Ende der Subsumierung Sehbehinderter unter die Blinden durch Gründung eigenständiger Schulen für Sehbehinderte war ein langwieriger Prozess. Wendepunkt war ein Vortrag des Berliner Augenarztes Levinsohn auf dem Blindenlehrerkongress in Hamburg 1907 (Levinsohn 1908), der die Missstände der Beschulung Sehbehinderter deutlich aufzeigte. An den Blindenschulen wurde die visuelle Wahrnehmung im Unterricht mit sehbehinderten Kindern und Jugendlichen allmählich geduldet, später dann in Sonderstunden z. B. für das Lesen und Schreiben gezielt genutzt (vgl. Benesch & Mersi 1970; Mersi 1971). Aber erst mit der Gründung eigenständiger Sehbehindertenschulen im weiteren Verlauf des 20. Jahrhunderts und deren endgültigen Etablierung sowie in Folge empirischer Arbeiten, die positive Effekte einer gezielten Sehförderung eindrücklich nachweisen konnten (Barrage 1964; Beermann 1966), wurde die visuelle Wahrnehmungsförderung schließlich zur Grundlage der Unterrichtung sehbehinderter Schülerinnen und Schüler, auch dann, wenn diese Blindenschulen besuchen.

Für hochgradig sehbehinderte Kinder und Jugendliche hob Wanecek (o. J.; 1925) hervor, dass selbst ein sehr geringes Sehvermögen, das jedoch für die Steuerung von Tastbewegungen genutzt werden kann, eine Tasthandlung in vielfältiger Weise unterstützen und ergänzen kann. Diese als »Tastsehen« bezeichnete Vorgehensweise unterstreicht die Notwendigkeit visueller Wahrnehmungsförderung auch für diejenigen Kinder und Jugendlichen, die in ihrer Umweltaneignung und Informationsgewinnung primär auf blindenspezifische Strategien angewiesen sind.

In der DDR wurden sonderpädagogische Aspekte des Bildungssystems unter dem Begriff »Rehabilitationspädagogik« zusammengefasst. Für den Bereich der Rehabilitationspädagogik bei Sehgeschädigten erhielt die »rehabilitative Sinneserziehung«, die sich in Seherziehung, Hörerziehung und Tasterziehung gliederte, eine zentrale Bedeutung. Die hierbei wiederum erfolgte besondere Gewichtung der Tasterziehung wird daran deutlich, dass 1980 für die Klassen 1 bis 3 das Fach »Modellieren/Typhlographik« eingeführt wurde, das eine systematische Tasterziehung beinhaltete (vgl. Fromm & Degenhardt 1990; Fromm 1980; Ministerrat der Deutschen Demokratischen Republik, Ministerium für Volksbildung 1980).

In der Bundesrepublik wurde nach 1945 damit begonnen, die Bildungsgänge der Schulen für Blinde formal denjenigen der allgemeinen Schulen anzugleichen, sodass isolierte Lernbereiche und Unterrichtsfächer (Fröbelunterricht etc.) nach und nach aus den Stundentafeln der Blindenschulen verschwanden (Hudelmayer et al. 1985).

Wahrnehmungsförderung soll nun fächerimmanent durchgeführt werden. Durch das Hinzukommen neuer Handlungsfelder und Aufgabenbereiche in der zweiten Hälfte des 20. Jahrhunderts (Frühförderung, Orientierung und Mobilität, Lebenspraktische Fertigkeiten, Förderung mehrfachbehinderter Kinder und Jugendlicher, Low Vision etc.) entstand eine neue Problematisierung der Wahrnehmungsförderung, sodass ihr auch aktuell eine grundlegende und zentrale Bedeutung zukommen muss.

1.5.3 Bedeutung und praktische Ausgestaltung der Wahrnehmungsförderung in verschiedenen Handlungsfeldern der aktuellen Blinden- und Sehbehindertenpädagogik

Orientierung und Mobilität (O&M)

Mit der Etablierung des Orientierungs- und Mobilitätstrainings, das während des Zweiten Weltkrieges in den USA entwickelt und Anfang der 1970er Jahre in Deutschland eingeführt wurde, entstanden neue und spezifische Anforderungen an die Wahrnehmungsförderung, die unter anderem zu folgenden Übungsbereichen führten (vgl. Hofer & Oser 2011; Kiefner & Lühmann 1985; Staatsinstitut für Schulpädagogik und Bildungsforschung 2000):

- visuelle Wahrnehmung: optimales Ausnutzen verbliebener Sehfähigkeiten, Handhabung von optischen und gegebenenfalls elektronischen Hilfsmitteln etc.,
- auditive Wahrnehmung: Unterscheiden, Benennen und Lokalisieren von Geräuschen vornehmlich aus dem Verkehrsraum; Hindernisse per Schallreflexion erkennen (»Klick-Echoortung« s. Kish 2015) etc.,
- haptische Wahrnehmung: Unterscheiden von Oberflächenstrukturen; mittelbares Tasten mit dem Langstock; Erfassen von Mobilitätskarten und -skizzen sowie von Modellen, die Straßenverläufe und Verkehrssituationen wiedergeben, etc.,
- Wahrnehmungsfähigkeit des Fußes: Bodenmaterialien erkennen und unterscheiden; Steigungen und Gefälle wahrnehmen etc.,
- Körperkonzept und Raumkonzept: Raumrichtungen unterscheiden und benennen etc.

Lebenspraktische Fähigkeiten (LPF)

Die Schulung »Lebenspraktischer Fähigkeiten« (LPF) erfordert eine intensive Beschäftigung mit verschiedenen Wahrnehmungsmodalitäten. Ausgehend von der Rehabilitation späterblindeter Erwachsener rückte der Bereich LPF verstärkt in das Blickfeld der Blinden- und Sehbehindertenschule und der Internatspädagogik. Das Ausführen von Tätigkeiten zur selbstständigeren Bewältigung des Alltags erfordert in verschiedenen Handlungsbereichen spezifische sensorische und feinmotorische Fähigkeiten und Fertigkeiten, die in Alltags- und Unterrichtssituationen eingeübt werden müssen. In diesem Zusammenhang sind beispielsweise folgende Inhaltsbereiche zu nennen (vgl. Hergert & Hofer 2011; Staatsinstitut für Schulpädagogik und Bildungsforschung 2000):

- Essen und Trinken: Umgang mit Besteck; Orientierung auf dem Teller; Eingießen etc.,
- An- und Auskleiden: Handhabung von Verschlüssen; Kleidung bzw. Stoffe unterscheiden; Techniken und Handgriffe beim An- und Ausziehen etc.,
- Körperpflege: Körperhygiene; Kosmetik etc.,
- Alltagsverrichtungen: Kochen; Bedienung von Haushaltsgeräten; Erkennen und Unterscheiden von Münzen und Geldscheinen etc.,
- Kommunikation: Handhabung von Telefon, Smartphone, Internet; Bedienung von Automaten (z. B. Bankautomat, Fahrkartenautomat) etc.

Seherziehung/Low Vision

Noch vorhandene, auch äußerst geringe Sehfähigkeiten können beispielsweise für die Fortbewegung, für die Verrichtung von Alltagshandlungen oder auch für die Orientierung im Tastraum wesentliche Hilfen und Erleichterungen bedeuten, sodass es zu den Zielstellungen der Blinden- und Sehbehindertenpädagogik gehören muss, die visuellen Wahrnehmungsmöglichkeiten zu fördern, um den Betroffenen ein optimales Ausnutzen dieser Wahrnehmungsmodalität zu ermöglichen.

Nachdem in den 1970er Jahren geschlossene Programme der Seherziehung wie beispielsweise das Konzept von Frostig (vgl. Frostig, Horne & Miller 1972) bei der Förderung sehbehinderter Kinder und Jugendlicher starke Beachtung erfuhren, wird aktuell Seherziehung sehr viel stärker als Unterrichtsprinzip verstanden. Seherziehung in diesem Sinne bezieht sich »auf das Bereitstellen attraktiver und gut strukturierter Sehumwelten (Beleuchtung, Kontrast, Bedeutungshaftigkeit, Sehhilfen etc.) ebenso wie auf eine die Eigenaktivität unterstützende Nutzung des Sehvermögens« (Walthes 2000, 212).

Als »Low Vision« wird ein vielseitiges Handlungsfeld bezeichnet, das die Diagnostik des funktionalen Sehvermögens in Alltagshandlungen, die gezielte Unterstützung und Förderung des Sehens durch den Einsatz adäquater Materialien und Hilfsmittel sowie die Beratung hinsichtlich der Ausgestaltung eines sehgeschädigtenspezifischen Arbeitsplatzes umfasst (vgl. Laemers 2004). Henriksen (2009) sowie Henriksen und Laemers (2016) nennen hinsichtlich der praktischen Umsetzung von Low Vision Fördermaßnahmen folgende Prinzipien:

- Sicherstellung notwendiger Vergrößerung (durch adäquate Hilfsmittelausstattung, Großdruck etc.)
- Verbesserung von Kontrasten
- Optimierung der Beleuchtungssituation und Vermeidung von Blendung
- Reduzierung der Komplexität visueller Anforderungen
- Optimierung der Platzierung des Kindes/Jugendlichen und der Anordnung des visuellen Angebots

Die Zielstellungen der Seherziehung betreffen beispielsweise das Auslösen visueller Aufmerksamkeit, die Verbesserung von Fixation, das Verfolgen bewegter Objekte oder das visuelle Abtasten eines begrenzten Wahrnehmungsbereiches. Methodisch wird hierbei auf gezielt herbeigeführte Sondersituationen (z. B. im Dunkelraum) zurückgegriffen, in welchen visuelle Reize verstärkt und Störreize minimiert werden können. Allerdings sollen die hierbei erlernten Fähigkeiten möglichst rasch auf Alltagssituationen übertragen werden. Folglich findet visuelle Wahrnehmungsförderung vor allem in bedeutsamen und sinnvollen Kontexten statt, z. B. im Zusammenhang mit LPF und O&M oder in Spielsituationen bzw. auch in Verbindung mit konkreten Unterrichtsinhalten. Auch hierbei gilt es, die visuellen Reize für das jeweilige Kind oder den Jugendlichen zu optimieren (z. B. durch Kontrastierung, Ausleuchtung, Einsatz optischer Hilfsmittel), dessen Wahrnehmungsstrategien nachhaltig zu verbessern und die kognitive Verarbeitung der visuellen Informationen zu ermöglichen (vgl. Zeschitz 2002).

Brailleschriftspracherwerb

Das taktile Lesen der Brailleschrift ist ein komplexer Vorgang, bei dem sensorische und kognitive Fähigkeiten eng an feinmotorische Fertigkeiten gekoppelt sind. Die hierbei notwendigen Taststrategien sind spezifischer Art und kommen in dieser Form und Ausprägung in Alltagssituationen nicht vor. Sie müssen folglich von Grund auf erlernt werden. Die für den Lese- und Schreibprozess notwendigen haptischen Fähigkeiten und Fertigkeiten lassen sich folgendermaßen zusammenfassen (vgl. Lang 2003):

- differenziertes haptisches Wahrnehmungsvermögen, um die minimalen taktilen Unterschiede der Braillezeichen erfassen zu können,
- exakte Koordination der Feinmotorik zur Umsetzung der Lesebewegungen und Schreibtätigkeiten,
- sicheres Raumkonzept für die Orientierung im Handtastraum bzw. im Lesetext sowie für den Erwerb der Lesebewegungen,
- kräftige Hand- und Fingermuskulatur, um die Punktschrift-Schreibgeräte handhaben zu können.

Der Schriftspracherwerb blinder Kinder bzw. erblindeter Jugendlicher erfordert demnach eine spezifische, auf die zum Lesen und Schreiben benötigten Fähigkeiten und Fertigkeiten zielgerichtete Wahrnehmungsförderung. Entsprechende Förderkonzeptionen lassen sich in der Literatur finden (vgl. Lang 2003) bzw. sind als konkrete Übungssammlungen (z. B. Wright & Stratton 2007; Swenson 2016) oder als speziell entwickelte Medienpakete (Lang 2013) zugänglich.

Hochgradig sehbehinderte Schülerinnen und Schüler nutzen häufig in Abhängigkeit der jeweiligen Aufgabenstellungen sowohl die Brailleschrift als auch die Schwarzschrift (z. B. mittels Bildschirmlesegerät, Vergrößerungssoftware am Computer etc.). Bei diesen sogenannten »Mischtechniken« spielt demnach sowohl eine auf den Schriftspracherwerb ausgerichtete visuelle als auch die haptische Wahrnehmungsförderung eine bedeutende Rolle.

Begriffsbildung

Die Begriffsbildung basiert stark auf der Kategorisierung von Merkmalen und Eigenschaften. Welche Merkmale und Eigenschaften hierfür genutzt werden können, hängt eng mit den zur Verfügung stehenden Wahrnehmungssystemen zusammen.

Begriffsbildung ist somit mit Wahrnehmungsförderung verbunden: Blinde und hochgradig sehbehinderte Kinder und Jugendliche müssen lernen, mit den ihnen zur Verfügung stehenden Wahrnehmungsmodalitäten vielfältige Umweltinformationen aufzunehmen. Die Begriffsbildung und die damit zusammenhängende Wahrnehmungsförderung durchziehen im Grunde sämtliche Unterrichtstätigkeiten mit blinden und hochgradig sehbehinderten Kindern und Jugendlichen (Kap. V, 2).

Bewegungserziehung

Die motorische Entwicklung ist von grundlegender Bedeutung für die Gesamtentwicklung des blinden und hochgradig sehbehinderten Kindes. Sie beeinflusst maßgeblich die Auseinandersetzung mit der Umwelt und den Aufbau adäquater Konzepte und Begriffe. Für blinde Kinder besitzen hauptsächlich akustische und taktile Reize Aufforderungscharakter zur Fortbewegung bzw. zu Explorationsbewegungen. Grundsätzlich erhält die auditive, aber auch die kinästhetische Wahrnehmung eine wichtige Bedeutung für die Orientierung einer Bewegungshandlung und deren Bewegungssteuerung. Durch das stark eingeschränkte Imitationslernen und durch die fehlende visuelle Bewegungskontrolle muss beim Bewegungslernen verstärkt auf kinästhetische Wahrnehmungsempfindungen, auf gemeinsam ausgeführte, koaktive Bewegungshandlungen, auf das Abtasten oder direkte Führen von Bewegungen, auf akustische Bewegungsbegleitung und auf verbale Bewegungsbeschreibungen zurückgegriffen werden (vgl. Lang 2011; Thiele 2001, 45). Sensorische Aspekte spielen somit sowohl bei der Initiierung und Ausführung von Bewegungen als auch im Lernprozess von Bewegungshandlungen eine wesentliche Rolle. Auch neue sportdidaktische Konzeptionen für blinde und sehbehinderte Schülerinnen und Schüler wie der sinn- und erfahrungsorientierte Sportunterricht (Giese & Scherer 2010) arbeiten auf einer wahrnehmungsbasierten Grundlage. Hier werden insbesondere kinästhetische und auditive Zugänge zur Selbststeuerung von Bewegungshandlungen eingesetzt. Darüber hinaus kann jedoch auch die Bewegungserziehung selbst vielfältige Möglichkeiten zur Wahrnehmungsförderung enthalten. Ansätze der Psychomotorik oder der rhythmisch-musikalischen Erziehung bieten zu verschiedenen Wahrnehmungsbereichen konkrete Übungen und Spiele, die für blinde und hochgradig sehbehinderte Kinder und Jugendliche eine im wahrsten Sinne des Wortes »sensomotorische Förderung« bedeuten (vgl. Thiele 2001; Krug 2001, 27 ff.; Lang 1995).

Musisch-ästhetischer Bereich

Musik und Kunst sind eng mit Wahrnehmungsaspekten verflochten. Einerseits gewähren entsprechend geschulte auditive und haptische (bzw. noch vorhandene visuelle) Wahrnehmungsfähigkeiten blinden und hochgradig sehbehinderten Menschen einen Zugang zu einem wesentlichen Teil des kulturellen Lebens und ermöglichen darüber hinaus dessen aktive Mitgestaltung. Andererseits bieten sich über Musik als auch über Kunst Möglichkeiten einer sinnbezogenen Wahrnehmungsförderung. Beispielsweise lässt sich in der Beschäftigung mit musikalischen Sachverhalten eine differenzierte Hörerziehung realisieren (vgl. Huwyler 2011; Adler 1985; Neuhäuser 1984). Im Rahmen der Exploration bzw. bei der Herstellung von Plastiken oder Reliefbildern können Taststrategien eingeführt und angewandt werden, um für Dreidimensionalität oder Oberflächenbeschaffenheit zu sensibilisieren (vgl. Brock & Winzer 2011; Lokatis-Dasecke & Wolter 2008). Vielfältige weitere Anknüpfungspunkte einer integrierten Wahrnehmungsförderung lassen sich problemlos ableiten und umsetzen.

Veranschaulichungsmedien

Die technischen Entwicklungen zur Herstellung von Reliefdarstellungen (Stadtpläne, taktile Grafiken und Bilder) und der verstärkte Einsatz dieser Veranschaulichungsmittel macht eine intensive Beschäftigung mit Wahrnehmungsprozessen sowohl hinsichtlich der Herstellung als auch hinsichtlich des Ertastens dieser Medien notwendig (vgl. Hudelmayer et al. 1985; Hudelmayer 1983; Laufenberg & Beyer 2011).

Hierbei müssen spezifische Anforderungen und Kriterien berücksichtigt werden (Kap. IV, 3.7.4). Das Lehrmittel muss grundsätzlich so gestaltet sein, dass die aktiv tastende Hand die entscheidenden Informationen eindeutig aufnehmen kann. Berücksichtigt werden muss auch, dass die Interpretation von Reliefdarstellungen – und hier vor allem von Objektumrissen – einer gezielten Anbahnung und Übung bedarf, da ein Umriss am konkreten, dreidimensionalen Objekt kaum ertastet werden kann.

Zu den Aufgaben der Blinden- und Sehbehindertenpädagogik gehört somit eine systematische Einführung blinder und hochgradig sehbehinderter Kinder und Jugendlicher in das Ertasten und Interpretieren von Reliefdarstellungen, die mit Vorübungen schon in den Eingangsklassen beginnt und bis hin zur Erarbeitung systematischer Strategien beim Explorieren komplexer Darstellungen (Geografiekarten, Schaubilder etc.) reichen kann.

Kinder und Jugendliche mit mehrfachen Behinderungen

Das Aufgabenfeld der Mehrfachbehindertenpädagogik ist mittlerweile zu einem zentralen Bestandteil der Blinden- und Sehbehindertenpädagogik geworden, das die Bildungseinrichtungen grundlegend erweitert und verändert hat. Die pädagogischen Handlungsansätze der Förderung mehrfachbehinderter sehgeschädigter Kinder und Jugendlicher basieren in der Regel auf einer elementaren Wahrnehmungsförderung. Im Zentrum dieser Ansätze steht die Wahrnehmung des eigenen Körpers sowie der unmittelbaren dinglichen und sozialen Umwelt (vgl. Fröhlich, Heinen & Lamers 2001). Die Grundlage für die Arbeit mit schwerstbehinderten

Kindern und Jugendlichen bilden demnach Förderkonzeptionen, in denen die Wahrnehmungsförderung zentral verankert ist. Besondere Bedeutung nehmen hierbei die Ansätze der »Basalen Stimulation« (Fröhlich 2015) und des »Aktiven Lernens« (Nielsen 1993; 1996; 2000; 2001) ein. Letzterer ist aus dem Kontext der Blinden- und Sehbehindertenpädagogik heraus entstanden.

Fröhlich betrachtet Wahrnehmungsangebote im somatischen (v. a. kutanen), vestibulären und vibratorischen Bereich als grundlegend, um Interaktions- und Kommunikationsprozesse zu initiieren und Entwicklungs- und Lernschritte anzubahnen. Die Förderung weiterer Wahrnehmungsmodalitäten schließt sich an diese Grundlagen an. Nielsens Schwerpunkt liegt auf einer speziell ausgestalteten Umgebung, die dem mehrfachbehinderten Kind oder Jugendlichen vielfältige eigenaktive Wahrnehmungs- und Bewegungserfahrungen ermöglicht (Kap. III, 4.2.8). Hierzu entwickelte sie eine Reihe spezifischer Medien und Hilfsmittel.

Weitere wahrnehmungsbasierte Konzeptionen (z. B. Sinneserziehung nach Montessori, Sensorische Integrationsbehandlung nach Ayres) werden in der Blinden- und Sehbehindertenpädagogik in unterschiedlicher Ausprägung ebenfalls praktiziert.

Einen weiteren hohen Stellenwert erhält die Wahrnehmungsförderung im Zusammenhang mit der Praxis einer basalen Kommunikationsförderung (z. B. Co-Creating Communication, Unterstützte Kommunikation). Hierbei wird versucht, die Kommunikationsmöglichkeiten nichtsprechender, mehrfachbehinderter sehgeschädigter Menschen im Rahmen eines grundlegenden Beziehungsaufbaus durch den Einsatz adäquater Hilfsmittel wie taktile bzw. körpernahe Gebärden, taktile Zeichensysteme oder Geräte mit Sprachausgabe gezielt zu erweitern (vgl. Rødbroe & Janssen 2014; Korf, Pulko & Weitershagen 2003; Klasser 2005).

Berufsvorbereitung

Die heutigen Berufsperspektiven blinder und hochgradig sehbehinderter Menschen sind bei weitem nicht mehr eingegrenzt auf das traditionelle Blindenhandwerk (Bürstenbinder & Korbflechter etc.). Die Bedeutung des Blindenhandwerks ist zugunsten anderer Berufsfelder (z. B. Büroberufe, Telekommunikation, akademische Berufe) zurückgegangen. Vor allem die Büroberufe erfordern neben einer differenzierten Haptik für die Lesetätigkeit umfassende auditive Wahrnehmungsfähigkeiten bei der Bedienung eines blindenspezifischen Computerarbeitsplatzes. Komplexe, in der Regel visuell ausgerichtete Software lässt sich für blinde Anwenderinnen und Anwender über die Verknüpfung taktiler Informationsgewinnung (Braillezeile) mit auditiver Informationsgewinnung (Sprachausgabe) steuern. Die auditive Wahrnehmung und ihre Förderung erhält in diesem Bereich eine grundlegende Bedeutung, da ein ungemein schnelles Erfassen der sprachlichen Informationen notwendig wird. Somit gehört zu den schulischen Aufgaben verstärkt ein gezieltes und pädagogisch durchdachtes Einführen in die Nutzung moderner Informationstechnologie und die Förderung hierbei notwendiger Wahrnehmungskompetenzen.

1.6 Ausblick

Wahrnehmungsförderung spielt in der Blinden- und Sehbehindertenpädagogik auch zukünftig eine zentrale Rolle. In vielfältigen Handlungsfeldern muss sie mit jeweils spezifischen Zielstellungen, Inhalten und Methoden umgesetzt werden. Die Bedeutung der Wahrnehmungsförderung wird abschließend anhand folgender Übersicht deutlich:

- Differenzierte Wahrnehmungsfähigkeiten insbesondere im haptischen und auditiven Bereich gelten nach wie vor als Voraussetzung einer beruflichen Ausbildung.
- Die zur Verfügung stehenden Wahrnehmungsmöglichkeiten bilden die Grundlage der Erkenntnisgewinnung und der Begriffsbildung.
- Das geschulte Tasten und Hören ermöglicht die Nutzung taktiler und auditiver Informationssysteme, wodurch ein Zugang zu umfassender Bildung eröffnet wird.
- Auditive und haptische Wahrnehmungsmöglichkeiten schaffen einen Zugang zur ästhetischen Erziehung und somit zur Teilhabe am kulturellen Leben.
- Wahrnehmungsfähigkeiten sind Voraussetzungen für Orientierung und Mobilität sowie für die Bewältigung von Alltagsverrichtungen (Lernbereich LPF) und ermöglichen hierdurch Selbstständigkeit und Selbstbestimmung.
- Wahrnehmungsförderung kann einen basalen Zugang zur Kommunikation mit der sozialen und dinglichen Umwelt ermöglichen.

2 Begriffsbildung blinder und hochgradig sehbehinderter Kinder und Jugendlicher

2.1 Einführung

Der Mensch wird im Alltag mit einer Vielzahl von Einzelerscheinungen konfrontiert. Jeder Eindruck ist neu, jeder Moment bringt Veränderung. Nichts bleibt streng genommen gleich: selbst ein vertrauter Gegenstand führt durch veränderten Lichteinfall oder durch Bewegung des Beobachters zu neuen Eindrücken. Müssten wir diese enorme Differenzierungsfähigkeit ständig voll anwenden, sämtliche Eindrücke speichern und unser Verhalten jeder neuen Gegebenheit anpassen, wären wir psychisch und physisch (auch neurologisch) völlig überfordert.

Wir benötigen also Fähigkeiten, die riesige potenzielle Informationsfülle durch Kategorisieren bzw. Klassifizieren zu reduzieren. Voraussetzungen hierfür sind die intellektuellen Leistungen der Abstraktion von den Besonderheiten des Einzelfalles und das Erkennen gemeinsamer Eigenschaften (Edelmann & Wittmann 2012, 112). Wir reagieren demnach nicht mehr auf jede Einzelheit. Wir betrachten verschiedene, unterscheidbare Dinge, Ereignisse, Personen als gleichrangig hinsichtlich ihrer Bedeutsamkeit für unsere Handlungen. Viele Eindrücke werden somit lediglich als Repräsentanten einer Klasse oder Kategorie wahrgenommen (vgl. Bruner, Goodnow & Austin 1956 nach: Edelmann & Wittmann 2012, 112; Hudelmayer 1970a, 75 ff.).

Feinere Differenzierungsfähigkeiten behalten wir uns für diejenigen Eindrücke vor, mit denen wir uns speziell befassen möchten oder die unsere Aufmerksamkeit erregen, weil sie aus einer vorhandenen Kategorie oder Klasse in irgendeiner Weise herausragen.

Wissenschaftlich definieren lassen sich Begriffe demnach folgendermaßen:

> *»Ein Begriff ist eine kognitive Struktur, die Dinge oder Ereignisse aufgrund von Ähnlichkeiten oder kontextuellen Verbindungen zusammen gruppiert […] Er schafft so eine Kategorie, die uns erlaubt, Ähnliches in der Welt zusammenzugruppieren. Damit wird der Umgang mit einer sonst unendlichen Vielfalt von Umweltereignissen erleichtert«* (Szagun 2013, 137).

Einleitend sollte auch geklärt werden, wie sich Begriff und Wort zueinander verhalten: Begriffe sind, wie aus den Definitionen ersichtlich wird, zunächst kognitive Strukturen. Werden diese Strukturen verbal kodiert, erhalten wir Wörter (vgl. Seel 2000, 161). Ein Begriff ist demnach die aus Wissen und Erfahrungen aufgebaute kognitive Struktur, die sich hinter einem Wort verbirgt. Das Wort selbst ist das klangliche Symbol oder die phonologische Repräsentation des Begriffs (Szagun 2002, 45 f.). Synonyme (verschiedene Wörter für denselben Begriff) und Homonyme (Wörter, die mehrere Begriffe bezeichnen) verdeutlichen die Unterschiede zwischen Wort und Begriff.

Die ausschlaggebende intellektuelle Leistung bei der Begriffsbildung ist die Kategorisierung und nicht der Erwerb des Begriffsnamens (also des Wortes) (vgl. Edelmann & Wittmann 2012, 121). Dennoch ist das sprachliche Symbol des Begriffes durchaus wichtig, da Wörter die Kommunikation zwischen verschiedenen Personen ermöglichen bzw. erleichtern. Darüber hinaus wird komplexes Wissen, durch sprachliche Kodierung ökonomischer und präziser erworben und gespeichert.

Begriffe haben eine sachliche (denotative) und eine emotionale (konnotative) Bedeutung. Die denotative Bedeutung eines Begriffes findet sich beispielsweise als Definition im Wörterbuch. Die konnotative Bedeutung hängt wesentlich von der individuellen Lebensgeschichte und dem damit verbundenen subjektiv erworbenen Weltwissen ab. Oft ist es die konnotative Bedeutung eines Begriffes, die unser Verhalten wesentlich bestimmt (vgl. Edelmann & Wittmann 2012, 119 f.; Seel 2000, 161).

2.2 Grundlagen der Begriffsbildung

2.2.1 Einflussfaktoren und Voraussetzungen

Unter Ausweitung und Konkretisierung einiger Ausführungen des Kognitionspsychologen Wessells (1994, 241 ff.) lassen sich für die Begriffsbildung Einflussfaktoren aufführen, die von grundlegender und prinzipieller Bedeutung sind:

Kulturelle Faktoren

Begriffsbildung vollzieht sich in einem kulturellen, d. h. historisch gewachsenen Rahmen. Die kulturtypischen Lebens- und Arbeitsformen entscheiden mit, welche Begriffe mit welcher Differenziertheit gebildet werden. So werden im asiatischen Raum eine Vielzahl von Reissorten unterschieden und mit entsprechenden Wörtern belegt.

Wahrnehmungsfähigkeiten

Welche Merkmale, Eigenschaften oder Ereignisse kategorisiert werden, hängt eng mit den zur Verfügung stehenden Wahrnehmungssystemen zusammen. Aber auch die Leistungsfähigkeit dieser Systeme und die Beschaffenheit der Reizsignale sind entscheidend (z. B. Frequenzbereiche akustischer oder Wellenlänge und Intensität optischer Signale).

Individuelle Faktoren

Ausschlaggebend für die Begriffsbildung ist auch, wie sich das Individuum in seiner einmaligen Entwicklungsgeschichte, unter bestimmten familiären und materiellen Bedingungen, in seiner individuellen Persönlichkeitsstruktur und aufgrund seiner spezifischen kognitiven und körperlichen Fähigkeiten und Fertigkeiten mit der konkreten sozialen und dinglichen Umgebung auseinander setzt.

2.2.2 Begriffshierarchien

Begriffe stehen nicht isoliert. Bei der Kategorisierung von Objekten, Dingen, Personen oder Ereignissen (etc.) werden meist auch Beziehungen zu benachbarten Begriffen einbezogen, so dass Begriffshierarchien entstehen (Edelmann & Wittmann 2012, 118 f.).

Beispiel

Lebewesen – Tier – Säugetier – Hund – Labrador

Die hierarchische Ordnung wird dadurch deutlich, dass die Begriffe von links nach rechts spezifischer werden. Je geringer der Inhalt eines Begriffs, desto größer ist sein Umfang, d. h. desto weniger kritische Merkmale besitzt er und desto mehr Vertreter erfasst er (Edelmann & Wittmann 2012, 118 f.; Hoffmann 1986, 36; Seel 2000, 166 f.).[8]

Diese hierarchische Ordnung ist eine äußerst ökonomische Speicherform. Merkmale, die dem übergeordneten Begriff zugeschrieben werden, werden bei den untergeordneten nicht noch einmal aufgeführt (Edelmann & Wittmann 2012, 130 ff.; Hoffmann 1986, 36 f.).[9]

2.3 Voraussetzungen blinder und hochgradig sehbehinderter Kinder und Jugendlicher für das Begriffslernen

Ein Blick auf die Lernvoraussetzungen blinder und hochgradig sehbehinderter Kinder verdeutlicht, dass in einigen Teilbereichen eine spezielle Ausgangsposition vorliegt, die im Vergleich zur Entwicklung sehender Kinder einen alternativen und spezifischen Lern- und Entwicklungsweg erforderlich macht.

2.3.1 Frühe Eltern-Kind-Interaktion

Ein wesentlicher Aspekt, der den Aufbau eines Wortschatzes und das Bilden von Begriffen maßgeblich beeinflussen kann, resultiert aus den Interaktionsmustern zwischen Mutter bzw. Vater und Kind. Für den Erwerb von Bedeutungen und Benennungen wird in der Spracherwerbsforschung auf die Rolle deiktischer Kommunikationsstrukturen verwiesen (Szagun 2013, 151 ff.; Bruner 2002, 54 ff.). Zollinger (2004, 21) sieht im referenziellen bzw. triangulären Blickkontakt, mit dem die Kommunikationspartner gemeinsam einen Gegenstand als Bezugspunkt ihrer Unterhaltung festlegen, den eigentlichen Ursprung der Sprache. Sobald der sehende Säugling in der Lage ist, der Blickrichtung der Mutter zu folgen, können beide Kommunikationspartner ihre Aufmerksamkeit auf einen gemeinsamen Gegenstand lenken, auf den sich dann auch die sprachlichen Äußerungen beziehen. Die frühe Kommunikation sehender Säuglinge scheint somit in starkem Maße auf visuell gesteuerten Interaktionsformen zu beruhen:

- Blickkontakt: Austausch von emotionalen Befindlichkeiten sowie von Bedürfnissen und Absichten; Herstellen gemeinsamer Referenzbezüge; Rollenwechsel zwischen Zuhören und Ansprechen,
- mimischer Ausdruck: soziales Lächeln als Baustein für Bindungsverhaltens (bei blinden Kindern auch vorhanden, aber weniger leicht und konsistent auslösbar),
- konventionelle Gesten: Zeigen etc., um Wünsche oder Handlungsaufforderungen auszudrücken (fehlen bei blinden Kindern im ersten Lebensjahr fast voll-

---

8 Zu obigem Beispiel: Vom Lebewesen bis hin zum Labrador kommen zunehmend kritische Merkmale hinzu, d. h. der Begriff »Labrador« ist spezifischer und umfasst weniger Vertreter als der Begriff »Lebewesen«.
9 Zu obigem Beispiel: Labrador: spezifische Merkmale z. B. Farbe, Größe, Proportionen, Charaktereigenschaften; mit enthalten sind automatisch die Merkmale eines Säugetieres.

ständig) (Brambring 2003, 732 f.; vgl. auch Pérez-Pereira & Conti-Ramsden 1999, 37 ff.).

Fehlt die Kommunikation durch den Blickkontakt, durch Mimik und durch Gestik, können hierdurch sowohl die emotionale als auch die inhaltliche Komponente der Interaktion beeinträchtigt werden (vgl. Fraiberg 1977, 92 ff.; Wills 1979, 88 ff.; Pérez-Pereira & Conti-Ramsden 1999, 41 ff.). Dale, Tadic und Sonksen (2013) betonen, dass eine gravierende Sehschädigung des Kindes, den Aufbau von gemeinsamer Aufmerksamkeit und somit das Erfassen von Zusammenhängen und Bedeutungen stark erschweren kann. Brambring (2003, 733) verweist darauf, dass blinde Kinder aktive Aufmerksamkeit durch Verharren bzw. intensives Lauschen anzeigen. Dieses Verhalten könnte jedoch leicht als Desinteresse fehlgedeutet werden.

Inwieweit sich die skizzierten Sachverhalte auf die Entwicklung des blinden Kindes auswirken, hängt davon ab, ob die Eltern andere, adäquate Kommunikationsformen finden, d. h. nichtvisuelle Signale einsetzen und interpretieren können (vgl. Rogow 2000, 397; Webster & Roe 1998, 79; Landau 1997, 17 ff.; Mills 1993, 153; Mulford 1983, 105 f.; Fraiberg 1977).

2.3.2 Motorische Entwicklung

Die fein- und grobmotorische Entwicklung blinder Kinder wird in der Fachliteratur vielfältig thematisiert und die diesbezüglichen Besonderheiten und Problembereiche werden umfassend dargestellt (vgl. Brambring 2007; 2006; 1999; Prechtl et al. 2001; Warren 1994; Tröster & Brambring 1990; Bureau of Education for Exceptional Students 1986; Fraiberg 1977). Zusammenfassend kann festgestellt werden, dass blinde Kinder in denjenigen grob- und feinmotorischen Teilbereichen benachteiligt sind, in denen die visuelle Steuerung und Rückmeldung von zentraler Bedeutung ist (Brambring 2005; Prechtl et al. 2001). Auch der Grad der vorhandenen visuellen Wahrnehmungsmöglichkeiten spielt eine entscheidende Rolle. Hatton et al. (1997) ziehen aus ihrer Studie die Schlussfolgerung, dass sich ein Visus von unter 1/25 sehr stark auf die motorische Entwicklung auswirkt, da ab diesem Wert ein Bewegungslernen durch visuelle Imitation als nicht mehr möglich erscheint.

Einige Aspekte sollen die Zusammenhänge zwischen motorischer Entwicklung und Begriffsbildung konkret aufzeigen:

- Visuelle Stimuli bestimmen in erheblichem Umfang die Entwicklung selbstinitiierter Lokomotion. Ohne Sehen besteht kaum Anreiz für das Anheben des Kopfes. Ohne Kopf- und Rumpfkontrolle ist die Fortbewegung jedoch unmöglich. Ist die Lokomotion eingeschränkt, dann ist dies auch der Kontakt mit der Umgebung (mit Objekten, räumlichen Gegebenheiten etc.). Umwelterfahrungen als eine wesentliche Grundlage der Begriffsbildung erfordern Bewegung und Manipulation (Swallow 1977; Hudelmayer 1970a; Ferrell 2000).

- Sehen motiviert Babys, die Hände über der Körpermitte zusammenzubringen und mit den Fingern zu spielen. Fehlt das Sehen, stellt sich dieses Verhalten nicht von selbst ein, sodass die Reifungsabfolge z. B. hin zu koordinierten Hand- und Fingerbewegungen erschwert sein kann (vgl. Fraiberg 1977). Eine hochentwickelte Hand- und Fingermotorik ist jedoch Voraussetzung für eine differenzierte haptische Exploration und diese ist bei Begriffsbildungsprozessen blinder Menschen von grundlegender Wichtigkeit (z. B. beim Erkennen und Vergleichen von Objektmerkmalen).

2.3.3 Wahrnehmungsmöglichkeiten

Der Ausfall bzw. die weitreichende Einschränkung visueller Wahrnehmungsfunktionen kann sich, wie bereits aufgezeigt wurde, weitreichend auf die kindliche Entwicklung auswirken. Aber auch die verbliebenen Wahrnehmungsmöglichkeiten weisen Grenzen und damit verbunden Lernerschwernisse auf. Diese sollen an dieser Stelle für die Bereiche der haptischen und der auditiven Wahrnehmung grob skizziert werden.

Für den Bereich der Haptik kann beispielsweise Folgendes festgehalten werden (vgl. Hudelmayer 1970a, 103 ff.):

- Die Tastwahrnehmung erfordert systematische und effektive Taststrategien. Diese entwickeln sich in der Regel nicht automatisch, sondern müssen erlernt und vielfältig erprobt werden.
- Tasten setzt Anstrengung und Aktivität sowie in der Regel auch Zeit voraus. Über das Auge sind Informationen häufig sehr schnell und mit minimaler Anstrengung, fast beiläufig, möglich.
- Sehr kleine, sehr große, fragile, inkonsistente, gefährliche oder bewegte Objekte sind taktil kaum explorierbar.
- Viele Objekte werden eher isoliert als in größeren (räumlichen) Zusammenhängen wahrgenommen.
- Die Durchgliederung v. a. großer und komplexer Objekte, d. h. das Erkennen von Zusammenhängen und Relationen ist aufgrund der stärkeren Sukzessivität des Tastens wesentlich erschwert. Entsprechende Vorstellungen müssen somit häufiger kognitiv erarbeitet, d. h. aus Teilwahrnehmungen konstruiert werden. Blinde und häufig auch hochgradig sehbehinderte Menschen sind dann zu einer komplexeren intellektuellen Verarbeitung der Informationen gezwungen.
- Einige Objektmerkmale sind über das Tasten überhaupt nicht direkt zugänglich (Farben etc.).
- Tastscheu, soziale Tabus und Restriktionen, aber auch schmerzhafte Erfahrungen mit der Dingwelt können das Explorationsverhalten massiv einschränken.

Auch die auditive Wahrnehmung verfügt über gewisse Grenzen. Beispielsweise sind akustische Reize häufig flüchtig und in ihrer Prägnanz weniger deutlich als optische Reize. Darüber hinaus wird das Erkennen des ursächlichen Zusammenhangs zwischen Geräuschquelle und Geräusch durch das Sehen ganz erheblich vereinfacht.

2.3.4 Umwelterfahrung

Die grob- und feinmotorischen Fähigkeiten und Fertigkeiten sowie die zur Verfügung stehenden Wahrnehmungsmöglichkeiten bestimmen wesentlich, in welchem Umfang und in welcher Qualität Erfahrungen mit der sozialen und dinglichen Umwelt gesammelt werden können. Bedeutsam ist darüber hinaus, dass dem Sehen-Können ein sehr hoher Aufforderungscharakter zur spontanen Exploration zukommt. Neue, ungewöhnliche oder auffallende Objekte können in der realen Umgebung, aber auch über visuelle Medien (Buch, Fernsehen, CD-Rom, DVD etc.) selbstständig entdeckt und erfahren werden. Diese Möglichkeiten zur spontanen und selbstständigen Umwelterfahrung bestehen in dieser Form und in diesem Ausmaß für blinde Menschen nicht. Für hochgradig sehbehinderte Menschen existieren diesbezüglich zumindest starke Einschränkungen, da deren visuelle Wahrnehmungsmöglichkeiten in vielen Situationen keine eindeutige und detaillierte Informationsaufnahme zulässt.

Recchia (1997) nennt folgendes Beispiel, um zu verdeutlichen, wie Blindheit Umwelterfahrungen massiv einschränken kann:

> Sehende Kinder erwerben, lange bevor sie selbstständig aus einer Tasse trinken können, eine breite Vorstellung davon, wie Trinkgefäße aussehen können (Bierglas, Weinglas, Plastikbecher, Kaffeetasse etc.) – allein durch Beobachtung anderer. Blinde Kinder erkennen Merkmale eines Trinkgefäßes nur durch direkten Kontakt.

Ein blindes Kind kann kaum adäquate Erfahrungen sammeln, wenn es in Handlungssituationen anderer lediglich passiv anwesend ist (Swallow 1977).

Auf die Begriffsbildung bezogen, besteht aufgrund der beschriebenen Erschwernisse die Gefahr, dass blinde und hochgradig sehbehinderte Menschen weniger Repräsentanten einer Objektklasse kennenlernen und somit nicht die gesamte Begriffsbreite erfassen können.

Von grundlegender Bedeutung hinsichtlich der Offenheit, mit welcher die Umwelt aktiv exploriert wird, ist die sozial-emotionale Entwicklung. Eine diesbezüglich positive Grundeinstellung ist maßgeblich vom Erziehungsverhalten der Bezugspersonen abhängig.

2.3.5 Kognition

Die Kognitionspsychologie geht davon aus, dass Begriffslernen eng mit der Entwicklung kognitiver Fähigkeiten verknüpft ist. In Anlehnung an die Entwicklungspsychologie nach Piaget werden diesbezüglich die sensomotorischen Errungenschaften der Objektpermanenz und des Symbolbewusstseins im Zusammenhang mit der Wortschatzentwicklung diskutiert (vgl. Trautner 1991, 297; Szagun 2013, 76 ff.; 2002, 37 ff.).

Untersuchungen zur Entwicklung blinder Kinder mit Bezug auf die Entwicklungspsychologie nach Piaget kommen in der Regel zu dem Ergebnis, dass die

Entwicklung blinder Kinder im Vergleich zu sehenden Kindern deutliche zeitliche Verzögerungen aufweist (vgl. Higgins 1973; Fraiberg 1977; Stephens & Grube 1982; Hatwell 1985; Rogers & Puchalski 1988; Warren 1994; Pérez-Pereira & Conti-Ramsden 1999). Hierbei muss allerdings beachtet werden, dass vielfältige Ursachen für das schlechtere Abschneiden blinder Kinder in der Art der Aufgabenstellung diesbezüglicher Testsituationen begründet liegt (vgl. Hudelmayer 1970a; b; Swallow 1977; Fraiberg 1977; Stephens & Grube 1982; Hatwell 1985). Die bei Testaufgaben von blinden und sehenden Kindern geforderten Leistungen sind oftmals keineswegs identisch, sodass ein direkter Vergleich problematisch erscheint. Folgende Aspekte gilt es hier u. a. zu berücksichtigen:

- Die Objektpermanenz wird in der Regel am Suchverhalten des Kindes festgestellt. Die Auge-Hand-Koordination entwickelt sich jedoch früher als die Ohr-Hand-Koordination, d. h. visuell kann früher gezielt gesucht werden. Die Objektsuche aufgrund eines akustischen Signals ist eine wesentlich komplexere Aufgabe, die auch sehende Kinder erst später lösen können (vgl. Fraiberg 1977).
- Aufgabenstellungen, in denen Objekte miteinander verglichen werden müssen, sind oftmals taktil oder auditiv schwieriger zu lösen als visuell, da Objekte hier weitgehend sukzessiv miteinander verglichen werden müssen, während sehende Menschen überwiegend simultan vergleichen können. Bei blinden Menschen sind demnach verstärkt Gedächtnisleistungen gefordert (Brambring 2003; Hudelmayer 1970a; b).
- Swallow (1977) weist darauf hin, dass visuelle Fähigkeiten bei der für die Symbolentwicklung bedeutsamen Nachahmung eine wichtige Rolle spielen. Was blinden Kindern durch ihre eingeschränkten Wahrnehmungsmöglichkeiten entgeht, können sie logischerweise auch nicht nachahmen.

Die Übertragung von Aufgabenstellungen zur Objektpermanenz oder zur Symbolentwicklung für blinde Kinder ist in der Regel nur begrenzt möglich. Eine grundsätzliche Aussage zur kognitiven Entwicklung blinder Kinder konnte im Rahmen einer aufwändigen Untersuchungsreihe bereits Hudelmayer (1970a; b) treffen: Blinde Kinder erreichen dieselbe kognitive Leistungsfähigkeit wie ihre sehenden Altersgenossen. Zu bedenken ist, dass sie hierbei jedoch auf einen alternativen und u. U. längeren Weg angewiesen sind sowie auf eine anregungs- und erfahrungsreiche Umgebung.

2.4 Das Begriffslernen blinder und hochgradig sehbehinderter Kinder

2.4.1 Wortschatzentwicklung

Die Interpretation zahlreicher Studien zur Wortschatzentwicklung blinder Kinder legt die Schlussfolgerung nahe, dass blinde Kinder ohne Zusatzbeeinträchtigungen ihre ersten Worte etwa zeitgleich mit ihren sehenden Altersgenossen erwerben. Anfängliche Verzögerungen werden relativ rasch aufgeholt, so dass sich hinsichtlich des Zeitpunktes der ersten zehn bzw. der ersten fünfzig Wörter keine Unterschiede mehr feststellen lassen (vgl. Brambring 2003, 735).

Die Gründe anfänglicher und kurzzeitiger Verzögerungen liegen vermutlich in der Nichtzugänglichkeit von Mimik und Gestik, die bei sehenden Kindern die Verknüpfung zwischen Wort und Gegenstand erleichtern (s. 2.3.1). Haben blinde Kinder jedoch die Hürde einer tastmäßigen Verknüpfung zwischen Wort und Gegenstand überwunden, verläuft die weitere Lexikonentwicklung problemlos (Brambring 1999, 155).

2.4.2 Wortschatz und Wortgebrauch blinder Kinder

Eine Zusammenfassung zahlreicher Untersuchungen zum Wortgebrauch blinder Kinder (Brambring 2003, 735 f.; Pérez-Pereira & Conti-Ramsden 1999, 73 ff.) zeichnet folgendes Bild:

- Blinde Kinder verwenden prozentual mehr spezifische Nomen als sehende (und sehbehinderte) Kinder.
- Blinde (und sehbehinderte) Kinder verwenden weniger generelle Nomen als sehende Kinder.

Dunlea konnte anhand einer Analyse der ersten Wörter sehender und blinder Kinder unter anderem feststellen, dass blinde Kinder Wörter länger als sehende mit dem ursprünglichen Kontext verbinden und deutlich weniger auf andere Kontexte generalisieren bzw. übergeneralisieren (Dunlea 1989, 61). Unter Umständen erkennen blinde Kinder die Breite einer Kategorie oder eines Begriffes weniger deutlich.

Pérez-Pereira und Conti-Ramsden (1999, 78 f.), Dobslaw (1993, 60) sowie Warren (1994, 138) sehen in diesen Ergebnissen kein allgemeines Problem der kognitiven Leistungsfähigkeit, sondern vielmehr das Resultat eingeschränkter Umwelterfahrungen mit verschiedenen Aspekten bzw. Repräsentanten einer Objektklasse. Die spezifischen Merkmale einer Objektklasse können nur dann herausgelöst und auf andere Objekte übertragen werden, wenn eine entsprechende Auswahl an Repräsentanten zugänglich ist. Ist dies nicht der Fall, bleibt das Wort eine spezifische Bezeichnung, d. h. es wird wie ein Eigenname gebraucht. Entsprechend können Generalisierungen und Klassifizierungen unter diesen Umständen zeitlich verzögert in der Sprachentwicklung auftreten. Dimcovic und Tobin (1995) konnten diese Annahme in ihrer Untersuchung bestätigen: Bei Testaufgaben zur verbalen Klassifikation von Wörtern (Tiere, Früchte, Haushaltsgegenstände etc.) schnitten blinde Kinder zwischen sechs und acht Jahren schlechter ab als die Vergleichsgruppe sehender Kinder, während im Alter von elf Jahren keine Unterschiede mehr feststellbar waren. Demnach könnte die Schlussfolgerung gezogen werden, dass mit zunehmendem Alter und zunehmender Umwelterfahrung zuvor bestehende Rückstände hinsichtlich des Zugangs zu verschiedenen Gegenständen einer Objektklasse aufgeholt wurden.

Mills (1993, 156) berichtet von Wortschatzunterschieden zwischen blinden und sehenden Kindern dahingehend, dass blinde Kinder über weniger Begriffe aus dem

Bereich »Tiere« und über mehr Begriffe aus dem Bereich »Haushalt« verfügen. Dies könnte dadurch erklärt werden, dass sehende Kinder viele Begriffe zu verschiedenen Tieren indirekt über Bilder erlernen (Pérez-Pereira & Conti-Ramsden 1999, 76), während blinde Kinder bezüglich dieser Begriffe auf die direkten Kontaktmöglichkeiten ihrer häuslichen Umgebung angewiesen sind (taktile Abbildungen oder Modelle sind oft keine optimale Repräsentation der realen Tiere). Brambring (2003, 737) verweist zusätzlich darauf, dass beispielsweise Möbel aufgrund ihrer Orientierungsfunktion äußerst aufmerksamkeitsfördernd für blinde Kinder sind und dass vor allem die geräuschproduzierenden Haushaltsgegenstände eine hohe Explorationsmotivation hervorrufen können.

Die an dieser Stelle skizzierten Wortschatzunterschiede sind insgesamt sehr gering. Landau und Gleitman (1985, 30; vgl. Landau 1983, 65 f.) kommen bei ihren Analysen letztendlich zu dem Ergebnis, dass sich der Wortschatz sehender und blinder Kinder nicht grundlegend unterscheidet.

Bezüglich der Verwendung erster Wörter stellte Dunlea fest, dass die beiden blinden Kinder innerhalb ihrer Untersuchung, die sich bis ins dritte Lebensjahr erstreckte, Handlungswörter und Wörter, die Funktionen oder Relationen ausdrücken, wesentlich stärker auf die eigene Person (also egozentrischer) und weniger auf Handlungen und Ereignisse anderer Personen beziehen als sehende Kinder (Dunlea 1989, 61 f.). Nach Warren (1994, 137) ist dieser Sachverhalt keineswegs verwunderlich:

»[...] *without vision, the blind child is less likely to perceive the actions of other people, unless those actions are directed to him- or herself.*«

2.4.3 Mentale Repräsentationen und Begriffsmerkmale bei blinden und hochgradig sehbehinderten Kindern

Mannich kam in seiner Untersuchung aus den 1960er Jahren zu dem Ergebnis, dass blinde und sehende Kinder über weitgehend identische Begriffsinhalte verfügen (Mannich 1963; 1964).

Aus dem englischsprachigen Raum liegen ähnliche Untersuchungsergebnisse vor. Anderson (1984) sowie Anderson und Olson (1981) konnten in Studien mit geburtsblinden und sehenden Kindern im Alter zwischen drei und neun Jahren belegen, dass blinde Kinder über keine grundsätzlich anderen Begriffe verfügen als sehende Kinder.

Beide Gruppen benutzten bei Objektbeschreibungen am häufigsten perzeptuelle Merkmale, gefolgt von funktionalen und egozentrischen Merkmalen. Letztere sind Merkmale, die sich auf individuelle Objekte bzw. konkrete Erlebnisse beziehen.

Es erscheint nicht verwunderlich, dass sich die kritischen perzeptuellen Objektmerkmale der blinden Kinder stärker auf taktile Attribute bezogen, während ihre sehenden Altersgenossen stärker visuelle Merkmale berücksichtigten.

Blinde Kinder benutzten häufiger egozentrische und konkret-funktionale Beschreibungen. Dies scheint Rückschlüsse auf die mentalen Repräsentationen bei blinden Kindern zu erlauben. Hier scheint ein stärkerer individueller und konkreter Bezug vorhanden zu sein. Blinde Kinder scheinen demnach ihre Vorstellungen eng an konkrete Erfahrungen zu knüpfen. Sehende Kinder haben unter Umständen mehr und weitreichendere Objekterfahrungen, sodass deren Äußerungen abstrakter und weniger konkret-egozentrisch sind.

Zusammenfassend lässt sich somit festhalten, dass Wortbedeutungen bei blinden wie bei sehenden Kindern stark auf perzeptuellen Merkmalen (in Kombination mit funktionalen und egozentrischen Merkmalen) basieren und auf konkrete Eigenerfahrungen zurückgehen.

Zeppuhar und Walls (1998) stellten in ihrer Untersuchung mit sehbehinderten und blinden Schülern im Alter zwischen sechs und 21 Jahren fest, dass beide Gruppen in vielen Bereichen über gleiche oder ähnliche Prototypen verfügen wie normalsehende.

2.4.4 Zusammenfassung

Pérez-Pereira und Conti-Ramsden (1999, 80) fassen das Begriffslernen blinder Kinder folgendermaßen zusammen:

> »Es scheint sicher zu sein, dass blinde Kinder eine längere Zeit benötigen, vielfältige Umwelterfahrungen zu sammeln, um Wörter auf verschiedene Referenten einer Kategorie auszudehnen und um über Handlungen anderer Personen sprechen zu können. Dies hat nichts mit einem Mangel an kognitiven Fähigkeiten oder mit diesbezüglichen qualitativen Unterschieden zu tun, sondern mit der Erschwernis, Gegenstände oder Ereignisse der Umgebung ohne visuelle Informationen zu erfassen.«

Durch entsprechende Interaktionsmuster, die vielfältige Explorations- und Sprachhandlungen ermöglichen, können blinde und hochgradig sehbehinderte Kinder weitgehend ähnliche Wortbedeutungen und einen vergleichbaren Wortschatz erlangen wie normalsehende Kinder (vgl. Pérez-Pereira & Conti-Ramsden 1999, 90 ff.; Warren 1994, 146; Dobslaw 1993, 170).

2.5 »Verbalismus« bei blinden Menschen

Hinsichtlich des Begriffslernens blinder Menschen kann die Frage diskutiert werden, ob und gegebenenfalls auf welche Weise adäquate Begriffe für Phänomene entwickelt werden können, deren Merkmale überwiegend auf einer visuellen Wahrnehmung basieren (z. B. Farben). Cutsforth (1951) stellte in einer Untersuchung fest, dass blinde Kinder bei der Beschreibung von Objekteigenschaften häufig optische Merkmale nannten und nicht diejenigen Merkmale, die ihnen direkt zugänglich waren. Cutsforth bezeichnete diese Art des Wortgebrauchs ohne entsprechenden Erfahrungshintergrund als »Verbalismus«.

Diese Verbalismus-Problematik wird jedoch sehr unterschiedlich eingeschätzt und bewertet.

2.5.1 Grundlegende Einschätzungen und Forschungsergebnisse

Bereits Harley (1963) kam in seiner Studie zu der Schlussfolgerung, dass Verbalismus weniger häufig auftritt, als von Cutsforth beschrieben, und zudem mit zunehmendem Alter und damit zunehmendem Erfahrungshorizont deutlich abnimmt. Weinläder (1971, 173 f.) sieht ebenfalls kein gravierendes Sprachproblem und verweist darauf, dass blinde Menschen in einer »Welt der Sehenden« unbedingt dieselbe Sprache wie sehende Menschen sprechen müssen. Pérez-Pereira und Conti-Ramsden (1999, 85) sowie Landau (1983, 75) und Werth (1983, 88) heben hervor, dass auch sehende Menschen viele Begriffe ohne direkte Erfahrungen beispielsweise über rein sprachliche Erläuterungen erwerben.

Landau und Gleitman (1985, 51 ff.) begleiteten ein geburtsblindes Mädchen in den ersten sechs Lebensjahren und untersuchten insbesondere deren Sprachentwicklung. Äußerst genau analysiert wurde hierbei der Gebrauch der visuellen Verben »look« und »see«. Die beiden Verben wurden ab dem 36. Lebensmonat regelmäßig gebraucht.

Die Untersuchungsaufgaben wurden auch vier sehenden, etwa gleichaltrigen Kindern unter Augenbinden gestellt, sodass Vergleichsdaten gewonnen werden konnten.

Die Ergebnisse dieser Untersuchung sollen in Auszügen nachfolgend kurz skizziert werden (Landau & Gleitman 1985):

- Bei den Aufforderungen »look up«, »look down« und »look behind you« bewegte das blinde Kind die Hände in die angegebene Richtung, während die sehenden Kinder trotz Augenbinde ihr Gesicht entsprechend ausrichteten.
- Bei der Aufgabe »look at this object« oder »touch this object« zeigte sich, dass »touch« für das blinde Kind die Bedeutung hatte »etwas berühren«, »look« dagegen als »einen Gegenstand haptisch explorieren« interpretiert wurde. Sehende Kinder nahmen bei »touch« physischen Kontakt auf, bei »look« wandten sie den Kopf in die entsprechende Richtung, ohne das Objekt zu berühren.
- Auf die Aufforderungen »let Mummy see/touch […]«; »show Mummy/give Mummy […]« reagierte das blinde Kind dahingehend, dass es bei »touch« und »give« das Objekt in die Hand der Mutter legte, während es bei »see« und »show« den Gegenstand niemals aus der Hand gab und sich vielmehr so zur Mutter ausrichtete, dass das zu Zeigende der Mutter zugewandt wurde.
- Selbst bei der Aufforderung »make it so that Mummy cannot see the […]«, war das blinde Kind in der Lage, Gegenstände zu verstecken (z. B. in der Hosentasche).

Auch wenn man berücksichtigt, dass die dargestellten Ergebnisse aus einer Untersuchung mit einem einzigen blinden Kind stammen und Verallgemeinerungen nur schwer möglich sind, zeigt sich doch, dass bei offensichtlich günstigen personalen Voraussetzungen in einer förderlichen Lernumgebung blinde Kinder die komplexen visuellen Begriffe »look« und »see« korrekt interpretieren und sinnvoll auf ihre eigene haptische Wahrnehmungsweise übertragen können: Der Begriff »look« wurde von dem blinden Kind ebenso wie von den sehenden Kindern auf die jeweils dominante Sinnesmodalität bezogen. Seine Anwendung ist somit durchaus adäquat und richtet sich nach demselben Prinzip wie bei sehenden Kindern. Darüber hinaus war das blinde Kind in der Lage zu unterscheiden, was »see« und »look« für sehende Menschen bedeuten und wie es selbst diese Begriffe auf die zur Verfügung stehenden Sinnesmodalitäten umzusetzen hat. Von Verbalismus kann demnach in diesem Fall nicht gesprochen werden.

Beier (2003) konnte in einer eigenen Studie diese Resultate tendenziell bestätigen (allerdings konnte sie nicht alle Versuche von Landau und Gleitman durchführen).

2.5.2 Farbvorstellungen blinder Menschen

Landau und Gleitman (1985) schlussfolgern aus ihren Beobachtungen, dass bereits blinde Kinder wissen, dass nur konkrete Gegenstände farbig sein können und dass Farbigkeit nur visuell erfasst werden kann.

Wanecek stellte 1917 in einer Untersuchung fest, dass blinde Menschen (Alter: sieben bis zwanzig Jahre) weitestgehend korrekte Farb-Gegenstand-Zuordnungen vornehmen (Sohns 1965, 5 ff.). Auch Sekowski (1990) kommt in einer Studie mit zehn- bis zwölfjährigen blinden Kindern zu dem Ergebnis, dass diese Kinder überwiegend über adäquate Farbvorstellungen verfügen. Teilweise spielten individuelle und somit nicht verallgemeinerbare Erfahrungen bei Farb-Gegenstand-Zuordnung eine Rolle (z. B. Auto: blau).

Hinsichtlich der Frage, wie blinde Menschen zu Farbvorstellungen kommen, müssen verschiedene Aspekte in Betracht gezogen werden:

Sprache

Nach Burkhard (1981) erwerben blinde Menschen Farbvorstellungen hauptsächlich durch Gespräche mit sehenden Menschen. Hierbei spielen auch feste Redewendungen und Sprachausdrücke eine Rolle (z. B. »in ein schwarzes Loch fallen«, »schwarz sehen«). Sicherlich ist auch der Kontext bedeutsam, in welchem die Farbbegriffe auftreten (z. B. rot: oft in Verbindung mit reifen Früchten oder als Signal; grün: etwas Lebendiges, Wachsendes).

Individuelle Umwelterfahrungen

Individuelle Erfahrungen mit Farbbegriffen können Grundlage der Farbvorstellung sein. Ist das Kleid der Lieblingspuppe eines Kindes rosa, so kann rosa mit weich und angenehm verbunden sein. Hierin kann auch eine Ursache mancher Farb-Gegenstand-Zuordnung gesehen werden, die möglich, aber nicht zwingend ist. Beispiel: Zuordnung Auto – blau, weil das Auto der Eltern blau ist. Wichtig wäre nun ein Kontakt mit vielen blauen Gegenständen und mit andersfarbigen Autos, um blau hier als unwichtiges Merkmal erkennen zu können.

Wahrnehmungsübertragung

Blinde Menschen koppeln teilweise Farbbegriffe mit anderen Wahrnehmungsqualitäten. Derartige Kopplungen treten auch im allgemeinen Sprachgebrauch auf (z. B. warmes Rot, kaltes Blau). Blinde Menschen können nun einen Farbnamen mit ihnen zugänglichen Wahrnehmungsqualitäten oder mit Gefühlen, die ihrer Farbvorstellung entsprechen, verbinden. Diese Verbindungen können zu einem festen Inhalt des Farbbegriffes werden. Ilg (1989), Burkhard (1981) oder Sohns (1965) nennen Beispiele derartiger Wahrnehmungsverknüpfungen Blinder, bei denen u. a. Instrumentenklänge oder Tasteindrücke mit Farben verknüpft werden.

Es bleibt festzuhalten, dass die Farbvorstellungen blinder Menschen sehr individuell geprägt sein können. Man könnte auch hervorheben, dass eben die konnotative Bedeutung der Farbbegriffe eine auf das Blindsein bezogene ist. Blinde Menschen kommen so teilweise zu anderen, aber durchaus adäquaten Farbvorstellungen, die u. U. nicht das gesamte semantische Feld abdecken können, jedoch dazu führen, dass die grundsätzliche Bedeutung von Farbbegriffen erschlossen wird (Landau & Gleitman 1985, 172 f.; Pérez-Pereira & Conti-Ramsden 1999, 88; Lowenfeld 1973, 35).

Wenn blinde Menschen von Farben reden, ist dies somit nicht von vornherein bedeutungslos.

2.5.3 Zusammenfassung

Verbalismus gibt es auch bei blinden Menschen. Aufgrund der obigen Ausführungen sollten jedoch pauschale Verbalismus-Zuschreibungen unterbleiben. Es besteht durchaus die Gefahr – und in der Schulpraxis lassen sich unzählige Beispiele hierfür finden –, dass vor allem blinde Kinder Worte ohne adäquaten begrifflichen Hintergrund erlernen. Das heißt, sie reden von Gegenständen, die sie unter Umständen nicht identifizieren könnten, wenn ihnen diese konkret angeboten würden. Dies muss jedoch nicht zwangsläufig so sein, sondern hier zeigt sich eine besondere Abhängigkeit von Umweltfaktoren und von pädagogischen Maßnahmen, auf die nachfolgend detailliert eingegangen werden soll.

Grundsätzlich gilt es zu bedenken, dass auch sehende Menschen sehr häufig von Dingen reden, die ihnen nicht wirklich zugänglich sind und deren Bedeutung viele nicht annähernd erfassen. Anhand von Begriffen aus der Computerwelt (z. B. Firewall, Grafikkarte, Bluetooth, serielle oder parallele Schnittstelle etc.) lässt sich dies verdeutlichen. IT-Fachleute könnten sicherlich manchen Gesprächspartnerinnen und -partnern Verbalismus unterstellen.

2.6 Pädagogische Maßnahmen zur Förderung des Begriffslernens blinder und hochgradig sehbehinderter Kinder und Jugendlicher

2.6.1 Aufbau spezifischer Grundlagen für das Begriffslernen

Die an dieser Stelle aufgelisteten Aspekte sollen aufzeigen, wie vielschichtig die Grundlagen für das Begriffslernen blinder und hochgradig sehbehinderter Kinder interpretiert werden müssen und wie vielseitig entsprechende Fördermaßnahmen zu gestalten sind. Darüber hinaus wird deutlich, dass von Anfang an auch in der Frühförderung diese Grundlagen erarbeitet werden müssen (vgl. auch für das Folgende Hudelmayer 1974; 1971).

Sprachförderung

Obwohl die Sprachentwicklung blinder Kinder weitgehend ohne gravierende Probleme verläuft, gilt es doch, einige Besonderheiten und Gefährdungen im Blick zu behalten.

Auf die Problematik, dass die Kommunikation ohne Blickkontakt, Mimik und Gestik auskommen muss, wurde bereits hingewiesen (s. 2.3.1). Wichtig erscheint in diesem Zusammenhang, dass Eltern die frühen nonverbalen Kommunikationssignale ihres blinden oder hochgradig sehbehinderten Kindes richtig interpretieren und selbst angemessene Interaktionsformen finden (z. B. auditive, körperbezogene und rhythmisch-vestibuläre Interaktionsformen über Kinderverse mit Berührungen, Kitzelspiele, Klatsch- und Fingerspiele etc.). Auch eine Ritualisierung des Alltags mit dem Ziel des Aufbaus gemeinsamer Routinen mit integrierten Sprachhandlungen (vgl. Bruner 2002) beim Wickeln, Baden, An- und Ausziehen etc. kann dem Kind Bezüge und Referenzen verdeutlichen. Andererseits muss eine tastmäßige Verknüpfung von Wort und Gegenstand erfolgen (z. B. dadurch, dass die Hand des Kindes mit entsprechender Sprachbegleitung zu einem Gegenstand geführt wird), damit die Wortschatzentwicklung und damit eine wesentliche Komponente des Begriffslernens voranschreiten kann (Brambring 1999, 153 ff.; 2003, 733; Pérez-Pereira & Conti-Ramsden 1999, 44 ff.).

Eltern und Fachkräfte der Frühförderung müssen selbstverständlich Erkundungstätigkeiten adäquat verbal begleiten können und hierdurch vielfältige Informationen vermitteln bzw. zu deren Entdeckung hinführen. Objekte sollten also nicht nur bezeichnet werden, die Kommunikation mit dem blinden oder hochgradig sehbehinderten Kind sollte stattdessen vielseitige perzeptuelle und funktionelle Beschreibungen enthalten, z. B.:

> »Fühl den Schnee. Schnee ist weiß. Schnee ist kalt und schmilzt in deiner Hand zu Wasser. Du kannst Schnee zusammendrücken und zu einem Schneeball formen.«

Sacherfahrungen initiieren

Da Blindheit und hochgradige Sehbehinderung zu einer Reduktion von Umwelterfahrungen führen kann (s. 2.3.4), sollten von Anfang an – also bereits innerhalb der Frühförderung – vielfältige konkrete Sacherfahrungen initiiert werden. Für Eltern sollte es selbstverständlich sein, das blinde oder hochgradig sehbehinderte Kind bei allen Aktivitäten im Haus, Garten, Wald etc. teilhaben zu lassen und, wenn immer möglich, aktiv einzubeziehen. In derartigen Sachbegegnungen sollten verbale Beschreibungen und Erklärungen (visuelle Merkmale, Funktionen, Formmerkmale, haptische Charakteristika etc.) gezielt integriert sein.

Motorische Förderung

Die Bewegungsmöglichkeiten und hier insbesondere der Bereich eigeninitiierter Bewegungen sind eine Voraussetzung dafür, den Erfahrungsbereich blinder und hochgradig sehbehinderter Kinder auszuweiten (s. 2.3.4). Umweltexploration setzt Bewegung voraus:

- einerseits Lokomotion, um die Kontaktmöglichkeiten mit der dinglichen Umgebung zu erhöhen,
- andererseits feinmotorische Fertigkeiten, um durch haptisches Erkunden vielfältige Informationen aufnehmen zu können.

Die Bewegungsmöglichkeiten bedingen das Aufsuchen und Auffinden von verschiedenen Repräsentanten eines Begriffes. Die vielfältigen Formen motorischer Förderung (z. B. durch Rhythmik, Psychomotorik etc.) können somit auch im Zusammenhang der Begriffsbildung von großer Bedeutung sein.

Förderung der Wahrnehmung

Blinde Kinder müssen lernen, wie sie über das Tasten und über das Hören, aber auch über das Schmecken und Riechen vielfältige Umweltinformationen erhalten können. Die Aufmerksamkeit muss hierzu auf die jeweilige Wahrnehmungsmodalität konzentriert sein.

Taststrategien entwickeln sich nicht automatisch, d. h. das Kind braucht eine Anleitung, wie es Gegenstände beidhändig umfassen bzw. erfassen und haptisch explorieren kann. Variationsreiche Erkundungshandlungen wie beispielsweise Gegenstände mit den Händen bzw. Fingern zu umfahren, zu drücken oder über deren Oberfläche entlangzustreichen sollten bereits sehr früh eingeführt und angewandt werden (▶ Kap. V, 1).

Maßnahmen der Wahrnehmungsförderung sollten angemessene verbale Beschreibungen der Tast- und Höreindrücke, der Gerüche und Geschmacksrichtungen enthalten.

Bei hochgradig sehbehinderten Kindern müssen die visuellen Wahrnehmungsmöglichkeiten in den Fördersituationen berücksichtigt sein, da sich hierdurch unter Umständen wesentliche Informationen zur Orientierung und Strukturierung gewinnen lassen.

Neugier fördern bzw. Hemmungen und Ängste abbauen

In der frühen Kindheit erwirbt das blinde bzw. hochgradig sehbehinderte Kind eine emotionale Grundeinstellung zur konkreten Umwelt. Neugier, Mut und Interesse sind äußerst förderliche Persönlichkeitseigenschaften für eine aktive Umwelterkundung. Ängste und Hemmungen verstärken demgegenüber Rückzugstendenzen und verhindern somit vielfältige Lernerfahrungen. Das Verhalten der Eltern, Erzieherinnen und Erzieher sowie Frühförderinnen und Frühförderer sind entscheidende Faktoren dafür, welche emotionale Grundeinstellung entstehen kann.

Mimische Ermutigungen sind für blinde und hochgradig sehbehinderte Kinder nicht zugänglich, sodass eine entsprechende Verbalisierung stattfinden muss.

2.6.2 Konkrete Vorgehensweisen für das Lehren von Begriffen bei blinden und hochgradig sehbehinderten Kindern und Jugendlichen

Blinde Kinder bzw. blinde Jugendliche begegnen – im Gegensatz zu sehenden – einer Sache in pädagogischen Lernsituationen (z. B. in der Schule) oftmals zum ersten, evtl. auch zum einzigen Mal (Hudelmayer 1974).

Dieser Sachverhalt verweist noch einmal auf die besondere Bedeutung eines gezielten Begriffslernens und auf die Notwendigkeit spezifischer didaktischer Vorgehensweisen bei der konkreten Begriffsvermittlung.

In Anlehnung an die allgemeinpädagogischen Aussagen des Lernpsychologen Seel (2000, 171) sowie unter Bezugnahme blindenspezifischer Ausführungen (Hudelmayer 1974; 1970b; Lowenfeld 1973, 41 ff.; Koenig & Holbrook 2000, 199 ff.; O'Sail et al. 2001) können die nachfolgend skizzierten Prinzipien abgeleitet werden, die das Begriffslernen blinder und hochgradig sehbehinderter Kinder und Jugendlicher erleichtern und effektiver machen.

Schaffen einer geeigneten Lernumgebung

- zur Exploration ermutigen und entsprechende Tätigkeiten positiv verstärken,
- für emotionale Sicherheit und gegenseitiges Angenommensein sorgen,
- Begriffsrepräsentanten zugänglich machen für mehrmalige Begegnungen und wiederholten intensiven Kontakt (z. B. »Ausstellungstisch« im Klassenzimmer),
- Klassifizierungsaufgaben organisatorisch vorbereiten (z. B. für Sortierhandlungen ausreichend und evtl. unterschiedliche Materialschälchen bereit stellen),
- notwendige Hilfsmittel (bei noch vorhandenem Sehvermögen auch Lupen, Lesegeräte etc.) anbieten und einsetzen,
- etc.

Vor- bzw. nachbereitende Strukturierung

- Vorwissen der Schülerinnen und Schüler aufgreifen,
- bei sehr komplexen Sachverhalten: vorbereitende Strukturierungshilfen anbieten, damit die wesentlichen Begriffsmerkmale in der Realbegegnung erkannt werden können: z. B. Modell einer Straßenbahn als Vorbereitung zur Realbegegnung (oftmals ist auch eine nachbereitende Strukturierung nach der Realbegegnung notwendig).

Realbegegnungen bzw. konkrete Erfahrungen ermöglichen

- wenn immer möglich, direkte Erfahrungen aus »erster Hand« initiieren: reale Repräsentanten des Begriffes in den Unterricht hereinholen,

- oftmals ist es notwendig, Begriffsrepräsentanten im Rahmen von Lerngängen vor Ort aufzusuchen,
- Objekte, die nicht real erfahren werden können (z. B. weit entfernte, gefährliche oder nicht mehr existente Objekte), können je nach Schülergruppe eventuell über Veranschaulichungsmedien (Modelle, Reliefabbildungen etc.), Analogiebildungen (zugängliche Objekte mit ähnlichen Merkmalen: z. B. ein Tiger hat gemeinsame Merkmale mit der Katze) und entsprechende verbale Erläuterungen erarbeitet werden,
- genügend Zeit für eine intensive Exploration mit allen verfügbaren Sinnesmodalitäten lassen,
- wiederholte Begegnungen/Explorationen ermöglichen: Objekte längere Zeit im Klassenzimmer frei zugänglich ausstellen,
- bei abstrakten, nichtgegenständlichen Begriffen (Eifersucht, Friede, Staat etc.) müssen geeignete Vermittlungsformen gefunden werden: Rollenspiele, um situative und emotionale Begriffsinhalte erfahrbar zu machen; verbale Erläuterungen anhand von Beispielen etc.

Hervorheben der kriterialen Merkmale des Begriffes

- alle zugänglichen (d. h. oftmals die nichtvisuellen) perzeptiven und funktionalen Merkmale am Realobjekt eigenaktiv und handlungsorientiert erkunden lassen,
- wesentliche Objektmerkmale, die nicht oder kaum zugänglich sind (z. B. fragile, sich bewegende, sehr kleine, sehr große, komplex strukturierte oder optische Merkmale), können evtl. durch geeignete Veranschaulichungsmedien (z. B. vergrößerte oder verkleinerte Modelle, Reliefabbildungen) vermittelt werden oder müssen über Analogiebildungen bekannter Sachverhalte bzw. durch verbale Erläuterungen (z. B. bei Farbmerkmalen) ergänzt werden,
- konkretes Handlungswissen aufbauen: funktionale Merkmale und Zusammenhänge handelnd erleben,
- entdeckendes Lernen initiieren: zu Hypothesenbildung und -überprüfung anregen bzw. anleiten,
- falls notwendig, Exploration lenken: auf Merkmale hinweisen, Merkmale in Beziehung zueinander setzen (Beispiel: Stopfpräparat Ente: Wo ist der Kopf, der Schnabel? Wie viele Beine hat die Ente? Besonderheiten der Füße etc.),
- Begriffsrepräsentanten in zeitlicher und räumlicher Nähe anbieten, sodass ein vielseitiges und eher simultanes Vergleichen zum Herauslösen der Begriffsmerkmale ermöglicht wird (bei entsprechend geeigneten Begriffsrepräsentanten: Merkmale durch aktives Vergleichen zweier Repräsentanten erschließen lassen mittels eines beidhändigen simultanen Ertastens),
- für den Erstkontakt einen möglichst prototypischen Begriffsrepräsentanten wählen; zur Differenzierung der Merkmale sollten später weitere positive, aber auch negative, nicht zum Begriff gehörende Exemplare hinzugezogen werden, um die Begriffsgrenzen zu verdeutlichen.

Bereitstellen einer konkreten Terminologie für Begriffe und deren Merkmale

- präzises Verbalisieren der Merkmale (z. B. Wahrnehmungsqualitäten).

Hierarchisierung mittels neben-, unter- oder übergeordneter Begriffe

- Vorwissen (bereits bekannte, im Zusammenhang mit dem zu erlernenden Begriff stehende Begriffe) aufgreifen,
- den neuen Begriff gezielt in größere Zusammenhänge einordnen, mit verwandten Begriffen vergleichen bzw. systematisch mit ihnen verknüpfen.

3 Literatur

Adler, B. (1985): *Hörerziehung im Unterricht bei Blinden*. Unveröffentlichte Examensarbeit. Pädagogische Hochschule Heidelberg
Anderson, D. W. (1984): Mental imagery in congenitally blind children. In: *Journal of Visual Impairment and Blindness*, 78, 206–210.
Anderson, D. W. & Olson, M. R. (1981): Word meaning among congenitally blind children. In: *Journal of Visual Impairment and Blindness*, 75, 165–168.
Barraga, N. (1964): Increased visual behavior in low vision children. New York.
Beermann, U. (1966): Erziehung von Sehbehinderten. Die optische Leistungsfähigkeit als Grundlage der Erziehung und Bildung von Kindern mit geringem Sehvermögen. Weinheim.
Beier, E. (2003): *Vorstellungen blinder Kinder vom Sehen. Eine Studie mit geburtsblinden Kindern*. Unveröffentlichte Examensarbeit. Pädagogische Hochschule Heidelberg.
Benesch, F. & Mersi, F. (Hrsg.) (1970): *Zur Begründung des Sehbehindertenbildungswesens in Mitteleuropa. Eine Sammlung wichtiger Beiträge*. Neuburgweier.
Berke, A. & Kinder, A.: Entwicklung visueller Funktionen. In: W. Cagnolata und A. Berke (Hrsg.). *Kinderoptometrie*. Heidelberg, 116–129.
Birbaumer, N. & Schmidt, R. T. (2010): *Biologische Psychologie*. 7., überarb. und erg. Aufl. Heidelberg.
Bishop, V. E. (2000): Early childhood. In: A. J. Koenig und M. C. Holbrook (Hrsg.). *Foundations of education. Volume II: Instructional strategies for teaching children and youths with visual impairments*. 2. Aufl. New York, 225–264.
Brambring, M. (1999): *Entwicklungsbeobachtung und -förderung blinder Klein- und Vorschulkinder. Handbuch. Entwicklungsbögen und Entwicklungsdaten der Bielefelder Längsschnittstudie*. Würzburg.
Brambring. M. (2003): Sprachentwicklung blinder Kinder. In: G. Rickheit, T. Herrmann und W. Deutsch (Hrsg.). *Psycholinguistik. Ein internationales Handbuch*. Berlin und New York, 730–752.
Brambring, M. (2005): Divergente Entwicklung blinder und sehender Kinder in vier Entwicklungsbereichen. In: *Zeitschrift für Entwicklungspsychologie und Pädagogische Psychologie*, 37, 173–183.
Brambring, M. (2006): Divergent development of gross motor skills in children who are blind or sighted. In: *Journal of Visual Impairment and Blindness*, 100, 620–634.

Brambring, M. (2007): Divergent development of manual skills in children who are blind or sighted. In: *Journal of Visual Impairment and Blindness*, 101, 212–225.
Brock, S.-A. & Winzer, S.: Kunst und Gestalten. In: M. Lang, U. Hofer und F. Beyer (Hrsg.). *Didaktik des Unterrichts mit blinden und hochgradig sehbehinderten Schülerinnen und Schülern. Band 2: Fachdidaktiken.* Stuttgart, 168–188.
Bruner, J. S. (1974): *Entwurf einer Unterrichtstheorie.* Berlin und Düsseldorf.
Bruner, J. S. (2002): *Wie das Kind sprechen lernt.* 2., erg. Aufl. Bern.
Bureau of Education for Exceptional Students (1986): *Volume V-K: Movement analysis and curriculum for visually impaired preschoolers.* Tallahassee.
Burkhard, U. (1981): *Farbvorstellungen blinder Menschen.* Basel, Boston und Stuttgart.
Bushnell, E. W. & Boudreau, J. P. (1991): The development of haptic perception during infancy. In: M. A. Heller und W. Schiff (Hrsg.). *The psychology of touch.* Hillsdale, 139–161.
Cattaneo, Z. & Vecchi, T. (2011): *Blind vision. The neuroscience of visual impairment.* Cambridge (Mass.).
Cutsforth, T. D. (1951): *The blind in school and society.* New York.
Dale, N. J., Tadic, V. & Sonksen, P. (2013): Social communicative variations in 1–3-year-olds with severe visual impairment. In: *Child: care, health and development*, 40, 158–164.
Dobslaw, G. (1993): *»Da kann ich nur das Wort sagen«. Eine vergleichende Analyse der Kategorisierungsleistungen und der Inhalte von Wortbedeutungen über Objekte bei blinden und sehenden Vorschulkindern.* Münster und New York.
Dunlea, A. (1989): *Vision and the emergence of meaning. Blind and sighted children's early language.* Cambridge.
Elbert, T. & Rockstroh, B. (2012): Kortikale Reorganisation. In: H.-O. Karnath und P. Thier (Hrsg.). *Kognitive Neurowissenschaften.* 3., aktualisierte und erw. Aufl. Berlin und Heidelberg, 719–732.
Edelmann, W. & Wittmann, S. (2012): *Lernpsychologie.* 7., vollst. überarb. Aufl. Weinheim.
Elsner, B. & Pauen, S. (2012): Vorgeburtliche Entwicklung und früheste Kindheit (0–2 Jahre). In: W. Schneider und U. Lindenberger (Hrsg.). *Entwicklungspsychologie.* 7. vollst. überarb. Aufl. Weinheim und Basel, 159–185.
Ferrell, K. A. (2000): Growth and development of young children. In: M. C. Holbrook und A. J. Koenig (Hrsg.). *Foundations of education. Volume I: History and theory of teaching children and youths with visual impairments.* 2. Aufl. New York, 111–134.
Ferrell, K. A. (2010): Visual Development. In: A. L. Corn und J. N. Erin (Hrsg.). *Foundations of low vision. Clinical and functional perspectives.* 2. Aufl. New York, 299–338.
Ferrell, K. A., Trief, E., Dietz, S. J., Bonner, M. A., Cruz, D., Ford, E. & Stratton, J. M. (1990): Visually impaired infants research consortium (VIIRC): First-year results. In: *Journal of Visual Impairment and Blindness*, 84, 404–410.
Fischer, G. (1898): Normal-Lehrplan für Blindenschulen. In: Kongress-Komitee (Hrsg.). *Verhandlungen des IX. Blindenlehrer-Kongresses in Steglitz-Berlin vom 25. bis 29. Juli 1898.* Steglitz, 62–125.
Fraiberg, S. (1977): *Insights from the blind. Comparative studies of blind and sighted infants.* New York.
Fröhlich, A. (1998): *Basale Stimulation. Das Konzept.* Düsseldorf.
Fröhlich, A. (2005): Gestörte Wahrnehmung? Wahrnehmungsstörungen? Gedanken zur Einleitung. In: A. Fröhlich (Hrsg.). *Wahrnehmungsstörungen und Wahrnehmungsförderung.* 11. Aufl. Heidelberg, 9–16.
Fröhlich, A., Heinen, N. & Lamers, W. (Hrsg.) (2001): *Schwere Behinderung in Praxis und Theorie – ein Blick zurück nach vorn. Texte zur Körper- und Mehrfachbehindertenpädagogik.* Düsseldorf.
Fromm, W. (1980): Zum Unterrichtsfach Modellieren/Typhlographik an Blindenschulen. In: *Die Sonderschule*, 25, 291–295.
Fromm, W. & Degenhardt, R. (1990): Rehabilitationspädagogischer Prozeß. In: W. Fromm, R. Degenhardt und Autorenkollektiv (Hrsg.). *Rehabilitationspädagogik für Sehgeschädigte.* 2., überarb. Aufl. Berlin, 59–135.
Frostig, M., Horne, D. & Miller, A. M. (1972): *Wahrnehmungstraining Heft 1–3.* Für deutsche Verhältnisse bearb. und hrsg. von A. und E. Reinartz. Dortmund.

Gibson, J. J. (1973): *Die Sinne und der Prozeß der Wahrnehmung.* Bern, Stuttgart und Wien.
Gibson, J. J. (1982): *Wahrnehmung und Umwelt. Der ökologische Ansatz in der visuellen Wahrnehmung.* München, Wien und Baltimore.
Giese, M. & Scherer, H. G. (2010): Sportunterricht mit Sehgeschädigten – ein sinn- und erfahrungsorientierter Ansatz. In: M. Giese (Hrsg.). *Sport- und Bewegungsunterricht mit Blinden und Sehbehinderten. Band 1: Theoretische Grundlagen – spezifische und adaptierte Sportarten.* Aachen, 125–149.
Gigerl, E. (1895): Die Hand, ihre Kräftigung und Schulung durch Finger- und Handgelenk-Gymnastik im Dienste des Blinden-Unterrichtes. In: *Der Blindenfreund*, 15, 15–28, 34–43.
Goldstein, E. B. (2015): *Wahrnehmungspsychologie. Der Grundkurs.* 9. Aufl. Berlin und Heidelberg.
Grimm, H. & Weinert, S. (2002): Sprachentwicklung. In: R. Oerter und L. Montada (Hrsg.). *Entwicklungspsychologie.* 5., vollst. überarb. Aufl., Weinheim, Basel und Berlin, 517–550.
Guski, R. (1996): *Wahrnehmen – ein Lehrbuch.* Stuttgart, Berlin und Köln.
Hannover, B., Zander, L. & Wolter, I. (2014): Entwicklung, Sozialisation und Lernen. In: T. Seidel und A. Krapp (Hrsg.). *Pädagogische Psychologie.* 6., vollst. überarb. Aufl. Weinheim und Basel, 139–165.
Harley, K. H. (1963): *Verbalism among blind children. An investigation and analysis.* New York.
Hatton, D. D., Bailey, D. B., Burchinal, M. R. & Ferrell, K. A. (1997): Developmental growth curves of preschool children with vision impairments. In: *Child Development*, 68, 788–806.
Hatwell, Y. (1985): *Piagetian reasoning and the blind.* New York.
Heller, S. (1886): Das Prinzip der Wechselwirkung in der Blindenschule. In: Congress-Comité (Hrsg.). *Verhandlungen des V. Blindenlehrer-Congresses in Amsterdam, am 3, 4, 5, 6 und 7 August 1885.* Amsterdam, 131–143.
Heller, S. (1888): Die psychologische Grundlegung der Blindenpädagogik. In: Congress-Vorstand (Hrsg.). *Verhandlungen des VI. Blindenlehrer-Congresses zu Köln am Rhein am 6., 7., 8., 9. und 10. August 1888.* Düren, 97–121.
Heller, S. (1892): System der Blindenpädagogik. In: Kongress-Comité (Hrsg.). *Verhandlungen des VII. Blindenlehrer-Kongresses in Kiel vom 3. bis 7. August 1891.* Kiel, 195–220.
Heller, S. (1901): Das Bewusstsein als Faktor der Blindenbildung. In: Kongress-Komitee (Hrsg.). *Bericht über den X. Blindenlehrer-Kongress in Breslau vom 29. Juli bis 2. August 1901.* Breslau, 110–124.
Heller, S. (1905): Entwicklungsphänomene im Seelenleben der Blinden und ihre Konsequenzen für die Blindenbildung. In: Kongress-Komitee (Hrsg.). *Bericht über den XI. Blindenlehrerkongress zu Halle a. S. vom 1. bis 5. August 1904.* Halle a. d. S., 58–72.
Henriksen, A. (2009): Die fünf wichtigsten Low Vision Maßnahmen. Oder: Wie Sie Ihr Wissen über das funktionale Sehen von Kindern mit mehrfachen Behinderungen erweitern und in Handlungen umsetzen können. In: Verband für Blinden- und Sehbehindertenpädagogik e. V. (Hrsg.). *Teilhabe gestalten. XXXIV. Kongress vom 14.–18. Juli in Hannover.* Würzburg.
Henriksen, A. & Lamers, F. (2016): *Funktionales Sehen. Diagnostik und Interventionen bei Beeinträchtigungen des Sehens.* Würzburg.
Hergert, A. & Hofer, U. (2011): Inhalte und didaktische Ausgestaltung von LPF. In: Lang, M., Hofer, U. & Beyer, F. (Hrsg.). *Didaktik des Unterrichts mit blinden und hochgradig sehbehinderten Schülerinnen und Schülern. Band 2: Fachdidaktiken.* Stuttgart, 260-274
Higgins, L. C. (1973): *Classification in congenitally blind children. An examination of Inhelder and Piaget's theory.* New York
Hofer, U. & Oser, V. (2011): Förderung von Orientierung und Mobilität. In: M. Lang, U. Hofer und F. Beyer (Hrsg.). *Didaktik des Unterrichts mit blinden und hochgradig sehbehinderten Schülerinnen und Schülern. Band 2: Fachdidaktiken.* Stuttgart, 230–253.
Holle, B. (2011): *Die motorische und perzeptuelle Entwicklung des Kindes.* 5., unveränd. Aufl. Weinheim.
Hoffmann, J. (1986): *Die Welt der Begriffe. Psychologische Untersuchungen zur Organisation des menschlichen Wissens.* Weinheim.

Hudelmayer, D. (1970a): *Nichtsprachliches Lernen von Begriffen. Untersuchungen über die Begriffsbildung bei geburtsblinden Schülern.* Stuttgart.
Hudelmayer, D. (1970b): Kognitive Leistungen bei blinden Schülern. Ein Beitrag zur blindenpädagogischen Psychologie. In: Verein zur Förderung der Blindenbildung e. V. (Hrsg.). *XXVI. Deutscher Blindenlehrerkongreß 21. bis 25. Juli 1969 München. Kongreßbericht.* Hannover-Kirchrode, 111–119.
Hudelmayer, D. (1971): Möglichkeiten kognitiver Förderung blinder und hochgradig sehbehinderter Vorschulkinder. In: Verband der Blinden- und Sehbehindertenlehrer (Hrsg.). *3. Fortbildungstagung der AG Früherziehung.* Hamburg.
Hudelmayer, D. (1974): *Umwelterfahrungen blinder Kinder. Vortrag anlässlich einer Lehrerfortbildungstagung in Fribourg (Schweiz) am 19.10.1974.* Unveröffentlichtes Manuskript.
Hudelmayer, D. (1975): Die Erziehung Blinder. In: Deutscher Bildungsrat (Hrsg.). *Gutachten und Studien der Bildungskommission. Sonderpädagogik 5.* Stuttgart, 17–137.
Hudelmayer, D. (1983): Taktile Bilder als Hilfen zur Veranschaulichung. In: Verband der Blinden- und Sehbehindertenpädagogen e. V. (Hrsg.). *Standortbestimmung und Neuorientierung. Kongressbericht XXIX. Kongress für Sehgeschädigtenpädagogik Würzburg 1.–5. August 1983.* Hannover-Kirchrode, 192–196.
Hudelmayer, D., Mersi, F., Pfeiffer, K. & Weinläder, H. G. (1985): Förderung der Wahrnehmung. In: W. Rath und D. Hudelmayer (Hrsg.). *Pädagogik der Blinden und Sehbehinderten.* Handbuch der Sonderpädagogik Band 2. Berlin, 149–178.
Hummel, F. C. & Gerloff. C. (2012): Funktionsanpassung im motorischen System. In: H.-O. Karnath und P. Thier (Hrsg.). *Kognitive Neurowissenschaften.* 3., aktualisierte und erw. Aufl. Berlin und Heidelberg, 733–740.
Hyvärinen, L. (1993): *Sehen im Kindesalter. Normale und abweichende Entwicklung.* Würzburg.
Ilg, Chr. (1989): *Das Weltbild des blindgeborenen Kindes und seine gestalterische Darstellung.* Basel.
Kampmann, S. (1998): Notwendigkeit der Orthoptistin zur Sehdiagnostik in der Frühförderung. In: Arbeitsgemeinschaft Frühförderung sehgeschädigter Kinder (Hrsg.). *Messen und Bewerten – Bewerten und Handeln. Referate der 15. Fortbildungstagung in Loccum 1997.* Würzburg, 83–108.
Kebeck, G. (1994): *Wahrnehmung. Theorien, Methoden und Forschungsergebnisse der Wahrnehmungspsychologie.* Weinheim und München.
Kiefner, E. & Lühmann, L. (1985): Mobilitätserziehung. In: W. Rath und D. Hudelmayer (Hrsg.). *Pädagogik der Blinden und Sehbehinderten.* Handbuch der Sonderpädagogik Band 2. Berlin, 179–189.
Kish, D. (2015): *Bilder im Kopf. Klick-Echoortung für blinde Menschen.* Würzburg.
Klasser, T. (2005): Ideen zur Arbeit (nicht nur) mit blinden und sehbehinderten Kindern. In: *Unterstützte Kommunikation,* 3, 5–7.
Klein, J. W. (1991/1819): *Lehrbuch zum Unterrichte der Blinden, um ihnen ihren Zustand zu erleichtern, sie nützlich zu beschäftigen und sie zur bürgerlichen Brauchbarkeit zu bilden.* Faksimile-Ausgabe. Würzburg.
Klein, J. W. (1830): *Nachricht von dem kaiserlich-königlichen Blinden-Institute und von der Versorgungs- und Beschäftigungs-Anstalt für erwachsene Blinde in Wien.* Wien.
Klein, J. W. (1844): *Anleitung, blinden Kindern ohne sie in einem Blinden-Institute unterzubringen, die nöthige Bildung in den Schulen ihres Wohnortes und im Kreise ihrer Familien zu verschaffen. Wodurch einer weit größeren Anzahl von Blinden, mit geringern Kosten als bisher, die Wohlthat einer zweckmäßigen Bildung zu Theil wird.* Wien.
Koenig, A. J. & Holbrook, M. C. (2000): Planning instructions in unique skills. In: A. J. Koenig und M. C. Holbrook (Hrsg.). *Foundations of education. Volume II: Instructional strategies for teaching children and youths with visual impairments.* 2. Aufl. New York, 196–221.
Korf, G., Pulko, B. & Weitershagen, U. (2003): Unterstützte Kommunikation mit sehgeschädigten Kindern. In: Arbeitsgemeinschaft Frühförderung sehgeschädigter Kinder (Hrsg.). *Frühförderung zwischen Erwartung und Realität.* Würzburg.
Krist, H., Kavšek, M. & Wilkening, F. (2012): Wahrnehmung und Motorik. In: W. Schneider und U. Lindenberger (Hrsg.). *Entwicklungspsychologie.* 7., vollst. überarb. Aufl. Weinheim und Basel, 363–384.

Krug, F.-K. (2001): *Didaktik für den Unterricht mit sehbehinderten Schülern.* München.
Laemers, F. (2004): Low Vision in der Pädagogik. Überlegungen zur Unterstützung und Förderung des kindlichen Sehvermögens im pädagogischen Kontext. In: Verband der Blinden- und Sehbehindertenpädagogen und -pädagoginnen (VBS) (Hrsg.). *»Qualitäten«. Rehabilitation und Pädagogik bei Blindheit und Sehbehinderung. Kongressbericht. XXXIII. Kongress. vom 04.08.–08.08.2003 in Dortmund.* Würzburg, 298–309.
Lahme, S. & Selmeier, P. (2013): *Tests und Management nicht nur der Kinderoptometrie.* Heidelberg.
Landau, B. (1983): Blind children's language is not »meaningless«. In: A. E. Mills (Hrsg.). *Language acquisition in the blind child.* London, 62–76.
Landau, B. (1997): Language and experience in blind children: Retrospective and prospective. In: V. Lewis und G. M. Collis (Hrsg.). *Blindness and psychological development in young children.* Leicester, 9–28.
Landau, B. & Gleitman, L. R. (1985): *Language and experience. Evidence from the blind child.* Cambridge.
Lang, M. (1995): Ansätze der rhythmisch-musikalischen Erziehung zur motorischen Förderung blinder Kinder. Übungen zur Verbesserung von Haltung und Bewegungsausdruck. In: *blind-sehbehindert*, 115, 88–98.
Lang, M. (2003): *Haptische Wahrnehmungsförderung mit blinden Kindern. Möglichkeiten der Hinführung zur Brailleschrift.* Regensburg
Lang, M. (2011): Bewegungserziehung. In: M. Lang, U. Hofer und F. Beyer (Hrsg.). *Didaktik des Unterrichts mit blinden und hochgradig sehbehinderten Schülerinnen und Schülern. Band 2: Fachdidaktiken.* Stuttgart, 145–167.
Lang, M., Hofer, U. & Beyer, F. (Hrsg.) (2011): Didaktik des Unterrichts mit blinden und hochgradig sehbehinderten Schülerinnen und Schülern. Band 2: Fachdidaktiken. Stuttgart.
Lang, M. (2013): *Auf der Taststraße zur Punktschrift. Fördermaterialien zur Vorbereitung blinder Kinder auf das Lesen der Brailleschrift.* 3. Aufl. Hannover.
Laufenberg, W. & Beyer, F. (2011): Veranschaulichung in historischen, geographischen und naturwissenschaftlichen Kontexten. In: M. Lang, U. Hofer und F. Beyer (Hrsg.). *Didaktik des Unterrichts mit blinden und hochgradig sehbehinderten Schülerinnen und Schülern. Band 2: Fachdidaktiken.* Stuttgart, 103–120.
Levinsohn, G. (1908): Gehören Schwachsichtige in die Blindenanstalt. In: Blindenanstalt Hamburg (Hrsg.). *Bericht über den XII. Blindenlehrerkongress in Hamburg vom 23. bis 27. September 1907.* Hamburg, 200–208.
Lokatis-Dasecke, S. & Wolter, B. (2008): *Gemeinsam kreativ. Integrativer Kunstunterricht mit blinden Schülerinnen und Schülern.* Würzburg.
Lowenfeld, B. (1973): Psychological considerations. In: B. Lowenfeld (Hrsg.). *The visually handicapped child in school.* New York.
Maier, K., Ambühl-Caesar, G. & Schandry, R. (1994): *Entwicklungspsychophysiologie. Körperliche Indikatoren psychischer Entwicklung.* Weinheim.
Mannich, W. (1963): Begriffsinhalte blinder und sehender Volksschüler. 1. Teil. In: *Der Blindenfreund*, 83, 154–174.
Mannich, W. (1964): Begriffsinhalte blinder und sehender Volksschüler. 2. Teil. In: *Der Blindenfreund*, 84, 1–19.
Mayntz, J. (1931): *Blinde Kinder im Anfangsunterricht. Beiträge zur Geschichte und Methodik der ersten Bildungsarbeit in der Blindenschule.* Düren.
Mersi, F. (1971): *Die Schulen der Sehgeschädigten. Funktion, Theorie, Praxis.* Neuburgweier.
Michaelis, R. (1999): Vom Greifen zum Begreifen? In: M. Wehr und M. Weinmann (Hrsg.). *Die Hand. Werkzeug des Geistes.* Heidelberg und Berlin, 208–225.
Mills, A. E. (1993): Visual Handicap. In: D. Bishop und K. Mogford (Hrsg.). *Language development in exceptional circumstances.* Hillsdale, 150–164.
Ministerrat der Deutschen Demokratischen Republik, Ministerium für Volksbildung (Hrsg.) (1980): *Lehrplanentwurf Modellieren/Typhlographik Klassen 1 bis 3 für die zehnklassige allgemeinbildende polytechnische Oberschule für Blinde.* Berlin.
Mulford, R. (1983): Referential development in blind children. In: A. E. Mills (Hrsg.). *Language acquisition in the blind child.* London, 89–107.

3 Literatur

Neisser, U. (1979): *Kognition und Wirklichkeit. Prinzipien und Implikationen der kognitiven Psychologie.* Stuttgart.
Neuhäuser, B. (1984): *Zur Musikdidaktik an der Blindenschule. Versuch einer Konzeption vor dem Hintergrund der Entwicklung des Faches.* Unveröffentlichte Examensarbeit. Technische Hochschule Dortmund.
Nielsen, L. (1993): *Das Ich und der Raum. Aktives Lernen im »Kleinen Raum«.* Würzburg.
Nielsen, L. (1996): *Schritt für Schritt. Frühes Lernen von sehgeschädigten und mehrfachbehinderten Kindern.* Würzburg.
Nielsen, L. (2000): *Der FIELA-Förderplan. 730 Fördervorschläge. Konkrete Beispiele zum aktiven Lernen von sehgeschädigten und mehrfachbehinderten Kindern.* Würzburg.
Nielsen, L. (2001): Der Ansatz des Aktiven Lernens (ALA). Philosophie – Theorie – Anwendung. In: A. Fröhlich, N. Heinen und W. Lamers (Hrsg.). *Schwere Behinderung in Praxis und Theorie – ein Blick zurück nach vorn. Texte zur Körper- und Mehrfachbehindertenpädagogik.* Düsseldorf, 235–244.
O'Sail, B., Levack, N., Donovan, L. & Sewell, D. (2001): *Elementary concepts for students with visual impairments. Description and use.* Austin.
Pascual-Leone, A., Theoret, H., Merabet, L., Kauffmann, T. & Schlaug, G (2006): The role of visual cortex in tactile processing: a metamodal brain. In: M. A. Heller und S. Ballesteros (Hrsg.). *Touch and blindness. Psychology and Neuroscience.* Mahwah, 171–195.
Pérez-Pereira, M. & Conti-Ramsden, G. (1999): *Language development and social interaction in blind children.* Hove.
Prechtl, H., Cioni, G., Einspieler. C., Bos, A. F. & Ferrari, F. (2001): Role of vision in early motor development: Lessons from the blind. In: *Developmental Medicine & Child Neurology,* 43, 198–201.
Rath, W. (2000): Blindheit und Sehbehinderung. In: J. Borchert (Hrsg.). *Handbuch der Sonderpädagogischen Psychologie.* Göttingen, Bern, Toronto und Seattle, 104–113.
Rauh, H. (2002): Frühe Kindheit. In: R. Oerter und L. Montada (Hrsg.). *Entwicklungspsychologie.* 5., vollst. überarb. Aufl. Weinheim, Basel und Berlin, 131–208.
Recchia, S. L. (1997): Play and concept development in infants and young children with severe visual impairments: a constructivist view. In: *Journal of Visual Impairment and Blindness,* 91, 401–406.
Rødbroe, I. & Janssen, M. (2014): *Kommunikation und angeborene Taubblindheit. Angeborene Taubblindheit und die Kernprinzipien der Intervention. Booklet 1.* Würzburg (s. auch Booklets 2–4).
Röder, B. (2012): Funktionsanpassung im visuellen System nach peripherer Schädigung. In: H.-O. Karnath und P. Thier (Hrsg.). *Kognitive Neurowissenschaften.* 3., aktualisierte und erw. Aufl. Berlin und Heidelberg, 751–758.
Röder, B. & Rösler, F. (2004): Kompensatorische Plastizität bei blinden Menschen. In: *Zeitschrift für Neuropsychologie,* 15, 243–264.
Rösler, F. (2011): *Psychophysiologie der Kognition. Eine Einführung in die Kognitive Neurowissenschaft.* Heidelberg.
Rogers, S. J. & Puchalski, C. B. (1988): Development of object permanence in visually impaired infants. In: *Journal of Visual Impairment and Blindness,* 82, 137–142.
Rogow, S. M. (2000): Communication and language. Issues and concerns. In: B. Silverstone, M. A. Lang, B. P. Rosenthal und E. E. Faye (Hrsg.). *The Lighthouse Handbook of Vision Impairment and Vision Rehabilitation. Volume 1: Vision impairment.* New York, 395–408.
Seel, N. M. (2000): *Psychologie des Lernens. Lehrbuch für Pädagogen und Psychologen.* München und Basel.
Sekowski, A. (1990): Untersuchungen über Ersatzvorstellungen bei Blinden. In: *blind-sehbehindert,*110, 11–17.
Singer, W. (1992): Die Entwicklung kognitiver Strukturen – ein selbstreferentieller Lernprozeß. In: S. J. Schmidt (Hrsg.). *Gedächtnis. Probleme und Perspektiven der interdisziplinären Gedächtnisforschung.* 2. Aufl. Frankfurt a. M., 96–124.
Sohns, H. (1965): *Erlebnis der Farbenwelt bei Blinden.* Unveröffentlichte Examensarbeit Pädagogische Hochschule Heidelberg.

Squire, L. R. & Kandel, E. R. (1999): *Gedächtnis. Die Natur des Erinnerns*. Heidelberg und Berlin.
Staatsinstitut für Schulpädagogik und Bildungsforschung (Hrsg.) (2000): *Mobilität und Lebenspraktische Fertigkeiten im Unterricht mit sehgeschädigten Kindern und Jugendlichen*. Würzburg.
Stephens, B. & Grube, C. (1982): Development of Piagetian reasoning in congenitally blind children. In: *Journal of Visual Impairment and Blindness*, 76, 133–143.
Streri, A. (1993): *Seeing, reaching, touching. The relations between vision and touch*. Cambridge.
Swallow, R.-M. (1977): Piaget's theory: an application to the education of the visually handicapped learner. In: J. F. Magary, M. K. Poulsen, P. J. Levinson und P. A. Taylor (Hrsg.). *Piagetian theory and its implications for the professions. Emphasis: the handicapped child. Proceedings sixth interdisciplinary conference*. Los Angeles, 33–53.
Swenson, A. M. (2016): *Beginning with braille. Firsthand experiences with a balanced approach to literacy*. 2. Aufl. New York
Szagun, G. (2002): Zusammenhänge zwischen semantischer und kognitiver Entwicklung. In: M. Grohnfeldt (Hrsg.). *Störungen der Semantik*. Handbuch der Sprachtherapie Band 3. 2. Aufl., Berlin, 37–53.
Szagun, G. (2013): *Sprachenentwicklung beim Kind. Ein Lehrbuch*. 5., aktualisierte Aufl. Weinheim und Basel.
Thiele, M. (2001): *Bewegung, Spiel und Sport im gemeinsamen Unterricht von sehgeschädigten und normalsichtigen Schülerinnen und Schülern*. Würzburg.
Trautner, H. M. (1991): *Lehrbuch der Entwicklungspsychologie. Band 2: Theorien und Befunde*. Göttingen, Toronto und Zürich.
Tröster, H. & Brambring, M. (1990): *Die Auswirkungen der Blindheit auf die motorische Entwicklung im ersten Lebensjahr*. Bielefeld.
Walthes, R. (2014): *Einführung in die Pädagogik bei Blindheit und Sehbeeinträchtigung*. 3., überarb. Aufl. München und Basel.
Walthes, R. (2000): Förderschwerpunkt Sehen, visuelle Wahrnehmung und Umgehen-Können mit einer Sehschädigung. In: W. Drave, F. Rumpler und P. Wachtel (Hrsg.). *Empfehlungen zur sonderpädagogischen Förderung. Allgemeine Grundlagen und Förderschwerpunkte (KMK) mit Kommentaren*. Würzburg, 207–219.
Wanecek, O. (1925): Die Methode des Tastsehens und spezielle Sehübungen beim Unterricht Sehschwacher. In: *Eos. Zeitschrift für Heilpädagogik*, 17, 40–43.
Wanecek, O. (o. J.): *Die Sehschwäche als pädagogisches Problem*. Unveröffentlichte Dissertation. Universität Wien.
Warren, D. H. (1982): The development of haptic perception. In: W. Schiff und E. Foulke (Hrsg.). *Tactual perception: A sourcebook*. Cambridge, 82–129.
Warren, D. H. (1984): *Blindness and early childhood development*. 2., überarb. Aufl., New York.
Warren, D. H. (1994): *Blindness and children. An individual differences approach*. Cambridge.
Webster, A. & Roe, J. (1998): *Children with visual impairments. Social interaction, language and learning*. London und New York.
Weinläder, H. (1971): Zum Problem des »Verbalismus« bei Blinden. In: *Zeitschrift für das Blinden- und Sehbehindertenbildungswesen*, 91, 167–175.
Werth, P. (1983): Meaning in language acquisition. In: A. E. Mills (Hrsg.). *Language acquisition in the blind child*. London, 77–88.
Wessells, M. G. (1994): *Kognitive Psychologie*. 3., verb. Aufl., München und Basel.
Wilkening, F. & Krist, H. (2002): Entwicklung der Wahrnehmung und Psychomotorik. In: R. Oerter und L. Montada (Hrsg.). *Entwicklungspsychologie*. 5., vollst. überarb. Aufl. Weinheim, Basel und Berlin, 395–417.
Wills, D. M. (1979): Early speech development in blind children. In: *The Psychoanalytic Study of the Child*, 34, 85–117.
Wright, S. & Stratton, J. M. (2007): *On the way to literacy. Early experiences for visually impaired children*. Louisville.

Zeppuhar, M. E. & Walls, R. T. (1998): Knowledge of concept prototypes of students who are blind or have low vision. In: *Journal of Visual Impairment and Blindness*, 92, 812–822.

Zeschitz, M. (2002): Von der Visuellen Stimulation zur Analyse und Förderung funktionellen Sehens im Alltag. In: K. Klee (Hrsg.). *Förderschwerpunkt Sehen. Tagungsbericht. Arbeitsgemeinschaft Orientierung und Mobilität im Verband der Blinden- und Sehbehindertenpädagogen und -pädagoginnen.* Marburg, 57–75.

Zollinger, B. (2004): *Die Entdeckung der Sprache.* 6. Aufl. Bern.

Dederich/Beck/Antor/Bleidick (Hrsg.)

Handlexikon der Behindertenpädagogik

Schlüsselbegriffe aus Theorie und Praxis

3., erweiterte und überarbeitete Auflage 2016
496 Seiten. Kart.
€ 54,-
ISBN 978-3-17-029932-0

auch als EBOOK

Das Handlexikon der Behindertenpädagogik in Schlüsselbegriffen steht als Nachschlagewerk zwischen kürzer gefasstem, lexikalischem Wörterbuch und einem mehrbändigen Handbuch. Es soll in erster Linie eine handliche Informationsquelle für das Studium und die Berufspraxis im Sinne einer Einführung in die wissenschaftlichen Aufgabengebiete und Handlungsfelder im Sinne ausgewählter zentraler Begriffe sein.
Der Anspruch des Bandes, so etwas wie eine Quintessenz behindertenpädagogische Theoriebildung zu praktischen Zwecken zusammenzufassen, war nur über vielfältige und multidisziplinäre Zugangswege zu erreichen. Die Mitarbeit von 80 Autorinnen und Autoren sichert Heterogenität der wissenschaftlichen Denkweisen; sich widersprechende Gesichtspunkte in den Artikeln sind dabei eine Bereicherung des Diskurses.

Prof. Dr. Markus Dederich (Universität zu Köln), **Prof. Dr. Iris Beck** (Universität Hamburg), **Prof. Dr. Georg Antor** (Universität zu Köln), **Prof. Dr. Dr. h.c. Ulrich Bleidick** (Universität Hamburg).

W. Kohlhammer GmbH
70549 Stuttgart
vertrieb@kohlhammer.de

150 Jahre
Kohlhammer